一本书读懂
TCP/IP （第2版）

王泽林　杨　波　王元杰　周亚宁◎编著

人民邮电出版社

北　京

图书在版编目（CIP）数据

一本书读懂 TCP/IP / 王泽林等编著. -- 2 版.

北京 ： 人民邮电出版社，2025. -- ISBN 978-7-115

-65781-7

Ⅰ．TN915.04-49

中国国家版本馆 CIP 数据核字第 20246HW804 号

内 容 提 要

本书是一本介绍互联网核心协议 TCP/IP 知识的科普性读物，内容不仅包括 TCP/IP 的起源、组成、规则、技术、路由协议、常用命令等，还涵盖了多接入边缘计算、算力网络、工业互联网等热点技术。

本书采用大量漫画，图文并茂，语言风趣，结合现实，将复杂的原理、技术通俗化，行文风格活泼，让读者易于理解和接受。

本书适合从事企业信息化建设和应用的技术人员，以及从事多媒体通信、信息处理、通信工程、计算机应用领域工作的初级科研、工程技术人员阅读，也可以供高等院校相关专业师生参考。

◆ 编　著　王泽林　杨　波　王元杰　周亚宁

责任编辑　高　扬

责任印制　马振武

◆ 人民邮电出版社出版发行　　北京市丰台区成寿寺路 11 号

邮编　100164　　电子邮件　315@ptpress.com.cn

网址　https://www.ptpress.com.cn

北京市艺辉印刷有限公司印刷

◆ 开本：800×1000　1/16

印张：24.5　　　　　　　　　　2025 年 9 月第 2 版

字数：400 千字　　　　　　　　2025 年 9 月北京第 1 次印刷

定价：99.80 元

读者服务热线：(010)53913866　印装质量热线：(010)81055316

反盗版热线：(010)81055315

编委会

前言 PREFACE

在电影《天下无贼》中，葛优扮演的黎叔有句名言曾经红遍大江南北，风靡一时，那就是："21 世纪什么最贵？人才！"

如果你问我，什么是人才？那我真诚地告诉你，也许多年前，精通一门专业知识便可以成为企业技术能手；而现如今是知识融合、知识大爆炸的时代，坐井观天，局限于一门技术是没有出路的，不管你是新手，还是经验丰富的职场人，一定要拓宽知识面，做个"多面手"才能适应形势，才有更大的发展空间。

如果你问我，知识融合时代是什么？那我会专业地告诉你，知识融合时代的一个特点就是移动互联网融入金融、汽车、家居等各个行业，同时支撑互联网的数据通信又融入传输、交换等其他各个专业。而数据通信的基础便是 TCP/IP，可见掌握 TCP/IP 相关知识的重要性。

2016 年，《一本书读懂 TCP/IP》出版上市，深受读者好评，也被北京邮电大学、南京邮电大学、电子科技大学、西安电子科技大学、中国科学院大学等国内数十所高校图书馆收藏。出版至今，已历经 9 年，这期间，TCP/IP 领域既有协议的版本迭代，也出现了很多新技术、新知识、新概念，包括 IPv6/IPv6+、SRv6、IFIT、BIER、SFC、APN6、确定性网络、自智网络等。《一本书读懂 TCP/IP》第 1 版没有涉及以上新技术、新知识、新概念；为进一步适应技术发展形势，第 2 版在第 1 版基础上，对陈旧内容进行删减，增加近几年出现的新技术、新知识、新概念；同时，延续大话风格，图文并茂，更容易被读者接受。

佛语常说看山三境界：看山是山→看山不是山→看山还是山，每次都有不同的体会。有的人读书学到了知识，有的人读书学到了人生哲理，相信你读完本书会有不同的收获。也许你会说，看完一本技术书，能学到什么人生哲理？ TCP/IP 提供的网络特点就是尽力而为，TCP/IP 带给我们的第一个人生哲理便是尽力而为，正如王安石在《游褒禅山记》中所说："尽吾志也而不能至者，可以无悔矣，其孰能讥之乎？"

编著者在编著本书的过程中，得到了各级领导和朋友的帮助，在此表示感谢。由于编著者水平有限，书中难免有瑕疵，还望各位读者多多指教，如有问题，可以联系本书责任编辑或编著者。

编著者
2025 年 7 月

目录 CONTENTS

第 **1** 章

TCP/IP 网络起源

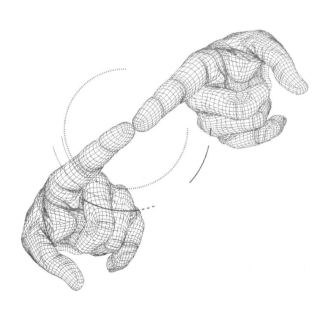

有人说，在西天取经的路上，孙悟空是最大的功臣，而唐僧懦弱无能，只会念经。在这里我要为唐僧说几句公道话，师徒 4 人西行路经千山万水，不同地区的语言几乎不同，怎么沟通？其实这方面全靠唐僧，因为据说唐僧是一个翻译家，精通多种语言。同样，计算机与计算机之间要相互通信，也必须"读"懂对方的"语言"，这种语言就是网络协议。计算机必须运行相同的协议，才能相互通信，TCP/IP（传输控制协议 / 互联网协议）就是为此而生的。

任何一门技术的出现，绝对不是偶然，而是必然，是顺应科技发展的产物，TCP/IP 也不例外。正所谓"万丈高楼平地起，楼有多高看地基"，掌握 TCP/IP 知识是学习数据通信的基础，也是"通信小兵"变"技术大牛"的必经之路，在本章，我们先来看看 TCP/IP 的起源。

1.1 TCP/IP的产生背景

TCP/IP 是伴随着互联网的发展而研发出来的，下面让我们从头说起吧。

第二次世界大战结束，苏美两国各自发展了自己的势力范围，成为世界的两极。这两极不是在经济上展开竞争，而是在军备上展开竞争。这两个庞大的国家进行着无声的对垒。这就是著名的"冷战"。

1962 年，苏联向古巴运送核导弹，企图在古巴建立核导弹发射场，被美国 U–2 侦察机发现。美国总统肯尼迪下令对古巴实行军事封锁，并进行战争威胁，苏联被迫撤走核导弹，危机才得以平息。古巴核导弹危机导致美国和苏联之间的冷战状态随之升温，核毁灭的威胁成了人们日常生活的话题。

美国国防部认为，如果仅有一个集中的军事指挥中心，万一这个中心被苏联的核武器摧毁，全国的军事指挥将处于瘫痪状态，其后果将不堪设想，因此有必要设计这样一个分散的指挥系统——它由一个个分散的指挥点组成，部分指挥点被摧毁后，其他点仍能正常工作，而这些分散的指挥点又能通过某种形式的通信网取得联系。

1969 年，美国国防部高级研究计划局的领导利克利德提出"巨型网络"的概念，设想"每个人可以通过一个全球范围内相互连接的设施，在任何地点都可以快速获取各种数据和信息"。这个概念的提出无疑是今天的互联网的精辟总结！

当然，革命的实践比革命的理论更重要。紧接着，在利克利德的资助下，一群科学家建立了名为阿帕网（ARPAnet）的网络。阿帕网的设计师们如图 1.1 所示。

1969 年 9 月，阿帕网问世。

在阿帕网产生运作之初，大部分计算机相互之间不兼容，在一台计算机上完成的工作，很难拿到另一台计算机上去用，想让硬件和软件都不一样的计算机联网，也有很多困难。当时美国陆军用的计算机是 DEC 系列产品，海军用的计算机是 Honeywell 中标机器，空军用的是 IBM 公司中标的计算机，每一个军种的计算机在各自的系统里都运行良好，却有一个很大的弊端：

不能共享资源。

图1.1　阿帕网的设计师们

当时科学家们提出这样一个理念："所有计算机生来都是平等的。"为了让这些"生来平等"的计算机能够实现"资源共享"，就得在这些系统的标准之上建立一种大家都必须遵守的标准，这样才能让不同的计算机按照一定的规则进行"谈判"，并且在谈判之后能"握手"。这里说到的标准、规则就是我们现在所说的通信"协议"。

在确定今天互联网各个计算机之间的"谈判规则"的过程中，最重要的人物当数温顿·瑟夫，如图1.2所示。正是他的努力，才使今天各种不同的计算机能按照协议上网互联。温顿·瑟夫也因此获得了与蒂姆·伯纳斯·李、罗伯特·卡恩一样的美称，即"互联网之父"。

图1.2　温顿·瑟夫

1970 年 12 月制定出来的最初通信协议网络控制协议（NCP）由罗伯特·卡恩开发、温顿·瑟夫参与，但要真正建立一个共同的标准很不容易。

1972 年，计算机业和通信业的顶尖人才齐聚美国首都华盛顿，一起参加了第一届国际计算机通信会议。

在热烈的讨论氛围中（第一次会议往往都是热闹非凡的，大家都有新鲜感），会议决定在不同的计算机网络之间达成共通的通信协议。

随后，互联网处女秀开场了——会议决定成立因特网工程任务组（IETF），负责建立这种标准规范。这是互联网第一次出现在世人面前，也是第一次从"官方"场合出现。

早期协议，如 Telnet（用于虚拟终端仿真）和文件传输协议（FTP）是最早被开发的，以指定通过阿帕网共享信息所需的基本实用程序。随着阿帕网在规模和作用范围上的日益扩大，其他协议不断出现。

1973 年，美国仅有 3 个互相联系的计算机网络，它们只具备国防或学术用途，并不对公众开放。温顿·瑟夫与罗伯特·卡恩提出将 3 个网络合并，尝试设计一个"网关"计算机，互联具有不同协议的网络，让计算机和计算机之间的沟通透明。1974 年，他们提出命名为 TCP 的分组网互通协议，随后发表的著名论文将 TCP 分为 TCP/IP，开始布设可以架构在现有和新的技术上的互联网，让人们使用它自由地分享信息。

"互联网一直面临斗争和挑战"，如果温顿·瑟夫和罗伯特·卡恩当年把 TCP/IP 视为私有财产而申请专利，就不会有今天的互联网。更重要的是他们为互联网统一标准，花了整整 10 年的时间推广这项新技术，用各种方式说服人们认可并尝试使用它。

1974 年，TCP 作为规范草案被引入，它描述了如何在网络上建立可靠的、主机对主机的数据传输服务。这意味着处于"散兵游勇"状态的计算机网络能够通过协议进行通信，也表示互联网不但有了名头，并且在"团结就是力量"的真理的指引下，具备了令世人瞩目的话语权！

1975 年，比尔·盖茨与保罗·艾伦创办了微软公司。

1981 年，IP 以草案形式引入，它描述了如何在互联的网络之间实现寻址的标准以及如何进行数据包路由。

1983 年 1 月 1 日，阿帕网开始要求所有的网络通信和基本通信的标准由过去的 NCP 改变为 TCP 和 IP。

1983 年，阿帕网分裂为两部分：用于军事和国防部门的军事网（MILNET）和用于民间的阿帕网版本。同时，局域网和广域网的产生和蓬勃发展对互联网的进一步发展起了重要的作用。其中最引人注目的是美国国家科学基金会（NSF）基于 IP 建立的名为 NSFNET 的广域网。NSF 在全美国建立了按地区划分的计算机广域网，并将这些地区网络和超级计算机中心互联。以阿帕网为主干网的互联网只对少数的专家以及政府要员开放，而以 NSFNET 为主干网的互联网向社会开放。

1984 年，美国国防部将 TCP/IP 作为所有计算机网络的标准。

1990 年，蒂姆·伯纳斯·李（见图 1.3）发明了首个网页浏览器——WorldWideWeb。1991

年 5 月，万维网首次公开露面就立即引起轰动，获得了极大的成功，并被广泛推广应用。TCP/IP 网络大发展时代的序幕由此拉开。

图1.3　蒂姆·伯纳斯·李

1990 年 6 月，NFSNET 彻底取代了阿帕网成为互联网的主干网。1991 年，NSFNET 的子网已经扩展到 3 000 多个，由此奠定了今天繁荣的互联网基础。

蚂蚁再多，也无法撼动大象，NSFNET 独木难支，不足以支撑起今天互联网时代华丽的开局。实际上，NSFNET 吸引的用户中不仅包含很多学术团体、研究机构，更为重要的是，个人用户也开始参与到这个网络当中。越来越多不同类型用户的加入，让这个无趣的资源共享区开始变得热闹非凡。

人们渐渐地不安分于板起面孔交流资料，各种形式的沟通也开始盛行并越来越有吸引力。E-mail、BBS、FTP、Telnet 等都是互联网产生初期人类智慧的结晶。

1995 年，微软第一代网页浏览器（IE1）诞生。

1996 年，4 个并不是科班出身的小伙发明了 ICQ（后于 2024 年 6 月 26 日正式关闭）。

至此，互联网完成了由资源传播通道到交流通信平台的角色转换，这个转换过程缓慢而细微，就如同一场天街小雨，轻柔地滋润着多彩的世界。

1996 年，美国政府提出"下一代互联网计划"。

近 30 年来，一大批企业横空出世，一大批业界精英粉墨登场，一大批新技术、新思路、新理念、新思维风起云涌、叱咤风云……

1998 年，刘强东在北京中关村成立京东公司，同年马化腾在深圳创立腾讯公司。

1999 年，腾讯公司推出腾讯 QQ（简称 QQ）。

2001 年，微软发布 Windows XP 操作系统。

2003 年，淘宝网在杭州成立。

2007 年，谷歌与 84 家硬件制造商、软件开发商和电信运营商组成开放手机联盟，共同开发改良了移动操作系统 Android（安卓）。

2009 年，新浪公司推出"新浪微博"。

2011 年，腾讯公司推出微信。

2014 年，阿里巴巴集团推出企业版即时通信应用软件——钉钉。

2015 年，互联网企业拼多多在上海成立。

2016 年 9 月，字节跳动公司推出短视频社交平台——抖音。

直至今日，TCP/IP 大行其道，如图 1.4 所示，它无所不在，无坚不摧。

图1.4　TCP/IP大行其道

1.2　TCP/IP是什么

IP 世界的根本是 TCP/IP 协议族。

IP 世界是由通信实体构成的，而通信实体是要分层的。

就如一个公司混乱的管理要进行改革一样，我们首先思考一下一个企业最可能出现的管理混乱有哪些表现。

◆ 员工"越界"：员工不经过部门经理直接向总经理汇报工作；秘书经常到总经理处指责其对公司的未来规划缺乏经验。

◆ 部门经理做"二传手"：提交给总经理的汇报，是员工汇报的简单叠加；部门经理将总经理分配给自己的工作，不假思索地推给某个员工。

◆ 两个部门之间职责不清：市场部经理经常指责客服部员工 A，因为员工 A 没有按照市场部经理的要求向某个客户提供服务，而是把有限的时间给了另一个客户，而这个工作是由客服部经理指派的；采购部经理要求市场部员工 B 在某个项目中必须向客户提供 C 品牌的笔记本计算机，而实际情况是，客户要求必须使用 D 品牌的笔记本计算机，但采购部经理并不知情。

◆ 总经理一抓到底：总经理布置任务时跳过部门经理直接与员工沟通，而部门经理也经常布置任务给员工。这种情况导致部门经理无法了解员工实际的工作量，总经理也无法把控任务的进度。

◆ 公司与客户接洽混乱：任何人都可以向客户随意承诺，而承诺的事情又无法兑现。

因此，公司花费大力气对各层级进行培训，引入职业经理人，并采取以下举措，最终使以上状况得到改善。

◆ 分层：要把总经理—部门经理—员工的3层结构搞清晰，每层的职责范围明确定义——总经理负责处理公司战略和重大事务；部门经理负责管理部门，向总经理汇报工作；员工负责处理具体事务，向部门经理汇报工作。

◆ 明确层级之间的关系：需要明确任何一个层级的人员与上下层级的关系；总经理将公司战略和要求部署给每个部门经理，每个部门经理将其细化后部署给每个员工。

◆ 对等层级之间的关系：需要明确任何一个层级的人员与对等部门或对等公司的关系（对等公司如客户和原材料供应方）。

这样，公司形成了3个层级的机构，每个层级都与上下层级责权清晰明了，对外业务接口统一，沟通渠道通畅，业务流程规范。

同样，通信实体也必须分出层次，以保证各种网络技术能和谐地共存并良好地配合，不断激励技术创新。通信网的分层与公司的组织结构极其相似。加入通信网中的各个实体就好比一个个公司，比如路由器是一个通信实体，某个通信软件（如浏览器或者QQ）是一个通信实体，网络游戏的服务器软件和用户端软件也是通信实体。这些实体必须满足以下要求。

◆ 要分出若干层次，管理上类似的功能要放在同一层次，在技术经常变化的地方增加层次，每个层次有自己的职责。

◆ 要明确每个层次与上下层次的关系，层次之间的边界要合理，使层次之间的信息流量尽量最小且容易规范。

◆ 两个实体之间要明确每个层次之间的关系。

1. 开放系统互连参考模型（OSI-RM）

基于上述要求，国际标准化组织（ISO）于1984年建立了一套非常抽象的分层结构，这就是著名的国际标准化组织的开放系统互连参考模型（ISO/OSI-RM）。与其说这是一个通信标准，不如说这是一种管理哲学。任何事物之间的联系都可以用OSI-RM表示，虽然不是所有的事物都必须具备所有的层面（通信网本身大部分实体不具备所有层面），但是这对我们分析事物是非常有帮助的。

两个通信实体可以友好合作、充分信任，也可以不互相信任，但是它们必须能互相理解对方说的是什么。

为了让两个通信实体保持最基本的沟通，在"层"的基础上，专家们定义了"协议""标准"

和"规范"。

我们把 OSI-RM 的 7 层结构与实现生活中的"说话"联系起来,有助于大家对 OSI-RM 的理解。OSI-RM 见表 1.1。

表 1.1　OSI-RM

自下而上具体 7 层		数据格式	功能与连接方式	典型设备
应用层			网络服务与使用者应用程序之间的一个接口	
表示层			数据表示、数据安全、数据压缩	
会话层			建立、管理和终止会话	
传输层		数据组织成数据段	用一个寻址机制来标识一个特定的应用程序（端口号）	网关、协议转换器
网络层		分割和重新组合数据包	基于网络层地址（IP 地址）进行不同网络系统之间的路径选择	路由器
数据链路层	逻辑链路控制（LLC）子层	将比特信息封装成数据帧	在物理层上建立、撤销、标识逻辑链接和链路复用以及差错校验等功能。通过使用接收系统的硬件地址或物理地址来寻址	网桥、交换机、网卡
	介质访问控制（MAC）子层			
物理层		传输比特流	建立、维护和取消物理连接	光纤、同轴电缆、双绞线、中继器和集线器

（1）物理层

物理层就像人与人说话时能够互相听懂的"发音"。物理层解决最基础的传送通道,设计问题主要是建立、维护和释放物理链路所需的机械的、电气的 / 光学的、功能的和规程的特性。例如光缆如何抗衰耗,无线设备如何提高发射功率,为什么双绞线要有屏蔽层等。

（2）数据链路层

有了发音,才能有"字"或者"词",对于说错的话,要尽快予以纠正,如果不能很好地纠正,就要重新把话再说一遍。

接下来,我们考虑在物理层提供的按"位"服务的基础上,在相邻的网络节点之间提供简单的、传输以帧为单位的数据,同时它还负责数据链路的流量控制、差错控制。

首先,数据链路层为网络层提供简单的通信链路,通信实体所在的系统必须经过物理介质相连——当然,这里的物理介质可以是有线的铜缆或者光缆,也可以是无线的微波。

大家要理解,这条链路不具备任何路径选择和转发功能,你可以把它仅仅理解为"一条封闭的路",除了两端,没有额外的出入口。

数据链路层将物理层提供的比特流组成"帧",也就是说,把发送方发出来的若干"位"的数据组成一组,加上"开始""结束"标志和与检错有关的代码等,形成有固定格式的数据帧——

这有点像把货物放入标准集装箱中，正因为集装箱的尺寸都是标准的，最后所有的集装箱看起来非常整齐，搬运和船载过程也会变得有序和规范。

数据链路层要提供一定的检错和纠正机制。信号会因机械、电气等原因出现错误，例如将"0""1"颠倒，丢失一个"0"或"1"，或者因为外界干扰而多出一位数字。接收者根据检错代码就可以判断接收到的数据帧是否有错误，并在可能的情况下纠正错误，对于不能纠正的错误可以选择重传。

这里面很有学问。

对于发送的信息，接收方是不清楚的。但是如何让接收方知道发送过来的信息有错误呢？对于这种问题，数据链路层有应对策略。

假如我们运送的不是数据信息而是货物，运送工具不是帧而是车。这个问题怎么处理？

发货方出货前，将附带一张"装箱单"，单子上标明这车货物的相关参数，例如重量、体积、品质，接收方只需要称重量、测体积、检验品质，并和装箱单上的数据做对比，即可判断运送过程中是否出现错误或者失误。

数据帧传送也有类似装箱单一样的信息，这些信息被存储在"纠错字节"中。当数据帧到达目的地后，它会对自身进行计算，对比计算结果和纠错字节中的内容，如果一致，进行下一步操作。如果不一致，这个类似"装箱单"的纠错字节就能够很快地将错误检测出来并进行相应的处理（例如进行重传）。

我们常说的以太网（Ethernet）就属于这一层，所以你对经常听到的"以太网帧"这一术语应该也能够理解一些了。

（3）网络层

我们继续分析日常说话的方式。说话应该有目标、内容和语速，即向谁说，通过谁转述，说什么，以多快的速度说。网络层所负责的工作，就是进行路由选择、拥塞控制、局域网间互联以及统计和控制。

网络层对自己的上级——传输层，可以提供两种服务，一种叫作"面向连接"的服务，另一种叫作"无连接"的服务——这有点像有轨交通和无轨交通。

有轨交通的特点是，车辆沿着特定轨道行驶，自出发点到目的地，路线、速度基本确定。面向连接的服务也有类似特点。

无轨交通的特点是，车辆走一站看一站，线路、速度均不确定。无连接的服务特点与此惊人一致。

面向连接与无连接服务如图1.5所示。

这两者的区别直接导致相关技术体制的巨大差异。面向连接的服务关注于如何建立链路，而无连接的服务则专注于在每一站建立一套详尽的路由表。

传统IP技术就属于无连接的服务，而改造为多协议标记交换（MPLS）网络后，就属于面向连接的服务了。

图1.5　面向连接与无连接服务

　　网络层还担负着四大任务，具体如下。

　　路由选择。任何数据包都不可能在网络上像无头的苍蝇一样乱跑乱撞，而网络层的关键任务是发现路由、选择路径，有时也负责地址转换。它就像一个警察，在网络节点这样的"十字路口"管理来来往往的数据包，数据包的路径选择就是我们经常提到的"路由选择"。各种路由协议、MPLS 的流量工程都与路由选择有关。

　　拥塞控制。后文会专门介绍拥塞发生的原理。网络层可以采用拥塞控制机制，尽量避免拥塞的发生，如果发生拥塞，也可以通过多种途径缓解拥塞状况（比如丢弃一些数据或者进行缓存）。

局域网间互联。数据包在局域网间穿梭，会面临诸如包大小、网络速度、协议的差异，这些都是网络层要解决的，即通过一定的调整，成功传递两个网络之间的数据包。

统计和控制。例如统计哪些用户需要的网络流量比较多，网户访问哪些站点比较频繁，或者禁止或控制用户访问某些站点；记账功能一般也在网络层。

网络层最知名的协议就是 IP 协议。

（4）传输层

要保证别人听到你说的话，不能"想当然"。

传输层的任务是向用户提供可靠的、透明的端到端的数据传输，以及差错控制和流量控制机制。由于它的存在，网络硬件技术的任何变化对高层都是不可见的，也就是说会话层、表示层、应用层的设计不必考虑低层细节，因此传输层起到"承上启下"的作用。

所谓"端到端"是相对链接而言的。

我们要记住一个概念，OSI–RM 的 4～7 层属于端到端的方式，而 1～3 层属于链接的方式。在传输层，通信双方的两个机器之间，有一对应用程序或进程直接对话，它们并不关心底层的实现细节。底层的链接方式不一样，它要负责处理通信链路中的任何相邻机器之间的通信。假如两台计算机 A 和 B 要通信，那么 A 和 B 之间可以进行直接的传输层的通信，而在 A 和 B 之间如果有若干网络节点，例如路由器 X、Y、Z，那么 A 与 X、X 与 Y、Y 与 Z、Z 与 B 之间都要进行低 3 层的通信。

传输层通过逻辑接口向高层提供服务。服务的类型是在连接建立时确定的，最重要的服务是端到端的、可靠的、面向连接的"字节流"服务——这里已经不是"位流"（或者称为"比特流"）。

一般情况下，传输层为每一条传输连接生成一条第三层的网络链路，但也有例外：需要高吞吐率的传输连接可以同时占用多条网络链路。

传输层有一项很有趣的工作——流量控制，其通过技术手段，使字节流均匀、稳定。当然，这不是必须的。

TCP 和用户数据报协议（UDP）就属于传输层。

（5）会话层

说话有开始、进行和终止。会话层在不同的机器之间提供会话进程的通信，例如建立、管理和拆除会话进程。你可能要考虑即将要说的话是要在大庭广众之下说还是专门对某个人说，或者说完一句是否要等对方答复后再说下一句。

会话层还提供了许多增值服务，例如：交互式对话管理，允许一路交互、两路交换和两路同时会话；管理用户登录远程分时系统；在两个机器之间传输文件，进行同步控制等。

（6）表示层

有些话要以悄悄话的形式说出来，避免第三者听到；有的话要简单明了，不要拖泥带水。表示层处理通信进程之间交换数据的表示方法，包括语法转换、数据格式的转换、加密与解密、压缩与解压缩等。

（7）应用层

有了上面所列的网络层次，你已经把要说的话通过声带的振动、空气的传播，一字一句、清晰明了地告知了你的某个好朋友，并且保证他听到了，没有让第三者听到。然后，你还要明确地让对方知道，你的谈话何时开始、何时结束。

应用层就负责管理应用程序之间的通信。

应用层是 OSI-RM 的最高层，低层所有协议的最终目的都是为应用层提供可靠的传送手段，下面 6 层的协议并没有直接满足用户的任何实际需求。我们日常使用的收发电子邮件、传送文件、浏览网页、交互即时信息、播放网络视频等都属于应用层的范畴，这是用户体验最直观的服务。

OSI-RM 是哲学，而不仅仅是技术！

通信"层"的概念，让各种协议、规范、标准变得有所不同——它们更灵活但可控，更开放但不混乱，更清晰但不拘束。上面的论述会让一些读者觉得乏味，但是如果你能够紧密结合通信网络的一些实际应用，并类比生活中的例子，你会发现其实枯燥中蕴含着无穷乐趣，你也会发现，其实分层也是一种哲学而并不只是技术。

2. TCP/IP

"优胜劣汰，适者生存"是一条永恒不变的法则，OSI-RM 由于体系比较复杂，不太方便计算机软件的实现，逐渐淡出人们关注的视野，TCP/IP 得到了广泛的应用。

TCP/IP 是互联网的核心技术，是由 IETF 定义的。所有的系统、终端、线路、用户、开发者，都必须遵守 TCP/IP 协议族所规定的法则，否则，将不被 IP 世界所接受。

OSI-RM 的 7 层结构与 TCP/IP 参考模型的 4 层结构对照如图 1.6 所示。

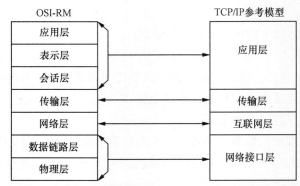

图1.6　OSI-RM的7层结构与TCP/IP参考模型的4层结构对照

对比 OSI-RM 的 7 层结构，看完上面的图，你也许会奇怪：为什么没有表示层和会话层呢？它们到哪里去了？

在TCP/IP分层结构中，的确没有表示层和会话层，也就是说OSI规定的这两层在TCP/IP中并不是必须的。

还有一种5层的说法，将网络接口层分为物理层和数据链路层两层，这样有利于数据通信的分析。TCP/IP分层结构中最核心的部分是上面的3层——应用层、传输层和互联网层（也称网络层），互联网层以下的层次没有制定相关标准，至于最下面是一层还是两层，这都不太重要。我们建议提到分层结构时按4层来分析，在进行数据通信时按5层来分析。

说到《奔跑吧》，你可能会立刻想到李晨、郑恺，其实《奔跑吧》代表一个节目组，不仅包括演员，还有导演、摄像、录音等其他工作人员。TCP/IP也是一个组，是一个协议组，不仅包括TCP/IP，还包括超文本传输协议（HTTP）、Telnet、FTP、路由信息协议（RIP）、开放最短路径优先（OSPF）协议、边界网关协议（BGP）、UDP、地址解析协议（ARP）、邮局协议第3版（POPv3）等，只不过TCP/IP这个名字来源于协议族中最主要的两个协议TCP和IP。各个层次分别对应不同的协议，TCP/IP分层协议如图1.7所示。

应用层	FTP/Telnet/HTTP			SNMP/TFTP/NTP
传输层	TCP			UDP
互联网层	IP/ICMP			
网络接口层	以太网	令牌环网	802.2	HDLC/PPP/FrameRelay
			802.3	EIA/TIA-232/V35/V21

图1.7　TCP/IP分层协议

下面，分别介绍网络接口层、互联网层和传输层的主要功能。

◆ 网络接口层也称为数据链路层，TCP/IP并没有严格定义该层，它只是要求能够提供给其上层——互联网层一个访问接口，以便在其上传递IP分组。由于这一层次未被定义，所以该层具体的实现方法将随着网络类型的不同而不同。以太网是IP通信中数据链路层最常见的形式，除此之外还有点到点协议（PPP）、高级数据链路控制（HDLC）等。

◆ 互联网层俗称IP层，它处理机器之间的通信。IP是一个不可靠的、无连接协议，它接受来自传输层的请求，传输某个具有目的地址信息的分组。该层把分组封装到IP数据包中，填入数据包的首部（也称报头），使用路由算法来选择是直接把数据包发送到目标机还是把数据包发送给路由器，然后交给网络接口层中的对应网络接口模块。IP负责给互联网的每一台计算机或者终端分配一个地址，并将信息以IP数据包的形式传送到正确的目的地，这是TCP/IP的核心。IP协议族中最关键的是路由协议，除此之外还有互联网控制报文协议（ICMP），被用来传送IP的控制信息。我们熟知的Ping和Traceroute命令就出自ICMP。

◆ 传输层：TCP和UDP是该层的重要协议。TCP是一个面向连接的、可靠的协议。它将一台主机发出的字节流无差错地发往互联网中的其他主机。在发送端，它负责把上层传送下来的字节流分成报文段并传递给下层。在接收端，它负责把收到的报文进行重组后递交给上层。TCP还要处理端到端的流量控制。UDP是一个不可靠的、无连接协议，主要适用于不需要对报文进行排序和流量控制的场合。TCP/IP协议族如图1.8所示。

图1.8　TCP/IP协议族

3. TCP 报文格式

TCP报文包括首部（报头）和数据部分，TCP报文格式如图1.9所示。

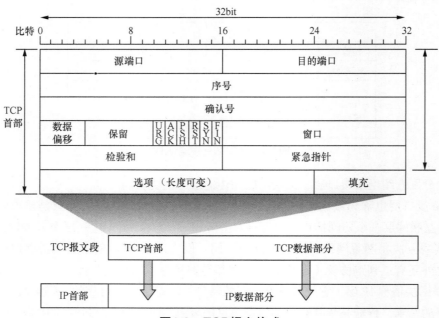

图1.9　TCP报文格式

◆ 源端口和目的端口字段——各占16比特。端口是传输层与应用层的服务接口。

◆ 序号字段——SEQ序号，占32比特。TCP连接中传送的数据流中的每一个字节都编上一个序号。序号字段的值则指的是本报文段所发送的数据的第一个字节的序号。

◆ 确认号字段—— ACK序号，占32比特，是期望收到对方的下一个报文段的数据的第一个字节的序号。只有ACK标志位为1时，确认号字段才有效，ACK=SEQ+1。

◆ 数据偏移字段——占 4 比特。它指出 TCP 报文段的数据起始处距离 TCP 报文段的起始处有多远。

◆ 保留字段——占 6 比特，保留为今后使用，但目前应置为 0。

◆ 标志位——共 6 个，即 URG、ACK、PSH、RST、SYN、FIN，具体含义如下。

◇ 紧急比特 URG——当 URG=1 时，表明紧急指针（urgent pointer）字段有效。它告诉系统此报文段中有紧急数据，应尽快传送（相当于高优先级的数据）。

◇ 确认比特 ACK——只有当 ACK=1 时，确认号字段才有效。当 ACK=0 时，确认号字段无效。

◇ 推送比特 PSH（PuSH）——接收 TCP 收到推送比特置 1 的报文段，并尽快地交付给接收应用进程，不再等整个缓存都填满了后再向上交付。

◇ 复位比特 RST（ReSeT）——当 RST=1 时，表明 TCP 连接中出现严重差错（例如由于主机崩溃或其他原因），必须释放连接，然后再重新建立运输连接。

◇ 同步比特 SYN——同步比特 SYN 置为 1，表示这是一个连接请求或连接接受报文。

◇ 终止比特 FIN（Final）——用来释放一个连接。当 FIN=1 时，表明此报文段的发送端的数据已发送完毕，并要求释放运输连接。

需要注意的是：不要将确认 ACK 与标志位中的确认比特 ACK 搞混；确认方确认序号 ACK=发起方序号 SEQ+1，两端配对。

◆ 窗口字段——占 16 比特。窗口字段用来控制对方发送的数据量，单位为字节。TCP 连接的一端根据设置的缓存空间大小确定自己的接收窗口大小，然后通知对方，以确定对方的发送窗口的上限。

◆ 检验和字段——占 16 比特。检验和字段检验的范围包括首部和数据这两部分。在计算检验和时，要在 TCP 报文段的前面加上 12 字节的伪首部。

◆ 紧急指针字段——占 16 比特。紧急指针指出在本报文段中的紧急数据的最后一个字节的序号。

◆ 选项字段——长度可变。TCP 只规定了一种选项，即最大报文段长度（MSS）。MSS 告诉对方 TCP："我的缓存所能接收的报文段的数据字段的最大长度是 MSS 个字节。"

4. TCP 的 3 次握手和 4 次挥手

TCP 的连接和建立都采用客户 - 服务器方式。主动发起连接和建立的应用进程叫作客户端，被动等待连接和建立的应用进程叫作服务器端。

建立 TCP 需要 3 次握手才能建立，而断开连接则需要 4 次挥手。TCP 建立连接、传输数据、释放连接如图 1.10 所示。

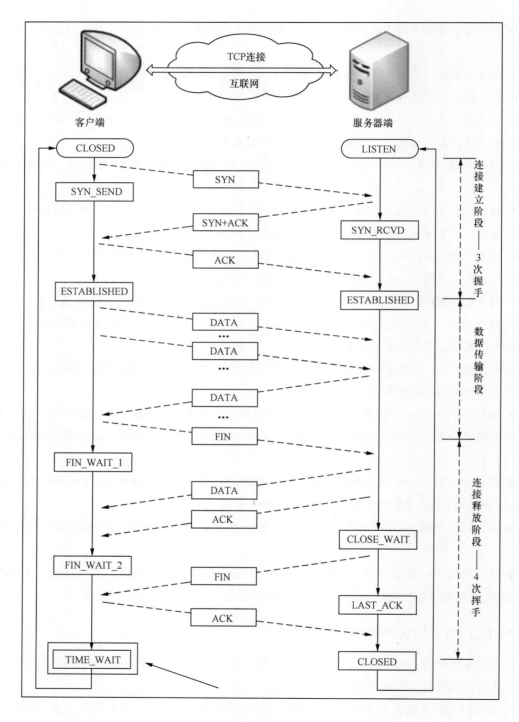

图1.10　TCP建立连接、传输数据、释放连接

（1）3次握手

TCP/IP 采用 3 次握手建立一个连接，连接过程就像打电话的过程，3 次握手如图 1.11 所示。

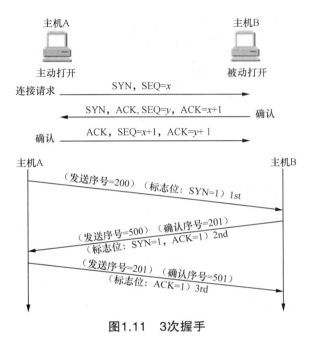

图1.11　3次握手

◆ 第一次握手：主机 A 向主机 B 发送一个连接请求，在这个包中，标志位 SYN=1，发送序号 SEQ=x，图 1.11 中 x=200，主机 A 进入 SYN_SEND 状态，等待主机 B 确认。

◆ 第二次握手：主机 B 收到数据包后，由标志位 SYN=1 知道主机 A 请求建立连接，主机 B 将标志位 SYN 和 ACK 都置为 1，确认序号 ACK=x+1=201，随机产生一个发送序号 SEQ=y，图 1.11 中 y=500，并将该数据包发送给主机 A 以确认连接请求，主机 B 进入 SYN_RCVD 状态。

◆ 第三次握手：主机 A 收到确认后，检查确认序号 ACK 是否为 x+1=201，标志位 ACK 是否为 1，如果正确，则将标志位 ACK 置为 1，确认序号 ACK=y+1=501，并将该数据包发送给主机 B，主机 B 检查确认序号 ACK 是否为 y+1=501，标志位 ACK 是否为 1，如果正确则连接建立成功，主机 A 和主机 B 进入 ESTABLISHED 状态。

完成 3 次握手，客户端与服务器开始传送数据。

（2）4次挥手

4 次挥手即终止 TCP 连接，就是指断开一个 TCP 连接时，需要客户端和服务端总共发送 4 个包以确认连接的断开，4 次挥手如图 1.12 所示。

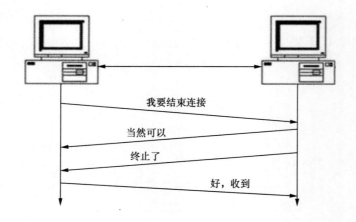

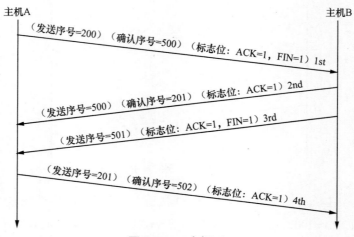

图1.12　4次挥手

◆ 第一次挥手：当主机 A 要断开 TCP 连接时，发送一个包，其中标志位 FIN=1，ACK=1，发送序号 SEQ=x，确认序号 ACK=y，图 1.12 中 x=200，y=500，主机 A 进入 FIN_WAIT_1 状态。

◆ 第二次挥手：主机 B 知道主机 A 要断开 TCP 连接后，发送一个确认包，其中标志位 ACK=1 发送序号，SEQ=y 确认序号 ACK = x+1 = 201，主机 B 进入 CLOSE_WAIT 状态。

◆ 第三次挥手：主机 B 也断开 TCP 连接，此时发送一个包，其中，标志位 FIN=1，发送序号 SEQ=y+1 = 501，主机 B 进入 LAST_ACK 状态。

◆ 第四次挥手：主机 A 收到主机 B 的断开请求后，主机 A 进入 TIME_WAIT 状态，接着发送一个确认包，标志位 ACK=1，发送序号 SEQ = x+1 = 201，确认序号 ACK = y+2 = 502；主机 B 进入 CLOSED 状态。

由于 TCP 连接是全双工的，因此，每个方向都必须单独进行关闭，这一原则是当一方完成数据发送任务后，发送一个 FIN 来终止这一方向的连接，收到一个 FIN 只是意味着这个方向上没有数据流动了，即不会再收到数据了，但是在这个 TCP 连接上仍然能够发送数据，直到这一方向也发送 FIN。

5. 封装

不同设备的对等层之间依靠封装和解封装来实现相互之间的通信。封装就像穿衣服，解封装就像脱衣服。

TCP/IP 也是一种计算机数据打包和寻址的标准方法。在数据传送中，可以形象地理解为有两个信封，TCP 和 IP 就像是信封，要传递的信息被划分成若干段，每段信息被塞入一个 TCP 信封，该信封的封面上记录有分段号的信息，再将 TCP 信封塞入 IP 大信封，发送上网。在接收端，一个 TCP 软件包收集信封，抽出数据，按发送前的顺序还原，并加以校验，若发现差错，TCP 会要求重发。因此，TCP/IP 在互联网中几乎可以无差错地传送数据。

在通信过程中，TCP/IP 每一层都让数据得以通过网络进行传输，这些层之间使用协议数据单元（PDU）交换信息，确保网络设备之间能够通信。不同层的 PDU 中包含不同的信息，因此 PDU 在不同层被赋予了不同的名称。主机通信过程如图 1.13 所示，传输层在上层数据中加入 TCP 报头后得到的 PDU 被称为数据段（Segment）；数据段被传递给网络层，网络层添加 IP 报头得到的 PDU 被称为数据包（Packet）；数据包被传递到数据链路层，封装数据链路层报头得到的 PDU 被称为数据帧（Frame）；最后，帧被转换为比特（Bit），通过网络介质传输。这种协议栈向下传递数据，并添加报头和报尾的过程被称为封装。数据被封装并通过网络传输后，接收设备将删除添加的信息，并根据报头中的信息决定如何将数据沿协议栈上传给合适的应用程序，这个过程被称为解封装。

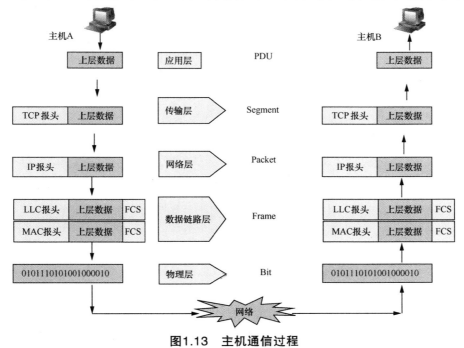

图1.13　主机通信过程

1.3 TCP/IP与互联网

1. 互联网和万维网的区别

在不同教材上，我们经常看到互联网、因特网和万维网这几个词语，它们到底有什么关系呢？总的来说，互联网包含因特网，因特网包含万维网。国际标准的互联网写法是 internet，字母 i 一定要小写，国际标准的因特网写法是 Internet，字母 I 一定要大写。

虽然只相差了一个字母的大小写，但互联网和因特网两者之间还是有很大的区别。首先，凡是由能彼此通信的设备组成的网络就叫互联网，即使仅有两台机器（计算机、手机等），不论用何种技术使其彼此通信，它们组成的网络都叫互联网。而因特网是互联网中的一种，它不是仅由两台机器组成的网络，而是由上千万台设备组成的网络（该网络具备一定规模）。因特网使用 TCP/IP 让不同的设备可以彼此通信（使用 TCP/IP 的网络并不一定是因特网），前面讲了，TCP/IP 由很多协议组成，不同类型的协议又被放在不同的层中，其中，位于应用层的协议就有很多，比如 FTP、SMTP（简单邮件传送协议）、HTTP 等。所以，因特网提供的服务一般包括 WWW 服务、电子邮件服务（例如 Outlook 等）、远程登录服务、文件传输服务、网络电话服务等。只要应用层使用的是 HTTP，该服务就被称为万维网服务。之所以在浏览器里输入百度网址时，能看见百度网提供的网页，就是因为个人浏览器和百度网的服务器之间使用 HTTP 交流。

虽然互联网和因特网的本意不一样，国际标准写法也有区别，不过平常大家都不怎么进行区分，而是混为一谈。

互联网还有广义和狭义之分。而大家常说的互联网，是广义的互联网，它由两层组成：一层是以 TCP/IP 为代表的网络层（也是狭义互联网概念）；另一层是以万维网 WWW 为代表的应用层。

以 TCP/IP 为核心的狭义互联网，实际上是广义互联网的下层，是网络基础，更一般地说就是 TCP/IP 网络。这一层的主要作用是通过计算机之间的互联，将各种信息的数据报文以极低的成本进行传输，俗称"管道"，所有信息和内容在这个"管道"里进行传送。互联网的设计理念中网络是中立和无控制的，任何人都没有决定权；网络是应用无关的，它的任务是如何更好地对数据包进行端到端传输。这个设计理念从互联网诞生之初到现在从未被撼动，任何针对某种（类型的）内容对互联网进行优化的尝试，其最后效果都不甚理想。因此，我们可以认为互联网不会试图对任何内容进行传输优化。

以万维网为代表的应用层，是广义互联网的上层。这一层包括很多种类型的流量和应用，邮件、软件、在线影视、游戏、电子商务、移动应用等，所有服务提供商（SP）提供的都是用户看得见、摸得着的应用，它们丰富和方便了人们的生活，构成了我们常说的互联网业务和信息经济。

2. 互联网 3 次革命

互联网的诞生本就是一场革命。互联网的出现极大地改变了人们的生产方式和生活方式。互联网使全球信息交互变得简单轻松，这可以称为第一次互联网革命。

第二次互联网革命则是移动互联网的兴起和发展，即"+互联网"。截至 2023 年年底，我国移动互联网用户达到 15.17 亿户，全年净增 6316 万户。手机网民规模达 10.91 亿人，较 2022 年年底增长 562 万人，网民中使用手机上网的比例为 99.9%。移动互联网使互联网变得更加立体，人们脱离了网线、计算机的束缚，通过移动设备，随时随地地享受信息时代带来的便利。所谓"+互联网"，即利用互联网技术打破原有业务中的信息不对称环节，从而实现效率重建。典型例子就如打车软件，该软件一方面大大提升了乘客和司机对接效率，但另一方面，出租车供给量和乘客打车需求本身就存在，互联网只是将这种存量的效率和体验发挥到了极致，因此只是"+互联网"。

现在，第三次互联网革命正在汹涌来袭。所谓第三次互联网革命，其实是把互联网线上的信息资源与线下的实体经济结合一起，即互联网拥抱实体领域，也就是现在的"互联网+"。

相比"+互联网"，"互联网+"做到了真正的重构供需，不只改善效率，还在供给和需求两端都产生增量，从而建立新的流程和模式：供给端"点石成金"，将原本的闲散资源充分利用；需求端则"无中生有"，创造了原本不存在的使用消费场景。

例如在一个小城市中，有一位擅长烹饪家常菜的阿姨，她的手艺非常好，但由于缺乏宣传和推广，她的菜品只能在小范围内传播，很多人并不知道她的存在。这就是一个典型的供给端闲散资源未能充分得到利用的情况。随着"互联网+"的兴起，阿姨的儿子帮助她在网上开设了一个外卖平台店铺，通过精美的菜品图片、真实的用户评价和便捷的在线支付功能，阿姨的店铺迅速吸引了大量食客。不仅如此，外卖平台还通过大数据分析，为阿姨提供了菜品的优化建议，帮助她更好地满足消费者的口味需求。这样，阿姨的烹饪技能得到了更广泛的认可，她的收入也大幅增加，这就是"点石成金"，充分利用原本的闲散资源。

在需求端方面，很多忙碌的上班族或者宅在家里的年轻人，以前可能因为种种原因不愿意或不方便外出就餐，只能选择自己做饭，但现在他们可以通过外卖平台轻松地点餐，享受美食送到家的便利。这种新的消费场景的出现，不仅满足了消费者的需求，也催生了外卖行业的蓬勃发展。

3. 互联网的 3 个阶段

互联网的发展大致可以分为 3 个阶段：Web 1.0、Web 2.0 和 Web 3.0。如果要与互联网 3 次革命相对应的话，也可以这么认为，Web 1.0 时代是桌面互联网时代，Web 2.0 时代是"+互联网"时代，Web 3.0 时代就是"互联网 +"时代。

（1）Web 1.0

Web 1.0 以编辑为特征，网站将网站编辑进行编辑处理后的内容提供给用户，用户阅读网站提供的内容。这个过程是网站到用户的单向行为，Web 1.0 时代的代表站点为新浪、搜狐、网易三大门户。

（2）Web 2.0

互联网具有高度的自我优化机制，庞大的用户群和信息量使其具有自我修补和发展能力。虽然其动能来自人类，但是我们始终相信，其原动力一定来源于互联网开放的机制本身。

Web 2.0 不同于 Web 1.0 之处在于它的交互性，其加强了网站与用户之间的互动，网站内容基于用户提供，网站的诸多功能也由用户参与建设，实现了网站与用户双向的参与与交流。Web 2.0 的初衷是互联网需要更快的速度和更广泛的参与。传统的互联网中，浏览内容的人远远多于制造内容的人。如果说，上一代的 WWW 是以数据为核心的网络，那么接下来就应该以人为中心。这个时期的典型代表有新浪微博、腾讯空间等。

用什么方法能够让所有访问互联网的人都"忙"起来呢？也就是说，怎么样实现"全民织网"，又如何借助软件、机器的力量使这些信息更容易被需要的人找到和浏览？

Web 2.0 彻底颠覆了传统互联网的信息组织方式和发布方式。

网民再也抑制不住内心深处的狂热，他们自说自话注册博客或者微博，共同合作建立维基网（Wiki），"装修"自己的 QQ 空间，广交朋友玩 SNS，偷菜、开餐厅或者钓鱼。

这是一场不大不小的革命。互联网却在这场革命中发生了微妙的物权变化。

传统的互联网内容提供商（ICP）都是由专业人士们提供信息内容。

Web 2.0 时代允许互联网充分利用用户的智慧，让用户自己组织自己的信息。从"大家点击我"变成"大家点击大家"。

Web 2.0 不是某种技术，而是一种更广泛利用社会资源的管理理念。这里面的代表业务是博客、RSS、播客、SNS、Wiki 和沃客（Work）。

博客和播客允许任何人在互联网标准平台上建立自己的管理区域并发布消息。著名的博客，如国内的新浪博客，吸引了诸多名人和炒作名人的人士。具有相同或者相似志向的人组成博客圈，共享知识和感受。

博客之风刚刚刮过，微博又出现了。美国的 Twitter 推出了一款服务，用户可以通过 Web、WAP 以及各种移动客户端组建个人社区，以 140 字（中西有差异，不同媒体也不完全相同）左右的文字更新信息，并实现实时分享。

这种交流媒体被称为"碎片化"媒体，一经推出，就获得极大成功。截至 2011 年 12 月，Twitter 用户数就达到了 2 亿多。

2009 年 8 月，新浪推出了"新浪微博"内测版，成为门户网站中第一家提供微博服务的网站。微博改变了传统媒体形式，成为互联网的新宠，如图 1.14 所示。

Wiki更像是一部自由的大百科全书。任何人都可以把知识挂在网站上，还会有对此感兴趣的人去审核。若审核通过，则进入条目。这种海量的条目就组成了一个百科全书式的万象世界。

图1.14　微博

RSS是站点用来和其他站点之间共享内容的一种简易方法，也叫"聚合内容"，一般用于人们订阅博客、Wiki、新闻、股票、天气等日常信息。

利用RSS，你不需要一个网站、一个网页地去逛，只要将你所需要的内容订阅在一个RSS阅读器中，这些内容就会自动出现在阅读器里。

你也不必为了急切地想知道消息而不断刷新网页。因为一旦有了更新，RSS阅读器就会自动通知你。

除了博客、微博、播客，Work、威客（Witkey）也成为互联网领域创造的新名词。

Work用于悬赏征集个体作者或团体工作者自己的知识、创意、科研成果，Witkey是Work的工作主体，是一个智慧角色。其在互联网上凭借自己的创造能力，以技能、知识、智慧索取报酬。最著名的威客网站是猪八戒网。

从博客、播客、Work的特点来看，Web 2.0强调的是互联网应用，只须建立基础框架，任何人、单位、团体都可以自行添加内容，并共享给公众，不像传统的互联网应用那样，由ICP提供内容，而用户更多的是浏览。

如果说传统的互联网内容是到饭店里点餐，那么Web 2.0更像是DIY的野炊，每个人发挥自己的聪明才智做出菜品供大家品尝，菜品绝对原汁原味。Web 2.0也像是一出自导自演的舞台剧，比起电视里播出的由专业人士编剧、导演和演出的电视剧来说，自然是有另一番风格。

Web 2.0和之前的传统互联网应用（Web 1.0）将会长期共存。Web 1.0与Web 2.0如图1.15所示。

下面，再让我们追溯一下Web 2.0的历史。

2004年3月，全球专业技术出版商O'Reilly组织的一个会议——"O'Reilly的朋友"中，进行了一次头脑风暴式的探讨。在探讨中，O'Reilly负责在线出版及研究的副总裁戴尔·多尔蒂和MediaLive公司的格瑞克·克莱共同提出了Web 2.0的概念。

2005年9月，O'Reilly公司的CEO提姆·奥来理在其公司网站的个人栏目中发表文章《什

图1.15　Web 1.0与Web 2.0

么是 Web 2.0——下一代软件设计模式和商业模式》，这成为 Web 2.0 理念的重要里程碑。

随后，就像所有热点区域即将开盘的房子一样，Web 2.0 成为互联网界热门的关键词之一。

让人意想不到的是，各种新老媒体纷纷将自身贴上 Web 2.0 的标签。YouTube、Myspace、Twitter、校内网等一批带着 Web 2.0 思想或者印记的商业网站纷纷涌现出来。

而 Google、百度也都立刻宣称自己自成立以来一直是 Web 2.0 忠实的拥趸。也就是说，它们虽然没有成为第一个提出 Web 2.0 概念的企业，却已经在灵活运用 Web 2.0 的思想，并且运用得更彻底、更疯狂。

Web 2.0 何德何能引起市场如此大的反响？从本质上讲，Web 2.0 改变了用户参与互联网的方式，将"浏览"互联网变成"参与"互联网，将自主权交到用户手中，减少了交互的环节，提高了交互的效率，提升了交互的质量。

从网络营销角度而言，Web 2.0 的核心价值在于其互动性，与传统 Web 1.0 时代的网络营销相比，Web 2.0 在营销模式、营销受众、价值导向和传播方式等各个方面都有了新的突破。比如，Web 1.0 的广告叫作"广告"，而 Web 2.0 的广告则是更加有效和节省成本的"窄告"，其"打击"更加垂直和有效。

（3）Web 3.0

Web 2.0 时代的互联网是为了把人与人联系起来，而 Web 3.0 时代的互联网是为了把信息与信息联系起来。

应该说 Web 3.0 的定义尚未形成广泛的共识，大家对其定义还有很多不同的理解。在有互联网之父之称的蒂姆·伯纳斯·李看来，互联网的未来是语义网，而许多互联网专家把语义网看作 Web 3.0，也有人把语义网称为"Web 4.0"。

Web 3.0 要解决的一个最重要的问题就是要使计算机能理解到人们能理解的内容——"语义网"希望做到并正在做的事情。

Web 3.0 网站内的信息可以直接和其他网站的相关信息进行交换和互动，还能通过第三方信息平台同时对多家网站的信息进行整合分类。

Web 3.0 用户可以在互联网上拥有自己的数据，并能在不同网站上使用，完全基于 Web，只需要用浏览器便可以实现复杂的系统程序才具有的功能。

还是用一个例子来说明 Web 2.0 与 Web 3.0 的异同。假设你正考虑去休假，想去热带地区，为这趟旅行你准备了 3000 美元的预算。你想住好的酒店，又不想花太多的钱，还想要一张便宜的机票。借助目前可以使用的互联网技术，你不得不多次搜索以便找到最佳的休假选择：首先，你需要研究潜在的目的地，然后确定哪个适合自己；其次，你可能还要访问若干个折扣旅游网站，比较机票和酒店客房的价格；最后，你还要把很多时间花在查阅各个搜索引擎结果网页的结果上，整个过程可能要花好几个小时。在 Web 3.0 时代，你只要发出一个很简单的指令，剩下的事情则交给互联网，互联网完全可以代替你做所有工作，它会根据你的偏好确定搜索参数，以缩小搜索服务的范围，然后，浏览器程序会收集、分析数据并将数据提供给你，便于你进行比较。浏览器之所以有这个本领，是因为 Web 3.0 能够理解网上的信息。

第 **2** 章

TCP/IP 网络组成

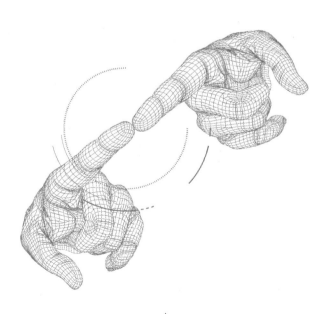

TCP/IP 的世界如同城市的高楼大厦，在光鲜艳丽、霓虹闪烁之下，是冷冰冰的"钢筋混凝土"。它们准确、严肃、一丝不苟，每一个元器件的尺寸、规格、功能都恰到好处，软件、硬件、传送介质分布考究，配合完美，就像一台结构精密、复杂的发动机，每个零部件都精益求精，相互配合，严丝合缝。构建这样的世界，需要周密的逻辑和高超的智慧。

2.1　TCP/IP世界的基本组成元素

TCP/IP 世界的组成元素可谓琳琅满目。为了便于分析和总结，我们将它们分为节点、管线、管理体系、应用系统等几大类。

节点，是数据信息进行路由、交换、处理、分析、转换的装置，包括路由器、交换机、防火墙、流控设备、主机、终端，还有一些节点并非只为 IP 设计，例如语音网关、5G 网络中的会话管理功能（SMF）、用户面功能（UPF）等。在节点中，信息内容及其表现形式将发生或者有可能发生人为的或自动的转换。IP 世界的节点"全家福"如图 2.1 所示。

图2.1　IP世界的节点"全家福"

管线，包括所有有线和无线的传送线路，以及各种电信级、企业级、家庭级以及个人级的传送网络、调制解调器（Modem）、转换器等。同步数字系列（SDH）、波分复用（WDM）、光传送网（OTN）等传输网络虽然也由大量节点组成，但是由于本书以研究 IP 为主，这些节点对 IP 而言是"透明"的，因此我们把 SDH、WDM、OTN 等提供的传输线路理解为"管线"即可。数据信息在"管线"中传送，理论上是不允许发生任何信息内容改变的，当然，外界干扰对信息内容可能会有影响。这就像运送货物的车队，车在道路上行驶，你可以在允许的范围内转换货物的包装方式，但货物本身并未发生改变。IP 世界的管线"全家福"如图 2.2 所示。

图2.2　IP世界的管线"全家福"

管理体系，包括对 IP 网络进行配置、告警、维护、控制等所需要的所有软件和硬件。首先声明，IP 网络的管理并不是强制性的，也就是说，没有专门的管理体系，IP 网络也能处于工作状态。只是，没有管理的网络是脆弱和笨拙的。

应用系统，所有基于 IP 网络的业务和应用包括 WWW、IM 系统、CRM/ERP/MIS、网络游戏、博客、维基百科、SNS、微信、钉钉、抖音等。绝大部分应用系统都不是由单一软件或者硬件组成的，而是由一系列软硬件组成的复杂的生态系统。IP 世界的应用体系如图 2.3 所示。

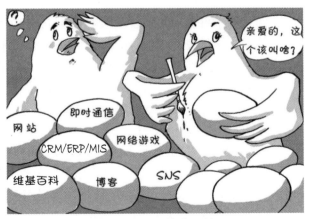

图2.3　IP世界的应用体系

节点、管线、管理体系、应用系统是 TCP/IP 网络的基本组成部分，它们各成体系又浑然天成，它们相互联系又各司其职。我们将所有这些基本组成部分称为 IP 世界的"钢筋混凝土"。正如建设高楼大厦绝不是钢筋混凝土的简单堆砌，建设 IP 网络也绝对不是节点、管线、管理体系、应用系统的简单叠加，它们是有层次地组织在一起的。而这种组织的最基本单元是局域网。

从另一种角度来说，互联网的基础架构，可以看作许多局域网互联的集合。无数的"钢筋混凝土"都先从组建局域网开始，才逐步构建起 TCP/IP 世界的高楼大厦。经过历史演进和技术淘汰，以太网已经成为 IP 网络中应用最广泛的局域网类型。

2.2　局域网中枢——以太网交换机

1. 以太网，从普遍到唯一

以太网应用的普遍性，无须多言。看一看我们身边的企业网，我们不得不感叹，以太网已经普遍到几乎成为"唯一"。

以前的计算机网络课程里面，还有令牌环网、FDDI 和 ARCNET，而现在它们都无声无息地神秘消失，只留下部分教科书上支离破碎的介绍，以及它们忠实拥趸们心态复杂的回忆。

很久以前，我们就开始思索：以太网究竟是何方神圣？有什么过人之处？有什么深厚的背景？有什么显赫的"家世"？为什么偏偏是它，能够在如此短的时间内迅速发展？

好，带着这个问题，我们了解一下以太网的相关知识。

2. 以太网诞生记

20 世纪 70 年代，美国施乐公司提出了很多先锋技术项目，以太网技术是其中的一个。"以太"这个名字来源于 19 世纪的物理学家假设的电磁辐射媒体——"光以太"，后来的研究证明，"光以太"不存在。用"以太"来给局域网技术命名，大概就来自其设计者的灵感闪现。

1973 年，刚从麻省理工学院毕业的高才生罗伯特·梅特卡夫给他施乐的老板写了一篇有关以太网潜力的备忘录。3 年后，他和大卫·博格斯又发表了一篇名为《以太网：局域计算机网络的分布式包交换技术》的文章。这两篇文章的反响并不大，但伟大事物的开端往往如此平凡。

既不受老板赏识，又不被社会接受，这让梅特卡夫很失落。你无法改变老板，也无法改变社会，能改变的只有自己。于是在 1979 年，梅特卡夫离开施乐，光荣"下海"，成立了一家叫作 3Com 的公司。3Com 的一项重要工作并非技术开发，而是对美国数字设备公司（DEC）、英特尔和施乐进行游说，梅特卡夫希望与这些企业一起将以太网标准化、规范化、商业化。

短短一年时间，通用以太网标准就出台了！

以太网的大潮快速袭来，当时业界两个流行的非公有网络标准——令牌环网和 ARCNET，很快萎缩并被取代。而在此过程中，3Com 迅速成为国际化大公司。

3Com 的成功，也得益于不支持以太网的人。一些著名专家指出，"在理论上"令牌环网要比以太网优越，而在实际上，实践是检验真理的唯一标准。

受到此结论的影响，很多计算机厂商或犹豫不决，或决定不把以太网接口作为机器的标准配置，但这恰恰造就了 3Com 成为顺应历史潮流的佼佼者。3Com 有机会从销售以太网网卡中获得巨大的经济效益。

有人说，"以太网不适合在理论中研究，只适合在实际中应用"。这也许只是一句玩笑话，但也说明了这样一个技术观点：通常情况下，网络中实际的数据流特性与在局域网普及之前的估计不同，如果要花大力气去研究数据流特性并用复杂的方案去应对每个细节，不如用一些简单的技术体制来满足大部分的要求。谁最简单？当然是以太网。

2003 年，3Com 与华为建立合资公司——华为 3Com，以联手对抗思科网络。2006 年，华为将所持合资公司股份全部出售给 3Com，获得 8.82 亿美元现金流，补贴全球征战的 3G 产品线。2007 年，华为 3Com 更名为华三通信，创立"H3C"品牌。2010 年，惠普全资收购 3Com 公司，并将 H3C 产品线重新定义为 HP Networking，2015 年被紫光集团收购，并在 2016 年成立新华三集团，沿用 H3C 的品牌，为遍及全球的用户提供新的 IT 解决方案和服务。2023 年，新华三发布全新品牌口号——"精耕务实，为时代赋智慧"。

3. 以太网的工作原理

通过上面的内容，我们知道，因为以太网简单，所以被发扬光大了。接下来的问题就是，以太网为什么"简单"？简单，能解决问题吗？

局域网要解决的最大问题，无非是多台主机都想在网络上"发言"，在任何一个时刻，让谁先"发言"。

这就像一个多人会议，没有主持人，而每次发言者只能是一个。很可能出现两个人或者多个人同时想发言的情况，这就需要有一套合理的机制，保证这个会议能够顺利进行——畅所欲言且井然有序。

为了解决这一问题，人们探索了不少巧妙的办法。比如令牌环（环形）就采用令牌方式，整个网络里只有一个"令牌"，谁拿到令牌谁发言。令牌则在网络里按照某种机制传递。

令牌环网的主要缺点是有较复杂的令牌维护要求。空闲令牌的丢失，将降低环路的利用率，令牌重复也会破坏网络的正常运行，故必须选某台主机作为监控站。

令牌环网的其他缺点也很突出：环网潜在的问题是，一个节点连接出现问题会使网络失效，因此其可靠性差。另外，新主机入环、退环都要暂停环网工作。假如一个公司新进一名员工，就要把整个局域网断开，将新主机连接进来，才能重新工作——毫无灵活性可言！

梅特卡夫琢磨出的一套流程，可以很好地解决局域网中每台计算机都想"发言"的冲突问题。

假设某台主机希望发言（发送数据），可以遵照下述步骤进行。

◆ 开始：如果线路空闲，则启动传输，否则转到"线路忙"那一步。

◆ 发送：如果检测到冲突，继续发送数据直到达到最小报文时间（保证所有其他转发器和终端检测到冲突），再转到"线路忙"那一步。

◆ 成功传输：向更高层的网络协议报告发送成功，退出传输模式。

◆ 线路忙：等待，直到线路空闲。

◆ 线路进入空闲状态：等待一个随机的时间，转到"开始"那一步，除非超过最大尝试传输次数。

◆ 超过最大尝试传输次数：向更高层的网络协议报告发送失败，退出传输模式。

回到那个会议中。基于上述机制，会议将这样组织。

◇ 每次只能有一个人发言。

◇ 任何人想发言，必须先举手。

◇ 如果某个人想发言，需要先看是否有人正在讲话，如果是，他需要等待一段时间。

◇ 如果恰巧同时出现两个人举手要求发言，那么他们都分别随机等待一段时间，再开始讲话（当然前提是当前没有其他人在发言）；只要两个参与者等待的时间不同，冲突就不会出现。如果恰巧两者出现冲突（这种情况的发生概率极低），那就需要再次随机等待一段时间，直到某一方先开始发言。以太网的会议如图 2.4 所示。

图 2.4　以太网的会议

图2.4　以太网的会议（续）

基于以上流程，以太网被设计为总线型结构，一根主线贯穿始末，在主线上"分叉"来连接主机。

这一设计简单、便捷、灵活性强，随时可以添加、删除主机，方便非专业人士组网。因此，以太网很快流行开来。

4. 从共享式到交换式

我们弄清楚了以太网工作的原理，需要给这套机制起个名字。虽然原理并不复杂，但名字却有些绕口——带冲突检测的载波监听多路访问（CSMA/CD），这是以太网的精髓所在！

CSMA/CD 是使以太网垄断局域网技术的关键因素，其最大优势就是简单！

简单的东西，优势是简单。

简单的东西，劣势也是简单。

一根总线被多台主机共享，其工作效率将会很低。这就像一场会议，来的都是绅士，彬彬有礼、有条不紊，但会议所花费时间却很长。

更为重要的是，这种"一个说，大家听"的特质是其在安全性上的弱点，因为网络上任何主机都可以选择是否监听线路上传输的所有信息，所以其安全性差。

这种模式的以太网被称为共享式以太网，以细缆（被称为 10Base2，2 指传送距离最远可达 200m）、粗缆（被称为 10Base5，铜缆的传送距离最远可达 500m）和集线器（HUB）+ 以太双绞线（从三类线到六类线或者更高，最常用的是五类线或超五类线）为传送介质组建网络，其安全问题和效率问题一直被人们诟病。如果这种趋势发展下去，随着应用越来越广泛，其被取代只是时间问题。

幸运的是，1990 年，交换式以太网技术诞生了。它能同时提供多条传输路径，从而显著提高网络的整体带宽，同时也为网络安全性提供了保证。交换式以太网核心设备是以太网交换机，而非共享总线。CSMA/CD 依然有效，但共享总线结构的传统模式被彻底颠覆了。

共享式和交换式以太网如图 2.5 所示。

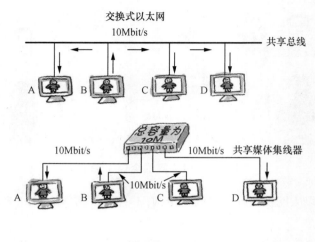

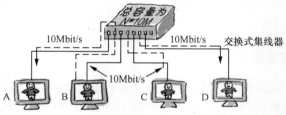

图2.5　共享式和交换式以太网

为了最大限度地减少冲突，提高网络速率和使用效率，当今的以太网大都以以太网交换机为核心来进行网络连接和组织，这样，以太网的拓扑结构就成了星形。

在通信网络中，不能仅凭眼睛看到的物理连接形式来判断网络的拓扑结构。人们学习知识就是为了和直觉做斗争。你摸到孩子额头很热，他未必真的发烧了，有可能是你手太凉的缘故。以太网的星形连接是你的直觉，而实质上它是一种总线型连接，只是这根"总线"隐藏在交换机或者 HUB 内部。

5. 以太网的演进

以太网以压倒性优势占据局域网的垄断地位，其原因是它简单，并可演进。

以太网技术的演进能力不仅仅体现在从共享式到交换式方面，更体现在其速率提升方面。20 多年来，以太网的速率从 10Mbit/s、100Mbit/s、1 000Mbit/s 到 10Gbit/s，而 100Gbit/s 的以太网也已规模商用。

1993 年，全双工以太网交换技术诞生，改变了原来以太网半双工的工作模式，使以太网的传输速率又提高一倍。

6. 以太网交换机

交换式以太网需要一种核心设备，能够快速地指导所有进入者该从哪个门走，并将进入者"扭送"至出口。这个设备只负责处理以太网信息，因此被称为"以太网交换机"。

以太网交换机往往只有一类物理接口——以太网接口，当然，可以是电接口（比如 RJ45 接口），也可以是光接口（如单模光纤接口、多模光纤接口等）。不同的以太网交换机因接口类型和数量、交换容量、处理能力、所处理的协议层等不同而有所差异。

以太网交换机根据其处理的协议层不同，分为二层交换机和三层交换机（现在根据市场需要，商家们还提出了 4 层、7 层交换机）。这里的"层"是指 ISO/OSI-RM 的 7 层结构。二层是指数据链路层，处理以太网帧的相关操作，三层是指 IP 层，处理 IP 层的操作。

二层交换机在操作过程中不断地收集资料，并建立它本身的地址表，这个地址表并不复杂，主要标明每个 MAC 地址是在哪个端口上被发现的。当交换机接收到一个数据包时，会检查该数据包的目的地址，并检索自己的地址表，最终决定把数据包从哪个端口发出去。

这与 HUB 不同。HUB 组成的共享式以太网，某个站点发送的数据会出现在 HUB 的所有端口上（不管是否为其所需），因此共享式以太网不但效率低，安全性也差。

以太网交换机的引入，使网络节点间可独享带宽。只有一个例外——对于二层广播报文（比如 ARP 公告），二层交换机会对所有主机广播——当然，这也是必须的。

当多个二层交换机用以太网线连接起来（称为"级联"），二层交换网络上的所有设备都会收到广播消息。如果这个以太网太大，泛滥的广播消息会造成网络效率大幅降低。这就是令人头痛的"广播风暴"。

解决这个问题的方法是，将一个二层交换网络进一步划分为多个虚拟的局域网，这些虚拟的局域网被称为虚拟局域网（VLAN）。这里的"虚拟"，是"逻辑"的意思。也就是说，按照一定的逻辑关系将主机划分为若干群组，这种群组是逻辑组，和主机所在的物理位置无关。

在实际应用中，比如一个企业，可以把每个部门的计算机划分为一个 VLAN；一个学校，把不同的院系划分为不同的 VLAN。根据需要，可以把一个屋子的主机划分为两个 VLAN，也可以把不同屋子的主机划分到同一个 VLAN。

在一个 VLAN 内，由一台主机发出的信息只能被具有相同虚拟局域网编号的其他主机接收，其他虚拟局域网的主机则收不到这些信息。各部门、各院系、各处室内部广播。

因此有人把 VLAN 称为"广播域"。VLAN 的应用如图 2.6 所示。

过去我们说，局域网之间可以直接进行通信，不需要路由器。但是划分 VLAN 后，这种情况将发生变化——一个以太网内的主机，如果被划分在不同的 VLAN 里，它们之间的通信必须经过路由设备（路由器或者三层交换机）。

如果一个大型企业的局域网被划分为 50 个 VLAN，VLAN 之间的通信需要占用大量路由器，这就带来了成本压力——路由器成本高，并且效率也会大打折扣。于是，三层交换的概念就在这种情况下被提出。

图2.6　VLAN的应用

三层交换机是在二层交换机的基础上增加三层路由功能。

爱思考的读者第一感觉就是，只要把二层交换机的内核加上路由器的内核，组装在一起，不就是三层交换机了吗？从理论上说，这是可行的，但是在工业实践中，三层交换机和路由器采用的转发机制不完全相同。

从功能上来看，三层交换机是具有部分路由功能的交换机，其工作在网络层（OSI-RM的第三层），主要目的是加快大型局域网内部的数据交换。虽然它也具有一定的路由功能，但这主要是为了服务于这一目的，即能够实现"一次路由，多次转发"。它的路由查找功能是针对"流"的，利用高速缓存技术，在成本不高的情况下实现快速转发。

三层交换机主要应用于局域网内部的通信，实现数据的转发，而路由器则更多地应用于不同网络之间的通信。两者的实现方式也有所差异：三层交换机的数据转发主要由硬件实现，因此速度相对较快，而路由器的三层转发功能则主要基于软件实现，当需要转发数据时，需要经过查询路由表、应用最长匹配原则等一系列复杂的过程，因此其转发速度相对较慢。

2.3　勤奋的引路者——路由器

1. 路由器能干什么？

路由器是组成 IP 网络最主要的选路设备。

路由器是一个能够让进入其内部的、携带原始信息的数据包选择出口道路的盒子。

路由器是一个引路者，当你在陌生的城市里找不到到达目的地的道路时，引路者将指引你正确的方向，并将你送达出口。

路由器是一个信息中转站，它能够将不同制式的网络连接在一起。数据可能以各种方式进入路由器，比如以太网帧、ATM 信元、同步数字系列（SDH）帧、PPP 帧、帧中继帧等。无论采用哪种方式，路由器都会把数据打开并进行分析，根据出口线路的类型重新将其封装到帧或者信元里面。就像货物乘船从水路进入港口，而在港口又被打包到火车上运送到内地。

路由器还是一台特殊的计算机，虽然它长得和我们经常使用的计算机看起来区别很大（当然，计算机的概念早已经被扩大化了）。最早的路由器，就完全采用传统计算机的体系结构。它也有 CPU、内存、中央总线、挂在共享总线上的多个网络物理接口。

路由器专门执行各种路由协议（后文将详细介绍路由协议），并进行数据包的转发工作。也就是说，它擅长做 TCP/IP 规定的内容，却不擅长做绘图、科学计算、电子游戏、多媒体处理等方面的工作。

路由器还能做很多诸如安全、虚拟专用网络（VPN）、流控、负载均衡等方面的工作，每个制造者都有不同的构想，他们往往赋予路由器更多的使命。

路由器的接口类型可以涵盖通信技术中大多数的接口类型，选择哪些接口类型的路由器，这完全取决于应用场景。下面是最常用的接口类型。

◆ 以太网接口：包括电接口和光接口，光接口的接头类型很多，外观都有一定差异，目前较流行的是 SPF 和 SPF+。

◆ E1/E3 接口、T1/T3 接口、DS3 接口：BNC 接口、RJ48 接口（和 RJ45 外观一样，只是线序不同），在逻辑上还分为信道化、非信道化，信道化是指可以将一个 E1/E3 接口、T1/T3 接口或 DS3 接口拆分成多个逻辑接口，每个逻辑接口可以有自己独立的 IP 地址、封装格式等。

◆ 通用串行接口：可转换成 X.21DTE/DCE、V.35DTE/DCE、RS232DTE/DCE、RS449DTE/DCE、EIA530DTE 等的接口。

◆ POS 接口：155M、622M、2.5G、10G 等。

◆ 电话接口：最常用的是 RJ11 接口，也就是普通电话机上的那种接口。

◆ ATM 接口：2M、8M/IMA、155M、622M 等。

路由器有自己的记忆，其中最关键的记忆是它的路由表。每台路由器都可以按照一定规则动态更新它的记忆，也就是更新自己的路由表（这叫动态路由）。

有了这张路由表，从某个接口进来的 IP 包才能在其指导下正确地选路。所有的路由协议都是为获取这张可能不断变化着的路由表服务的。在第 3 章，我们将专门介绍各种常用路由协议的"法律法规"。

2. 路由器的分类

路由器因所管辖范围不同，体积、容量、接口类型和密度、转发性能也有很大差异。按照最通俗的分层分类方法，我们将其分为核心路由器（也可称作骨干层路由器，CR）、汇聚路由器（有人称作分发层路由器，BR）和接入路由器（又称访问层路由器，AR）。也有的分类方法舍去了汇聚路由器而都归为接入路由器。

按照通用的以背板交换能力来区别，核心路由器的交换容量通常大于40Gbit/s（这些参数随着带宽需求量的增加而不断升级放大），也就是说，每秒钟能处理40Gbit数据以上的，一般被称为核心路由器；交换容量在2.5～40Gbit/s之间的，被称为汇聚路由器；交换容量低于2.5Gbit/s的，被称为接入路由器。

如果将网络比作管道，将终端比作水龙头，那么核心路由器作为信息传送枢纽就相当于水闸，其处理性能直接影响管道容量的大小。核心路由器被部署在网络核心位置。这类路由器的接口类型不多，但接口的速率都很高，很少有2Mbit/s以下的。在线应用的核心层路由器所存储的路由表一般也非常庞大，由于处于网络核心，这类路由器对安全性、稳定性要求最高，因此，一般要采用控制部件热备份、双电源热备份、双数据通路等技术保障硬件可靠性。常见的核心路由器有思科的CRS系列、Juniper的T1600系列、华为的NE5000E系列等。

汇聚路由器被部署在核心层和接入层之间，实际上汇聚层也经常采用三层以太网交换机。汇聚路由器的接口类型丰富，容量中等。这类路由器起到承上启下的作用。对下，将用户侧的数据流量收集起来，能在本地做路由的，就尽快做路由；不能在本地做路由的，就向上，将收集起来的流量送到核心路由器中。典型的汇聚路由器有思科的ASR9000系列、Juniper的M120系列、华为的NE40E系列等。

接入路由器距离用户最近，是用户网络和骨干IP网之间的桥梁，容量较小，接口数量不多，因此每台路由器的接口种类也不多，但是不同的路由器，接口类型差异很大；一般情况下，这类路由器的路由表表项都很少，甚至很多小企业或者家庭用的路由器，路由表只有几条，且都是人工输入的。这种人工输入的路由表叫作"静态路由"。另外，许多接入路由器还支持点到点隧道协议（PPTP）、互联网络层安全协议（IPSec）等VPN协议。典型的接入路由器有思科的26系列、Juniper的E系列、华为的AR系列等。

3. 路由器的性能如何提高？

路由器是网络中的交叉路口。信息在线路上传送，是不会引起任何拥塞的，那么拥塞的发生地一定都出现在路口上。这就像道路交通，正常的道路如果不发生车祸等非可控因素，不会发生拥塞，一般都是在交叉路口、道路的出入口发生拥塞的。如何解决拥塞问题呢？

城市交通管理部门和道路规划部门一般采用以下方式。

◆ 提高道路的承载能力，拓宽交叉路口的道路宽度。

◆ 设置红绿灯，提高交叉路口车辆在单位时间的通过率。

◆ 在交叉路口建设立交桥，避免多个方向的车辆同时涌入同一路面。

新的路由器设计也采用和道路交通治理类似的方式。

第一类，越来越多的功能以硬件方式实现，具体表现为用专用集成电路（ASIC）芯片装备路由器。ASIC芯片的好处是去掉了复杂的、和路由器关系不大的处理逻辑，让芯片把精力都放在和路由处理直接相关的功能上，专一意味着高效。

第二类，放弃使用共享总线，采用交换背板，这就是"交换式路由技术"。

第三类，并行处理技术在路由器中运行，并采用模块化设计，这将极大地提高路由器的路由处理能力和速度。

专业厂商正在不断尝试提高路由器性能的新办法，以期待未来IP网络更加畅通无阻。

4. 路由器的领军品牌

1984年，一对来自斯坦福的教师夫妇莱昂纳德·波萨克（斯坦福大学的计算机系主任）和桑德拉·勒纳（斯坦福商学院的计算机中心主任），在美国硅谷的圣何塞成立了一家公司。

他们设计了一种名为"多协议路由器"的联网设备，希望把斯坦福大学中互不兼容的计算机网络连在一起。于是，这家公司制造出了全世界第一台路由器。

这家公司叫CISCO（思科网络）。两位系主任的联姻，成为业界的一段佳话。

1990年，两位创始人退出思科；1991年，一个叫约翰·钱伯斯的人加入思科；1995年，钱伯斯执掌思科，成就了思科的巨大辉煌！

从1986年生产第一台路由器以来，思科公司在其进入的每一个领域都占有第一或者第二的市场份额，成为市场的绝对领导者。1990年上市以来，它的年销售额已从6900万美元上升到2010财年的400亿美元！

思科是目前全球电信行业排名前列的设备供应商，且并购成瘾。自1993年并购Crescendo以来，思科用了十多年成功并购了100多家公司，包括Webex、Cerent、Linksys，以及著名的挪威视频会议公司腾博。

思科的产品系列、用户使用界面成为厂商们追捧和参照的对象。Juniper、华为、中兴、H3C等都成了思科的竞争者。思科的标志变迁如图2.7所示。

2010年，思科推出了其超级路由器——CRS-3产品，并称其将是下一代互联网的基础。

这个吞吐量高达332Tbit/s的产品，其吞吐量是上一代产品——CRS-1的3倍。你可以想象把你家门前的十字路口扩大3倍的感觉，也就是说，十字路口的4条道路，每条都扩展成3倍宽度！

而这个吞吐量，可以在1秒钟内下载美国国会图书馆的所有藏书，中国14多亿人口可以同时拨打可视电话，人类历史上的所有电影通过它进行流媒体传输，用时不会超过4分钟！

思科过去是路由器领域中公认的"老大"，但随后技术被逐步超越。2012年9月，华为领先行业半年发布了480G路由线卡，点燃了新一轮吞吐量竞赛；2013年4月，在业界还沉浸在对480G的关注之时，华为又在年度分析师大会上发布了1T路由线卡，这一次它领先了思科等其他厂商1～2年。

图2.7　思科的标志变迁

2013 年，因被质疑安全问题，思科在中国的市场直接受到影响。

2023 年，华为占据中国的路由器市场份额的 80% 以上，远远高于思科。

2.4　防火墙

1. 什么是防火墙

初听"防火墙"这个名字，各位可不要往房屋、建筑的安全方面去想，这个"墙"是一道逻辑墙，而非实体墙。当然，这也的确是一道墙，一道不能挡盗贼却可以挡网络攻击者，不能防寒暑却可以保护内网隐私的铜墙铁壁！

防火墙的作用就是防止未获得授权的数据包进入私有领地。

一般来说，防火墙是一个物理盒子，用以协助人们排查非法进入的信息，或者协助人们过滤掉不必要的信息。总之，它扮演的角色是为了防窃听、防窃取、防网络攻击者。

防火墙可以是一台计算机，也可以是一台路由器。

说它是一台计算机，是因为它拥有和一台计算机一样的 CPU、操作系统、软件等，只是它的作用非常单一。

说它是一台路由器，是因为它具备基本的路由功能。

防火墙一般情况下至少拥有 2 ～ 3 个以太网接口，防火墙"串"在互联网（外网）和企业内网之间。防火墙的应用如图 2.8 所示。

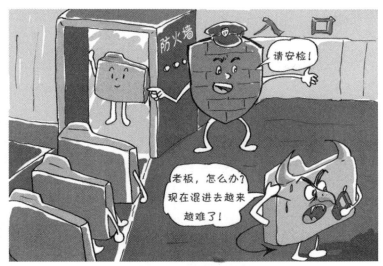

图2.8　防火墙的应用

防火墙与路由器是同时代出现的，我们称最早的防火墙为第一代防火墙，其采用包过滤技术。

1989 年，贝尔实验室推出了第二代防火墙，即电路层防火墙，同时提出了第三代防火墙——应用层防火墙（代理防火墙）的初步结构。

1992 年，美国南加州大学（USC）信息科学院的鲍勃·布雷登开发出了基于动态包过滤技术的第四代防火墙，后来演变为目前流行的"状态监视技术"；1994 年，著名防火墙公司CheckPoint 开发出了第一个采用这种技术的商业化的产品。

1998 年，NAI 公司推出了一种自适应代理技术，并在其产品中得以实现，给代理类型的防火墙赋予了全新的意义，可以称之为第五代防火墙。前五代防火墙也称为传统防火墙，它们采用逐一匹配方法，计算量太大，只能机械地执行安全策略，不能解决目前网络安全的三大主要问题，即以分布式拒绝服务（DDoS）为主要目的的网络攻击，以 Worm（蠕虫）为主要代表的病毒传播，以及以垃圾电子邮件为代表的内容控制。

下一代防火墙也称为智能防火墙，是相对传统防火墙而言的，顾名思义，它更聪明、更智能。传统防火墙对包的检查，就像对人的相貌的识别采用图像识别一样。把一个人的相貌转换为图像，对图像的每一个像素进行记忆，然后进行匹配检查。通过检查上千万个像素之后，告诉你这是谁。智能防火墙不需要海量计算就可以轻松找到网络行为的特征值来识别网络行为，从而轻松地执行访问控制。

2. 防火墙有哪些功能部件

防火墙是在外部网络（互联网）和内部网络（内联网）之间的一堵墙。当然，这堵墙必须得有一扇门，否则它将把内外网完全隔绝——这违背互联的初衷，因此并不是我们所希望看到的。

门有两个基本状态：开和关。防火墙也会说两个词：YES 和 NO，即接收和拒绝。最简单的防火墙是以太网桥，用来隔离两个网段，但这种原始的防火墙用处不大。

那么，这道门怎么设置，才能让防火墙起到作用呢？也就是说，这道门什么时候开，什么时候关呢？

我们先从这道门必须具备的 4 个基本功能部件说起。

首先，这道门需要设置服务访问规则。放哪些数据包进来？放哪些数据包出去？哪些数据包需要特殊处理？这些原则，组成了服务访问规则。

接着，这道门必须有有效的验证工具，以保证其验证结果的正确性，这有点像门禁系统。门禁系统一般采用射频卡，刷卡时，卡内信息与后台数据库的账号列表进行对比，确认后会发出"滴"的一声，就说明验证通过。

然后，对于那些没有验证通过的数据包，这道门必须知道如何将它们过滤掉，因此防火墙必须具备包过滤机制。

最后，对于应用层的各种病毒，防火墙也应该有一定的防范能力。这种功能部件叫作"应用网关"。

3. 防火墙的技术原理

防火墙采用的技术五花八门，形式也多种多样：有的取代系统上已经安装的 TCP/IP 协议栈，有的在已经有的协议栈上建立自己的软件模块，有的干脆就是一套独立的操作系统，还有一些应用型防火墙只对特定类型的网络连接提供保护，另外还有一些基于硬件的防火墙产品，有些人称之为"安全路由器"。

防火墙典型的应用场景如图 2.9 所示。

图2.9　防火墙典型的应用场景

图2.9中，两个网段之间隔了一个防火墙，防火墙的一个网段有一台Linux主机，另一个网段则摆了一台个人计算机。

当个人计算机向Linux主机发起某种请求时，个人计算机的用户程序会产生一个TCP包并把它传给本地的协议栈准备发送。接下来，协议栈将这个TCP包"塞"到一个IP包中，然后通过个人计算机的TCP/IP协议栈所定义的路径将它发送给Linux主机。在这个例子中，该IP包必须经过横在个人计算机和Linux主机中的防火墙才能到达Linux主机。

现在我们"命令"防火墙把所有发送给Linux主机的数据包都拒绝掉。完成这项工作后，防火墙出于怜悯，还会告诉用户程序一声——"Hi！我把你的数据拒绝了啊！"接下来，只有和Linux主机同在一个网段的用户才能访问这台主机。

当然，我们也可以"命令"防火墙专门给那台可怜的个人计算机"找茬"，别人的数据包都被允许顺利通过，就它发出的不行。这正是防火墙的基本功能：根据IP地址进行转发判断。但到了大场面，这种小伎俩就不起作用了，因为网络攻击者可以采用IP地址欺骗技术，将这台个人计算机伪装成合法地址的计算机，其发出的数据包就可以穿越信任这个地址的防火墙了。

仅仅靠地址进行数据过滤在实际应用中是不可行的，原因是目标主机上往往运行着多种通信服务。大多数情况下，不能因为要过滤掉某台计算机发来的某一种应用的数据包，而拒绝掉这台计算机发出来的所有数据包。

比如，很多公司不希望员工上班登录QQ，那么就需要在防火墙上做相应的配置，使QQ无法正常登录腾讯服务器。其实这种配置非常简单，只需要关闭QQ的端口号即可。不可能因为不让登录QQ而抛弃所有的数据包，否则这就是典型的"因噎废食"了。

4. 防火墙无处不在

当然，我们也可以以一种宽松的方式定义广义的防火墙。目前的操作系统、路由器中都带有一定的数据过滤机制。可以说，当前的计算机、路由器，甚至一些多媒体网关，都可以做防火墙。

在企业局域网组网中，很多出口路由器（接入路由器）就承担了防火墙的功能。

2.5 信息大脑——主机

主机从来都觉得自己是IP世界的主人，IP世界的所有其他元素都是为它服务的。

没错，站在自己的角度看世界，大多数人都会认为自己是绝对的主角。

TCP/IP世界的信息是在主机之间进行交互的。计算机、服务器、工控机，这些都是主机！还有人会问，上网本计算机是不是主机？各种PAD是不是主机？智能手机是不是主机？这些问题的确让我们有点难以回答。广义上讲，具有计算、存储能力的通信终端，都可以归为主机，本书不过多注重将这些概念严肃厘清（其实再严肃也很难厘清）。

我们说"互联"，其目的就是把所有的主机连接在一起，其他元素（例如路由器、交换机、防火墙、网线）似乎都是陪衬。主机不但有存储功能，还要接收、发送、生成、处理 IP 包，并将 IP 包中的信息通过外设呈现出来，使人的感官能感受到，也就是听到或者看到（未来可能会"闻到"）。

TCP/IP 世界的主机除了具备 CPU、内存等硬件，还包括用于联网的网络接口卡，还通常具备以下几类部件：以太网卡、操作系统、协议栈、数据库、应用软件。

1. 个人计算机（PC）

PC 这个名词我们就不解释了，就是你办公桌上摆着的，每天都要面对的，干什么工作似乎都离不开的，让你又爱又恨的家伙。

1981 年 8 月，国际巨头 IBM 在纽约曼哈顿华尔道夫饭店的会议厅展示了一款小型计算机。在此之前，计算机是普通用户难以企及的庞然大物。IBM 公司为它的新产品命名为 IBM PC。PC 如图 2.10 所示。

尽管之前已经有几家公司在做类似的产品，但因为 IBM 的实力和它准确的价格、性能定位，使其迅速成为个人计算机业的霸主。

1982 年，美国《时代》周刊评选这台 PC 为"年度封面人物"，在随后的两年时间里，IBM 卖出了 20 多万台 PC，这可是它当初确定的未来 5 年的销售目标！

《时代》周刊当时还预测"2000 年将会有 8 000 万台 PC 投入使用"，但实际上 21 世纪初全球 PC 总数已达 5 亿台！更重要的是，计算机给人们的生活带来了无法逆转的改变。

图2.10　PC

我们有必要了解一下 IBM，这家 1911 年创立于美国的企业（刚成立的时候叫作 CTR 公司，1924 年改名为 IBM，即"国际商业机器公司"），总部位于纽约州阿蒙克市，目前拥有全球雇员

30 多万人，是全球最大的信息技术和业务解决方案公司。

然而，在 IBM 创立之初，该公司的主要业务是商用打字机、员工计时系统、磅秤、自动切肉机，而后转为文字处理机、穿孔卡片设备等。第二次世界大战期间，IBM 甚至还造过武器。

今天的 IBM 是一艘工业企业的"超级航母"，在多个领域都有很高的造诣。

在计算机产业，IBM 是长期的领导者，在大型 / 小型机和便携机方面的成就举世瞩目。当年与国际象棋世界冠军卡斯帕罗夫对战的超级计算机"深蓝"以及"更深的蓝"就出自 IBM。

软件方面，IBM 是除微软外的世界第二大实体，整合五大软件品牌，包括 Lotus、WebSphere、DB2、Rational 和 Tivoli，在各方面都是领先者或强有力的竞争者。

2005 年，IBM 出售桌面计算机与笔记本计算机业务给中国 IT 企业——联想集团。自此，Thinkpad 易主 Lenovo。

2009 年，IBM 的 CEO 彭明盛提出了一个庞大的近乎疯狂的"智慧地球"计划，这成为未来 10 年"蓝色巨人"IBM 战略发展的核心，每年投入 30 亿美金用于此计划的实施。

这个计划的定义大致是：将感应器嵌入和装备到电网、铁路、大坝、建筑等各种现实实体中，形成物物相联，然后通过超级计算机和云计算将其整合，实现社会与物质世界的高度融合。在此基础上，人类可以更加精细和动态地管理生产和生活，达到"智慧"状态，提高资源利用率和生产力水平，改善人与自然界的关系。

2. 服务器与工控机

服务器是一种运行管理软件以控制对网络或网络资源（磁盘驱动器、打印机等）进行访问的计算机，并能够为在网络上的计算机提供资源，使其犹如工作站那样进行操作。

工控机是一种加固的增强型个人计算机，可以作为一个工业控制器在工业环境中可靠运行。

我们知道，在工业现场，一般都有强烈的振动，灰尘特别多，还有很强的电磁场干扰，并且一般工厂都是连续作业的，工人三班倒，计算机极少关机。

在这样的环境下，一般的计算机和服务器是支撑不住的，这就要工控机大显身手了。

工控机的机箱采用钢结构，有较强的防磁、防尘、防冲击的能力，机箱内配置专用电源，抗干扰能力很强。最为重要的一点是，工控机连续工作的能力很强，很多工控机可以连续工作数年之久！

早在 20 世纪 80 年代初期，美国 AD 公司就推出了类似工控机的 MAC-150，随后 IBM 公司正式推出工业个人计算机 IBM7532。

3. 虚拟主机

一台服务器如果只提供一种资源，这种资源对硬件和带宽的要求并不高，那么无论是 CPU、内存还是硬盘的使用都会造成浪费。能不能在这台服务器上运行多个应用呢？

虚拟主机将在这样的应用中大显身手。

虚拟主机在网络服务器中划分出一定的磁盘空间供用户放置站点和应用组件，提供必要的站点功能与数据存放功能，以及必要的传输功能。

CPU 和内存可以同时处理多个进程；硬盘是文件系统，多个应用之间并不冲突，甚至还互相有关联。

这一方案的出现对 IP 世界产生了重大贡献！由于多台虚拟主机共享一台真实主机的资源，每个用户承受的硬件费用、网络维护费用、通信线路费用均大幅度降低，互联网真正成为人人用得起的网络，这对中小企业而言意义重大。

每一台虚拟主机都具有独立的域名和完整的互联网服务器（支持 WWW、FTP、电子邮箱或其他互联网服务）功能。从用户角度根本看不出它们在同一台服务器上。

当然，虚拟主机不是万能的，它也会受到性能限制。一台主机只能够支持一定数量的虚拟主机，具体数量视主机性能而定；当超过这个数量时，性能急剧下降。

4. 以太网卡

以太网卡是一块能插在计算机上的卡，一般它们都被插到计算机的 PCI（外设部件互连标准）插槽上。这张卡一般有至少一个以太网接口（一般是 RJ45 接口）。以太网卡的驱动程序会与操作系统中的协议栈接驳。计算机装上以太网卡，就不再是"信息孤岛"，如图 2.11 所示。

以太网卡上有自己的地址——MAC 地址，以太网卡在诞生之日就被固定了 MAC 地址，当然，网络攻击者有办法修改这些地址。

目前大量的计算机主板已经集成了以太网卡，用户不需要单独购买，即可连接以太网线。而在 10 多年前，以太网卡曾被认为是计算机的高级外设。

图2.11　计算机装上以太网卡，就不再是"信息孤岛"

5. 操作系统

操作系统是控制程序运行，管理系统资源（尤其是磁盘、内存、接口和外设），并为用户提供操作界面的系统软件的集合。

自计算机诞生以来，人类创造了至少 100 种操作系统，而真正能够发扬光大被人们广泛使用的，除了之前提到的 UNIX 和 Linux，还有微软的 DOS 和 Windows、苹果的 MAC 等，以及后面我们会介绍的手机操作系统。

为什么会出现"操作系统"这一概念？软件不能直接运行在计算机硬件上吗？加上中间这个"系统"，会不会对性能造成影响？

我们知道，计算机的硬件种类繁多，在一台计算机上安装硬件，最关键的是需要让计算机的 CPU 能够有效管理此硬件，而这种管理是通过"操作系统"进行的。操作系统下对硬件，上对软件，它是这两者之间的桥梁和纽带，如图 2.12 所示。

图2.12　操作系统是计算机硬件和软件之间的"桥梁"

很容易理解，软件必须能够调用这种操作系统，才能对硬件进行操作。假如没有操作系统，软件必须直接与硬件打交道，这会让社会分工变得混乱：做软件的人员，必须了解硬件；做硬件的人，不得不去学习软件的内核——这是严重的资源浪费。操作系统就是基于这样的背景诞生的。

不可否认的是，当前主流的操作系统包含了大量的软件，Windows 就自带各种游戏、记事本、写字板、网页浏览器等，这些都是商业运作的需要，而非操作系统的初衷。

第一部计算机 ENIAC 没有操作系统，其更像是一个机械算盘，这种计算机的建立方式与效能不足以执行任何一种操作系统。1947 年，晶体管被发明，接着，莫里斯·威尔克斯发明了微程序方法，使计算机不再是机械设备，而是电子产品。系统管理工具以及简化硬件操作流程的程序很快就出现了，且成为操作系统的鼻祖。

20世纪60年代，商用计算机制造商开始制造所谓的"批次处理系统"。这种系统可将工作的建置、调度以及执行序列化。此时，厂商为每一台不同型号的计算机创造不同的处理系统，因为为某个特定型号计算机而写的程序无法移植到其他计算机上执行。如果这种状况持续下去，就根本不可能有计算机高度普及的今天。

IBM深谙其道，锐意改革，于1964年推出了一系列用途和价位都不同的大型计算机——IBM System/360。这是大型计算机的经典之作。它们都共享代号为OS/360的操作系统，这是一次伟大的尝试！ System/360系列大获成功，直接导致其成为IBM以后所制造的大型计算机的祖先。

接着发生的故事，我们之前已经讲过，UNIX于20世纪60年代末呱呱坠地；Linux于1991年横空出世。

就在UNIX出现后的1975年，一个后来一度成为全球市值最高的企业诞生了。微软公司的标志变迁如图2.13所示。这家公司开始非常低调，连起名字都非常"弱势"——Micro（微小）-soft（柔软），没错，Microsoft，微软。其开发的软件系统庞大；其行事风格足够强硬，这与"微软"二字完全不符。

图2.13　微软公司的标志变迁

19岁的哈佛大学辍学生比尔·盖茨和他的高中校友保罗·艾伦建立了微软公司，总部设在华盛顿州的雷德蒙德市，注意，华盛顿州和华盛顿市完全是两回事。

像所有刚刚创业的年轻人一样，他们首先得找到能填饱肚子的家伙事儿。于是他们根据自己的特长，开卖当时流行的 BASIC 解译器，也顺手做点其他小生意。

由于微软是少数几个 BASIC 解译器的商业生产商，很多家庭计算机生产商在其系统中采用微软的 BASIC 解译器。很快，微软 BASIC 解译器成为公认的市场标准。但是，BASIC 解译器再成功，也无法让微软变成一家世界级的大公司。这让雄心勃勃的盖茨很苦恼。

1980 年，一个重大事件改变了微软和这对高中好友——IBM 选择微软为其新计算机编写关键的操作系统！促成这件事儿的，很可能是盖茨的母亲——当时她是 IBM 的董事。

这可是千载难逢的好机会！如果运气好，说不定能成为 IBM 的永久合作伙伴，如果盖茨先生这么想，他也许会成为 IBM 的一个部门经理，成为一名高级白领，年薪 300 万或者 500 万美元，并于某年某日光荣退休，荣归故里，诸如此类。

然而，盖茨先生不是这么想的，因为他不仅仅是个技术高手，更是个绝顶聪明和富有雄心的商人。

他以 5 万美元的价格从西雅图的一位程序编制者手中买下了一个操作系统——QDOS 的使用权，在进行部分改写后将其提供给 IBM，并命名为 Microsoft DOS。IBM-PC 的普及使 Microsoft DOS 取得了巨大的成功，因为其他计算机制造者都希望与 IBM 兼容。

1984 年，微软公司的销售额超过 1 亿美元。随后，微软公司继续为 IBM、苹果公司以及无线电器材公司的计算机开发软件。但随着微软公司的日益壮大，IBM 越发感觉到，微软虽然是自己的供应商，但其野心似乎太大了！因为微软已经在许多方面与 IBM 成为竞争对手！

终于，在 1991 年，IBM 和苹果分别与微软解除了合作关系。但之后 IBM 与微软的合作关系从未间断过，两个公司保持着既竞争又合作的复杂关系——一个是软硬件兼顾的帝国，一个是纯软件大鳄，唇齿相依，唇亡齿寒，谁都清楚，做自己最擅长的事情，方为正道！

在随后的 30 年间，在各自的主营业务方面，IBM 和微软从未大规模正面相撞。而苹果公司在著名的 Apple II 过气后就沉睡了，直到 21 世纪，苹果公司才在乔布斯的带领下重振雄风。

1998 年，盖茨的个人资产总值超过了 500 亿美元大关，据《福布斯》统计，他连续十多年成为全球首富。

Windows 操作系统（中文翻译为"视窗"）是微软公司最著名的产品，它在高峰时曾占据全世界 90% 以上的个人计算机操作系统市场。

2008 年，比尔·盖茨正式退休，淡出微软日常管理工作。

虽然微软一直致力于软件开发，却既不"微"又不"软"，它已经成为全球历史上最强大的软件帝国！

6. 数据库

无论是金融、教育，还是零售、卫生、公共安全、运输等行业，从业人员都要面对庞大的数字集合，他们需要对这些数字进行记录和存储，需要随时查询，经常性地分析。

任何一个天才都不可能用大脑记录所有的数字，当然，我们也无须记录这些庞大数量的数字。在计算机里面安装一类软件，我们用它专门负责对数据信息进行存储、查询、调用和分析，看来是十分必要的。

这类软件就是数据库。今天我们对数据库这个东西都不陌生，它为人类海量数据的管理提供最基本的支持能力。

而在60多年前，人们对数据的管理还处于初级阶段。那时候的数据管理，都是通过大量地分类、比较和表格绘制，使机器运行数百万张穿孔卡片完成的，并将运行结果在纸上打印出来或者制成新的穿孔卡片。而数据管理则是对这些穿孔卡片进行物理存储和处理。

1951年，美国雷明顿兰德公司（现Unisys公司）的UNIVAC I计算机推出了一种一秒钟可以输入数百条记录的磁带驱动器，数据管理的革命就此开始。

1956年，IBM制造了一款"海量存储器"，这个驱动器有50个盘片，每个盘片直径2英尺（约0.61m），可以存储5M字节的数据！这在当时已经是非常大的信息量了！250万个汉字的书，也就占用5M字节的存储量，这难道不算海量吗？想想一部《辞海》也才只有2 350万字！也就是说，9个这样的驱动器就可以存储整部《辞海》了。

数据库系统的萌芽出现于20世纪60年代。当时计算机开始广泛地应用于数据管理，对数据的共享提出了越来越高的要求。传统的文件系统已经明显落后于时代。这时，能够统一管理和共享数据的数据库管理系统（DBMS）降临。

数据库管理系统的核心和基础是数据模型，各种数据库管理系统软件都是基于某种数据模型建立起来的。所以通常人们按照数据模型原理，将数据库分成网状数据库、层次数据库和关系数据库3类。

有趣的是，最早出现的网状数据库的所有者，是今天以医疗、金融、塑料、飞行器引擎和杰克·韦尔奇闻名于世的通用电气（GE）公司，其在1961年开发成功的系统是最早的网状数据库系统。这也是第一个数据库管理系统——集成数据存储（IDS）。

在当时，IDS得到了广泛的应用。它具有数据模式和日志的特征，但只能在GE主机上运行，并且数据库只有一个文件，数据库所有的表必须通过手工编码来生成。

之后，GE的一个客户——古德里奇公司重新写了这个系统，并命名为集成数据管理系统（IDMS）。1973年，一家叫作Cullinane的公司开始出售古德里奇公司的IDMS改进版本，并逐渐成为当时世界上最大的软件公司。后来，Cullinane改名为Cullinet。

Cullinet是大名鼎鼎的PowerBuilder的最早规划和开发者。PowerBuilder是基于计算机的图形化数据库开发工具，目前归Sybase公司所有。

层次数据库的鼻祖还是IBM。

1968年，IBM推出了全世界最早的层次数据库——IMS，一种适合其主机的层次数据库。截至2025年6月，该数据库已经发展到第15版本，该版本通过优化服务连续性，让网络切换更流畅，针对语音流与信令流，采用区分处理，以提升处理效率，同时增强了对时延场景的支持能力。这个具有 50 多年历史的数据库在如今的 WWW 应用、商务智能（BI）应用中仍然扮演着重要角色。

网状数据库和层次数据库很好地解决了数据的集中和共享问题，但是在数据库独立性和抽象级别上仍有很大缺陷。用户在对这两种数据库进行存储时，仍然需要明确数据的存储结构，指出存取路径。而后来出现的关系数据库则没有这些缺陷。

1970 年，IBM 研究院的科德博士最早提出了"关系模型"的概念，这一概念奠定了关系模型的理论基础，后来他又多次发表论文，论述了范式理论和衡量关系系统的 12 条标准，用数学理论奠定了关系数据库的基础。

1974 年的一次技术研讨会上，开展了一场以科德博士为首的支持关系数据库的派系和反对关系数据库的派系的大辩论。这次著名的辩论推动了关系数据库的发展，使其最终成为现代数据库产品的主流。

关系模型建立之后，IBM 公司在圣何塞实验室增加了更多的研究人员研究这个项目，这个项目就是著名的 System R。

System R 的目标，是论证一个全功能关系数据库管理系统的可行性。该项目结束于 1979 年，完成了第一个实现结构化查询语言（SQL）的关系数据库。然而，令人遗憾的是，IBM 对 IMS 的承诺阻止了 System R 的投产，一直到 1980 年，System R 才作为一个产品正式推向市场。

1976 年，霍尼韦尔公司开发了第一个商用关系数据库系统——Multics Relational Data Store。

关系数据库系统以关系代数为坚实的理论基础，经过几十年的发展和实际应用，技术越来越成熟和完善。其代表产品有 Oracle、IBM 公司的 DB2、微软公司的 MS SQL Server 以及 Informix、ADA 等。

1974 年，IBM 的博伊斯和钱伯林将科德关系数据库的 12 条标准的数学理论以简单的关键字语法表现出来，里程碑式地提出了今天在关系数据库领域最基础的一种指令语言，即 SQL。

SQL 的功能包括查询、操纵、定义和控制，SQL 是一种综合的、通用的关系数据库语言，同时又是一种高度非过程化的语言，只要求用户指出做什么而不需要指出怎么做。

SQL 集成了数据库生命周期中的全部操作，提供了与关系数据库进行交互的方法，它可以与标准的编程语言一起工作。

自产生之日起，SQL 便成了检验关系数据库的试金石，而 SQL 标准的每一次变更都指导着关系数据库产品的发展方向。

数据库的应用如图 2.14 所示。

这里又有一个小插曲。

当科德博士发表题为《大型共享数据库数据的关系模型》这篇文章的时候，一个技术敏感人士——劳伦斯·埃里森非常仔细地阅读了它，被其内容震惊，这是第一次有人用全面一致的方案管理数据信息！

图2.14　数据库的应用

震惊之余，埃里森敏锐地意识到在这个研究基础上可以开发商用软件系统。而当时大多数人认为关系数据库不会有商业价值。埃里森认为，他的机会来了。很快，一款通用商用数据库系统"Oracle"诞生了——这个名字来源于他们曾做过的项目名。

不过，Oracle 1.0 版本仅仅只是一个"玩具"，除了完成简单关系查询外，做不了太多的事情，他们花费了相当长的时间才使 Oracle 变得可用，维持公司运转主要靠承接一些数据库管理项目和做顾问咨询工作。

IBM 醒得早，却起得太晚，这给了埃里森一个时间差。1985 年，当 IBM 发布 DB2 时，Oracle 已经家喻户晓。

经历过网状、层次和关系数据库系统后，有人提出了新的面向对象数据模型的数据库系统，其特征是数据模型更丰富，数据管理功能更强大，能够支持传统数据库难以支持的新应用。比较典型的有 IBM 的 db4o、EyeDB 等。

7. 应用软件

应用软件是主机中与业务关系最为密切的组成部分，是人机交互的主要介质之一。无论是我们玩的网络游戏，还是即时通信软件，以及客户关系管理（CRM）系统的服务器端软件，都属于应用软件的范畴。

单机版的应用软件并不在我们本节的讨论范畴。我们讨论的应用软件一定是基于 IP 应用的。

在 IP 世界中，客户端的应用软件和服务器端的应用软件进行交互，其交互信息采用 TCP/IP。根据客户端应用软件的界面形态，我们将两者之间的关系分为客户端 / 服务器（Client/Server）和

浏览器 / 服务器（Browser/Server）两种结构。

　　Client/Server（简称 C/S）指客户端采用专门的图形用户界面（GUI）软件访问服务器。最典型的是即时通信软件和邮件处理软件，QQ、MSN、Skype 都有自己的客户端软件，Outlook、Foxmail 也都有独立的客户端 GUI 软件。自己设计客户端软件，可塑性强，个性化强，并可灵活添加各种增值功能。

　　Brower/Server（简称 B/S）指客户端采用浏览器访问服务器。WWW 服务是其中最常见的应用，越来越多的 OA 系统、呼叫中心座席软件采用 B/S 结构。

　　C/S 和 B/S 结构如图 2.15 所示。

图2.15　C/S和B/S结构

　　关于两种结构的争论，从来都没有停止过。

　　C/S 结构有以下特点。

　　◆ 客户端实现与服务器的直接连接，没有中间环节，响应速度比较快，客户端界面设计个性化，界面更加直观、简单、方便。

　　◆ 由于开发是针对性的，因此操作界面漂亮、形式多样，可以充分表现客户自身的个性，但缺少通用性的特点，业务变更的灵活度不够，如有变更需要重新设计和开发，因此维护和管理难度较大，业务拓展门槛很高。

　　◆ 对于客户而言，每次新安装计算机，都需要重新安装客户端软件，C/S 分布功能弱，不能实现快速部署安装和配置。最为重要的是，C/S 的兼容性差，不同的开发工具相互之间很难兼容，具有较大的局限性，这就造成开发成本高，需要具有一定专业水准的技术人员才能完成。

　　B/S 结构具有很强的分布特点，具体如下。

　　◆ 可以随时随地进行业务处理。

◆ 业务拓展简单方便，通过增加网页即可增加服务器功能；维护简单方便，只需要改变网页，即可实现所有用户的同步更新；开发简单，共享性强。

◆ 个性化特点明显降低，无法实现个性化较强的设计要求。

◆ 以鼠标为最基本的操作方式，无法满足快速操作的要求。要知道，键盘快捷键还是比鼠标操作要快得多，而 B/S 结构几乎不能支持快捷键的使用。

◆ 页面动态刷新，响应速度明显降低；功能弱化，难以实现传统模式下的特殊功能要求。

◆ 专用性打印输出难以实现，尤其对票据等，难以实现套打输出，无法实现分页显示，这给数据库访问造成较大的压力。这就是为什么营业厅使用的软件都采用 C/S 结构而非 B/S 结构的原因。

当前，移动互联网 App 模式的应用越来越多，这些具体的应用更类似于 C/S 结构。

最后需要给各位介绍全球 Web 服务器软件排名第一的"Apache（阿帕奇）"。这里的"Apache"既不是一款武装直升机，也不是那个著名印第安部落的名字，而是可以架构在所有正被广泛使用的计算机平台上的开源代码。

这是一款自由软件，取名自"a patchy server"的读音，意思是"充满补丁的服务器"。的确，给它打补丁的人很多，他们开发新的功能、特性，并修改原来的缺陷，使 Apache 使用简单、速度快、稳定性强。

Apache 拥有多个著名项目，而最被人熟知的是 HTTP Server。如果你在公网服务器上（比如安装了 Linux 或者 UNIX 操作系统的公司服务器）运行了 Apache 软件，这台服务器就可以当作一台 HTTP Server 来使用。

2.6 丰富的IP终端

除了 PC，IP 终端的形态还包括上网本、PAD、手机、无线阅读器、语音网关、多媒体话机、企业网关、家庭网关等。

上述有些终端是随着移动互联网的发展而出现的，例如 PAD。

这些终端的本质还是计算机，只是它们应用于特定领域，因此在功能、性能、体系、外观、供电方式方面千差万别，下面我们介绍其中比较热门的两款终端。

1. 电子阅读器

电子阅读器，很多人形象地称之为"电子书"或者"电纸书"，是 IP 终端的后起之秀。

2007 年，网上零售书商亚马逊推出了便携式电子阅读器 Kindle。它使用电子纸模拟真实纸张。用户可以通过 CDMA2000 的无线 IP 接入技术（EVDO）无线接入电子阅读器，容量可达 200 本书，每本收费 10 美元。

亚马逊还推出了基于 Kindle 的付费版网络报纸，用户可以阅读《纽约时报》《华尔街日报》《世界报》等。电子阅读器改变传统图书模式，如图 2.16 所示。

国内，汉王、方正、爱国者等公司推出了自己的电子阅读器产品。政府正在就电子阅读器产品的标准化开展工作。电子阅读器需要大量电子书籍的支持。因此，数字化平台的需求日益旺盛，未来的市场巨大，相关产业链也逐渐形成。

超过九成的电子阅读器都采用美国电子墨水公司的电子墨水显示技术。

电子墨水是一项新技术。像许多传统墨水一样，电子墨水和改变它颜色的路线可以被打印到许多表面，从弯曲塑料、聚酯膜、纸到布。和传统墨水的差异是，电子墨水在通电时才改变颜色，并且可以显示变化的图像。

这是一款典型的"以人为本"的高科技。采用这种技术的电子阅读器，给人阅读的感觉非常舒服，即使在亮光照射下，基于电子墨水的显示也能让读者从阅读中感受乐趣。

美国电子墨水公司是基于美国麻省理工学院媒体实验室的研究，于 1997 年成立的公司。2009 年，美国电子墨水公司被其主要商务伙伴元太科技收购。

图2.16　电子阅读器改变传统图书模式

2. 家庭网关

家庭网关从来没有一个确切定义，但有一个确定的特点——一定放在家里面。

因此可以这么理解：所有放置于家庭的、可以提供网络上行接口（以太网、PON、ADSL、Wi-Fi 等），并可提供多种业务给家庭用户的盒子，都叫作家庭网关。

随着光纤到 x（FTTx）业务在全球的试点和正式商用，目前，许多制造商和运营商在应用中逐渐完善家庭网关的概念和功能，许多大的电信设备制造商推出了可商用的家庭网关产品。

这些产品不但接口丰富以满足不同消费群需求，而且可支持多种服务，例如电话、视频等，并且可以存储、分发家庭内部网络的多媒体内容，成为家庭内部的多媒体中心。

2.7 IP世界的道路构成

在IP节点之间，用于IP包通行的道路由管线和电路构成。管线用于物理的直接连接，电路指传输网构成的逻辑电路，当然，逻辑电路必须"行走"在管线上，无论这种管线是能被看到（有线）还是不能被看到（无线）。

1. 管线

常见的道路材质有以下几种类型。

（1）通信电缆

对人类而言，发明船只是很伟大的。在陆地和陆地、陆地和岛屿之间互通有无，船只可谓不可或缺。

而对计算机而言，发明电缆、水晶头和光纤同样是伟大的。没有这些东西的存在，就没有计算机之间的信息交互。当然，无线能够做很多事情，但无线频率具有稀缺性和互斥性，无线信号的抗干扰能力弱，这使有线传送成为必不可少的传送方式。

金属做传送介质，在没有光纤的年代是绝对的主流。

19世纪中叶，世界上出现了第一条通信电缆，这条通信电缆是采用马来胶绝缘的多股扭合成2mm线径的单芯电报电缆，外护层用铅皮包封，并用钢带或者钢丝缠绕，以适用于陆地或者水底敷设。

100多年来，通信电缆被用于电报、电话、电视信号的传播，直到IP诞生，电缆又被广泛应用于IP包的传送。

要知道，金属电缆可以承担较大带宽的应用。所有的金属都能够导电，因为它们的电磁波通过能力很强。铜金属因为在地球上蕴含量丰富（和金、银相比）、物理特性好（容易弯曲、不易折断、耐蚀性高）、电子特性优异（电阻温度系数小）而被首选为通信电缆（及电力线缆）的原材料。

数据通信网络中的通信电缆，最常用的是双绞线和同轴电缆。常见的双绞线是电话线和以太网的5类线。

双绞线的设计如其名，由若干"线对"组成，每个线对（是指两根包着绝缘材料的细铜线）又按一定的比例相互缠绕，外形有点像很细的麻绳，而每根线一般都只有1mm直径。

双绞线按照线对数量分，有1对、2对、4对、25对、50对等。1对和2对用于电话，4对用于以太网传输，25对以上则是电信大对数电缆。

双绞线按照是否有屏蔽层来划分，分为屏蔽双绞线（STP）和非屏蔽双绞（UTP）线两大类。

STP 的性能好，而 UTP 的价格低。UTP 是目前网络布线的首选。

双绞线按照频率和抗干扰能力，可以分为 3 类、4 类、5 类、超 5 类、6 类、7 类等，以太网通信需要 3 类以上的双绞线。因为干扰无处不在，电缆做不到"出淤泥而不染"。

双绞线最奇特的地方就是互相绞合的线对，如图 2.17 所示。为什么把铜线"绞合"在一起呢？为什么线对不能像一双很长的筷子一样互相平行呢？原来，将线对绞合起来，其作用是抗干扰，也就是防止"噪声"对数据造成影响。

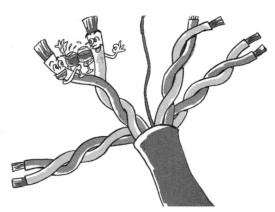

图2.17 双绞线，两根线的伟大友谊

物理学里面的"噪声"和平时生活中我们说的"噪声"是不同的。物理学中的很多"噪声"大都不会发出声响（站在人类的角度，发出声响的意思就是人能听到声响），它们是传送过程中的其他电磁干扰，比如手机放到线缆旁边，手机发出的电磁波就会对线缆的磁场造成影响——因为这种电磁波也在铜金属的通过频率范围内，这就会对铜缆正在传送的数据造成破坏。双绞线就是一种比较廉价的，能够降低这种破坏程度的传送介质。

注意，铜线绞合并不能使噪声消失，而是通过物理方法将噪声抵消，还原真实的数据信号。

双绞线的抗干扰能力虽强，却无法和同轴电缆比。因此，在远距离传送多路语音的时候，一般会选择同轴电缆（或者光缆）而不是双绞线。

双绞线最初的应用就是传送一路语音，就是连接电话机的那根导线——电话线。电话线一般采用一个或者两个线对，用于电话交换机和电话机之间，两头连接 RJ11 水晶头。

RJ11 水晶头用于插入电话机、专用小交换机（PBX）的 RJ11 插孔中。制作方法与 5 类线类似，只是 RJ11 水晶头一般只有 4 个金属片，体积比 RJ45 水晶头小一半左右。

以太网也普遍使用双绞线。

局域网之所以称为"局域"，就是指它的传送范围不大，它不需要传送很长的距离，但传送带宽大，质量要求高。线缆所在环境条件一般都很差（比如可能经常弯曲、扭曲），而它的需求量庞大，需要低成本、部署灵活方便的解决方案。

这些需求，似乎都是为双绞线做铺垫的。以太网双绞线一般分为两种类型：STP 和 UTP。

STP 的抗干扰性好，性能高，用于远程中继线时，最大距离可以达到十几千米，这个距离已经突破了我们一般意义上的"局域网"。高性能决定了其高成本，而光纤完全可以替代它，且光纤有更好的性能和更低的成本，所以 STP 一直没有被广泛使用。

UTP 的传输距离一般为 100m 左右，最常用的超 5 类线可支持 100/1 000Mbit/s 的以太网连接，是连接桌面设备的首选传输介质。

主机与交换机之间、交换机之间、路由器之间的连接线路，只要距离在100m以内，都可以采用5类线以上的非屏蔽双绞线。

传送以太网的双绞线采用4个线对，线缆两头应插入RJ45水晶头中。5类线的4个线对，一共8根线，每根线的外包绝缘材料的颜色都不完全相同，它们出厂的绞合方式是橙白和橙、绿白和绿、蓝白和蓝、棕白和棕4种，而在工程安装中，一般按照橙白、橙、绿白、蓝、蓝白、绿、棕白、棕的顺序，将线缆两端排列后插入RJ45水晶头内，并需要专用工具按压。

RJ45水晶头由金属片和塑料外套构成，制作网线需要的RJ45水晶头前端有8个凹槽，被称为"8P（Position，位置）"，凹槽内的金属触点共有8个，简称"8C（Contact，触点）"，因此，业界对此有"8P8C"的别称。特别需要注意的是RJ45水晶头引脚序号，当金属片面对我们的时候，从左至右引脚序号是1～8，序号对网络连线非常重要，不能弄反。

RJ45水晶头和线缆如图2.18所示。

图2.18　RJ45水晶头和线缆

RJ45水晶头被工具按压后，其金属片在水晶头内部的刃切开每根线的外包皮，与铜线接触，而RJ45水晶头外的金属触点则与计算机网卡上或者以太网交换机上的RJ45水晶头插孔中的8个金属片一一接触，从而将电路打通（8条线对应8条电路）。

双绞线也可被用于E1/T1信号的传送，由于线序不同，其两端的接口被称为RJ48接口，虽然其水晶头和RJ45水晶头是没有区别的。

无论是传送语音还是数据信号，从电信机房连接到室外的交接箱，一般不会采用1～4对的双绞线，而是采用"大对数电缆"。大对数电缆最常用的是25对和50对。一般情况下，大多数电缆从交接箱再通过若干双绞线电缆连接到千家万户，用于语音或者数据信号的接入。

大对数电缆是出于在线缆铺设过程中管理方便的考虑而获得应用的。

美国国际电话电报公司（AT&T）贝尔实验室的安德鲁·埃菲尔和埃斯佩斯德，希望在长距离线路上同时传送数千个电话呼叫，于是发明了同轴电缆。1941 年，AT&T 用同轴电缆在美国两个城市之间构建了一个传输系统，可同时传送 480 路语音信号和 1 套电视节目。

20 世纪 80 年代开始，同轴电缆逐渐让路给光纤。但不可否认，如果没有同轴电缆，局域网就不可能成为现实。因为最早的局域网也采用了同轴电缆，前文中我们提到的 10Base5 和 10Base2，就是同轴电缆中的粗缆和细缆。

那么我们来看看同轴电缆的构造吧，同轴电缆如图 2.19 所示。

图2.19　同轴电缆

同轴电缆由同轴的内外两个导体组成，内导体是金属线，外导体是圆柱形的套管，一般是细金属线编制成的网状结构，内外导体之间有绝缘层。电磁场被封闭在内外导体之间，这样做的好处是辐射损耗小、受外界干扰影响小——这是同轴电缆抗干扰性能优异的原因。

所有需要抗干扰的信号传输大都可以用同轴电缆。比如 E1/T1 接口线缆、有线电视网络，以及早期的计算机局域网（后被双绞线取代）都大量使用同轴电缆。

同轴电缆有两种阻抗，如果你把电缆一头的内外导体连起来，在另一头用万用表可以测量到其阻值，其阻值可以根据业务需求进行选择，比如用于视频传送的，一般采用 75Ω 阻值的同轴电缆，这个数字不是随便定义的。

在科学中，随意被专家们拍脑门定义的数字并不多。物理学证明了视频信号最优化的衰减特性发生在阻值为 77Ω 时。因此在低功率应用中，材料及设计决定了电缆的最优阻值为 75Ω。用于视频传送的同轴电缆，其传输带宽可达 1GHz，目前常用有线电视（CATV）电缆的传输带宽为 750MHz，而同轴电缆的优质传送，是让每个家庭享受流畅、清晰、稳定的电视节目的基础！

同轴电缆的接头被称为"基础网络连接头"——也就是 BNC。这个世界上"孪生兄弟"最多的通信接头非 BNC 莫属，目前在各个领域应用的 BNC 有上百种之多。BNC 的种类如图 2.20 所示。

图2.20　BNC的种类

（2）光纤

育儿专家常说，会玩的孩子有出息。可惜很多家长都无法深刻领悟这句话。那么，我给各位讲述一个故事，故事的主角是一个会玩的英国人，他曾经玩过一个小游戏。

这个英国人叫丁达尔，是一位物理学家，直接把游戏玩到了英国皇家学会！1870年的某一天，他在装满水的木桶上钻了一个孔，然后用灯从桶上边把水照亮，试验结果使皇家学会的观众们大吃一惊——放光的水从水桶的小孔里流了出来！水流呈抛物线状弯曲下来，光线也跟着水流的曲线弯曲下去，光似乎被水"俘获"了！丁达尔的试验如图 2.21 所示。

图2.21　丁达尔的试验

这是为什么呢？难道光线不再沿着直线前进了吗？我们判断一个人会玩不会玩，关键判断依据是看这个人能否根据玩的结果做出科学分析。丁达尔就属于典型会玩的。

经过研究，他发现这是全反射现象，即光从水中射向空气，当入射角（θ_k）大于某一角度（临界角 θ_1）时，折射光线消失，全部光线都反射回水中，全反射如图 2.22 所示。表面上看，光好像在水流中弯曲前进；实际上，在弯曲的水流里，光仍沿着直线传播，只不过在内表面上发生了多次全反射，光线经过多次全反射向前传播。

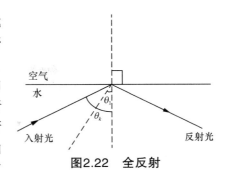

图2.22　全反射

这看似不经意的小实验，直接导致了当粗细像蜘蛛丝一样的玻璃纤维被发明之后，就立刻被人们用来传导光线，当然，这么细的玻璃纤维传导光线的目的不是照明，而是传送图像（如制作医学用的内窥镜）或者信息（通信）。

因此，这种玻璃纤维被称为"光导纤维"，简称"光纤"。利用光导纤维进行的通信叫作光纤通信。

正史是这么记载的：

1960 年，光纤诞生。1966 年，有"光纤之父"称号的华裔科学家高锟，与其同伴乔治·胡克海姆根据截止波导理论，共同提出了光纤将用于通信的预言。30 多年后，高锟凭借在光纤领域的卓越贡献而获得诺贝尔物理学奖。

1976 年，美国西屋电器公司在亚特兰大成功地进行了世界上第一个以 44.736Mbit/s 速率传输的 110km 光纤通信系统的现场试验，使光纤通信向实用化迈出了第一步。

1981 年以后，多个国家开始将光纤通信技术大规模地推入商用。

2000 年后，光纤到户（FTTH）成为现实。

2010 年，单波 40 ～ 100Gbit/s 的传输速率的光纤规模商用；单芯光纤采用密集波分复用（DWDM）技术，已经有 3.2Tbit/s 的传输速率的光纤开始商用。

最近几年，随着 5G-A、6G 的发展，以及"东数西算"等战略需求的增长，骨干传送网在超大带宽、超长距离和超低时延方面面临更高的需求，因此 400Gbit/s、800Gbit/s 光传输网络的研究和建设也被提上日程。

2023 年 3 月，中国移动发布长距离 400Gbit/s 光传输现网技术试验网络，中国联通宣布建成全国最大规模的 400Gbit/s OTN 实验网。

2024 年，中国联通联合诺基亚贝尔、长飞光纤完成了 800Gbit/s 超长距测试，中国移动在广东深圳—东莞开通首个 800Gbit/s 空芯光纤传输技术试验网，中国电信也在南京—上海现网成功完成了单波 800Gbit/s 与 400Gbit/s 现网混合速率传输系统试验。

在可预见的未来，高通量的光传输网络将为我们带来更完美的网络体验，在云计算、人工智能等领域发挥巨大作用，也为数字化转型和数字经济发展带来新动能。

纪录正在被不断刷新中。

光纤通信的高质量、高带宽、低成本，为 IP 多媒体业务的实现提供了重要的传输保障。

主机与交换机之间、交换机之间、路由器之间的道路都可以是光纤。

我们经常看到这样的描述：一根头发丝粗细的光纤，可以支持上万人同时打电话。这只是一个简单的乘除法，我们要弄清被除数和除数以及因子分别是什么。

一条 622Mbit/s 的光纤传送通道，如果传送 64kbit/s 的语音，那么能传送多少路呢？一条 622Mbit/s 就是 4 条 155Mbit/s，也就是 4×63 条 E1 线路，每条 E1 线路能传送 30 路语音，这样算下来，就有 4×63×30=7 560 条语音线路。每条语音线路两个人，那么一共可以供 7 560×2=15 120 人同时打电话！这个人数接近于一个中等规模小城镇的总人口数。

对光纤的研究是学习光通信的基础，下面我们来讲讲有关光纤的知识。

光纤的工作原理本身很有趣，但却让某些傲慢的教科书"神秘化"了。今天我们就来揭开它的面纱。

你见过潜望镜吗？对，两块镜子分别装在一个两次拐弯的盒子里，盒子两头开口，这样从一个开口就能看到另一个开口外面的东西，潜望镜原理图如图 2.23 所示。潜望镜被广泛应用于潜水艇和坦克当中。

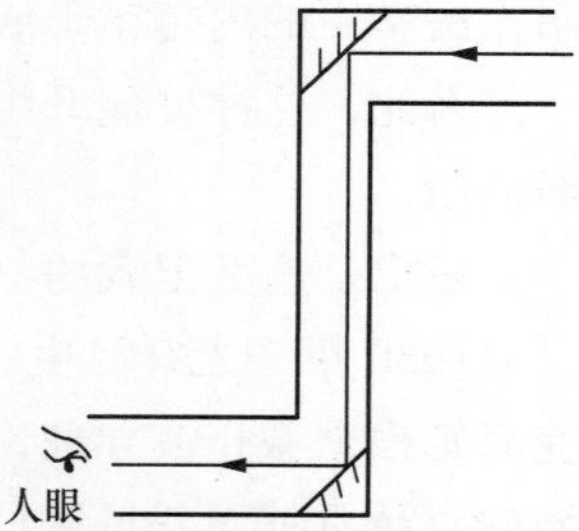

我们做这样的假设，如果这个潜望镜缩小，再缩小，成为一根很细很短的线，并且把多根这样的线首尾相接，将会如何？对，我们从一头能看到另一头的东西！这就是光纤，看似柔若无骨，其实可容宇宙！

图2.23　潜望镜原理图

下面我们把光纤剥开，看看其中的结构吧。通信中使用的光纤，其核心部分由圆柱形玻璃纤芯和玻璃包层构成，最外层（套层）是一种弹性耐磨的塑料护套，整根光纤呈圆柱形，光纤结构如图 2.24 所示。

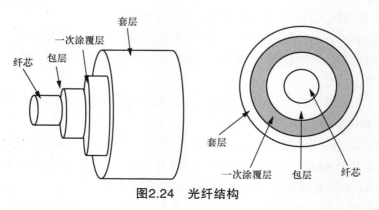

图2.24　光纤结构

纤芯的粗细、材料和包层材料的折射率，对光纤的特性起着决定性作用。

光纤有单模和多模之分。单模光纤纤芯极细，直径一般小于 $10\mu m$；多模光纤纤芯较粗，通常直径在 $50\mu m$。

μm 就是微米，是 1mm 的千分之一。一张普通的纸，其厚度大约 0.1mm，也就是说，一张纸的厚度大概是多模光纤纤芯直径的两倍，是单模光纤纤芯直径的 10 倍。

多模光纤常用于短距离传送，比如局域网中的传送。因为多模光纤收发器便宜（比同档次相应单模光纤收发器的价格低一半），并且其接续简单方便、费用低廉。

而单模光纤则正好相反，适合于长距离的传送。因为单模光纤在维持长距离光脉冲的精确度上更胜一筹。

但是从光纤的外观上看，两种区别不大，包括塑料护套的光纤直径都小于 1mm。为了区分单模光纤和多模光纤，人们把单模光纤外层做成黄色，而把多模光纤外层做成橘红色或者灰色。从光波波长上来区分，单模光纤一般承载 1 310nm 或者 1 550nm 波长的光波，而多模光纤则承载 850nm 或者 1 300nm 波长的光波。nm 是"纳米"的意思，相当于百万分之一毫米。

制作光纤的原材料是硅。硅？这个元素好熟悉啊！Intel 的 CPU 也是硅做的！大多数芯片都以硅为主要材料！不然美国为什么管计算机业核心区，也就是西海岸加利福尼亚州北部的圣克拉拉县的一块长 48km、宽 16km 的狭长地带，叫作"硅谷"呢？

全世界范围内所有地理范畴的"谷"都有硅。硅是泥土的主要组成部分，成本低廉，获取方便。反倒是光纤外表皮的石化制品成本更高一些。因为石油比泥土贵，并且石油会越来越稀缺、越来越贵！

光纤的应用范围很广，不但可以埋入地下，还可以沉入海中。

不知道各位是否想过，美国和中国是通过什么管线通信的？根据常规思维，无非两种途径：地下埋的，天上飞的。

天上飞的就是卫星，可是卫星造价太高啦！

那地下埋的如何理解呢？美国和中国之间没有直通的陆路，而是隔着浩瀚的太平洋，还有太平洋底深深的马里亚纳海沟！

这一次横空出世的是海底光缆！全世界能生产和铺设海底光缆的公司很少，成本也高昂（当然比卫星便宜很多）。但洲际之间的互联全靠海底光缆。

海底光缆对互联网的国际化厥功至伟。当年太平洋海底光缆遭到渔船破坏，中国访问美国的服务器道路几乎瘫痪殆尽！如果你使用 MSN，我想你对那次空前的灾难一定记忆犹新，因为 MSN 服务器是存放在美国的，海底光缆断掉以后，MSN 便无法登录了。

1979 年，被誉为"中国光纤之父"的赵梓森教授拉制出我国自主研发的第一根实用光纤（1976 年拉制出第一根光纤样品）。1982 年元旦，武汉三镇开通了我国第一条实用化的光纤通信工程。

八纵八横的光缆干线如图 2.25 所示，我国著名的"八纵八横"光纤干线工程，是原邮电部于1988年开始实施的全国性通信干线光纤工程，包含22条光缆干线、总长达3万多千米的大容量光纤通信干线传输网。

图2.25　八纵八横的光缆干线

（3）IP无线通信

Wi-Fi、WiMAX、数字集群都是无线通信范畴的概念，它们以微波的形式传送信号。把IP包当作货物，把微波当作运输机，这就是IP无线通信。

移动通信也属于微波通信。第二代移动通信的全球移动通信系统（GSM）和码分多路访问（CDMA）分别有专门传送数据信息的技术，GSM的数据传送技术叫作通用分组无线业务（GPRS），随后又推出了增强型数据速率GSM演进技术EDGE，CDMA对应的数据传送技术则是CDMA1.X。第三代移动通信的四大技术体制——宽带码分多路访问（WCDMA）、CDMA2000、时分同步码分多路访问（TD-SCDMA）、WiMAX，都有专门的数据通信通道用于传送IP包。第四代移动通信的长期演进技术TD-LTE和FDD-LTE专门用于互联网数据通信。

几十年前，我国的无线网络覆盖就极其发达。这种无线网络的接收终端被称为"半导体广播"。接下来的无线网络应用是无线电视，直到20世纪末，各种电信意义上的无线网络和移动网络才获得广泛应用。

"无线网"是一个笼统的概念，不用线缆的传输都是无线传输。无线传输和有线传输从本质上说只是传送媒介的不同，但带给人的便利性却大不相同。无线网最大的优势是不用挖沟埋线，不用架密密麻麻的电线杆，甚至终端也能在一定范围内任意移动。

无线网的类型繁多，如图2.26所示。根据频率、应用场合、传送信号类型的不同，常见的无线网络通信系统包括无线准同步数字系统（PDH）、Wi-Fi、移动网、WiMAX、蓝牙、对讲机、本地多点分布服务/多通道多点分布服务（LMDS/MMDS）、卫星等，当然，广播、无线电视、寻呼、GPS也都采用无线网络传送信号，但并不是本书的讨论重点。

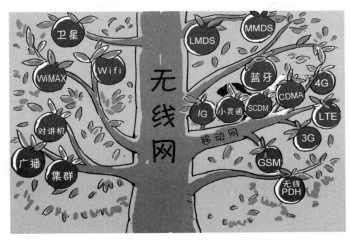

图2.26　无线网的类型繁多

　　无线网络既可以传送模拟信号，也可以传送数字信号，最重要的是，有线网络能够提供的业务，无线网络也悉数能够提供。

　　区分无线通信技术体制最主要的参数是无线电频率。

　　无线电频率不同，所能够传送的带宽也不同，这就造成各种无线通信技术体制的应用场合、终端类型、适用客户群不同。这一点和有线网络也非常相似。

　　无线通信技术中的一些重要分支已经完全独立，并成为专门的通信学科，Wi-Fi技术、WiMAX技术、蓝牙技术、2G、3G、4G、5G、6G、卫星技术等，都支持IP包的传送。

　　① 微波通信

　　微波是我们常用的一种物质，它无色无味却有相当大的能耐。

　　当然，微波在家庭中应用最广泛的是厨具——微波炉。物理学中的微波，是指频率在300MHz～300GHz，波长在0.1mm～1m之间的电磁波，微波的频率如图2.27所示，微波也叫作"超高频电磁波"，说它"高"，是和一般的电磁波相比的；说它"微"，是指其波长值很小。

　　通信中使用的微波频率被分为几个具体的频段，每个频段作用不同，这里不再赘述。

　　微波站一般都由一大堆设备堆积而成，其中包括天线、收发信机、调制器、多路复用设备、电源设备，以及自动控制设备。

　　天线是所有无线设备必需的发送装置和接收装置，电视机、广播、手机都有天线，虽然有的终端产品把天线隐藏起来，但具有天线功能的部件是必须具备的。

　　微波通信中，人们为了把电波聚集成波束并将其送至远方，一般都采用抛物面天线，这种天线形似一口"大锅"，其聚焦作用可以大大增加传送距离。

图2.27 微波的频率

若干年来，PDH 微波、SDH 微波设备都有比较广泛的应用。

通信专家之所以把微波频段当作无线通信的首选范围，是因为其频带宽、容量大、抗灾性强，利用这些特点，微波传送电话、电报、传真等信号成为可能，对于水灾、风灾、地震等自然灾害，微波通信受到的影响比较小，抗灾的幕后英雄——微波通信如图 2.28 所示。

图2.28 抗灾的幕后英雄——微波通信

微波最大的缺点是经空中传送时易受干扰，并且在同一方向上的微波电路上不能使用相同频率的微波，也就是说，在同一个地域内，两个发送者不能在同一方向上采用相同频率发送微波信号。因此，微波电路必须在无线电管理部门的严格管理之下进行建设，防止频率冲突造成信号传送问题。它不和有线网络一样，只要把线埋好就能通信。

此外，由于微波直线传播的特性，其电波波束方向上不能有阻挡。在高楼林立的城市里，微波电路的规划非常复杂。

② Wi-Fi

Wi-Fi技术目前在家庭、办公室、咖啡馆中的应用已经非常广泛。一些基础电信运营商，例如中国移动将Wi-Fi定位为移动通信网的补充网络。

Wi-Fi是无线保真度（Wireless Fidelity）的缩写。现在，Wi-Fi已经是无线局域网（WLAN）的代名词了。

Wi-Fi的历史，要从一个叫作"无线以太网兼容性联盟"的组织说起。

这个组织的任务是对不同厂商WLAN设备之间的互通性进行认证。这个组织已经改名为"Wi-Fi联盟"，它认证的根据是1999年电气电子工程师学会（IEEE）通过的802.11b标准。

经过Wi-Fi联盟认证的产品，会贴上"Wi-Fi"标签，颁发"Wi-Fi"证书，从而取得"合法地位"。这样，"Wi-Fi"这个词就成为符合802.11b标准的同义词。

WLAN最初目的是在传统的局域网中引入无线的概念，从而使局域网中的用户可以摆脱线缆的束缚而具有一定的移动性。

WLAN使用高频率频段，发射功率比普通手机还要微弱，所以对人体没有危害，因此不要怀疑WLAN对人有辐射而损害人的健康。WLAN通常也不会与家用或办公电器相互干扰，它本身留有12个信道可供人们调整选择。

WLAN使人们享受到无线上网的乐趣，使企业的办公环境更加整齐、利落，在建筑物里不需要复杂地布线，只需要在局域网任何一个终端位置部署无线接入点（WAP）——其实就是由我们常用的无线路由器执行接入和路由工作，再安装有Wi-Fi终端的计算机就可以接入局域网了。

Wi-Fi技术发展异常迅速。

2003年，IEEE发布了802.11g标准，进一步将无线局域网速率提高到54Mbit/s。

随后几年，IEEE相继发布了802.11n和802.11ac标准。802.11n标准引入了多输入多输出（MIMO）技术，显著提高了无线局域网的速度和稳定性。而802.11ac标准则进一步提高了无线局域网的速度和容量，并引入了5GHz频段，为用户提供了更快速、更稳定的网络连接。

到了2013年，IEEE发布了802.11ad标准，该标准使用毫米波频谱实现了更高的数据传输速率，但覆盖范围较小。

2019年，IEEE发布了802.11ax标准，也被称为Wi-Fi 6。它支持更多的设备同时连接，并提供更高的数据传输速率和更好的网络性能。相比之前的标准，Wi-Fi 6在速度和稳定性上都有了显著的提升，理论峰值速率能够达到9.6Gbit/s。

同时，无线网卡、家庭网关、无线路由器的价格也在逐渐下降，这一切，都促进了Wi-Fi走入普通百姓的生活。如今，家庭装修不用埋网线，直接安装Wi-Fi即可，如图2.29所示。

图2.29　家庭装修不用埋网线，直接安装Wi-Fi即可

令人期待的是，IEEE 于 2023 年发布了 802.11be 标准，也被称为 Wi-Fi 7。它引入了 CMU-MIMO 技术，最多可支持 16 条数据流，进一步提升了数据传输速率。同时，Wi-Fi 7 还支持传统的 2.4GHz 和 5GHz 频段，并新增了 6GHz 频段，3 个频段能同时工作，为用户提供更广泛、更稳定的网络覆盖，理论最大峰值速率是 Wi-Fi 6 的 4.8 倍，可以提升到 46.12Gbit/s！

③ 蓝牙技术

蓝牙技术，风格如其名字，时尚前卫，深受年轻人的喜爱。

为了实现终端之间的短距离数据传输，几个终端厂家联合制定了这个标准，该标准用于手机和耳机之间、笔记本和手机之间的数据传送。蓝牙技术是一种短距离无线电技术，其传输速率不高，传输距离也不能太远，但非常实用。

说起"蓝牙"的名称由来，有一种说法描述它与牙齿有关：狼牙在月夜里会发出蓝光，而狼的牙齿虽然参差不齐却能紧紧地啮合在一起，故该技术得名"蓝牙"。

较权威的解释是：这个称呼来自公元 10 世纪丹麦的一位国王 Viking 的绰号——Bluetooth。这位国王将当时的瑞典、芬兰与丹麦成功地统一起来，今天人们用他的名字来命名这一新的技术标准，显然含有将计算机行业、通信行业、家电行业等各自为战的局面统一起来的希冀。

小巧灵活的蓝牙技术使平板计算机、笔记本计算机和移动电话等终端之间的通信变得非常简单。同时，蓝牙技术还可以让这些设备与互联网通信。

说得通俗一点，蓝牙技术使一些现代化的、能轻易携带的移动通信设备和计算机设备，不必借助电缆就能联网，并且能够实现无线接入互联网。其实际应用范围还可以拓展到各种家电产品、消费电子产品和汽车等。蓝牙如图 2.30 所示。

④ 卫星通信

卫星通信，顾名思义，即通过卫星进行通信，如图 2.31 所示。严格来讲，就是地球上（包括地面和低层大气中）的无线电通信站利用卫星作为中继而进行的通信，当然，它也属于无线通信技术。卫星通信系统包含哪些东西呢？

图2.30　蓝牙

图2.31　卫星通信

首先，要有一颗神奇的、挂在天上的卫星。

然后，需要地球上有一个装置和这颗卫星进行配合。

"会当凌绝顶，一览众山小"，卫星在地球上面如此之高，因此其视野非常大；只要在卫星发射的电波所覆盖的范围内，任何两点之间都可以进行通信，并且不易受陆地灾害的影响。

我们最感兴趣的问题之一是，通信卫星到底距离地球有多远？

当你坐着波音飞机旅行，空乘经常会广播"我们目前飞行在 10 000m 高空"，那么卫星呢？一般情况下，通信卫星可以运行在赤道上方 36 000km 的同步轨道上，也可以运行在中低轨道上（小卫星），如摩托罗拉公司的铱星系统（因准备发射的卫星数量和"铱"原子的电子数量一致而得名），距离地面只有 780km。

卫星在空中起"中继站"的作用，它们把某个地球站发射的电磁波放大后再返送回另一地球站，就像在空中的一面镜子，只需要"反射"一下电磁波即可。

静止卫星在赤道上空，它绕地球一周的时间恰好与地球自转一周的时间一致，也就是我们常说的"一天"的时间。

卫星通信有其不可替代的优势。地球存在大量有线、无线网络无法覆盖的地方，卫星通信就成了这些地方唯一的通信介质。古有"烽火连三月，家书抵万金"的名句，今天有"深山孤岛处，通信靠卫星"的现实。有了卫星通信，全球几乎任何一个角落都可以被通信介质所覆盖。

卫星通信是人们最容易产生遐想的通信之一，很多 UFO 爱好者同时也是卫星通信爱好者。当今卫星通信发展迅猛，例如著名的甚小口径天线终端（VSAT）系统，以及中低轨道的移动卫星通信系统，都受到了人们广泛的关注和应用。

1972 年，中国发射了第一颗人造地球卫星"东方红一号"以后，卫星通信在我国首次被应用并迅速发展。美国铱星公司（后被摩托罗拉收购）发射了数量与金属铱原子数相同的卫星用于运营，但是因市场和经营原因而失败，这算是一个小插曲，并不影响人们对卫星通信的热衷。

2. 与 IP 有关的传输技术

（1）PDH

当今电信的传输网都是以光纤为传送介质的，只是在光纤介质的基础上采用不同的设备，就会变成不同的传输网。而提到电信的传输网，就不能不提"先驱"PDH。

PDH 的意思是准同步数字系列，说它是"准"同步，是因为 PDH 采用的不是真正"同步"的方式。PDH 只能用作点对点的情况，而不能呈环状布局。虽然 PDH 在早期通信网络中起到了重要作用，但随着技术的演进，已经被更先进的技术替代。

（2）SDH

SDH 在过去几十年中一度统治了传输网，也在传输技术的"头把交椅"上"坐"过。

SDH 全称 Synchronous Digital Hierarchy，为同步数字系列，这里面的 Hierarchy 比较难理解，一般是指系列，表明 SDH 不只有单一速率，而是有一个系列的速率，且相互之间有某种内在联系。

SDH 作为过去几十年传输网的主导技术，通过同步光网络（SONET）标准发展而来，实现了全球统一的网络节点接口，简化了信号传输、复用和交换过程。SDH 解决了 PDH 无法组成环网、缺乏保护机制的问题，提高了网络的通信质量和可靠性。它拥有一套标准化的信息结构等级和丰富的开销比特，支持多业务传送，是理想的基础承载网络。

SDH 的诸多好处，具体如下。

◆ 它拥有一套标准化的信息结构等级，被称为同步传送模块（STM），采用同步复用方式，并利用软件就可以从高速复用信号中一次分出（或插入）低速支路信号，这不仅简化了上下话路的业务，也使交叉连接得以方便实现。

◆ SDH 拥有丰富的开销比特（约占信号的 5%），用于网络的运行、维护和管理。

◆ SDH 具有自愈保护功能，可大大提高网络的通信质量和应对紧急状况的能力，SDH 的自愈保护功能如图 2.32 所示。

◆ SDH 网络结构有很强的适应性，它可以装载多种类型的信号，PDH、异步传输模式（ATM，一种分组交换与复用技术，而非取款机）、IP，甚至以太网都能被装载在 SDH 网络上（多业务传送平台——MSTP 就可以承载以太网和 IP 通道）。

图2.32　SDH的自愈保护功能

但随着新技术的发展，由于 SDH 最大仅支持 10Gbit/s 带宽、组网灵活性有限等，逐渐被 IP RAN（IP 化无线电接入网）等技术替代，在现在的网络中已经很少使用。

（3）MSTP

SDH 原本专为语音业务而设计，每条语音通道都拥有恒定的带宽，它采用时分多路复用（TDM）技术实现接入。然而，随着数据业务的蓬勃发展，SDH 须适应更多种类的接入服务，包括以太网、ATM 等。

因此，MSTP 应运而生。MSTP 即多业务传送平台，更确切地说，MSTP 是把 SDH 技术作为基础的多业务传送平台，它在继承 SDH 核心优势的基础上进行了升级和改进。

PDH、SDH、以太网、ATM 和 MSTP 的关系如图 2.33 所示。

MSTP 的优点在于 MSTP 提供了高可靠性、高可用性和高带宽。它支持多个生成树，从而实现了网络的冗余性，降低

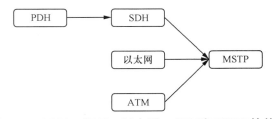

图2.33　PDH、SDH、以太网、ATM和MSTP的关系

了单点故障的风险。同时，MSTP 还能实现流量的负载均衡和优化，提高了网络的整体性能。

它的原理主要是通过构建多个生成树来避免发生网络环路，并确保数据的快速、准确传输。MSTP 利用不同的生成树来传输不同 VLAN 的数据，从而实现了网络资源的有效利用。此外，MSTP 还支持快速收敛和自动恢复，能够在网络出现故障时迅速恢复通信，保证了网络的稳定性。

（4）PTN 和 IP RAN

作为具有直接的以太网承载能力的 MSTP，其对网络层的支持能力非常有限，无法进行复杂的路由和交换，只能作为最基本的传送通道。同时，SDH 和 MSTP 都是以电路交换为核心的传输技术，无法更好地承载 IP 世界的主要数据业务。所以，取而代之的是分组传送网（PTN）技术和 IP 化无线电接入网（IP RAN）技术。

这两者的产生背景主要是移动数据流量的快速增长、多样化的数据业务需求、网络建设成

本压力和移动通信网络的演进，它们是 IP 路由与交换技术、传统传输技术的深层次融合产物。这两种方案的提出，都不同程度地改变了原来传输与路由各司其职的格局。它们的出现，首先要迎合 IP 传送的需要。

◆ 支持多种基于分组交换业务的双向点对点连接通道，具有适合各种粗细颗粒业务、端到端的组网能力，提供了更加适合 IP 业务特性的"柔性"传输管道；

◆ 完成了与 IP/MPLS 多种方式的互联互通，无缝承载核心 IP 业务。

在移动回传的承载方式争论中，PTN 和 IP RAN 成为强有力的竞争者，它们的主要区别在演进思路上。

PTN 是从传统传输思路出发构建的，与现网中的 MSTP 等设备有较好的兼容性，基于现网部署条件向 PTN 演进对于已有网络的冲击较小。然而在这种演进模式下，对于原有网络体系的继承也将对未来埋下隐患。中国移动将 PTN 建设推向了高潮。

IP RAN 则脱胎于 IP 技术，更适合纯 IP 信息的传送，受到国内外各大运营商的关注。IP RAN 的出现，推动了无线接入网的 IP 化进程，它构建了一个基于 IP 的传送网络，并以路由器作为核心工具，形成了一种 IP 化的移动网络架构。IP RAN 的主要功能在于实现无线接入网的 IP 化，进而更好地支持多种类型的业务传输，例如语音、数据等，从而满足现代移动通信网络日益增长的业务需求。中国电信和中国联通选择采用 IP RAN 技术进行城域网的建设。

实际上，PTN 与 IP RAN 之间的主要差异体现在控制平面的实现方式上。PTN 的控制平面依赖于网管系统来实现，而 IP RAN 则直接在路由设备上实现控制功能。这意味着，在 PTN 中，管理平面融合了管理与控制两大功能，通过网管系统实现全网统一的管理与控制，这种集中、端到端的运维方式更为高效。相比之下，IP RAN 的设备之间则通过路由协议和标签分发协议进行信息交互和协商，从而实现路径选择、资源预留等功能，每个设备都进行独立部署和运维。

当然，也有人说 PTN 是 IP RAN 的一种实现方式，不能将两者完全割裂和对立起来。

（5）WDM

WDM 利用一根光纤可以同时传输多个不同波长的光波且光波之间互相不受影响，WDM 把光纤可用波长范围划分成若干个波段，每个波段作为一个独立的通道，来传输预定波长的光信号。

WDM 的实质是在光纤上进行正交频分复用（OFDM），这是因为光波通常用波长参数而不用频率参数来描述、监测与控制。随着电 – 光技术的发展，在同一光纤中波长的密度会变得很高，因而有了密集波分复用（DWDM）；与此对应，波长密度较低的 WDM 被称为稀疏波分复用（CWDM）。

这里可以将一根光纤看作一个"多车道"的公用道路，传统的 TDM 只不过利用了其中一条车道，提高传送速率的方法就是在这条车道上提高车辆行驶速度，增加单位时间内的运输量。而 DWDM 利用了公用道路上尚未使用的车道，以获取光纤中未开发的巨大传输能力。

在 WDM 中，光纤里传送的信号应该是什么样子呢？

WDM 一般应用波长分割复用器和解复用器分别置于光纤两端，实现不同光波的耦合（复用）与分离（解复用）。

但是，WDM无法实现像 SDH 这样的倒换功能，如果发生线路中断，都是由架构在 WDM 上层的 SDH 来实现倒换的，这时候 WDM 就像一根根独立的光纤一样。

如果 WDM 上层未架构 SDH，线路中断对 WDM 而言则是灭顶之灾——泰坦尼克海难当然比一艘小游艇发生的灾难影响更大！

（6）ASON

自动交换光网络（ASON）是指在自动交换光网络的信令网控制下，完成光传送网内光网络自动交换功能的新型网络，并支持电子或光交换设备动态地向光网络申请带宽资源，可以根据网络中业务分布模式动态变化的需求，通过信令系统或者管理平面自主地建立或拆除光通道，而不需要人工干预。

SDH 是静态的，一般是环形网络，而 ASON 是动态的，一般是网状网络（即 MESH 网）。ASON 相当于智能化的 SDH，即在传统 SDH 上加载了智能软件，应用 G-MPLS 协议［OSPF、LMP（链路管理者协议）、RSVP（资源预留协议）］，可以实现自动更新业务路由。

（7）OTN

我们可以把 OTN 可以看作是 WDM 和 SDH 的综合体。

WDM 通过将不同波长的光信号在同一根光纤中进行复用传输，实现了每个波长携带一个独立的业务信号，核心优势在于其传输与复用能力为解决 SDH 网络带宽限制提供了有效途径。

WDM 的另一个显著特点是其远距离传输能力。WDM 能够支持上千千米的传输距离，这使WDM 成为实现大容量、长距离传输的理想选择。

然而，WDM 在网络构建上存在一定的局限性。它类似于 PDH 系统，仅支持点对点连接，不具备环网结构，无法实现波长的灵活调度，也无法构建复杂的网络架构，不支持 ASON 等智能特性，难以向智能光网络发展。因此，在某些应用场景下，SDH 仍然具有其不可替代的作用。

OTN 则是在 WDM 的基础上，融合了 SDH 的一些优势，例如丰富的操作管理维护（OAM）开销、灵活的业务调度能力以及完善的保护机制。OTN 在业务调度上分为两个层面：光层调度和电层调度。光层调度主要属于 WDM 的范畴，而电层调度则更接近 SDH 的应用。通过这种融合，OTN 提供了一种更为高效和灵活的光网络解决方案。

目前，OTN 已经能够达到 400G、800G 的带宽，并已经完成现网验证。

还有两项与 OTN 密切关联的技术——PEOTN 和 OXC。

PEOTN（分组增强型光传送网）是一种增强型光传送网，它通过有效融合分组传送网技术和光传送网络技术，为未来业务传送网的大容量、智能化和业务高可靠性、低时延等需求提供支持。

PEOTN可以看作OTN的演进，在OTN的基础上增加了对分组数据的支持，以适应5G等新兴业务的需求。

光交叉连接（OXC）技术是一种全光交换技术，它允许光信号在光网络中进行直接的路径选择和交换，而不需要将信号转换为电信号。OXC技术是光网络发展的关键组成部分，它提供了光层的灵活性和效率，允许实现复杂的网络拓扑和高效的路由策略。

在OTN架构中，OXC通常部署在网络的核心节点或汇聚节点，这些节点是网络中光信号汇聚和分发的关键位置。OXC可以提高OTN的灵活性和扩展性，避免了光电转换，从而减少了电层设备的成本，提高了光网络的传输效率。

（8）PON

无源光网络（PON）的最大特点不是"胖"，而是它不需要电源，PON如图2.34所示。

图2.34　PON

说具体点，在这个设备向终端分发信号的时候，有一个被称为"光分支点"的装置，这个光分支点不需要节点设备，只须安装一个简单的光分支器即可（小时候玩过三棱镜的读者对此一定不会太陌生），因此具有节省光缆资源的优点。

最初的PON包括基于ATM的PON（APON）和基于以太网的PON（EPON）。

APON在传输质量和维护成本上有很大优势，其发展也比较成熟。APON和EPON之争本质上是核心网中的ATM和IP之争在接入网中的延续，其结果可想而知，IP自然占据上风！

EPON是IEEE 802.3ah工作组制定的标准，在它刚刚获得胜利的同时，ITU-T又提出了千兆无源光网络（GPON）的标准，该标准可以灵活地提供多种对称和非对称上下行速率，传输距离至少达60km，在速率、速率灵活性、传输距离和分路比方面都优于EPON，EPON和GPON的对垒如图2.35所示。

图2.35　EPON和GPON的对垒

EPON 和 GPON 有很多共同的特点，具体如下。

◆ 高接入带宽：GPON 下行速率高达 2.5Gbit/s，上行速率也可达 1.25Gbit/s，EPON 采用上下行各 1.25Gbit/s 的速率。

◆ 节省光纤资源：两者都采用点到多点的树状广播形网络拓扑结构，从局端的一芯光纤，最后可以分支到 32/64 个终端光网络单元（ONU）设备，极大地节省了馈线段的光纤资源，特别是对于地域广阔的地区，或者原有光纤资源有限的运营商，采用PON技术组网可以大大提高光纤资源的使用效率。

◆ 设备运维和管理成本低：PON 光纤接入技术只有局端（OLT，光线路终端）和用户侧设备（ONU）为有源设备，其中间的光分布网络采用稳定性高、体积小巧、成本低的无源分光器，无须提供电源、空调等机房设备，也不占用机房空间，只须将无源分光器安装在光交接箱或光缆配线架的适当位置即可，易于维护。

"性格决定命运，特性决定应用"，PON 的特点决定了其应用场景的宽泛性和组网方式的灵活性。

比如"PON+DSL"方案将数字用户线接入复用器（DSLAM）尽量靠近用户，克服 x 数字用户线（xDSL）接入距离和带宽的限制——要知道，DSL 技术的传送距离对带宽影响很大，如果大部分铜线被光纤代替，这种影响就能尽可能减小！这种方案保护了已有铜线的投资，实现了从铜线到 FTTH 的过渡，是当前 PON 应用和发展的主要定位。

相对 EPON 技术，GPON 更注重对多业务的支持能力（电路、IP、有线电视），上联业务接口和下联用户接口更为丰富，比如它支持万兆以太网（10GE）、千兆以太网（GE）、快速以太网（FE）、STM-1、E1/T1、模拟电话等接口，可提供 FTTH、光纤到大楼（FTTB）、光纤到办公室（FTTO）、FTTC+LAN（光纤到路边 + 局域网）的多种接入方式。

同时，GPON 能够支持传统 TDM E1/T1 业务，可提供移动基站互联、语音交换机接入和大客户 E1 专线接入，同时能够提供时钟同步和电信级服务质量（QoS）保证，使电信运营商在采用新的宽带接入技术的同时不放弃原有的租线业务。而 EPON 对传统租线业务的支持能力非常有限。

受制于历史的发展和个别人为因素，当前 EPON 技术相对完善，芯片设计难度也较低，产业链比 GPON 成熟。

EPON 更适合部署中小规模 FTTx，即"光纤到 x"，例如个人用户和小型写字楼；GPON 则更适合于部署大规模 FTTx，例如对技术要求高的企业用户、大的园区等。

中国基础电信运营商都普遍重视 PON 的发展，大规模商用已经展开。

（9）xDSL

如果说电话线是一棵白菜，通信人能把这棵白菜做成好几道佳肴。说它是白菜，因为它的确太普通、太寻常，但如果充分利用、巧妙烹饪，则营养丰富、味道鲜美。

之所以叫作"电话线"，是因为铜线的一部分资源被用来传送电话信号了。大部分没有被使用的资源，都白白浪费掉了。

DSL 技术可以将铜线中未使用的高频部分的资源有效利用起来，使电话线充分发挥作用。

xDSL，x 可以有多种取值。每种取值代表一种技术，目前应用最广的是非对称数字用户线（ADSL）、高比特率数字用户线（HDSL）、甚高比特率数字用户线（VDSL）、对称数字用户线（SDSL）以及带有 G 字母开头的若干 DSL 技术。它们共同的特点是，想办法利用那些电话信号未占用的高频资源，为数据传输服务。DSL 家族如图 2.36 所示。

图2.36　DSL家族

ADSL 是 DSL 界的"大牌明星"，其使用规模是最大的。

A 是 Asymmetric 的缩写，表示"双向不对称"，对于 DSL 而言，用户端向核心网的方向被称为"上行"，反之被称为"下行"。

上行带宽窄，下行带宽宽，这不正是当前互联网接入的实际情况吗？

大部分的 ADSL 接入都是为了接入互联网，而目前互联网大部分的应用，都是用户发送请求信号到互联网的信息服务器，这就是我们说的"上行"；反之，则是"下行"。

信息流的数据量较大，需要的带宽较宽；而请求信号数据量很小，需要的带宽也较窄。

因此，ADSL 的传输速率是"非对称"的，但在国内的实际应用中，大部分采用"对称"速率。ADSL 的拓扑如图 2.37 所示。

图2.37 ADSL的拓扑

ADSL 需要局端和用户端的设备都具备分离功能，这种分离功能将语音和数据通过电话线上的不同频段分开。

ADSL 实际市场开通速率差异很大，最高可达双向 8Mbit/s，最低仅为双向 512kbit/s。

ADSL 接入互联网，每个客户独享从用户端到运营商 IP 骨干网或者城域网的带宽，这对于当前的大部分需求而言，已经很强大了。

一般情况下，目前的 ADSL 能传送 3～5km 远，对于绝大部分用户而言，这个距离已经足够。

随着互联网的进一步发展，越来越多的信息将被上传和下载，对带宽的需求是无止境的。ADSL 也要与时俱进！

2002 年 5 月，ITU-T 通过了新一代 ADSL 标准——ADSL2，在此基础上的升级版本 ADSL2+ 也于 2003 年 1 月获得通过。人们把这一系列变革称为第二代 ADSL。ADSL2+ 把传统的最高全双工 2Mbit/s 速率提升为最小下行 16Mbit/s，上行 800kbit/s，下行最大传输速率可达 25Mbit/s。

ADSL 接入电信运营商的 IP 网络，需要进行身份认证。基于 IP 技术的认证方案中，最流行的当属以太网上的点对点协议（PPPoE），这里面的"E"就是以太网（Ethernet）。

ADSL 技术的强大生命力，就在于 ADSL 技术让电话线这棵"老树"发了宽带这根"新芽"，也就是我们常说的拨号上网。虽然在百兆、千兆甚至万兆宽带普及的今天，DSL 技术和固定电话已经基本走下时代的舞台，但我们从中领悟到，任何新的技术都一定要与现实情况相结合，有效继承、充分利用、节约投资、增加收益，这是永远不会过时的研究思路和投资理念。

（10）PLC

电力线不仅可以传送电力，还能传送数据信息。如果你插插销不小心被电到了，有可能是你的电子邮件把你电到了，也有可能是某个女同学给你发送的QQ消息把你电到了。

电力线通信，学名PLC，听起来应该挺新鲜啊。每个刚接触PLC的人都会有感慨：原来，我们根本不用铺设那么多的电话线、光纤，只要将电力线有效利用起来就可以通信了！

然而，事实并非如此！

从表面上看，我们采用电力线承载数据网，就是利用电力线来进行网络数据的传输。只需要将连接在计算机上的"电力猫"插入家中任何一个电源插座，就可以实现上网冲浪。

从原理上讲，PLC把载有信息的高频加载于电流，把电流当作船，把信息当作货物，用于接收信息的调制解调器再把高频信号从电流中分离出来，并传送给计算机或电话，以实现信息传递。

这种技术并非用电力线全程全网承载数据业务，而仅仅应用于最终用户的接入部分。一般情况下，光纤信号到达楼宇配线机房，通过配线机房采用专门的调制设备（类似于DSLAM）将数据调制到电力线上，并通过电力线传送到各个家庭中。

统计显示，2022年我国PLC行业市场规模达到166亿元。在中大型PLC市场中，窄带低速PLC占比较高，主要被西门子、三菱、欧姆龙等外资品牌所垄断。在小型PLC市场中，宽带高速PLC占比较高，国产品牌凭借高性价比和定制化能力逐步替代外资份额。

随着物联网的迅猛发展，海量设备的连接和多样化的应用场景都考验着物联网"最后一公里"通信的可靠性。PLC技术具有不需要重新布线、不受金属和墙壁阻挡的特点，是物联网"最后一公里"通信的有效解决方案。

2.8　IP世界的管理体系构造

IP网络是一个"五好学生"。他性格开朗（开放性强），多才多艺（兼容性强），团结同学（互连性强），勤奋好学（扩展性强），身体健康（健壮性强）。

但是这个学生有一个很大的缺点。那就是不服管。

对IP网络的管理，自IP技术开创之初就没有被很好的规划。

所以早期的IP网络很少有网络管理，一般只对具体网元进行操作，通过采用命令行界面或者系统日志进行管理。今天中小企业的局域网，仍然采用这种传统的方式进行管理。

随着IP网络规模的不断扩大，对单一网元的管理已经无法适应新的网络维护要求，电信领域的网络管理方式逐渐渗透到IP网络中。电信网的网络管理协议中，最常用的是简单网络管理协议（SNMP）和公共管理信息协议（CMIP）。

SNMP诞生于1988年，它的初衷是简化大型网络中设备的管理和数据的获取。果然，SNMP的部署收到奇效，以至于网络硬件厂商开始把SNMP加入他们制造的每一台设备中。如今，各种网络设备上都能看到默认启用的SNMP服务，从交换机到路由器，从防火墙到网络打印机，几乎无一例外。

1990年，RFC 1157定义了SNMP的第一个版本——SNMP v1，这当时被认为是通往CMIP的一个过渡协议。SNMP如其名，简单、易于实现，对于管理当时并不复杂的网络非常有效，很快便得到众多产品供应商的支持。

今天，SNMP已经成为事实上的网络管理工业标准。而另一个协议——CMIP，却由于应用复杂而发展混乱，虽然CMIP出身不错——它是ISO制定的，在1990年成为国际标准。近年来关于两者的争论从来没有停止过。

比如CMIP爱好者攻击SNMP的理由之一是，SNMP的过度应用和开放造成了很大的网络安全问题，很多网络攻击者对网络节点的攻击，就是通过SNMP进行的。

虽然标准化的网络管理协议促进了多厂商的互联，但是，仅局限于协议的标准化不足以实现不同厂商的网络管理设备之间的功能整合。这方面有影响的技术发展是电信管理网（TMN）模型和围绕公共对象请求代理体系结构（COBRA）技术展开的分布式网络管理模型。TMN是ITU提出的大而全的概念，实施难度很大，反倒限制了其推广；CDBRA技术用于解决异构环境（不同操作系统、编程语言、硬件平台）下的系统互连及互操作问题。基于COBRA技术的分布式网络管理模型，正在和SNMP、CMIP结合，以实现超大规模网络或全网统一监控的网络管理。

与许多专业网络的网络管理功能一样，互联网服务提供商（ISP）或者电信运营商针对自己网络的管理，也有相同的五大功能域，具体如下。

（1）故障管理

检测、定位、隔离、修正以及提供服务故障报告。比如对于一条链路的故障，要先定位究竟是哪里的问题，这是一系列if…then…模式逻辑推理。

如果一台路由器工作不正常，需要分析是硬件问题、配置问题还是软件版本问题；对于重大问题，解决之前要充分考虑是否对其他正常业务有影响；如果要做软件版本升级，考虑是否要断网；如果要断网，考虑在什么时间合适……诸如此类。

（2）配置管理

收集必要的网络数据，识别网上设备和跟踪系统状态，为系统提供初始化数据。对网络设备的配置要全面考虑，不仅要考虑当前业务需要，还要考虑扩容需要、故障定位的需要、安全的需要，等等。

（3）性能管理

分析网络的资源利用率，以及网络满足不同层次用户通信质量要求的能力。尤其是那些对用户的服务等级协定（SLA）有区分的用户，性能管理更是一项重要的工作。

这里要介绍一下SLA。它是关于网络服务供应商和用户之间的一份合同，定义了服务类型、服务质量和用户付款等标准术语，其中有关目标被称为服务等级目标（SLO）。

一份典型的SLA应该包括以下项目。

◆ 要给这个用户分配带宽的下限是多少？

◆ 能同时服务的用户数量是多少？

◆ 在可能影响用户行为的网络变化（例如扩容或者割接）前是否通知安排？

◆ 拨入访问的可用性如何？

◆ 最小的网络利用性能是多少？是3个9还是4个9？（3个9即每年99.9%的可用性，要求每年最多断网9小时，这是企业级需求；4个9的要求就高了，每年最多断网1小时，这是电信级需求。）

◆ 各类用户的流量优先权如何？

◆ 客户技术支持和服务要达到何种水平？

总之，按照SLA要求，服务供应商将采用多种技术和解决方案去监控和管理网络性能及流量，以满足SLA中的相关规定，并产生对应的客户结果报告。

当今，无论是ISP还是大型企业IT部门，都规范了一套SLA，以衡量、确认其用户服务。

（4）安全管理

提供对被管理网络的安全预防、检测、侵害抑制和恢复，主要包括身份鉴别（比如RADIUS（远程身份认证拨号用户服务）系统可提供的认证）、密钥管理、病毒预防和灾难恢复。

（5）计费管理

计费未必和钱有直接关系。它将对用户使用的各种资源进行跟踪，统计用户对资源的使用量和时间，计算费用并对已收费的用户进行确认。

针对运营级的IP网络，例如电信运营商和ISP的IP网络，计费管理是日常运营的重要组成部分。在大多数的网络实现中，由网络设备仪器提供的网络管理系统一般不会完成计费管理功能，仅仅为计费管理系统提供原始计费数据。而真正的计算"钱"的管理系统，是专门的营账系统。

在电信运营中，有一种专门的系统叫作BOSS系统。BOSS就是业务支撑系统（BSS）和运行支撑系统（OSS）的合称。OSS更多面向通信设备，比如计费原始数据采集就在OSS中，而BSS则更多面向用户，比如收费金额的计算等。

电信运营商和ISP对IP带宽的计费可以按照时长、包月、流量等方式，在不同领域，采用的计费方案也不完全相同。

（6）AAA

AAA，全称认证（Authentication）、授权（Authorization）和计费（Accounting）是当前常用的一种网络访问控制的安全管理框架，它决定哪些用户能够访问网络，以及用户能够访问哪些资源或者得到哪些服务。

◆ 认证：验证用户的身份。这一过程通常涉及用户输入用户名和密码，或者通过其他身份验证方法（例如生物识别、令牌等）来确认其身份。认证的目的是确保只有合法的用户才能访问网络资源。

◆ 授权：确定经过认证的用户有权访问哪些资源以及可以执行哪些操作。授权过程涉及检查用户的权限级别和访问控制列表，以确保用户只能访问其被授权的资源。

◆ 计费：记录和报告用户对网络资源的使用情况。这包括记录用户登录和注销的时间、访问的资源类型、使用的数据量等信息，以便进行费用计算和资源使用统计。

AAA 机制在多种网络环境中得到应用，例如远程访问、无线网络、VPN 等。它可以通过集中的 AAA 服务器来实现，该服务器负责处理认证、授权和计费请求，从而确保网络的安全性和可管理性。

网络管理的概念绝非一套管理软件加上一套计费系统这么简单，对硬件、软件、人力的使用和协调，对网络资源的监视、测试、配置、分析、评价和控制，都是网络管理的重要组成部分。网络管理保障了网络的平稳运行，使故障尽可能少，断网时间尽可能短，网络攻击者攻击无计可施——"防患于未然，绸缪于未雨"，这就是一个好的网络管理团队应努力奋斗的目标。

2.9 IP世界的应用体系

构成 IP 世界的信息内容的部分，被称为应用体系。

大家可以想象，城市最核心的组成部分一定不是道路和高楼大厦，而是居民。而 IP 世界中，最核心的组成部分是信息和应用，而非路由器和管线。

HTTP 是应用，计费是应用，游戏是应用，网管是应用，IMS 是应用，QQ 是应用，微博是应用，微信是应用，在线交易是应用……应用涉及互联网的方方面面，它是互联网呈现给用户的唯一接口。对用户而言，构成互联网的路由器、交换机、管线都是浮云。

首先，应用体系应该具备人机界面。无论是人们看到的文字、表格，还是听到的声音，都是应用体系利用网络获取到相应数据后，进行加工和处理，并在终端上表现出来的结果。我们通过浏览器看到的网页，通过 QQ 聊天窗口看到的朋友留言，通过游戏客户端看到的游戏图像和听到的声音，都是人机界面的一部分。

其次，应用体系应该具备和底层路由、交换及更为基础的管线结合的能力。这在后续的 OSI-RM 结构中，或者在 TCP/IP 分层结构中被充分体现出来。应用体系将要发送的数据通过 TCP/IP 处理后，通过管线发送给接收方，接收方也通过 TCP/IP 获取信息内容并将其交给应用软件进行处理，最终呈现给用户。

最后，IP 世界的应用体系应该有多个通信实体参与信息交互。两个朋友通过 QQ 聊天，是

QQ 服务器和两个人的计算机上 QQ 软件共同参与通信的过程。一个人访问网页，是网页服务器和用户端的浏览器软件交互信息的过程。

为了满足上述 3 个要求，应用系统必须具备计算、判断、存储和显示能力。某网络游戏中，用户 A 用鼠标单击某个人物，要求其向左边走 1cm 到达某位置，服务器必须获取该指令，做出计算，判断到达新位置的路途中是否有障碍物，如果有，则反馈给用户 A 的游戏客户端；如果没有，该人物走到新的位置，并在屏幕上显示该人物走的全过程。与此同时，服务器必须记录该人物新的位置，当用户 B 到达此位置时，用户 A 就成了他的障碍物，两者不能重叠，否则将违背基本常识。

应用体系是由若干服务器、用户侧计算机和运行在其上的软件组成的。有关软件体系架构的知识，请参见后面章节的内容。

2.10　互联网数据中心

在 IP 世界里面，互联网数据中心（IDC）是当之无愧的重量级核心组成部分。IDC 是"大粮仓"，是互联网内容最集中的地方。商业也好，娱乐也罢，互联网内容必须安全稳妥地被保存，IDC 责任重大。下面有请 IDC 同学给各位做一下自我介绍。

"大家好！我是 IDC。我是企业和 ICP 提供服务器托管、空间租用、带宽批发、应用服务、电子商务的中心环节。我既有实体的物理位置，又有虚拟的网络空间，这是个相当庞大的系统，由以下元素构成……"

"稍等，IDC 同学！"我们打断了 IDC 的介绍。"你这套说辞太学究气，能否讲得浅显一些？"

"哦，对不起，职业素养让我变得严肃，因为我的工作必须一丝不苟。毕竟从质量上来说，互联网最宝贵的信息都在我这里存储，如果我出了差错，后果不堪设想！不过为了让大家对我有更深入的了解，我还是尽可能用简单的语言来为大家讲解吧！"

接着，IDC 开始讲自己的故事。

继续刚才的话，IDC 家族由以下元素构成。

第一类，看不见，摸不着。这就是从互联网拉来的带宽，是信息和数据进入 IP 世界的道路。

如果不想使它们仅仅成为"硬件仓库"，那就需要足够的带宽。带宽质量是判断 IDC 实力的第一参数。

一个电信级的 IDC 到底需要多大带宽才能被接入互联网？我们很难给出确定回答，就像问人类一天要喝多少水、吃多少饭一样，它不是绝对的、固定的、死板的，但又是有规律的、可总结的、有范围的。带宽不足的后果如图 2.38 所示。

图2.38　带宽不足的后果

从经验规律上来说，我们应当至少拥有两条 100Mbit/s 速率的线路通过不同路由与骨干网相连（这是最低要求，大部分 IDC 都会拥有高达几个 G 甚至几十个 G 的出口线路）。典型的电信级 IDC 不应仅仅是骨干网的高速接入网，还应该是世界上所有独立网络的"对等网络"（在 4.9 节 BGP 中，我们将会提到对等网络，即 Peer 网络）。

IDC 所拥有的带宽资源，将直接影响用户访问的服务质量。

这里展示一组有趣的数字：某调查统计显示，从输入一个网址到浏览到全部页面的信息，美国互联网用户的可忍受时间是 12s，而韩国年轻一代网民的可忍受时间是 4s，中国网民可忍受的时间较长，是 35s 以内（从中我们看出，中国人的性格更具忍耐性，暂不讨论这种忍耐性是否有价值）。

响应速度慢的网站会使用户大量流失，而使响应速度变快的头号功臣就是带宽！

第二类，看得见，摸得着。这类是 IDC 的硬件设施，包括路由交换设备、服务器和存储设备、机柜、电源、空调等支撑环境。

路由交换设备包括以太网交换机、路由器、防火墙。核心以太网交换机应当是千兆以上级别，总吞吐量在 8Gbit/s 以上，应采用双备份，以提高网络的可靠性（不是不能凑合，那就看用户的接受程度了）。

只有获得授权的人才能进入小区，也只有被认为是合法的 IP 包才能进入 IDC 的管理范围。在这里，防火墙是 IDC 的"忠实保镖"。

当然，防火墙的安全永远是相对的。

我们应时时防范网络攻击者的攻击，不能因为有了防火墙就觉得万事大吉、高枕无忧。不要相信任何违反常识的宣传。

IDC 的核心设施是服务器。专门为 ISP、ICP 和互联网应用提供商（IAP）设计的互联网服务器，除在性能上满足互联网应用的要求外，从结构上考虑，它还应当是一种薄型机架式服务器，包括刀片式服务器。

我们一般都会设置存储备份设备（例如磁带机、大容量磁带库），对于有高速大容量要求的设备，还应当考虑磁盘组和磁盘阵列甚至磁盘塔，上述设备都应采用一种叫作独立磁盘冗余阵列级别5（RAID5）的技术，这种技术帮助我们在多个存储介质中动态地备份数据信息。

对于重要的核心设备，除应用上述技术外，还可直接采用镜像技术，同时还应考虑通过网络进行异地备份，要大量应用到缓存或者服务器负载均衡技术。

如果资金允许，我们可采用存储区域网络（SAN）作为全面的存储解决方案。在第7章的IP存储一节，我们将详细为各位介绍。

第三类和第四类，看得见却摸不着。

第三类叫作IP地址池。

主机没有IP地址，就无法进入互联网；而我们如果缺乏IP地址，就算有再大的存储空间也无济于事。IDC没有IP地址就不是IDC，如图2.39所示。

除此之外，最好有对等、独立的AS号，使每个IDC都成为独立的对等网络，这有助于业务的独立性和可扩展性。

图2.39　没有IP地址就不是IDC

第四类叫作软件。

数据库也好，网页代码也好，软件也罢，它们是用户访问IDC最直接的目的。软件存储在服务器或者专用存储系统里，是IDC的核心，直接占用空间，间接占用体积。

当然，还有第五类。

第五类的特点是喜欢以自我为中心，总是自以为是，也许它们有自以为是的资本。它们被用于对前四类事物的组织、协调、经营、服务和维护。IDC的成败，与其管理水平密不可分。

这类叫作"人"，是自然界唯一具有非人工智能的智能体，包括IDC的组织者、规划者、建设者、经营者、管理者、服务者以及被服务者。

如果你对 IDC 有兴趣，不妨把你的服务器搬进 IDC 机房。不过在进入之前，你要先做一件事——交钱。

IDC 服务提供商会根据你的服务器所需带宽和服务器的体积向你收费。这时候你会发现服务器的高度是有规律的。它总是 4.4cm 的整数倍。

一个 U 是 4.4cm，如图 2.40 所示，所以你只要告诉 IDC 服务商，你的服务器有几个 U 即可。一个标准的机柜高 2m，一般情况下可以放 30 台 1U 的服务器——服务器之间需要有一定的空隙用于散热。

图2.40　一个U是4.4cm

接下来，是软件问题。

作为提供信息的服务器，除了需要健壮的硬件和操作系统，还要有合适的软件。

IDC 主机托管主要应用范围包括网站发布、虚拟主机和电子商务，当然，还有当今炙手可热的"云计算"。

网站发布指用户通过托管主机，从 IDC 分配到互联网 IP 地址，并申请合法域名以后，即可发布自己的 WWW 站点，将自己的产品或服务通过互联网广泛宣传。

虚拟主机是 ISP 通过托管主机，将自己主机的海量硬盘空间出租，为其他客户提供虚拟主机服务。

电子商务是指单位通过托管主机，建立自己的电子商务系统，通过这个商业平台来为供应商、批发商、经销商和最终用户提供完善的服务。

然而这一切正在发生变化，随着人工智能算法的不断发展，尤其是 2022 年底 OpenAI 推出 ChatGPT，在全球掀起一场空前的"AI 大模型"热潮，激发了市场需求，也大幅推动了 AI 智算的产业发展。

市场对 IDC 算力能力的要求大幅提高，传统 IDC 网络能力和业务已经无法满足 AI 大模型大规模训练场景的需求，这催生出了一种新型数据中心或者叫智算中心的网络组织形式。

这种数据中心使用全新的网络拓扑、更高效的网络协议栈、更高性能的网络和服务器基础设施以及模块化的网络管理平台，大幅提升了数据中心在 AI 智算、大规模训练等应用环境下的数据处理和传输能力。

在第 9 章，我们将为各位进一步介绍新型数据中心的相关内容。

第**3**章

TCP/IP 网络规则

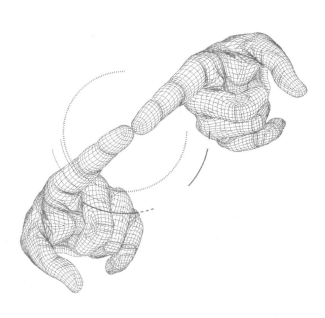

品一口佳肴，你也许想知道这道菜的做法，虽然未必真要去当厨师。

同理，在享受 TCP/IP 世界千变万化和千奇百怪的同时，很多人会好奇，如工蚁般的 IP 包如何在网络上辛苦搬运信息？虽然未必真去做专职的 IP 网络工程师。

如果把一张 IP 网当作一个城市的交通网，那么我们要研究的是城市交通中城市主干线、次干线、交叉路口、交通标志、信号灯、人行横道等的设立规则和它们之间的关系，以及它们如何协同作业才能满足人们快速、方便、安全的出行需求。IP 网与交通网如图 3.1 所示。

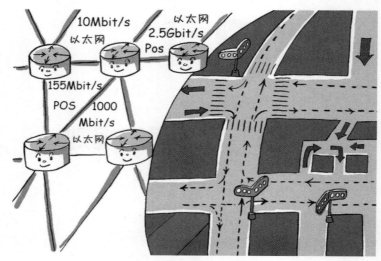

图3.1　IP网与交通网

TCP/IP 世界的规则定义，一直在前进中探索，在探索中发展。

这些规则也是 IP 世界的重要组成部分。表面上看，IP 世界仅仅是由路由器、交换机、主机、线路等这些"钢筋混凝土"组成，而实际上，规则，才是 IP 世界的"精神领袖"。没有规则，"钢筋混凝土"将不复存在。

3.1　IP世界的关键规则之一：以太网编码规则

◆ 以太网属于 OSI-RM 的第二层——数据链路层协议，由 RFC894 和 RFC1042 定义。

◆ 以太网向下是物理层，向上是网络层。

◆ 以太网帧中包含 48 位的 MAC 地址。

物理层的数据都是以高低电压的面貌出现的。对于高低电压，我们可以解读为 1 和 0。在物理层，通信网就是一条条电路。而在物理层之上，是数据链路层。

IP网的数据链路层中最常用的是以太网。以太网的地位犹如"普天之下，莫非以太，率土之滨，莫非IP"。

1. 以太网帧

在任何教科书里面，以太网帧都有两种标准，这是历史形成的。

DEC、Intel和Xerox公司在1982年公布以太网这个术语时，发布了一个标准，其中定义了以太网的帧格式，这就是后来规定在RFC 894内业界最常用的标准，其封装方式被称为"RFC 894封装"。而几年后，IEEE发行了一组略有区别的标准，并定义在RFC 1042中，其封装方式被称为"IEEE 802.2/802.3封装"。

这两者的区别是，IEEE 802.2多了一个叫作"逻辑链路控制"的子层。不过我们还是愿意遵从把复杂问题简单化的原则，重点介绍最常用的标准——RFC 894封装。

给各位提供一个小数据，一个以太网帧的长度应该是64～1 518字节。

以太网的数据帧格式（以RFC 894为例）如图3.2所示。

图3.2　以太网的数据帧格式（以RFC 894为例）

目的地址："我要到哪里去？"48位的目的地MAC地址（媒体访问控制，在下一小节进行介绍）。

源地址："我从哪里来？"48位的出发地MAC地址。

类型："我是干什么的。"以太网的"大池子"里跑的不仅仅是数据信息，还有主机之间相互交流所必需的握手信号，比如 ARP。为了将数据信息和握手信号区分出来，需要有类型定义字段。如果类型是 0806，就是 ARP 请求和应答；如果类型是 8035，就是 RARP（反向地址解析协议）请求和应答；这两种情况下，数据字段最后还有 18 位填充字段（PAD）。就像社会车辆和警车，无论在道路上还是在停车场，受到的待遇都不完全相同，数据信息和握手信号在网络中和主机中享受的待遇也是不完全相同的。

数据："根据类型，你知道我葫芦里具体卖的什么药？"这是以太网承载的数据信息，根据上面的类型字段推断出数据是何种类型后，再根据这种类型的格式要求进行拆包和分析。按照 RFC 894 的规定，数据字段的长度为 46 ～ 1 500 字节。而 RFC 1042 中规定，其长度为 38 ～ 1 492 字节。

循环冗余校验（CRC）："看，这是我的装箱单。"以太网的校验机制用于检查整个帧传送过程中是否出现了错误，CRC 如图 3.3 所示。在通信领域，几乎每种技术体制的分组格式都要进行校验，因此都包含校验字段。在这个纷纷扰扰的世界里，传送、运输、速递、邮寄，总不是那么让人放心，于是，"装箱单"还是很必要的。当发送站发出数据分组时，一边发送，一边逐位进行 CRC，最后形成一个 32 位"CRC 和"填在帧尾位置，并随着整个帧在网内传输。接收站接收后，对帧逐位进行 CRC，如果接收端形成的校验和与帧的校验和相同，则表示媒体上传输帧未被破坏；反之，则表示传输帧被破坏，要求发送站重发这个帧。

图3.3　CRC

把从物理层提取到的 0 和 1 的数据集合，"框"入以太网帧格式中。根据"框"中的不同格子，读取目的地址、源地址、长度、校验和、数据信息等。每台接收到以太网帧的交换机或者主机都将根据其中的信息接收、转发或者处理这个以太网帧。

那么有一个问题，不知道各位是否想到过——物理层发送上来的 0 和 1 的序列，节点设备如何识别出一个帧是从哪个 0 或者 1 开始的？

这的确是一个棘手的问题。10 个班的小学生排队去参观博物馆，如果他们全部排成一列，各位如何区别这 10 个班？最简单的方法是，每个班第一个学生前面加一个老师，如图 3.4 所示，这样，每当看到一个老师，就知道其后的第一个学生是这个班的第一个人。再看到下一个老师前的一个学生就是上一个班的最后一个人，这个老师后就是一个新班了。

图3.4　学生排队

以太网也是采用类似的方式在帧与帧之间"划清界限"。当然，以太网帧中不可能插进一名老师，而是采用 0 和 1 交替出现的 7 个字节。当接收装置连续接收到 7 个这样的字节，就可以判断出，从下一字节开始，将接收一个新的以太网帧，直到再次出现连续的 7 个 0 和 1 交替的字节，一个以太网帧结束，下一个以太网帧又开始了。

主机获取了以太网帧以后，将拆掉以太网帧的头部，这时，里面的数据载荷将裸露出来。接下来，就是 IP 层及其上层的操作了。

2. MAC 地址

MAC 这个名词的英文全称是 Media Access Control，指"媒体访问控制"。我们可以把它理解为信号在通信线路介质传送中的一种最基本的管理和控制能力。

这里的"管理"是指通过某些标准化操作，避免传送发生错误；而"控制"是指通过某些标准化操作，让信号按照既定策略传送和转换。媒体访问控制，其实就是对物理层传送的 0 和 1 进行最基本的管理和控制。通过 MAC 地址将物理层获取的信号送到更高层去处理，让更高层专注于路由、传输和应用，无须操心底层的传送过程。

以太网的每一个网络节点（网卡、交换机和路由器的每个接口）都具有一个 MAC 地址（也就是物理地址），由 IEEE 统一管理，由设备商固化在设备中。网络节点设备或接口在"出生"时就会获得一个专属于自己的 MAC 地址号，在报废前 MAC 地址始终保持不变。

MAC 地址长度为 48 位二进制，前 24 位是设备商标识符，后 24 位是设备商自行分配的序列号，常表示为 12 位的十六进制数，MAC 地址如图 3.5 所示。

图3.5　MAC地址

例如 MAC 地址 00000000111000001111110000111001100000000110100，表示为十六进制是 00e0.fc39.8034 或 00:e0:fc:39:80:34 或 00-e0-fc-39-80-34。

MAC 地址就像身份证号码一样具有唯一性。当然，这种唯一性也不是绝对的。

如何才能知道自己计算机的 MAC 地址？一个很简单的方法是使用 ipconfig/all 命令或 "ipconfig-all" 命令。

◆ 在 Windows 9x/2000 下单击"开始 / 程序 / 附件"，找到"命令提示符"，或者"开始→运行"之后输入"cmd"，也可以弹出"命令提示符"对话框。

◆ 在命令提示符下输入"ipconfig /all"或"ipconfig-all"命令，回车后出现如图 3.6 所示的对话框，其中的"物理地址"即是所查的 MAC 地址。

图3.6　对话框

MAC 地址是网卡自身的唯一标识，与网络无关，无论把这个网卡接入网络的什么地方，MAC 地址都是不变的；但是 MAC 地址是可以人为改变的，同时 IP 地址也可以改变，这样会导致网络安全问题。比如校园网中的 IP 地址被盗现象，被盗 IP 地址的计算机不能正常上网，还会频繁出现 IP 地址被占的提示框。非常情形时采取非常手段，捆绑 IP 地址和 MAC 地址可以避免发生这种现象。

3.2　IP世界的关键规则之二：IPv4地址的定义

◆ IPv4 地址是 32 位二进制数字，可转化为 4 个 0 ～ 255 中的数字。

◆ IP 地址需要和子网掩码配合使用才有意义。

◆ 公有 IP 地址分为 A、B、C、D、E 5 类。

◆ 私有 IP 地址分为 A、B、C 3 类。

门牌号码的作用，相信大家都很清楚。

在 IP 世界里，一台计算机必须明确分配一个 IP 地址，才有可能与其他计算机展开交流。合理的 IP 地址规划可以大幅度提高网络性能。

要了解 IP 地址的规划，就必须先学习二进制。互联网是 IP 世界的老大，前面我们讲过，IP 世界的地址规划，由互联网名称与数字地址分配机构（ICANN）负责。

注意，不但所有的计算机都应该分配 IP 地址，网络上的路由器和带路由功能的交换机，每个路由接口也都应分配 IP 地址。

当前我们使用的 IP 地址其实应该叫作"IPv4 地址"，由于 IPv4 地址有限且已经耗尽，网络界一直在推进将 IPv4 地址逐渐迁移到数量更多的 IPv6 地址上。而为了方便理解，本节所涉及的 IP 地址均为 IPv4 地址。关于 IPv6 的内容，我们将在下一节进行介绍。

1. IPv4

IPv4 地址是一个 32 位二进制数字，理论上从 32 个 0 到 32 个 1，一共有 2^{32} 个地址可供分配。如果我们用二进制表示 IP 地址，那将非常烦琐，并且不容易记忆和书写。

于是人们用 4 段十进制数字表示，每一段就是 8 位二进制数，用十进制表示就是从 0 ～ 255，那么，一个 IP 地址可以用如下形式表示出来：

A.B.C.D

上面的 A、B、C、D 分别是 0 ～ 255 中的任何一个十进制数字。但是我们经常见到的 IP 地址，后面往往会有以 255 开头的另一组数字，比如一个 IP 地址是：

211.99.34.33

后面跟着另一组数字：

255.255.255.248

上述 IP 地址分为两个部分，第一部分是我们常说的 IP"主机地址"，第二部分叫作"子网掩码"，用来标识这个 IP 地址所在的子网（大部分是局域网）网段有多大。这就像做自我介绍——"我叫 ×××，我来自北京"一样。

有了这个规范的 IP 地址，你甚至能计算出这个子网的网段是从哪个地址开始到哪个地址终止。

在 IP 地址中，采用子网掩码，就像一个门牌号码前要设置省（州）、市、县（区）、乡、村一样，而不是直接给每家每户设置一个仅由数字组成的门牌号。

这样做的目的就是要简化管理，提高查询、检索的效率。

比如上述例子，211.99.34.33 是从 211.99.34.32 开始到 211.99.34.39 结束的整个子网网段中的一个 IP 地址。该网段的第一个 IP 地址 211.99.34.32 叫作"子网地址"，最后一个 IP 地址

211.99.34.39 叫作"广播地址"。

这是怎么计算出来的呢？我们给出简单的算法。

假如子网掩码是 M.N.P.Q，你套入这样一个公式——（256-M）（256-N）（256-P）（256-Q），得到的结果，即是这个网段一共有多少 IP 地址。在本例中，（256-255）×（256-255）×（256-255）×（256-248）=8，那么这个网段一共有 8 个 IP 地址。

再看看这个 IP 地址 211.99.34.33，因为我们已经计算出它所在的网段一共有 8 个地址，所以你只要把最后一个小圆点后面的数字从 0～255 分组，每 8 个连续的地址编号作为一组，看 33 在哪个组里面即可。0～7 是第一组，8～15 是第二组，如此类推，32～39 是第五组，而 33 在 32～39 之间。我们一般说的"网段"，就是指这样的"组"。

于是我们说，211.99.34.33 在子网地址为 211.99.34.32、掩码为 255.255.255.248 的网段中。

如果在书写 IP 地址的时候，只写子网地址，不写子网掩码，人们就无法判断这个地址属于哪个网段。就好比你只知道你的朋友家的门牌号和所在楼的单元号，而不知道他住哪条街，这样你是无法知道去朋友家的路线。

总之，不带子网掩码的 IP 地址是无效的 IP 地址。

如果你觉得书写子网掩码过于麻烦，不妨试试一种简单的书写方法，就是在 IP 地址后面加上 "/n"，如果你知道这个网段有 X 个 IP 地址，假设 2 的 Y 次方等于 X，那么 n 就等于 32-Y。比如上面例子中的网段有 8 个 IP 地址，2 的 3 次方等于 8，那么 n=32-3=29；上述例子的 211.99.34.33 就可以表示为：

211.99.34.33/29

互联网上使用的 IP 地址被人为地分为 A 类、B 类、C 类、D 类和 E 类 5 种，IP 地址类别见表 3-1。

表 3-1 IP 地址类别

类别	地址范围
A	0.0.0.0 ~ 127.255.255.255
B	128.0.0.0 ~ 191.255.255.255
C	192.0.0.0 ~ 223.255.255.255
D	224.0.0.0 ~ 239.255.255.255
E	240.0.0.0 ~ 255.255.255.255

A 类、B 类和 C 类是最常用的单播 IP 地址，D 类地址用于多播，E 类地址被保留用于扩展和实验开发与研究。还有一些地址有特殊功能，如：

0.0.0.0/0，未知网络，通常默认保留，常用于代表"缺省网络"，在路由器表中用于描述"缺省路径"。缺省路径的意思是享有最低优先级，在没有特别定义的情况下，IP 包会按照该地址所定义的路由表项进行转发。

127.0.0.0/8，表示回环地址和本地软件回送测试之用，保留而不分配。

255.255.255.255/32，有限广播地址。

2. 公共地址和私有地址

上面提到IP地址在全世界范围内唯一，看到这句话你可能有这样的疑问，像192.168.0.1这样的地址在许多地方都能看到，并不唯一，这是为何？

根据用途和安全性级别的不同，IP地址可以大致分为两类：公共地址（公网地址）和私有地址（内网地址）。在IP地址中专门保留了3个区域作为私有地址，范围如下：

10.0.0.0/8：10.0.0.0 ～ 10.255.255.255；

172.16.0.0/12：172.16.0.0 ～ 172.31.255.255；

192.168.0.0/16：192.168.0.0 ～ 192.168.255.255。

这3个IP地址段不会被互联网的公用服务器使用，而只能在企业内网里使用。也就是说，你到A公司，可能某台主机的IP地址是10.1.1.30/8，那么你到另一个B公司，很有可能另一台主机也被分配了10.1.1.30/8的IP地址。公用地址在互联网中使用，可以在互联网中随意访问。使用私有地址的网络只能在内部进行通信，而不能与其他网络互联。因为本网络中的私有地址同样也可能被其他网络使用，如果进行网络互联，那么寻找路由时就会因为地址的不唯一而出现问题。私有地址可以自己组网时用，但不能在互联网上用，互联网没有这些地址的路由，有这些地址的计算机想要上网，必须通过网络地址转换（NAT）技术转换成为合法的IP地址，也称为公网地址。这就像南京有大观园，济南也有大观园，如果你要去大观园，必须说明是去南京大观园还是济南大观园。在这里大观园好比私有地址，南京大观园和济南大观园好比公网地址。

各位读者，不管你是否参与网络和通信的技术类工作，请记住上述IP地址分类，互联网已经渗透到我们生活工作的各个角落，而对IP技术而言，地址规划是互联网的基础。学会它、掌握它，你才能更加熟练地应用它。

3. 如何用子网掩码得到网络号 / 主机号 / 主机数

既然子网掩码这么重要，那么它是如何计算出IP地址中的网络号、主机号、主机数呢？过程如下：将IP地址与子网掩码转换成二进制；将二进制形式的IP地址与子网掩码做"与"运算，将结果化为十进制便得到网络号；将二进制形式的子网掩码取"反"；将取"反"后的子网掩码与IP地址做"与"运算，将结果化为十进制便得到主机号；主机数为 $2^{主机号位数}-2$。

下面我们用一个例子给大家演示。假设有一个IP地址192.168.127.101，子网掩码为255.255.255.192，我们来计算网络号、主机号、广播地址和主机最大数。

将IP地址转换成二进制为 11000000.10101000.01111111.01100101，子网掩码转换成二进制为 11111111.11111111.11111111.11000000，将两者做"与"运算得到 11000000.10101000.01111111.01000000，转换成十进制为192.168.127.64，这便是网络

号。主机号就是 IP 地址中除去网络号的部分，即 100101，转换成十进制为 37。主机号的二进制位数为 6，能容纳的主机数量为 $2^6-2=62$。另外，IP 地址中的网络号部分不变，相应主机号部分变为全 1，结果就是广播地址为 11000000.10101000.011111111.01111111，转换成十进制为 192.168.127.127。

4. 无类域间路由

传统的路由寻址模式，是根据标准的 A、B、C 类地址等网络地址寻找目标网络和主机的。由于分类，所以其被称为有类域间路由。无类别域间路由选择（CIDR）有时被称为超网，它的基本思想是取消 IP 地址的分类结构，将多个地址块聚合在一起生成一个更大的网络，以包含更多的主机。CIDR 支持路由聚合，能够将路由表中的许多路由条目合并成更少的数目，因此可以限制路由器中路由表的增多，减少路由通告。

聚合前路由器路由条目如图 3.7 所示，在路由器 R1 路由表中有 N 条路由，192.168.1.0/24 ～ 192.168.N.0/24，此时 R2 中也有 N 条路由与之对应。

图3.7　聚合前路由器路由条目

如果将 R2 路由表中的 N 条路由写成一个地址，192.168.0.0/16，照样可以通信，同时又减少了 R2 路由表空间，聚合后路由器路由条目如图 3.8 所示。这里用到的概念就是 CIDR 路由聚合。

图3.8　聚合后路由器路由条目

5. 可变长子网掩码

住在济南北园大街的 1 号住户和 6 号住户要能互相找到对方，必须知道各自的门牌号：济南北园大街 6 号，济南北园大街 1 号。在以前，也许可以找到对方，但现在城市建设很快，各个大街上都是高楼大厦，济南北园大街 1 号可能已经不是单个住宅了，而是一幢高楼，此时，还得知道各自的楼号（小区号）。即要想互相通信，此时街道地址不变，原住户号要细分为新的楼号和房间号，比如济南北园大街 1 号变更为济南北园大街 1 号 × 号楼 × 室。

在实际应用中，IP 地址也可以细分，将一个网络分为多个子网。在分层时，不再把 IP 地址看成由单纯的一个网络号和一个主机号组成，而是把主机号再分成一个子网号和一个主机号，这就是可变长子网掩码（VLSM）的概念。VLSM 其实就是相对于类的 IP 地址来说的。A 类的第一段是网络号（前 8 位），B 类的前两段是网络号（前 16 位），C 类的前 3 段是网络号（前 24 位）。而 VLSM 的作用就是在类的 IP 地址的基础上，从它们的主机号部分借出相应的位数来做网络号，也就是增加网络号的位数。各类网络可以用来划分子网的位数为：A 类有 24 位可以借，B 类有 16 位可以借，C 类有 8 位可以借（可以再划分的位数就是主机号的位数，实际上不可以都借出来，因为 IP 地址中必须有主机号的部分，而且主机号部分剩下一位是没有意义的，所以在实际中可以借的位数是在上面写的那些数字中再减去 2，借的位作为子网部分）。

这是一种产生不同大小子网的网络分配机制，指一个网络可以配置不同的掩码。开发可变长度子网掩码的想法就是在每个子网上保留足够的主机数的同时，把一个子网进一步分成多个小子网时有更大的灵活性。如果没有 VLSM，一个子网掩码只能提供给一个网络。这样就限制了要求的子网数上的主机数。

有类网络中只有一个 C 类地址 192.168.1.0，子网掩码未确定。给每个子网分配一个子网段。下面我们来看看如图 3.9 所示的组网中共有多少个子网，每个子网可以有多少个 IP 地址。

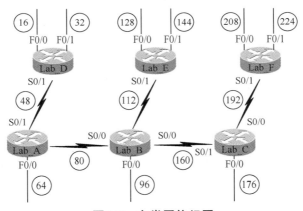

图3.9 有类网络组网

路由器每个接口就是一个子网，两个接口共享一段链路的算一个接口，可以看出共计14个子网。由于主机数和子网数都是 2 的幂，所以可以向主机位借 4 位，按 2^4=16 个子网划分。每个子网的 IP 地址是 256/16=16 个（其实主机数需要减 2，可用 IP 数为 14 个）。C 类地址标准掩码是 24 位，此时的子网掩码是 24+4=28 位，即 255.255.255.240。

6. VLSM 和 CIDR 的区别

在使用 VLSM 划分子网时，将原来分类 IP 地址中的主机位按照需要划出一部分作为网络位使用，也称向主机"借"几位来划分子网；而在使用 CIDR 聚合地址时，则是将原来分类 IP 地址中的网络位划出一部分作为主机位使用。CIDR 是把几个标准网络合成一个大的网络，VLSM 是把一个标准网络分成几个小型网络（子网），CIDR 是标准子网掩码往左边移了，VLSM 是标准子网掩码往右边移了。

7. 划分子网的几个捷径

◆ 你所选择的子网掩码将会产生多少个子网？

2^x（x 代表掩码位，即二进制为 1 的部分）。

◆ 每个子网能有多少主机？

2^y-2（y 代表主机位，即二进制为 0 的部分）。

◆ 有效子网号是？

有效子网号 = 256 – 十进制的子网掩码（结果叫作 block size 或 base number）。

◆ 每个子网的广播地址是？

广播地址 = 下个子网号 – 1。

◆ 每个子网的有效主机分别是？

忽略子网内全为 0 和全为 1 的地址，剩下的就是有效主机地址，最后有效 1 个主机地址 = 下个子网号 – 2（即广播地址 – 1）。

下面我们来看两个具体实例。

C 类地址例子：网络地址 192.168.10.0；子网掩码 255.255.255.192（/26）。

◆ C 类地址的标准掩码是 24 位，此时的子网掩码是 26 位，说明有 26 – 24 = 2 位用于划分子网，可以知道子网数 $= 2^2 = 4$。

◆ 主机位 = 32 – 26 = 6 位，所以主机数 $= 2^6 - 2 = 62$。

◆ 有效子网：block size = 256 – 192 = 64；所以第一个子网为 192.168.10.0，第二个子网为 192.168.10.64，第三个子网为 192.168.10.128，第四个子网为 192.168.10.192。

◆ 广播地址：下个子网 –1。所以 4 个子网的广播地址分别是 192.168.10.63、192.168.10.127、192.168.10.191、192.168.10.255

◆ 有效主机范围：第一个子网为 192.168.10.1 ～ 192.168.10.62；第二个子网为 192.168.10.65 ～ 192.168.10.126；第三个子网为 192.168.10.129 ～ 192.168.10.190；第四个子网为 192.168.10.193 ～ 192.168.10.254

B 类地址例子：网络地址：172.16.0.0；子网掩码 255.255.255.224/27

◆ B 类地址标准掩码是 16 位，此时为 27 位，说明用于划分子网的有 27 – 16 = 11 位，子网数 $= 2^{11} = 2\ 048$。

◆ 主机位 = 32 – 27 = 5 位，所以主机数 $= 2^5 - 2 = 30$。

◆ 有效子网：block size = 256 − 224 = 32；所以第一个子网为 172.16.0.0，第二个子网为 172.16.0.32，最后 1 个为 172.16.255.224。

◆ 广播地址：下个子网 −1。所以第一个子网、第二个子网和最后 1 个子网的广播地址分别是 172.16.0.31、172.16.0.63 和 172.16.255.255。

◆ 有效主机范围是：第一个子网的是 172.16.0.1 ～ 172.16.0.30；第二个子网的是 172.16.0.33 ～ 172.16.0.62；最后一个的是 172.16.255.193 ～ 172.16.255.254。

3.3 IP世界的关键规则之三：IPv6技术

2010 年 9 月，美国政府 CIO 和 CTO 同时出席相关发布会，发布美国 IPv6 行动计划，颁布 IPv6 的时间表。3 个月后，美国国防部和国家标准技术研究院通过安全部署 IPv6 的政策文件。这标志着美国政府推进 IPv6 工作的进一步落实。

Facebook、Yahoo 等在互联网领域最具影响力的企业也已宣布，2011 年 6 月 8 日将成为"全球 IPv6 日"，联手展开第一次全球性规模的 IPv6 服务。

2011 年 2 月 3 日，因特网编号分配机构（IANA）在迈阿密举行的新闻发布会上宣布，全球最后 5 个 IPv4 地址分配完毕。

IP 地址资源枯竭的危机已经刻不容缓，互联网界又一只"千年虫"降临。

究其原因，IP 技术在 40 年的时间内异军突起，其设计者都始料未及。

一个人买了一套两居室的房子，以为够住了，可突然来投奔的亲戚很多，屋子就显得非常拥挤。于是，他需要改善住房。

传统的 IP 技术就遇到了这样的尴尬。

我们在 IP 包装法中描述过，IP 包头有 32 位表示 IP 地址，虽然理论上可以编址 1 600 万个网络，40 亿台主机，但采用 A、B、C 3 类编址方式后，可用的网络地址和主机地址的数量大打折扣，以至目前的 IP 地址近乎枯竭。

更为可怕的是，全球的 IP 地址分配是受美国控制的，北美占有全部 IP 地址池的 3/4，约 30 亿个，而人口众多的亚洲只有不到 4 亿个。截至 2010 年 6 月，中国的 IPv4 地址数达到 2.5 亿，远远不能满足当时 4 亿多网民的需求。IPv4 地址枯竭如图 3.10 所示。

未来 5 年，我国 IP 地址需求量中，移动互联网为 10 亿，物联网为 100 亿，固定互联网为 5 亿，而按照 IP 地址 33% 的利用率来推算，总的地址需求量为 345 亿！

假设我们设置一条路两旁的房子的门牌号都是 3 位的等位数字，门牌号从 000 到 999。但如果这条路延长了，所需门牌号达到几千个。我们应该怎么办呢？

图3.10 IPv4地址枯竭

我们可以采取几个地址共用一个门牌号的方式。比如一个片区，我们可以定义其为"某某大街 350 号"，而这个片区的每一栋房，设置为 350-1、350-2、…、350-8。

这种方案当然是可行的，它可以在一定程度上缓解地址枯竭的状况。然而这种解决方案的缺点也很多——不方便计算机录入、检索困难、管理不便等。这不是长久之计。

那么我们考虑将 3 位数扩展为 4 位数、5 位数或者更长位数的门牌号。门牌号升位如图 3.11 所示。人们开始思考，把 IP 地址的长度扩展，从 32 位扩展到 128 位。

图3.11 门牌号升位

这样 IP 地址便足够用了！ 2 的 128 次幂，据说，世界上每粒沙子都可以分得一个 IP 地址！ 这种新的方案被称为 IPv6。与之相对应的，以前 32 位地址方案被称为 IPv4。

有人问：要那么多IP地址干吗？有一则寓言叫作"刻舟求剑"，它告诉我们，千万不要站在今天的视角审视未来。

但是，如果说IPv4实现的只是人机对话，而IPv6则扩展到任意事物之间的对话，它不仅可以为人类服务，还将服务于众多硬件设备，例如家用电器、传感器、远程照相机、汽车等，它将无时不在、无处不在地渗透到世界上每个角落中的真正的网络。

与IPv4一样，IPv6一样会造成IP地址浪费。

首先，要实现IP地址的自动配置，局域网所使用的子网的前缀必须等于64，但是很少有一个局域网能容纳2^{64}个网络终端；其次，由于IPv6的地址分配必须遵循"聚类"的原则，地址的浪费在所难免。

IPv6地址为128位长，但通常写作8组，每组为4个十六进制数的形式。例如：

2001:0db8:85a3:08d3:1319:8a2e:0370:7344

IPv4地址可以很容易地转化为IPv6格式。举例来说，如果IPv4的一个地址为：

135.75.43.52

其十六进制为0x874B2B34，它可以被转化为：

0000:0000:0000:0000:0000:0000:874B:2B34

或者 ::874B:2B34

同时，还可以使用混合符号，则地址可以为：

::135.75.43.52

接下来，我们把所有的路由器、交换机、计算机及所有IP终端都升级，使其支持IPv6即可。

事实是，全世界数以千万计的路由器绝大部分都不支持IPv6，并且，大部分在路由器硬件上已经没有支持的可能性。如果要做全网改造，那将是一项巨大的工程。

这是一种极大的浪费。在言必谈"无碳""绿色""环保"的时代，这种浪费更是让人无法接受！

于是，IPv4到IPv6的过渡不可能在一夜之间发生，过渡需要时间和成本，必然是一个长期的、循序渐进的"温良"过程。在体验IPv6带来的巨大优势的同时，仍需要与历史形成的大量IPv4用户通信。能否顺利地实现从IPv4到IPv6的过渡，也是IPv6能否取得成功的决定性因素。

在设计之初，IPv6就已经考虑到了IPv4到IPv6的过渡问题，并提供了一些特性使其过渡过程简化。比如，IPv6地址可以使用IPv4兼容地址，自动由IPv4地址产生；也可以在IPv4的网络上构建"隧道"，连接IPv6"孤岛"。

IPv6并非十全十美、一劳永逸，不可能解决所有问题。IPv6只能在发展中不断完善，从长远看，IPv6有利于互联网的持续和长久发展。2012年，国际互联网协会举行世界IPv6启动纪念日，全球IPv6网络正式启动。2023年年末，全球IPv6论坛联合下一代互联网国家工程中心发布的《2023全球IPv6支持度白皮书》显示：在过去一年，全球IPv6部署率进一步提升，美洲地区和亚洲地区部署率达到了45%，大洋洲和欧洲均超过了30%，全球IPv6部署率超过40%的国家数量同比增长了30%；全球IPv6用户数普遍提升，截至2023年10月，全球IPv6用户数排名前5位的国家依次是中国、印度、美国、巴西、俄罗斯。

3.4　IP世界的关键规则之四：IP封包规则

◆ IP包的格式是有严格定义的。

◆ 一个IP包的长度，从32字节到65 535字节都有可能。

IP包就像一列火车，承载着自然界的信息、声音、图像、文本等，从出发地到目的地，来也匆匆，去也匆匆……

要让这列火车在轨道上平稳运行，在所有的交叉路口正确选择道路，并在遇到各种优先级检验的岔口，能够提供自己的身份证明，就需要这列火车采取标准化设计，重量、体积、关键部件的尺寸都严格符合规范。

在IP的世界里，当IP包离开发送端进入网络，发送者就无法再对其进行实时控制了。

其实，在IP包离开发送端之前，就已经获得了详细的目的地，然而对任何一个IP包而言，所有的网络环境都是陌生的，它对前方的网络拓扑、控制参数一无所知。要让网络上的每个节点接纳它、识别它、给它指路，并将它成功送出线路，就需要IP包本身携带足够的内容，就像人出门旅行，必备的用品一样都不能少，如果出国，还要携带护照。为了能够让经过的每台路由器准确地识别携带信息，还必须采用统一的格式。IP包的结构如图3.12所示。

图3.12　IP包的结构

让我们看一看一个IP包各个字段的含义。

版本号："我是哪个版本"，这是 IP 的版本号。众所周知，版本只有两个：IPv4 和 IPv6。

包头长度："我的车头有多长"，这是指 IP 包头的长度。IPv4 以 32 位（4 字节）为一个单位，从"首部长度"4 位的情况看，IP 包头最大为 64 字节，512 位。

ToS："我有多重要"，标识传送优先级。在传统的 IP 技术中，服务类型（ToS）字段用于标明 IP 包的类型。在没有服务质量（QoS）的网络中，ToS 字段只是自娱自乐，没有任何实际意义；而在具有 QoS 保障的 IP 网络，比如 MPLS 里，ToS 的意义才真正体现出来。这个字段由现在不再使用的 3 个优先权位、4 个 ToS 位和 1 个必须为 0 的未用位组成。4 个 ToS 位是：最小时延、最大吞吐量、最高可靠性和最小费用。我想读者一定都在嘀咕：这 4 个我都要！不！IP 包装法规定：这 4 位只能有 1 位为 1！如图 3.13 所示。Telnet 采用最小时延为 1，SNMP 采用最高可靠性为 1，其他位只能设置为 0。

图3.13　最小时延、最大吞吐量、最高可靠性、最小费用，单选

字节总长度："列车一共有多长"。这是整个 IP 包的总长度指示，以字节为单位。用这个字段和包头长度做减法，可以得出 IP 包中数据部分的起始地址和长度。由于这个字段是 16 位，所以 IP 数据包的最大尺寸是 2^{16}，即 65 536 字节。

标识："我是第几个包"。一个大的报文经常要被拆分为几个小包进行传送。一列火车拉不了这么多货物，分批次拉很正常。这个字段就是为了标识该 IP 包是这一报文被拆分成的第几个包。

片偏移："我在最早那个数据包中的位置"。一个 IP 包在网络中可能会再次被拆分，比如以太网帧中数据字段的最大长度为 1 500 字节或者 1 492 字节（RFC 894 和 RFC 1042 的规定略有区别），数据链路层都有此特性，这个最大传送长度被称为最大传输单元（MTU）。如果 IP 包长度大于链路层的 MTU，等待它的是"裂刑"——将一个大的 IP 包拆分为多个小的 IP 包，并各自带有 IP 包头，拆分后的 IP 包在网络中被独立地路由，它们在到达目的地之前不会被重组。这可能会造成一种现象：某个大包的各个分段不按顺序到达最终目的地，如果这种情况发生，怎么保证目的地成功地将这些分段组合起来呢？IP包头需要足够的信息让接收者正确地重组这个大包。"片偏移"字段用于拆分包的终端并告知重组的终端，这个包是从最早的数据包的位置开始的。

标识和片偏移配合使用，才能使分段和重组工作正常进行。

标识字段为发送者送出的每个包保留一个独立的值，这个数值被拷贝到某个特定IP包的每个分段。标识字段用一位作为"更多分段"位，除了最后一段，该位在组成一个数据包的所有分段中被置位。

片偏移含有该分段自初始数据包开始位置的位移，并且，当一个数据包被分段后，每分片的"总长度"字段为该分段的相应长度。

标识字段中的其中一位称为"不许分片"位，若此位被置位，则不会对该包分段，而是扔掉该包并且送给发送者一个ICMP错误。

当一个IP包分段后，每个分段变为一个独立的包，带有其自己的IP包头，并且各自独立地被路由。这有可能使某包的各分段不按顺序到达最终目的地，但IP包中有足够的信息让接收者正确地重组这个包。

TTL（生存时间）："我能跨越多少台路由器"。可以想象，必须对IP包能跨越的路由器数目进行限制，否则，某些陷入路由死循环的IP包将永远在路由器之间"闲逛"。TTL就是这种事件的终结者。IP包被发出的时候，发送者将TTL初始化为某一值，比如32或者64，每个处理过该数据包的路由器将这个字段值减1，假设IP包到达某台路由器，发现减去1以后，这个字段变成0，那么这台路由器将举起"尚方宝剑"，毫不留情地砍掉这个IP包。

协议："我携带的信息属于哪类服务协议"。1表示ICMP，2表示IGMP（互联网组管理协议），6表示TCP，17表示UDP等。

头检验："我的车头的检验值"。仅在包头范围内进行计算，不涉及包头后面的任何数据。校验的目的只有一个：判断IP包头是否被正确传输。

源地址："我从哪里来"。用4字节来标识包是从哪个IP地址出发的。

目的地址："我要到哪里去"。用4字节来标识包的目的地IP地址。

选项："我还有啥要携带的"。这是该数据包可选信息的可变长列表。目前定义的选项有：安全和操作限制（军事目的）；路径登记（让每台路由器登记其IP地址）；时间戳（让每台路由器登记其IP地址和时间）；松散源选径（规定该数据包必须穿越的IP地址列表）；严格源选径（规定该数据包只能经过规定的IP地址）。这些选项很少使用，并且不是所有的计算机和路由器都支持所有的选项。

数据载荷："我所携带的货物"。这是IP包携带的真实的数据信息。IP包其他所有字段都是为了传送本字段而设立的。

3.5　IP世界的关键规则之五：地址解析协议

◆ 地址解析协议提供了一种从 IP 地址到相应硬件地址的动态映射机制。

◆ 这种映射关系将自动发生。

任何一个 IP 包都必须能够在 IP 世界里正确寻址。

无论 IP 世界多么庞大，它也是由一个个局域网组成的。研究 IP 世界，就得从一个一个"小"局域网开始。在每个"小"局域网内，都有一台以上的主机和连接它们的线路。下面的分析都以最常见的局域网形式——以太网为例。

为了探寻 IP 包寻址的规则，我们必须建立简单的模型，把复杂的问题简单化。不妨根据信息的出发地和目的地的关系，分为两类情况分别分析。

情况一：两台主机在一个以太网内。

情况二：两台主机不在一个以太网内。

如果我们把情况一解决了，只需要再解决如何跨越以太网寻址，那么情况二也将迎刃而解了。

比如，在两个以太网 X 和 Y 之间有一台路由器 R。

情况一演变成需求一：X 中的 a 发出了一个 IP 包，目的地是 X 中的 b。

情况二演变成需求二：X 中的 a 发出了一个 IP 包，目的地是 Y 中的 c。

前一个问题，将用"地址解析法"解决。

后一个问题，将用"地址解析法"和"路由法"共同解决。这个问题也很容易扩展为：在 M 个以太网之间加 N 台路由器，那么以太网 X 中的 u，也就可以找到以太网 Y 中的 v，也就容易找到以太网 P 中的 w。寻址示意如图 3.14 所示。

图3.14　寻址示意

举一反三，是人类最伟大的思维方式之一。本节介绍地址解析法，解决需求一；下一节介绍路由法则，解决问题二。

我们就从同一以太网开始。

我们需要一种方案，让以太网中的主机 a 发出的 IP 包，顺利地到达主机 b。

根据"包装法"，IP 包中包含主机 b 的 IP 地址信息。然而主机 b 并不会伸手去"取"该信息，因为它并不知道主机 a 什么时候发出信息，以及主机 a 发出信息的目的地是否为主机 b。

通信网不是童话故事，网络中的主机、路由器、交换机都是冰冷的机器，它们没有眼睛、没有耳朵、没有鼻子，它们无法直接去看、去听、去闻，无法分析、判断，无法预知、预测，它们只能靠电子信号的交互来承载和传送信息。

在一个以太网内，连接了几台到几百台甚至更多的主机。要把 IP 包从主机 a 送到主机 b，一般都通过 IP 层进行互通。但是对于一台主机而言，其底层的硬件和 IP 地址并没有直接关联，也就是说，当 IP 包到达主机 b 后，主机 b 的底层硬件无法识别自己是不是这个 IP 包的目的地。

那么底层硬件能识别什么呢？硬件只识别 MAC 地址——这就是为什么很多时候 MAC 地址被人称为"硬件地址"。这个地址的确很"硬"——它是写死在网卡上的。

主机将先通过 MAC 地址了解整个以太网。因此下面的讨论，发生在一台主机刚刚接入以太网的时候。

首先，主机 a 发送一种类型为 ARP 的以太网帧，这个帧携带了主机 a 的 MAC 地址、IP 地址和主机 b 的 IP 地址，而把主机 b 的 MAC 地址字段设置为十六进制的"00000000"，意思是：本包要发送给所有以太网中的主机，请各主机注意接收。这是以太网内的广播包。

这就像 a 要送礼物给 b，但是只知道 b 的名字（IP 地址）却不知道 b 的门牌号（MAC 地址），ARP 广播包就像一封 a 发给这个社区（整个 LAN）每个住户（主机）的信。

正如我们所料，每个住户都将收到这封"信"，但是，信封上写"送给名字（IP 地址）是 m.n.p.q 的主机"，于是所有住户查看自己的名字（IP 地址）是否为 m.n.p.q。只有 b 发现自己的名字（IP 地址）和信封上写的一样，于是回了一封"信"，把自己的门牌号（主机 b 的 MAC 地址）送还给 a。

怎么送还给 a 呢？ a 发出来的信上有 a 的门牌号（MAC 地址），因此信息会直接找到 a。a 收到这封"回信"以后，就知道 b 的门牌号了，再把真正的"礼物"（包含信息的 IP 包）直接送到 b 的家里——这就仿佛 a 通过送第一封"信"（ARP 广播），知道了 b 的"门牌号"，利用这个"门牌号"，a 才能把真正的礼物送到 b 手里。a 给 b 送礼物如图 3.15 所示。

从此，a 和 b 就都知道了对方的"门牌号"（MAC 地址），再发生交互时，就不用再送广播的"信"（ARP）了，直接"礼尚往来"（IP 包）即可。

MAC 地址和 IP 地址的映射关系被每台主机存储下来，形成"地址映射表"，并且，持续地维护这张表。每次添加或更改表项的工作都被赋予一个计时器，这个计时器专门用来"盯梢"一组地址映射关系，如果在到达指定时间之前，没有再次捕捉到更新，这组映射关系就自动失效。也就是说，主机的 MAC 缓存是有生存期的，生存期结束后，再次重复上面的过程。如此周而复始。

图3.15 a给b送礼物

这样做的好处是任何主机可以随时接入以太网，也可以随时退出，在退出一段时间后，以太网其他主机将会把这台主机的地址映射关系删除掉，从而节省主机的存储资源和检索时间。

可以想象，当以太网的计算机通信量增大、主机数量进一步增大时，通信效率将会大幅度降低——在以太网看来，ARP 包"四处乱窜"的感觉并不好。于是，人们设计出 VLAN，用化整为零的方式降低这种情况出现的概率。

想象一下以太网中的热闹景象吧，各种类型的以太网帧多种多样，"找人"的、"发货"的、确认的、检测的……

在一个局域网内的寻址问题解决了，接下来我们开始跨越局域网范围，到更广阔的空间去寻址。

3.6 IP世界的关键规则之六：IP包的转发规则

◆ 路由器根据 IP 包的目的 IP 地址和路由表寻找下一跳的路径，并将该 IP 包送到正确的出口，这就是 IP 包的转发。

◆ 路由器通过路由协议获得路由表，路由协议分为静态路由协议和动态路由协议。

◆ 动态路由协议分为内部网关协议和外部网关协议。

◆ 常见的内部网关协议有 RIP2、IS-IS、OSPF、EIGRP、IGRP 等。

◆ 外部网关协议只有一种：BGP。

注意，本节所指的路由器，其实是指带有路由功能的所有设备，包括三层以太网交换机和其他具有三层路由功能的设备。

根据上一节的相关规则，我们知道，在以太网中一台主机发出的 IP 包，已经能够找到同一以太网中的另一台目的主机了。如果不在一个以太网内，IP 包又如何找到目的地呢？

上一节情况二的需求，将在本节予以解决。

IP 包必须遵守道路交通管理法的规定，在 IP 节点进行下一跳路径的选择。若 IP 节点未明确规定下一跳路径，则按照"缺省路径"所指引的方向行进。这就是 IP 包的转发规则。

在以太网里，任何一台主机发出的 IP 包都有目的 IP 地址（当然，目的 IP 地址未必只有一个，比如多播和广播包的目的 IP 地址就不止一个）。这台计算机自己就能判断，目的 IP 地址是否属于这个局域网。如果不属于同一个局域网段，主机将首先把这个包送到"缺省网关"那里。

缺省网关一定是属于这个局域网段的，因为主机必须通过地址解析法找到缺省网关。绝大部分情况下，缺省网关是这个局域网的出口路由器。这样我们应该能理解在操作系统配置 IP 地址时，除了配置 IP 地址和子网掩码，还要配置"缺省网关"的原因了。没有这个参数，IP 包就只能在局域网中转悠。

接下来的描述，就是这个 IP 包出"门儿"的经历了。

当 IP 包到达出口路由器时，路由工作才真正开始。

这台路由器将查看这个包的目的 IP 地址，并检索自身的路由表，根据对应的路由表项，把它从合适的接口送出去。IP 包在路由器内被处理的过程如图 3.16 所示。

图3.16　IP包在路由器内被处理的过程

出口路由器是整个 IP 世界中的一台普通的路由器，和其他所有路由器一样，出口路由器带有路由功能，能够获取路由表。有了路由表，IP 包才会有前进的方向。

接下来的问题就是，路由器如何有效获取路由信息？

"路由协议"来了！路由器通过"路由协议"获取并维护路由表。

3.7 IP世界的关键规则之七：报文控制协议

◆ 报文控制协议用于报告错误信息和其他应注意的情况。

◆ ICMP 报文通常由 IP 层或较高层协议（TCP 或 UDP）来引发。

◆ 某些 ICMP 报文可使差错信息返回给用户进程。

勤奋的工程师构建了一个企业 IP 网络，他把 ISP 引来的网线插到企业出口路由器上，做好所有的配置工作，工作似乎就做完了。

稍等！我们需要检验一下，工作真的做好了吗？工程师需要用某种手段确认这一点。

当然，他可以用各种配置信息来证明。但这太麻烦。

实践是检验真理的唯一标准，理论在实践中似乎总有遗漏。

怎么办呢？

创造 IP 世界的天才们，已经为你准备好了一些实用工具，能够让工程师方便、廉价地确认，网络是否连通，或者说网络是如何连通的；如果未连通，故障点可能在哪里。

虽然它的名称有点绕口——ICMP，互联网报文控制协议，但这并不妨碍它成为互联网中应用最广泛的工具之一，广泛到网络工程师几乎每天都要用它，广泛到非专业人士也必须掌握其基本的使用方法！

ICMP 也是 IP 层协议的组成部分，专门用来报告错误信息和其他应引起注意的情况。

ICMP 中的工具运用了一些很简单的方法，因此理解起来非常轻松。

3.8 IP世界的关键规则之八：TCP与UDP

◆ TCP 和 UDP 都属于 OSI–RM 的第四层——传输层。

◆ TCP 提供可靠的、面向连接的传输层服务。

◆ UDP 是一个简单的面向数据报的传输层协议。

IP 包畅游在网络中，从主机 A 出发，不辞劳苦，风尘仆仆赶到主机 B。当然，整个过程占用的时间都是以毫秒或者秒计算的。

主机 B 需要判断所有希望到达的 IP 包，是否都安全地抵达。可能发生的情况是，IP 包在行进中因拥塞而被路由器、交换机抛弃。

　　这需要一个保障机制。于是专家们制定了 TCP。

　　其实我们知道，我们更应该称 IP 技术为 TCP/IP 技术。

　　TCP 是面向连接的技术。也就是说，基于 TCP 的两台主机在通信之前要先建立信息交互（IP 协议则没有这种交互），两者之间架起一座逻辑上的"桥梁"。在传输层及以上的协议或应用看来，这两台主机是直接进行"点对点"的通信和数据交换的。而主机之间现实存在的网络基础设备和线路，只负责处理下三层（物理层、数据链路层和网络层）的工作，它们的工作内容不被上层所感知。

　　TCP 还负责发现传输过程中的问题，一有问题就发出信号，要求重新传输，直到所有数据被正确、完整地传送到目的地。

　　这是一个不太容易直接讲明白的道理。

　　如果你要将一堆货物从 A 地运送到 B 地，假如我们运用 TCP/IP 的思想，首先要把货物装车。IP 包就是一种适合运送的车辆，而 IP 则规定了如何将货物拆分并装到车上。A 地到 B 地之间要经过很多路口，IP 还规定了每辆车如何选择 A 到 B 的路径——当然，在任何一个路口，货物无须被卸载、检验和重新装车。TCP 则更像 A、B 两地的管理者，它通过尽可能简单的手段（比如装箱单）来保证这堆货物被安全地运送，B 地的管理者一旦发现有丢失，则"要求"A 地重新发送，并且这一"要求"也是通过 IP 包传送过去的。

　　在 TCP 的管理之下，网络数据被正确、完整和安全地传送得到了一定保障，但是同时也因管理需要花费时间而损失了一些传输效率。

　　从数据报格式上，与 TCP 有关的内容就隐藏在 IP 包的数据部分。前面讲到 IP 包的结构，我们说过，包头后面就是数据载荷。其实这些"数据载荷"并不纯粹——其前 20 字节是 TCP 头部，后面才是要传送的数据！而这些所谓"真正"的数据，被称为"TCP 的数据"，而它们实际上也未必纯粹。数据报文的组成如图 3.17 所示。

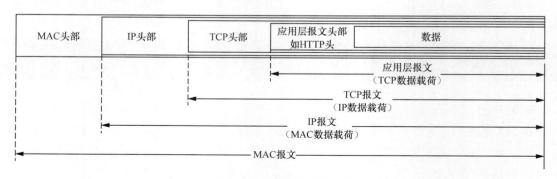

图3.17　数据报文的组成

TCP 为了保证信息的可靠传输，动用了不少手段，比如数据分块、维护计时器、发送确认、校验和计算、丢弃重复数据、流量控制等。

TCP 是一种面向字节流的服务，它并不知道自己传送的是二进制数据、ASCII 码字节还是其他的什么。TCP 连接双方的应用程序并负责对传输的数据进行解释。

TCP 被大量流行的应用程序使用，比如 Telnet、Relogin、FTP 和 SMTP。

TCP 就是"传输法"中的一种规则，也是最常用的规则。

除了 TCP，还有一种规则叫作 UDP，它比 TCP 简单。其简单性的有力证据之一，是 UDP 官方规范 RFC 768，只有短短 3 页内容。

包括网络时间协议、域名解析协议在内的许多协议都由 UDP 提供服务。

TCP 有建立初始化连接的过程，很多人将其称为"握手"，而 UDP 则没有这个概念。

UDP 不提供可靠性，它发送应用程序数据到 IP 层的数据包中（从第四层向第三层发送），但不保证在 IP 网络内这些 IP 包能够到达目的地。鉴于这种不可靠性，很多人都有这样的疑惑：那干嘛要这种协议？TCP 如此完美，又何必添此累赘？！

非也，非也。

TCP 所做的事情，是保证 IP 包在某种合理的要求下安全传输，如 IP 包从出发地 A 到达目的地 B。

也就是说，在 A 和 B 之间，如果采用 TCP，则两地的人事先商量好某种沟通方式，比如在出发地 A，位于出发地 A 的人在货柜上贴一张标签"这柜货物重 1 000kg"；在目的地 B，位于目的地 B 的人检验这个货柜是否 1 000kg 重，如果是 1 000kg，说明货物完整到达，如果不到，则必须通知出发地 A，要求重新传送。而 UDP 则没有这套机制，到货后直接拆包使用，发生问题，自认倒霉。

基于这一风格，UDP 最擅长的领域是查询-应答服务，交换的信息量小，即使发生信息丢失的小概率事件，通过应用层软件也可以弥补。我们托朋友给在南方的姐姐带一盒北京产的糕点，用 UDP 即可，如若丢失，损失不会太大；如果是给客户邮寄纸质合同文本，则必须采用 TCP。TCP 的管理和 UDP 的管理分别如图 3.18 和图 3.19 所示。

图3.18　TCP的管理

图3.18　TCP的管理（续）

图3.19　UDP的管理

3.9　IP世界的关键规则之九：域名解析规则

◆ 负责实施域名解析的系统是一个分布式数据库，它被TCP/IP用于进行主机名和IP地址之间的映射，并且提供电子邮件的寻址信息。

◆ 当服务器的IP地址采用动态方式时，可采用动态域名服务（DDNS）技术实现域名解析。

根据前面的法则，任何人希望获取信息，只需要在浏览器上敲一个IP地址，信息便出来了，这很方便。

如果IP发展到这一阶段就自以为功成名就、万事大吉，那么它一定不可能发展到今天。

因为人的记忆力实在有限。

有一种说法，"懒惰使人进步"。这绝对不是怂恿大家培养惰性，只表达一种客观存在。人类世界的所有发明都是为了满足人们的惰性而发明的。到处都可以跑步，人们却发明了跑步机；明明有马，人们却还要发明汽车代步；明明已经可以访问信息了，人们却又发现IP地址太难记忆了！

到过美国的人也许会注意到，美国的电话号码不仅仅是10个数字的组合，还融进了英文字母，这样，一个键位可以当几个键位使用。于是，人们便把电话号码以数字加字母的形式组合成代表某种意思的英文词汇——或公司名字，或产品品牌，既是电话号码，又是商业广告，一举两得。美国电话号码如图3.20所示。

图3.20　美国电话号码

IP地址能否借鉴这一成功经验呢？当然，IP地址不是通过电话机输入的，而是通过键盘在浏览器的地址栏输入。IP地址能否也变换成大家熟悉的词组？需求提出来了，还需要一个实现方案。

还是那个道理：当历史需要某个事物出现的时候，它就会应声坠地。这次出现的是被称为"域名"的东西。

用人们熟悉的英文单词或者汉语拼音来取代IP地址这样的数字组合，岂不美哉？

要让应用变得简单，就得做很多复杂的工作。"域名解析"就是对这句话的最佳注解。

域名有点类似于在信封上的地址（回忆一下信封的书写格式吧），包括城市名、区名、街道名和门牌号等，有清晰的层次。

同样，域名解析体系把地址自左向右分成3～4段"域"，分别用字符（一般是单词、单词组合、单词简写等）表示主机名、网络名、机构名、最高域名，中间用小数点分隔。

其中，最高域名也可称为"第一域名"，一般代表国家或地区的名称，比如 .cn 代表中国，.uk 代表英国等。当然，第一域名也经常被"省去"，以表示自己是全球性公司，哪怕自己只是一个街道企业。

机构名称称为"第二级域名"，通常代表组织或城市名，例如 .com 代表商业组织，.edu 代表教育机构，.gov 代表政府部门，.org 代表社会团体等。我国的省市名也属于这一级，例如 .bj 代表北京市，.sh 代表上海市，.gd 代表广东省等。

1999 年，国内出现了"中文网址"。2003 年 3 月，IETF 颁布了多语种域名国际标准，其中就包含中文域名。中文域名属于互联网的基础服务，注册后可以对外提供 WWW、电子邮件或者 FTP 等应用服务。

中文域名可以使用中文国际域名（中文 .com）和 CNNIC 中文通用域名（中文 .cn）。目前已经有的顶级域名还有"．中国""．网络""．公司""中文 .net""中文 .org""中文 .cc"等。

我不说大家也能猜出来，域名和 IP 地址肯定有对应关系，一定要依靠网络上的某个装置，把这些"域名"翻译成枯燥的 IP 地址。事实也是如此！互联网聘请了一个"翻译团队"，叫作"域名系统（DNS）"，其工作只有一个——提供"域名解析服务"。

这种翻译工作并不容易。全球数以亿计的网民登录网页，都需要 DNS 给予翻译，无论从性能上讲还是从安全性上讲，DNS 都必须由一个大型分布式数据库组成，需要存储互联网上所有已经被确认域名的主机和 IP 地址及它们的对应关系。每个域名都配备主、辅两套服务器，用于存储 IP 地址和域名的对应信息。而全球还有 13 个处于顶端的"根服务器"，存储所有授权域名服务器的列表。

当你的企业成功注册了一个域名以后，分布于全世界的这组服务器，将在最短的时间内展开工作，即查询正确的 IP 地址，并将结果送出。

很明显，域名系统必须统一管理，各自为政是不现实的。

DNS 如图 3.21 所示。

图3.21　DNS

谁有这种权威？当然是 ICANN！

ICANN 不但负责 IP 地址的空间分配，还负责协议标识符的指派、通用顶级域名（gTLD）及国家和地区顶级域名（ccTLD）系统的管理以及根服务器系统的管理。ICANN 真可谓"一网之下，亿众之上"的强权机构！

计算机上的操作系统中都有专门设置 DNS 的地方，和 IP 地址、子网掩码一样，DNS 也可以通过 DHCP 服务器自动获取。当我们访问一个网站时，系统将从 DNS 缓存中读取该域名所对应的 IP 地址，当查找不到时就会到系统中查找 hosts 文件，如果还没有查到，则会向 DNS 服务器请求一个 DNS 查询，DNS 服务器将返回该域名所对应的 IP 地址，在你的系统收到解析地址以后将使用该 IP 地址进行访问，同时将解析缓存到本地的 DNS 中。如果 DNS 地址无法解析，或者是 DNS 缓存中的地址错误，你就无法访问网站了。

在一些场合下，域名需要映射动态的 IP 地址，这就需要用到 DDNS 技术。比如采用 DHCP 方式获取 IP 地址的计算机在每次连入网络时所获得的 IP 地址都未必相同。通过 DDNS 技术，这台计算机可以向其他客户提供一个统一的域名。

3.10　IP 世界的关键规则之十：端口

◆ TCP/IP 中，端口号用于区分不同的网络服务。

◆ 按对应的协议类型，端口有两种：TCP 端口和 UDP 端口。

◆ 固定端口被称为"众所周知的端口号"，范围是 0 ~ 1 023，其中 80 端口分配给 WWW 服务，21 端口分配给 FTP 服务等。

◆ 动态端口的范围是 1 024 ~ 65 535。之所以称为动态端口，是因为它一般不固定分配某种服务，而是采用动态分配的方式。

在网络技术中，端口这个词经常会被初学者混淆。集线器、交换机、路由器中俗称的"端口"指的是连接线缆的物理接口。

在网络技术中，端口大致有两种：一是看得见、摸得着的硬件端口；二是看不见、摸不到的软件端口（一般是指 TCP/IP 中的端口）。我们所指的"端口"不是指物理意义上的端口（或者严格地说，路由器上的物理端口应该被称为"接口"），而是后者，即特指 TCP/IP 中的一种逻辑标识，是一种特殊的"地址"。

那么 TCP/IP 中的端口指的是什么呢？如果把 IP 地址比作一间房子，端口就是出入这间房子的门。一间房子最多只有几个门，而一个 IP 地址的端口可以非常多！端口是通过"端口号"来标记的，端口号的范围是 0 ~ 65 535。

我们来看看端口的作用。一台网络上的主机很可能同时提供许多服务，比如 Web 服务、FTP 服务、SMTP 服务等，这些服务完全可以通过一个 IP 地址来实现。那么，主机是怎样区分不同的网络服务呢？也就是说，当它接收到一个 IP 包时，如何判断这个 IP 包属于哪种类型的应用？

这很重要。根据端口号，主机中的操作系统和应用软件才能判断这个 IP 包该如何处理。

IP 地址与网络服务的关系是一对多的关系。在实践中，主机将通过 "IP 地址 + 端口号" 这一组合来区分不同的服务。端口号的应用如图 3.22 所示。

图3.22　端口号的应用

需要注意的是，即使是同一种服务，两个通信终端的端口号也并不是一一对应的。比如你的计算机作为客户机访问一台 WWW 服务器时，WWW 服务器使用 80 端口与你的计算机通信，但你的计算机则可能使用 3457 这样的端口，这叫 "本地有效"。

按对应的传输协议类型，端口有两种：TCP 端口和 UDP 端口。它们各自的端口号相互独立，比如 TCP 有 235 端口，UDP 也可以有 235 端口，两者既无冲突，亦无关联。

为特定应用服务的固定端口也被称为 "众所周知的端口号"，范围是 0 ～ 1 023，比如 TCP 的 80 端口分配给 WWW 服务，TCP 的 21 端口分配给 FTP 服务，UDP 的 500 端口分配给互联网密钥交换等。我们在 IE 浏览器的地址栏里输入一个网址的时候是不必指定端口号的，因为浏览器在默认情况下，WWW 服务的端口号是 80。

使用其他端口号的，则应该在地址栏上指定端口号，方法是在地址后面加上冒号 ":"（半角），再加上端口号。比如使用 8080 作为 WWW 服务的端口，则需要在地址栏里输入：

http://192.168.34.38:8080

有些系统协议使用固定的端口号，它是不能被改变的，比如 139 端口专门用于 NetBIOS 与 TCP/IP 之间的通信，不能手动改变。

动态分配是指当一个系统进程或应用程序进程需要网络通信时，它向主机申请一个端口，主机从空闲的端口中分配一个号码供它使用。当这个进程关闭时，同时也就释放了所占用的端口号。

3.11　IP世界的关键规则之十一：广播与多播

◆ 广播和多播只适用于UDP。

◆ 广播指将信息发送给所有能到达的地址。

◆ 多播指将信息发送给定义在一组内的地址。

现实世界里，人讲话的目标可以是一个人、一组人和所有在场的人。IP世界与之相对应的是单播、多播和广播。

一对一的情况，叫作"单播"。

一台主机发送同一数据包到一组多台主机（一次的、同时的），叫作"多播"。多播可以在一个局域网范围内，也可以扩展到整个IP世界。如果想跨越局域网，多播必须得到所有经过的路由器的支持。

一台主机发送同一数据包到子网内所有主机，叫作"广播"。广播的适用范围很小，只在本局域网内有效，路由器会封锁广播消息，否则后果很严重。

在网络音频、视频应用中，尤其是互联网协议电视（IPTV）业务中，需要将一个节点的信号传送到多个节点中，无论是采用重复点对点的方式，还是采用广播方式，都会严重浪费网络带宽。这时采用多播技术是最好的选择。广播与多播如图3.23所示。

图3.23　广播与多播

多播能使一个或多个多播源把数据包只发送给特定的多播组。只有加入该多播组的主机才能接收到数据包，并不影响多播组之外的其他终端。

怎么标识多播组的地址呢？各位还记得前面介绍的5类IP地址中的D类地址吗？这类地址的范围是224.0.0.0 ～ 239.255.255.255，它们又被划分为局部链接多播地址、预留多播地址、管理权限多播地址3类。

局部链接多播地址是为路由协议和其他用途保留的地址，范围是224.0.0.0 ～ 224.0.0.255，它只有 256 个地址，路由器并不转发属于这个范围的 IP 包。

预留多播地址的范围是 224.0.1.0 ～ 238.255.255.255，可用于全球范围的网络。

目前，常见的多播协议包括 IGMP、PIM、MBGP、BIER 等，由于篇幅原因，在此仅进行一些简单介绍。

互联网组管理协议（IGMP）：IGMP 是多播通信中的重要组成部分，它负责在主机和多播路由器之间建立和维护多播组成员关系。当主机希望加入某个多播组时，它会向本地多播路由器发送 IGMP 报告，路由器则会根据这些报告来更新多播组成员列表。通过这种方式，多播路由器能够知道哪些主机对特定的多播流量感兴趣，并据此转发相应的数据包。

协议无关多播（PIM）协议：PIM 是一种用于在 IP 网络中分配多播流量的技术。它有两种主要类型：密集模式（PIM-DM）和稀疏模式（PIM-SM）。PIM-DM 适用于多播组成员分布相对密集的网络环境，而 PIM-SM 则更适用于组成员分布稀疏的场景。PIM 通过构建和维护多播分发树来实现多播流量的有效传输，避免了不必要的流量扩散和回路问题。

多协议边界网关协议（MBGP）：MBGP 是一种支持不同单播和多播拓扑技术的协议，它允许在自治系统之间交换多播路由信息。这对于跨域多播通信至关重要，有助于实现全球范围内的多播流量分发。

位索引显式复制（BIER）技术：BIER 的核心理念在于通过创新的封装方式简化多播报文的传输过程。具体而言，该技术将多播报文目的节点的集合转化为比特串，并巧妙地将其封装在报文头部进行发送。这一设计使网络中的中间节点不需要为每个多播流单独建立复杂的多播树，也不需要保存烦琐的多播流状态信息。中间节点仅需根据报文头部所携带的目的节点集合信息，进行精确的复制和转发操作。这种方式不仅简化了网络节点的处理流程，还提高了多播通信的效率和灵活性。后文将对 BIER 这项新型多播技术进行深入介绍。

在应用方面，多播技术已经在多个领域得到了广泛应用。首先，在视频会议领域，多播技术能够显著减少网络流量、负载和时延，提高视频会议的质量和稳定性。其次，在网络监控领域，多播技术能够实现高效稳定的视频传输，提高监控系统的效率和可靠性。在教育培训领域，教师可以通过多播技术将课堂视频信号传输到多台学生的计算机上，提高学习效率和灵活性。而在点对多点通信中，多播技术可以将数据同时发送给多个用户，适用于在线游戏等场景。

总的来说，截止到 2024 年，多播技术已经取得了显著的发展，并在多个领域得到了广泛应用。随着网络技术的不断进步和应用的深入拓展，多播技术将继续发挥重要作用，为网络通信提供更加高效、稳定和灵活的解决方案。

3.12 IP世界的关键规则之十二：安全法

安全是一个严肃的话题。因为，不安全是绝对的，安全是相对的。我们的目的不是要把相对问题绝对化，而是发现其规律，根据规律制定规则，根据规则规避风险。

IP 包本身并没有任何安全特性。伪造出 IP 包的地址、修改其内容、重播以前的 IP 包以及在传输途中拦截并偷窥 IP 包的内容，并不是一件很难的事。人们将早期的 TCP/IP 网络称为"过度信任"型网络，几乎不对任何信息加以分析和判断，凡事都做到尽力而为，并不区分这件事是由谁发起的，是否值得我们去做。

然而企业网络的扩张，电子商务的发展，以及互联网和移动支付的兴起，使安全问题越来越成为不可忽视的重要环节。业内已经达成共识：TCP/IP 要长足发展，必须面对棘手的安全问题。于是诞生了包括 IP 层安全、传输层安全和应用层安全在内的三大类安全机制。安全问题很重要，如图 3.24 所示。

图3.24　安全问题很重要

1. IP 层的安全机制

过去 20 年里，有关 IP 层安全性的方案被大量提出，比如 ISO 提出的网络层安全协议（NLSP），以及美国国家科技研究所提出的包括 IP 和无连接网络协议（CLNP）在内的统一安全机制。

然而，所有这些提案的共同点多于不同点。它们采用的都是 IP 封装技术，就是将纯文本的报文加密并封装在外层的 IP 包头里，然后进行路由和交换。到达另一端时，外层的 IP 包头被打开，报文被解密，然后再将报文送到目的地。这是一种信封套信封的方式，也被称为"隧道"。

随后，IETF 特许 IPSec 工作组对 IP 安全协议和对应的互联网密钥管理协议（IKMP）进行标准化工作。其主要目的是使需要采取安全措施的用户能够使用相应的加密安全机制，这种机制不仅能工作在目前通行的 IPv4 上，还能工作在 IPv6 上。

于是，认证头（AH）和封装安全负载（ESP）诞生了。AH 提供 IP 包的真实性和完整性，

ESP 则提供机要内容。而 AH 的计算和验证要采用著名的 MD5 算法。

IP 层安全性的主要优点是透明性，也就是说，安全服务的提供不需要应用程序、其他通信层次和网络部件做任何改动。

它最主要的缺点是：IP 层一般对属于不同进程的包不进行区别。对所有去往同一地址的包，它都按照同样的加密密钥和访问控制策略来处理，导致其性能下降。

这就造成 IP 层安全策略非常适合提供基于主机对主机的安全服务。相应的安全协议可以用来在互联网上建立安全的 IP 通道和 VPN。例如，利用它对 IP 包的加密和解密功能，可以强化防火墙系统的防卫能力。

2. 传输层的安全机制

我们回顾一下传输层的作用。传输层的 TCP 被用来提供可靠传输，但并非安全传输。当然，这句话从字面上看是很难被理解的。

TCP 的所谓"可靠传输"，是历史形成的术语，意思是通过一系列机制保证数据的完整性，比如一般的物流公司都会通过各种机制保证货物的可靠抵达，但并不能保证物品不会在半路上被劫走。在需要保证运输安全性的场景下，例如运送重要物资、军用物资或者现金，还得有专门的安防人员和设备（甚至是武器）参与，比如运钞车和武警，或者对货物本身进行掩饰。

TCP 所采用的安全策略是对两端进程之间的通信机制进行加密和安全认证，从而达到保证 IP 网络的安全传送的目的。

于是出现了 BSD Sockets 和传输层接口 TLI，UNIX 系统中的 V 命令里可以找到这两者。比如 BSD Sockets 实现了双端实体的认证和数据加密密钥的交换等。

著名的互联网企业 Netscape 则遵循了这个思路，制定了建立在可靠的传输服务（例如 TCP/IP 所提供的服务）基础上的安全套接层（SSL）协议。

同网络层安全机制相比，传输层安全机制的主要优点是它提供基于进程对进程的（而不是主机对主机的）安全服务。这一成就如果再加上应用级的安全服务，就可以再向前跨越一大步了。

传输层安全机制的主要缺点如下。

◆ 要对应用程序两端都进行修改，当然，和 IP 层、应用层的安全机制比起来，这里的修改还是相当小的。

◆ 基于 UDP 服务的通信很难在传输层建立安全机制。

3. 应用层的安全机制

根据前面 IP 层和传输层安全方案的分析我们知道：

◆ 如果一个主机与另一个主机之间建立起一条安全的 IP 通道，那么所有在这条通道上传输的 IP 包就都要自动地被加密。

◆ 如果一个进程和另一个进程之间通过传输层安全协议建立起了一条安全的数据通道，那么两个进程之间传输的所有消息就都要自动地被加密。

有一种问题并未解决：如果想要区分一个具体文件的不同的安全性要求，该怎么办？那就必须借助于应用层的安全保障机制，这是最灵活的处理单个文件安全性的手段。

例如，一个电子邮件系统可能需要对要发出的信件的个别段落实施数据签名。TCP/IP 层提供的安全功能不会知道任何要发出的信件的段落结构，从而不可能知道该对哪一部分进行签名。只有应用层是唯一能够提供这种安全服务的层次。

比如 Web 上使用的 HTTP 安全增强版本——HTTPS，就提供了文件级的安全机制，因此每个文件都可以被设成私人签字状态，用作加密及签名的算法可以由参与通信的收发双方协商。

对于电子商务，尤其是信用卡交易过程中，安全性显得更加重要。比如，当我们在支付宝上付款的时候，支付宝网页内容和输入的密码应该享有不同的安全级别。

为使互联网上的信用卡交易安全，MasterCard 公司同 IBM、Netscape 等公司一同制定了安全电子付费协议（SEPP），Visa 国际公司和微软等一同制定了安全交易技术（STT）协议。同时，MasterCard、Visa 国际和微软联手推出了互联网上的安全信用卡交易服务。它们发布了相应的安全电子交易（SET）协议，该协议规定了信用卡持卡人用其信用卡通过互联网进行付费的方法。这套机制的后台有一个证书颁发的基础结构，提供对 X.509 证书的支持。

STT 和 SET 协议的核心技术之一是密钥加密技术。密钥加密技术可分为专用密钥加密和公钥加密，用来保证电子商务的保密性、完整性、真实性和非否认服务。常用的专用密钥加密技术有 3DES、IDEA、RC4 和 RC5 等，公钥加密技术有 RSA、SEEK、PGP 和 EU 等。这每一个看似简单的字母组合背后，都是高度结晶的数学逻辑。

如果没有应用层的安全保障机制，今天的电子支付（比如支付宝、PayPal 等）、网上银行，都不可能被真正实现。有安全隐患的网络，电子商务就只能是空中楼阁，看上去很美，却无法变为现实。

如果各位依然对上述 3 类安全机制的应用场景感到困惑，我们就用物流的例子进行类比。

IP 层的安全机制，满足那些两个站点之间输送重要物资的安全需要。既然知道这两个站点之间输送的货物都需要严格的安全保障，那么我们不妨在这两个站点之间修建专用道路（或者在公共道路上实施交通管制），只有这两个站点之间的送货车辆才可以通行（至少在交通管制期间如此）。

TCP 层的安全机制，用于在两个站点之间运送各种物资，包括普通民品和个别重要物资。对于普通民品，我们不需要过于关注其安全性，而对于重要物资，则需要用专用手段保证其安全性，比如用专用的盒子或者用一个保险一些的锁。

对于个别要求更加严格的安全保障机制，比如运送现金，那就要用到应用层的安全机制。除了专用的盒子和保险一些的锁之外，发送者和接收者之间必须互相交互口令，才能将物资顺利递交。

也许各位会问，既然安全这么重要，为什么不把所有的 IP 数据都用 IP 层的安全机制来保障呢？这不是一劳永逸吗？

是的，理论上没有问题。但是，如果我们浏览网页、下载文件，都需要建立专用的 IP 通道（比如 IPSec 隧道），那么整个 IP 网络的效率就会大大降低。这就像所有的物流公司都配备武警押运一样，舍本逐末，劳民伤财。

安全问题和效率问题都是相对的。网络建设者需要把握其中的尺度，避免造成资源浪费和用户体验度降低。而之所以设计 3 层安全机制，就是从安全和效率两方面综合评估而制定的。

3.13　IP世界的关键规则之十三：网络地址转换法

◆ IPv4 地址紧张，而 IPv4 向 IPv6 演进需要一段过程。在这一阶段，采用网络地址转换（NAT）技术是节省 IP 地址的最有效方案。

◆ 根据不同应用环境，NAT 机制有 3 种类型：静态 NAT、动态 NAT、网络地址和端口翻译（NAPT）。

IPv4 的地址已经耗尽，而 IPv6 单栈全面实现尚需时日，在这一阶段，如何解决 IP 地址短缺和 IPv4、IPv6 地址间的转换问题？

互联网的缔造者和设计者们提供了一个特殊机制：把以太网的主机"关"在一个门里面，谁要出去，在门口领一张"出门条"——公用的、合法的 IP 地址；而以太网内的每台主机，尽量使用私有 IP 地址。

这就是网络地址翻译——通俗的称呼就是 NAT，一种将 IP 地址从一个编址域映射到另外一个编址域的方法，最典型的应用是把私有 IP 地址映射为互联网所使用的公有 IP 地址。

NAT 英文全称是"Network Address Translation"，中文意思是"网络地址转换"，顾名思义，它是一种把内部私有网络地址（IP 地址）翻译成合法网络 IP 地址的技术。前文我们讲过，在 IP 地址规范中，10.*.*.*、172.*.*.*、192.*.*.* 被定义为私有 IP 地址段，企业可以利用这些 IP 地址规划自己的以太网；在互联网上的公用计算机，是不存在上述地址段的 IP 地址的。

我们可以把一个使用私有 IP 地址的以太网想象为一个院子，院子里有很多屋子，每个屋子都有它的门牌号。这个门牌号是本院子内部编号，比如 M、N、P、Q。而这个院子的大门则有一个城市统一规定的门牌号，比如西大街 N 号院，这就是地址转换环节。任何人出门，都要告诉别人自己来自西大街 N 号院，而不能说自己在 N 号院居住——在这个城市里，存在无数的大院，很多大院可能都有 N 号！

根据不同的应用环境，NAT 机制有 3 种类型：静态 NAT、动态 NAT 和 NAPT，如图 3.25 所示。

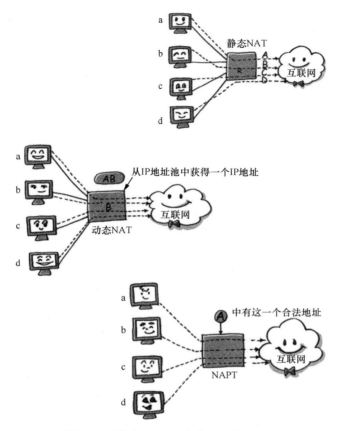

图3.25　静态NAT、动态NAT和NAPT

其中静态 NAT 是设置起来最简单，也最容易实现的一种。内部网络中的每台主机都被永久映射成外部网络中的某个合法的地址，就像院子有 4 个编号，而每个编号都对应院内的每个屋子。

内外地址数量一样，很显然是无法解决 IP 地址紧缺问题的。动态 NAT 则是在外部网络中定义了一系列合法地址，采用动态分配的方法映射到内部网络。NAPT 则是把内部地址映射到外部网络的一个 IP 地址的不同端口上。

3 种 NAT 方案各有利弊，我们可以根据需求采纳不同的方案。

动态 NAT 只转换 IP 地址，它为每一个内部的 IP 地址分配一个临时的外部 IP 地址。这种情况下，每台拨号主机都不需要长期连接到互联网上，那么对于 1 万台主机，准备 200 个 IP 地址就够用了。

当拨号的计算机进行连接请求时，动态 NAT 会自动分配给它一个合法的 IP 地址，用户断开时，这个 IP 地址就会被释放，供其他拨号计算机使用——这有点像小区的停车卡，拿到停车

121

卡才能停到指定位置，而当你离开小区，要把停车卡交给保安供其他车使用。

NAPT 应用非常普遍。与动态 NAT 不同的是，NAPT 将内部连接映射到外部网络中的一个单独的 IP 地址上，同时在该地址加上一个由 NAT 设备选定的 TCP 端口号，不同的端口号代表不同的主机——这个端口的唯一标识性，决定了从互联网返回的信息不会被发给错误的主机。

这是一个有趣的现象：在互联网中使用 NAPT 时，所有不同的信息流看起来好像来源于同一个 IP 地址，当信息回到以太网内，其又能准确地识别信息的目的地究竟是哪台主机。

这对于大量的中小企业非常实用。通过从运营商或 ISP 申请的一个 IP 地址，将多个连接通过 NAPT 接入互联网。根据 IP 网络的寻址、路由原则，实际是申请 4 个处于一个网段的地址——一个网段地址、一个广播地址、一个本地 IP 地址、一个缺省路由地址，这 4 个地址一个都不能少。

IETF 一直主张利用 IPv6 技术解决地址短缺问题，并出版了几个与 NAT 相关的 RFC。但 IETF 对 NAT 技术一直没有系统的标准化工作，尤其对媒体流的私网"穿越"问题。比如，SIP 和 Mobile IP 就是 NAT 出现后设计的一些协议，都未考虑到 NAT 的"穿越"问题。

NAT 相关问题已经引起了 IETF 和 ITU-T 等相关国际标准化组织的高度重视。中国通信标准化协会与计算机学会多媒体技术专业委员会也正在积极参与 ITU-TSGl6 组的相关活动，加紧制定中国的多媒体业务 NAT 穿越标准。

业界已经意识到互联网在短期内不可能过渡到纯 IPv6 单栈，而 IPv4 和 IPv6 将长期并存，NAT 技术将继续得到长期应用。

3.14 IP世界的其他规则

在 IP 的发展过程中，还有大量与 IP 相关的规则，它们都被定义在 IETF、ISO、IEEE 等的标准、规范中。IP 世界的规则有很多如图 3.26 所示。

要把 IP 世界庞大的体系构架起来，每一个组成部分都必须遵纪守法。传输介质、主机、路由器、交换机、服务器、应用软件的智能都是人赋予的人工智能，这种智能还没发展到能够让它们懂得"通融"，因此，微小的表达差异就会导致系统各个部件无法接驳，整个系统无法正常工作。

这么多复杂的规则，我们该如何去学习？

首先定位自己，你需要什么？应用者和从业人员学习的侧重点以及深度肯定是不相同的。

图3.26　IP世界的规则有很多

应用者只需要知道当前应用的操作维护方法和注意事项即可。比如，对 IP 地址的分配，只要弄清楚私有地址和公有地址的区别以及子网掩码的输入方法，如果屏幕显示"您的 IP 地址与网络上另一台计算机冲突"，你知道这种事情是怎么发生的，作为应用者，这已经足够。

而作为建设者，需要知道更多。还是 IP 地址的分配问题，除了应用者知道的所有知识外，建设者还需要详细规划网络的地址分配原则，根据用户特征选择分配方式（用 DHCP 还是人工分配）；作为维护人员，需要熟练掌握网络排障的基本方法，在实践中不断摸索故障发生的规律，并尽一切可能降低故障发生的概率。

在定位了自身需求以后，才是学习的过程。没有大量的实践经验，从业人员很难把握住网络的基本特征。而应用者则只需将必需的步骤反复操作，在发生问题时多问几个为什么就足够了。无论哪种定位，理论联系实际都是必要的。因为，IP 技术是应用型技术。

科学技术和商业模式都在不断发展中，而人要进步，就得谋求在发展中不断提升自己的方法和机会。正如 IPv4 之后还有 IPv6，GSR 之后还有 TSR，Web 1.0 之后还有 Web 2.0、Web 3.0，网格计算之后还有云计算，互联网之后还有移动互联网、物联网……如今互联网上的知识和信息比比皆是，始终保持对技术和市场的高度敏感，才有可能获得更多的商业机会，也才有可能走在时代的前列。

第 **4** 章

TCP/IP 网络路由技术

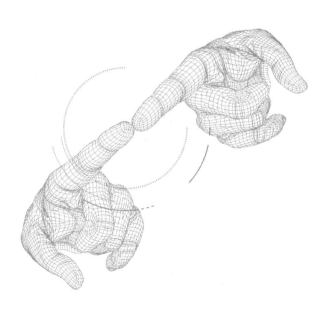

路由技术是数据通信的核心内容，原本可以作为第 3 章网络规则中的一节内容，但由于它十分重要，需要特殊对待，我们特此将其单独作为一章进行专门介绍。

4.1　基础网络词语

首先来回顾一下关于网络的几个常见词语。

◆ 计算机网络：从字面看，就知道它的意思，按照网络规模、距离的不同，计算机网络可划分为局域网（LAN）、城域网（MAN）、广域网（WAN）。

◆ 局域网是小范围的网络，可以是一个家庭、一所学校、一家公司的网络，或者是一个政府部门的网络。我们经常提到的私网、内网一般是局域网。

◆ 城域网是中等范围的网络，一般是一个城市范围的网络。

◆ 广域网是大范围的网络，比如几个城市、一个国家的网络。广域网在网内采用同一种互联技术。我们经常提到的公网、外网一般是广域网。

局域网和广域网的区别。前者是在某一区域内，而后者要跨越较大的区域。例如，一家大型公司的总部位于上海，而分公司遍布全国各地，如果将所有的分公司都通过网络连接在一起，那么每个分公司就是一个局域网，而整个公司网络就是一个广域网。一般说来，局域网内计算机发起的对外连接请求，路由器或网关都不会加以阻拦，但来自广域网对局域网内计算机连接的请求，路由器或网关在绝大多数情况下都会进行拦截。广域网与局域网交换数据要通过路由器或网关的 NAT 进行。

◆ 虚拟局域网（VLAN）是一种建构于局域网交换技术的网络管理技术，使用的协议为IEEE 802.1Q。

（注：以上所讲的均是有线网络，传输介质主要是铜缆或光缆。）

◆ 无线局域网（WLAN）利用电磁波在空气中发送和接收数据，不需要线缆介质。

◆ Byte/s 和 bit/s 的关系。运营商提供的网络速率、一般数据通信设备及网络通信的传输速率都是以 bit/s 为单位，而计算机一般都以 Byte/s 显示下载或上传速率，不少用户一开始看到它们可能会"丈二和尚摸不着头脑"，以为 10MB 等同于 10Mbit，以致出现不少误会。以 100Mbit/s 宽带为例，100Mbit/s =12.5MByte/s，以上速率只是理论上的最高速率。实际应用上要减去30% ～ 40% 的以太网头、TCP 头或者 ATM 头等用于封装或差错校验的比特开销，实际用户数据可达到的最高速率为 7 ～ 8MByte/s。宽带的速率除受服务供应商因素影响外，还受到用户所使用的操作系统、浏览器、计算机配置等因素的影响，这也和所连接网站的服务器能力、出口带宽有密切关系。

4.2 VLAN技术

《倚天屠龙记》中金毛狮王谢逊发出一声狮子吼后，只见天鹰教、巨鲸帮、海沙派、神拳门等门派的人一个个先后倒地，不停地扭曲滚动。谢逊为了不伤害张五侠和殷素素，叫他们赶紧捂住耳朵。

《笑傲江湖》中，为了保护师父、师娘、小师妹不受辱，令狐冲独孤九剑一出，15名蒙面客的30只眼睛，在一瞬之间被尽数刺瞎。

可见狮子吼属于范围攻击，且范围内所有目标不分敌我都会受到伤害。独孤九剑属于特定攻击，攻击范围内目标可控。其实，在LAN中的通信，就像狮子吼，数据会流经交换机的所有端口；而VLAN中的通信，就像独孤九剑，数据只通过指定的交换机端口。

1. VLAN 的原理

VLAN 所指的 LAN 是广播域，即广播帧（目标 MAC 地址全部为 1）所能传播到的范围，即能够直接通信的范围。

图 4.1 所示为一个由 5 台二层交换机连接大量客户机构成的网络。假设这时计算机 A 需要与计算机 B 通信。在基于以太网的通信中，必须在数据帧中指定目标 MAC 地址才能正常通信，因此计算机 A 必须先广播 "ARP 请求（ARP Request）"来尝试获取计算机 B 的 MAC 地址。交换机 1 收到广播帧（ARP 请求）后，会将它转发给除接收端口外的其他所有端口，这个过程也被称为泛洪（Flooding）。接着，交换机 2 收到广播帧后也会泛洪，交换机 3、4、5 也会泛洪，最终 ARP 请求会被转发到同一网络中的所有客户机上。原本这个 ARP 请求是为了获得计算机 B 的 MAC 地址而发出的，可是数据帧却传遍整个网络，导致所有的计算机都收到了它。这样既浪费了带宽，也增加了 CPU 的内存负担。

可见，在设计 LAN 时，需要有效地划分（或分割）广播域，用于在二层交换机上划分广播域的技术就是 VLAN。通过对交换机的端口进行分组，VLAN 将一个物理的 LAN 在逻辑上划分成多个广播域（多个 VLAN）。VLAN 内的主机间可以直接通信。

换一种思维，我们可以把 VLAN 理解为将一台交换机在逻辑上分割成数台交换机。交换机划分 VLAN 如图 4.2 所示，在一台交换机上生成两个 VLAN，设置端口 1 和端口 2 属于 VLAN 1、端口 3 和端口 4 属于 VLAN 2。再从 A 发出广播帧，交换机就只会把它转发给属于同一个 VLAN 的其他端口（也就是同属于 VLAN 1 的端口 2），不会再转发给属于 VLAN 2 的端口。同样，C 发出的广播信息只会被转发给其他属于 VLAN 2 的端口，不会被转发给属于 VLAN 1 的端口。此时，可以看作将一台交换机换成两台虚拟的交换机。如果在两个 VLAN 之外再生成新的 VLAN，我们可以想象成又添加了新的交换机。

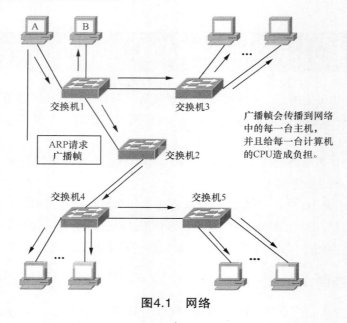

图4.1　网络

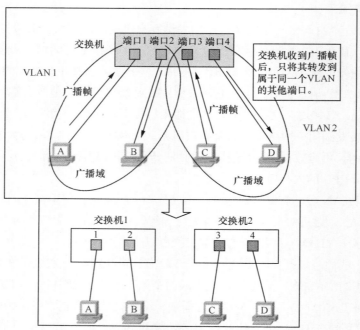

图4.2　交换机划分VLAN

需要注意的是，在交换机上设置VLAN后，如果未做其他处理，则VLAN间是无法通信的。

如果 VLAN 间需要通信，可以使用普通的路由器，也可以使用三层交换机。

2. VLAN 的种类

最常见的 VLAN 种类有基于端口的静态 VLAN 和基于 IP 地址（有时也称基于子网）的动态 VLAN 两种，其他的（比如基于 MAC 地址、基于用户）一般作为辅助性配置使用。

静态 VLAN 是目前最常用的一种方法，即明确指定各端口属于哪个 VLAN 的设定方法。单台交换机的端口之间可以构建 VLAN。单台交换机划分 VLAN 如图 4.3 所示，交换机的 1、2、6、7、8 端口组成 VLAN 1，而 3、4、5 端口组成 VLAN 2。

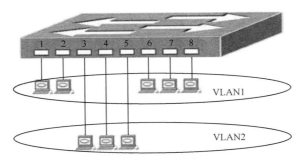

图4.3 单台交换机划分VLAN

不同交换机的端口之间也可以构建 VLAN。多台交换机划分 VLAN 如图 4.4 所示，交换机 1 的 1、2、3 端口和交换机 2 的 4、5、6 端口组成 VLAN 1，交换机 1 的 4、5、6、7、8 端口和交换机 2 的 1、2、3、7、8 端口组成 VLAN 2。

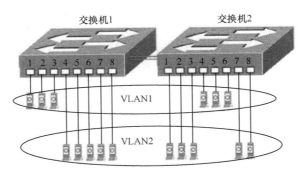

图4.4 多台交换机划分VLAN

基于端口的 VLAN 的划分简单、有效，但其缺点是当用户从一个端口移动到另一个端口时，网络管理员必须对 VLAN 成员进行重新配置。

基于 IP 地址的 VLAN 则是通过所连计算机的 IP 地址来决定端口所属的 VLAN，基于 IP 地址的 VLAN 如图 4.5 所示。只要它的 IP 地址不变，就仍可以加入原先设定的 VLAN 中。

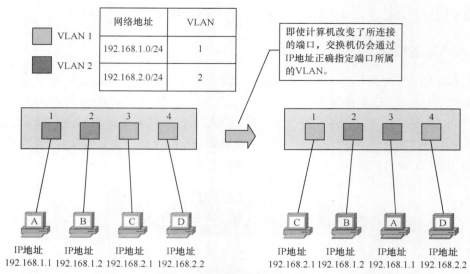

图4.5　基于IP地址的VLAN

IP 地址是 OSI–RM 中第三层的信息，一般路由器与三层交换机都使用基于 IP 地址的方法划分 VLAN。

4.3　常见中继设备

各位是房奴或者房姐吗？以一个比较合适的价格买到一套称心如意的二手房，是很多消费者的愿望。就现在的情况而言，二手房的买卖一般需要二手房中介来牵线搭桥，但是选择什么样的中介也需要留心。不同网络之间的连接也需要靠谱的"中介"，常见的中继设备有 4 类。

◆ 物理层（第一层）中继设备，常见的有 HUB。

◆ 数据链路层（第二层）中继设备，常见的有交换机、网卡。

◆ 网络层（第三层）中继设备，常见的有路由器、三层交换机。

◆ 传输层（第四层）中继设备，常见的有网关、协议转换器。

1. HUB

集线器的英文为"HUB"，外观是一个多接口的黑盒子，每个接口可以连接一台终端设备。这样多台设备可以通过 HUB 连接在一起，组成一个星形的网络。HUB 内部使用了共享总线的技术，并采用 CSMA/CD 技术进行交互。

HUB 发送数据时都是没有针对性的，采用广播方式发送。HUB 的工作原理如图 4.6 所示，当它要向某节点发送数据时，不是直接把数据发送到目的节点，而是把数据包发送到与集线器相连的所有节点。有源HUB与无源HUB的区别就在于前者能对信号进行放大或再生，可以延长两台主机之间的有效传输距离。

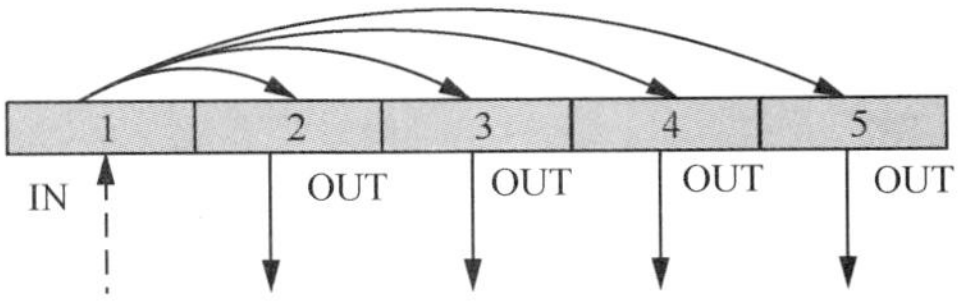

图4.6 HUB的工作原理

2. 网卡和光模块

网卡又称通信适配器、网络适配器或网络接口卡（NIC），用于计算机与外界局域网的连接，可分为普通网卡和无线网卡。网卡端口直接与以太网或光模块连接，产生和接收网线上或光纤跳线上的电信号。总线接口位于另一侧，通过插入槽位连接计算机或服务器。

光模块是进行光电和电光转换的光电子器件。发送端的光模块把电信号转换为光信号，接收端把光信号转换为电信号。

3. 交换机

从外观上看，交换机和HUB差不多，也是一个多端口的盒子，端口的数目可能比HUB要多。在内部结构上，交换机比HUB复杂得多。

图4.7所示是交换机的工作原理，在交换机内部不是一条共享总线，而是一个数字交叉网络（数据交换板），能把各个终端进行暂时连接，使其互相独立地传输数据。交换机还为每个端口设置了队列和缓冲区，可以暂时缓存终端发送过来的数据，等资源空闲之后再进行交换。

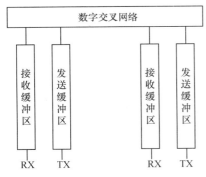

图4.7 交换机的工作原理

交换机分为三层交换机和二层交换机。普通的交换机是二层交换机，属于数据链路层设备，可以识别数据包中的MAC地址信息，根据MAC地址进行转发，并将这些MAC地址与对应的端口记录在自己内部的一个地址表中。具体工作流程如下。

◆ 当交换机从某个端口收到一个数据包后，它先读取包头中的源MAC地址，这样它就知道源MAC地址的机器是连在哪个端口上的。

◆ 再去读取包头中的目的MAC地址，并在自身地址表中查找相应的端口。

◆ 如果表中有与这个目的MAC地址对应的端口，交换机则把数据包直接复制到这个端口上。

◆ 如果表中找不到相应的端口，交换机则把数据包广播到所有端口上。当目的机器对源机器做出回应时，交换机又可以学习一条目的MAC地址与端口的对应信息，下次向该MAC地址传送数据时，就不再需要对所有端口进行广播了。通过不断循环这个过程，二层交换机对于全网的MAC地址信息都可以学习到，它就是这样建立和维护它自己的地址表的。

4. 路由器

IP 地址的结构分两部分，一部分定义网络号，另一部分定义网络内的主机号。通信只能在具有相同网络号的 IP 地址之间进行，若要与其他 IP 子网的主机进行通信，则必须经过同一网络上的某台路由器或网关。不同网络号的 IP 地址不能直接通信，即使它们接在一起，也不能通信。

路由器只根据 IP 地址来转发数据。路由器有多个接口，用于连接多个 IP 子网。每个接口对应不同的 IP 网段，而不是单一的 IP 地址。每个接口的 IP 地址的网络号要求与所连接的 IP 子网的网络号相同。不同的接口为不同的网络号，对应不同的 IP 子网，这样才能使各子网中的主机通过自己子网的 IP 地址把要求发出去的 IP 分组送到路由器上。

路由器接口示意如图 4.8 所示。这些接口主要分为两类：局域网接口 FastEthernet 和广域网接口 Serial。其中，局域网接口被用来连接局域网，拥有二层 MAC 地址，可分配到三层 IP 地址，通常由 RJ45 接口组成；广域网接口用于连接外部网络，依靠广域网技术，使用三层 IP 地址。

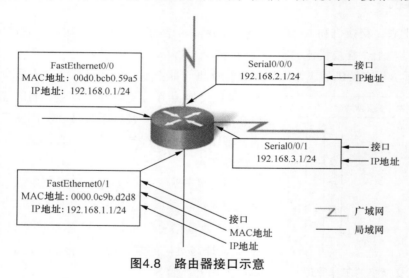

图4.8　路由器接口示意

路由器通常依靠内部的路由表来决定如何转发，路由表有以下 3 类。

◆ 静态路由表是由系统管理员事先设置好的固定路由表，它不会随未来网络结构的改变而改变。

◆ 动态路由表是路由器根据网络系统的运行情况而自动调整的路由表。动态路由涉及内部网关协议和外部网关协议。

◆ 默认路由表是一种特殊的静态路由表。

在所有的路由中，静态路由优先级最高，动态路由通常作为静态路由的补充。当一个分组在路由器中进行寻径时，路由器首先查找静态路由表，如果能查到，则根据相应的静态路由表转发分组；否则再查找动态路由表。

路由器的功能是把数据包从一个接口转到另一个接口，数据包到达路由器后将做以下处理：剥离二层帧头，根据目的IP地址选出最佳路由，将数据包重新封装成帧，将帧转发出去。

路由器的工作原理：当路由器的某个接口收到一个数据包时，路由器会读取数据包中相应目标地址的网络部分，然后在路由表中进行查找。如果在路由表中找到了目标地址的路由条目，则把数据包转发到路由器的相应接口；如果在路由表中没有找到目标地址的路由条目，此时若路由器配置了默认路由，则根据默认路由转发到路由器的相应接口，若没有配置默认路由，则将该数据包丢弃，并返回不可达信息。可见路由器是根据自己的路由表进行工作的，其间经过了路由选择和路由转发的过程，数据包从路由器的一个接口"路由"到另一个接口。

下面，我们以图中PC1和PC2之间的通信为例，来看一下数据包在路由器中的通信过程。

第1步，如图4.9所示，PC1将IP数据包封装成以太网帧，并将其目的MAC地址设为R1 FastEthernet0/0接口的MAC地址。

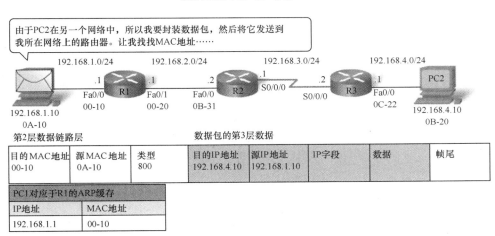

图4.9　第1步

第2步，如图4.10所示，R1发现帧的目的MAC地址是自己的MAC地址。

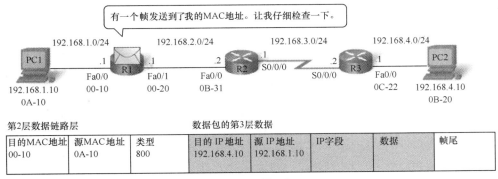

图4.10　第2步

第3步，如图4.11所示，R1剥离以太网帧后检测目的IP地址。

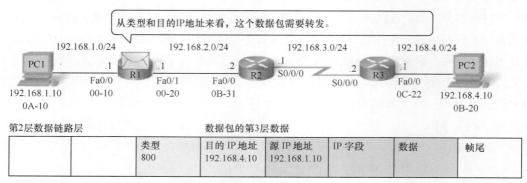

图4.11　第3步

第4步，如图4.12所示，R1根据目的IP地址192.168.4.10依次查找路由表项，在与路由表中的第4项进行比较时，首先用表项中的子网掩码与目的IP地址进行"与"运算，计算出网络地址为192.168.4.0，与表中第4项的网络地址匹配。

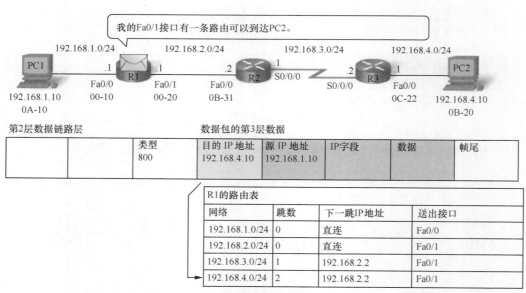

图4.12　第4步

第5步，如图4.13所示，R1查询下一跳IP地址，更新目的MAC地址，并用R2的MAC地址重新封装成帧。

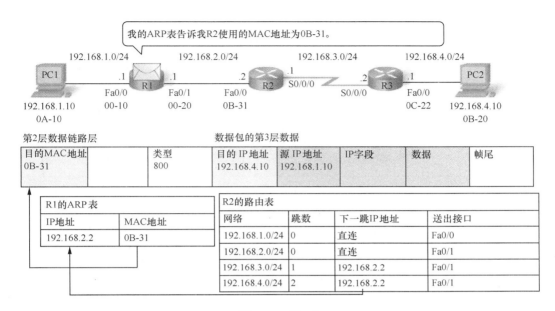

图4.13 第5步

第6步，如图4.14所示，R1将以太网数据包从Fa0/1接口转发出去。

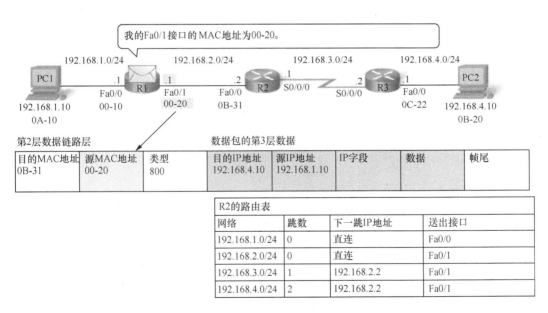

图4.14 第6步

第7步，如图4.15所示，R2发现帧的目的MAC地址是自己的MAC地址。

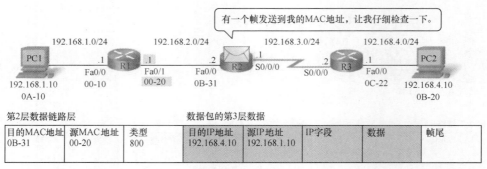

图4.15　第7步

第8步，如图 4.16 所示，R2 剥离以太网帧后检测目的 IP 地址。

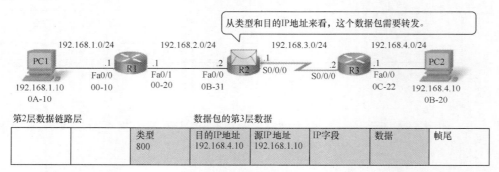

图4.16　第8步

第9步，如图 4.17 所示，R2 在路由表中寻找目的 IP 地址。

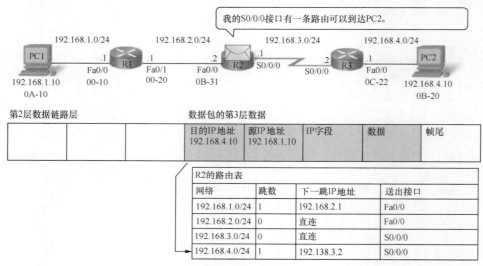

图4.17　第9步

第 10 步，如图 4.18 所示，R2 更新目的 MAC 地址，并用 R3 的 MAC 地址重新封装成帧。

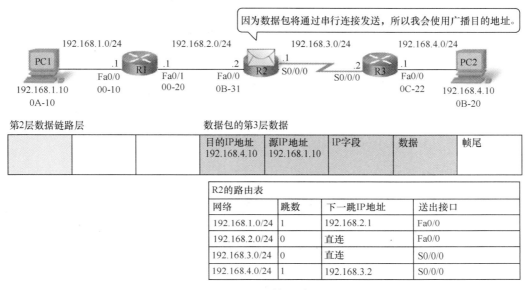

图4.18 第10步

第 11 步，如图 4.19 所示，R2 将以太网数据包从 S0/0/0 接口转发出去。

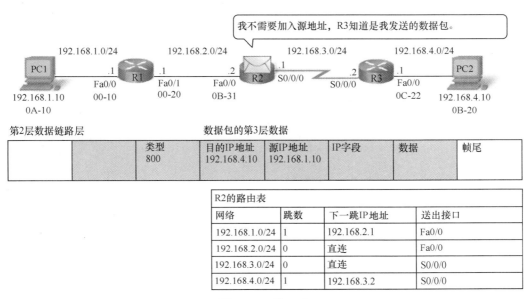

图4.19 第11步

第 12 步，如图 4.20 所示，R3 接收 PPP 帧。

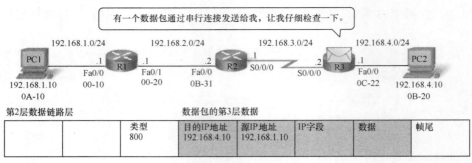

图4.20 第12步

第13步，如图 4.21 所示，R3 剥离 PPP 帧，检测目的 IP 地址。

图4.21 第13步

第14步，如图 4.22 所示，R3 在路由表中寻找目的 IP 地址。

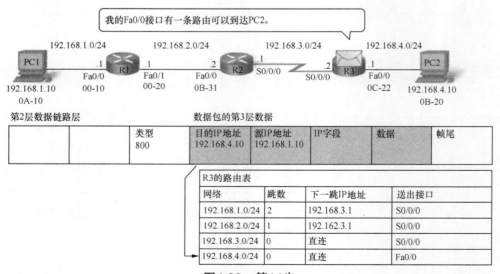

图4.22 第14步

第 15 步，如图 4.23 所示，R3 的快速以太网接口直连 PC2，更新目的 MAC 地址，并用 PC2 的 MAC 地址重新封装成帧。

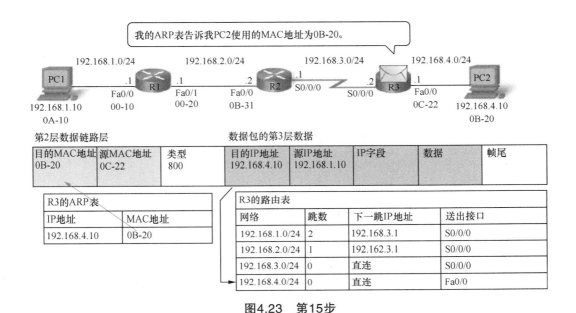

图4.23　第15步

第 16 步，如图 4.24 所示，数据包到达 PC2，帧被剥离后继续检测上层协议。

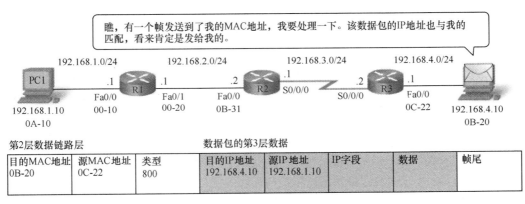

图4.24　第16步

图 4.25 所示是路由过程中数据包的地址情况，需要注意的是，一个数据包从一台网络设备到另一台，端口号、源 IP 地址和目的 IP 地址在过程中不会改变，但 MAC 地址会随之发生变化。

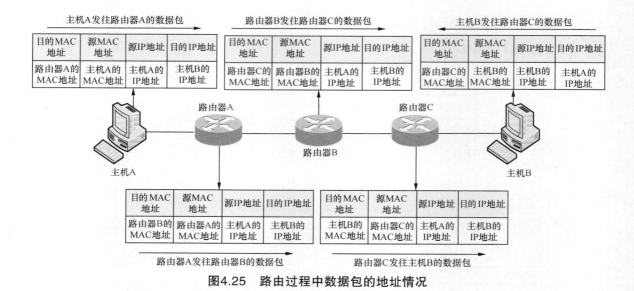

图4.25　路由过程中数据包的地址情况

5. 三层交换

有人说三层交换技术是一种非常新的技术，也有人说，三层交换技术就是路由器和二层交换机的堆叠，没有什么创新。那么事实是如何呢？二层交换技术工作在 OSI–RM 的 7 层结构中的第二层，即数据链路层。它只需要数据包的物理地址，即 MAC 地址，数据交换是靠硬件来实现的，速度相当快。但是，它不能处理不同 IP 子网之间的数据交换。传统的路由器可以处理大量跨越 IP 子网的数据包，但是它的转发效率比二层交换技术低。因此，如果我们既想利用二层交换技术的转发效率高这一优点，又需要处理三层 IP 数据包，三层交换技术就应运而生了。简单地说，三层交换技术 = 二层交换技术 + 三层转发技术。

三层交换机是进行二层交换还是三层转发？

◆ 相同网段的通信，通过二层交换功能完成互通。相同网段的通信过程如图 4.26 所示。假设两个使用 IP 的站点 PC2、PC1 通过三层交换机（SW1）进行通信，发送站点 PC2 在开始发送时，就用子网掩码取得网络地址，把自己的 IP 地址与 PC1 的 IP 地址进行比较，判断它们是否在同一网段。如果在同一网段，但不知道转发数据所需的 MAC 地址，PC2 就发送一个 ARP 请求，PC1 返回其 MAC 地址，PC2 用此 MAC 地址封装数据包并发送给交换机。交换机启用二层交换技术，查找 MAC 地址表，将数据包转发到相应的接口，进行二层的转发。

◆ 不同网段的主机进行通信时，主机发现对方在不同的网段内，则会自动借助网关来进行通信，主机首先通过发送 ARP 请求来查找设定的网关 MAC 地址，然后把网关的 MAC 地址（而不是对方主机的 MAC 地址，因为主机认为通信对端不是本地主机）填入以太网帧头的目的 MAC 地址域中，将报文交给网关即交换机进行三层转发。不同网段的通信过程如图 4.27 所示。

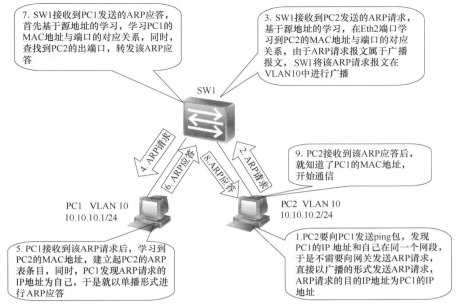

图4.26 相同网段的通信过程

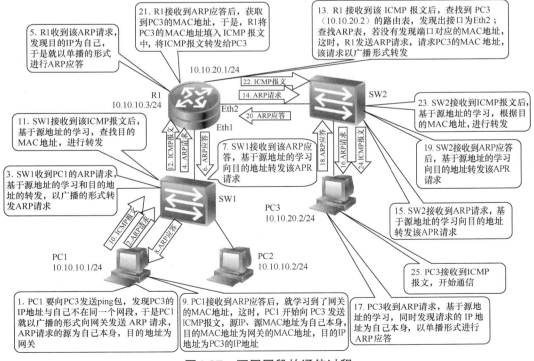

图4.27 不同网段的通信过程

根据以上规则，三层交换机根据以太网帧的目的MAC地址域的地址来判断是进行二层转发还是三层转发。如果是给某个VLAN指定的端口的MAC地址，则进行三层转发；否则在VLAN内部进行二层转发。三层交换机的通信流程如图4.28所示。

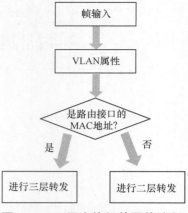

图4.28　三层交换机的通信流程

6. 四层交换

在OSI-RM的第四层中，TCP和UDP标题包含端口号，它们可以唯一区分每个数据包包含哪些应用协议（例如HTTP、FTP等）。TCP/UDP端口号提供的附加信息可以为网络交换机所利用，这是四层交换的基础。

7. 协议转换器

协议转换器的主要应用是IEEE 802.3协议的以太网接口、V.35数据接口、标准G.703协议的2M接口之间的相互转换，协议转换器的主要应用如图4.29所示。

图4.29　协议转换器的主要应用

现有的协议转换器主要分为E1/以太网系列或E1/V.35系列，可以将以太网信号或V.35信号转换为E1信号，以E1信号形式在同步/准同步数字网上进行长距离传输，这样可以延长以太网信号和V.35信号的传输距离。

8. 网关

从一个房间走到另一个房间，要经过一扇门；同样，从一个网络向另一个网络发送信息，也要经过一道"门"，这道"门"就是网关。网关是一个抽象的概念，可以指硬件（有时路由器也被称为网关），也可以指软件。网关可以分为很多种，其中我们最常见的是TCP/IP下的网关，只有设置好网关的IP地址，TCP/IP才能实现不同网络之间的相互通信。我们通常指的网关就是路由器的IP地址。比如，有网络A和网络B，网络A的IP地址范围为192.168.1.1 ～ 192.168.1.254，子网掩码为255.255.255.0；网络B的IP地址范围为192.168.2.1 ～ 192.168.2.254，子网掩码为255.255.255.0。在没有路由器的情况下，两个网络之间是不能进行TCP/IP通信的，即使两个网络连接在同一台交换机（或HUB）上，TCP/IP也会根据子网掩码（255.255.255.0）判定两个网络中的主机处在不同的网络中。而要实现这两个网络之间的通信，则必须通过网关。如果网络A中的主机发现数据包的目的主机不在本地网络中，就把数据包转发给自己的网关，再转发给网络B 的网关，网络 B 的网关再将数据包转发给网络 B 的某台主机。

4.4 路由表

路由是指导报文发送的路径信息，路由器根据报文的目的 IP 在路由表中查找去往目的网段的路由。路由表存储指导报文转发的最佳路径信息。

1. 华为路由表

华为路由表如图 4.30 所示，一条路由中常见的信息有目的网段/掩码、协议、优先级、开销、下一跳、接口。其中，协议、优先级、开销用于选择最优路由，目的网段/掩码、下一跳、接口用于转发报文。

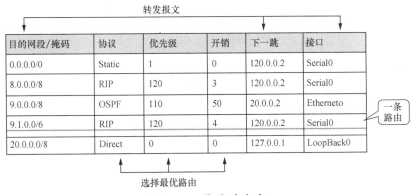

图4.30 华为路由表

◆ 目的网段/掩码（Destination / Mask）用来描述目的网段，路由表中不可能存储所有目的主机的地址信息，用 Destination/Mask 共同标识目的主机或路由器所在的网段的地址。

路由器的转发工作原理是最长匹配原则，即去往同一目的网段，如果仅有一条路由，选择该路由；如果有多条路由，选择掩码最长的路由转发。路由转发示例如图 4.31 所示，数据包去往 100.1.1.1 时，选择的是 100.1.1.0/24，而不是 100.1.0.0/16。

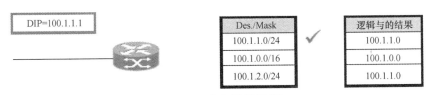

图4.31 路由转发示例

◆ 协议（Protocol）表示路由的来源。路由器运行路由协议，动态计算和更新路由表。路由器能够同时支持多种独立的路由协议，并同时维护几个被路由的协议的路由表。路由主要有 3 类：直连路由、静态路由、动态路由。

直连（direct）路由：链路层协议发现的路由，开销小，配置简单，不需要人工维护，只能发现本接口所属网段的路由。

静态（static）路由：手工配置的路由，需要人工维护，适合简单拓扑结构的网络。

静态路由配置示例如图 4.32 所示。我们可以使用 ip route 命令来配置静态路由：ip route 129.1.0.0 16 10.0.0.2。16 表示目标网络的掩码长度，10.0.0.2 表示去往目标网络的报文所经由的下一个路由器（下一跳）的 IP 地址。该命令的作用是在路由器 Quidway A 上配置到目标网络 129.1.0.0/16 的静态路由。此路径经过路由器 Quidway B，目标网络与路由器 Quidway B 的以太网接口相连。

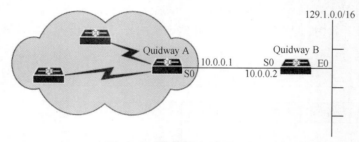

图4.32 静态路由配置示例

人工配置的缺省路由也是一种静态路由，是在没有找到匹配的路由时才被使用的路由。在路由表中，缺省路由以到网络 0.0.0.0（掩码为 0.0.0.0）的路由形式出现。在实际应用中，当去往其他网段只有唯一的出口（即网关）时，可配置下一跳为网关的缺省路由。缺省路由除手工配置以外，还可能由动态路由协议下发。

缺省路由的配置也使用命令 ip route，并且命令的格式和参数都相同，但与普通静态路由的配置不同的是，缺省路由的目标网络的地址和掩码必须全部为零。

缺省路由配置示例如图 4.33 所示，网络 N 只有一个到公网的出口，即通过路由器 Quidway A。于是可以通过配置缺省路由实现网络 N 内的主机可以访问公网内的所有网络，而不必为目标网络逐个配置静态路由。此时，可以在路由器 Quidway A 上配置 ip route 0.0.0.0 0.0.0.0 10.0.0.2。

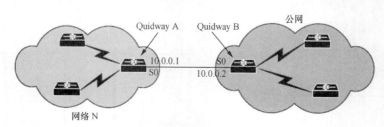

图4.33 缺省路由配置示例

动态（dynamic）路由：开销大，配置复杂，不需要人工维护，适合复杂拓扑结构的网络。每台路由器将自己已知的路由相关信息发给相邻的路由器，传送的过程中保证信息正确可靠传输。由于大家都这样做，最终每台路由器都会收到网络中所有的路由信息，并运行特定算法，计算最终的路由。

◆ 路由表的优先级（Preference）用于比较不同路由协议发现的路由。各种路由协议都有自己的标准来衡量路由的好坏（有的采用下一跳次数，有的采用带宽，有的采用时延，一般在路由数据中用度量 Metric 来量化），并且每种路由协议都试图将自己认为的最好的路由送到路由表中，这样我们就有可能从不同的协议得到到达同一目标网络的不同路由。尽管每种路由协议都给出了度量值，但是由于各种协议所采用的度量值的含义不同，它们之间没有可比性。这就需要有一种策略来决定使用哪一条路由并将它加入路由表中，利用它来进行包的转发。通常，我们使用路由优先级来判断不同路由协议所获得路由的好坏。每一种路由协议都有自己的优先级，当不同路由协议之间的路由发生冲突时，选择优先级最高的路由协议获得的路由。路由优先级是根据路由算法的优劣等因素得出的经验数值，也可以由网络管理员手动修改。数值越小，优先级越高，则该条路由越可信。这就像一个人从北京去上海出差，是坐飞机、高铁还是汽车的问题。

路由优先级示例如图 4.34 所示，3 种路由协议（RIP、OSPF、IGRP）各自得到了一条到达目标网络 10.0.0.0 的路由。我们假定 3 种协议的路由优先级的次序是 OSPF > IGRP > RIP，则最终选定 OSPF 路由作为最优路由。

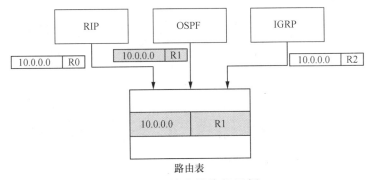

图4.34 路由优先级示例

◆ 开销［Metric（Cost）］，指到达路由所指的目的地的代价。值越小，越优先，用于优选同一种路由协议发现的多条路由，即存在等值路由。这就像一个人从北京去上海出差，已经选择了坐飞机，然后看哪一个航班价格最优惠。

路由开销示例如图 4.35 所示，各"段"开销已标明，假设总开销的计算公式是简单相加。PC1 到 PC2 有两条路：第一条路为 PC1 → A → B → C → D → PC2，总开销是 1+2+5+2+1=11；第二条路为 PC1 → A → E → F → C → D → PC2，总开销是 1+6+3+1+2+1=14。

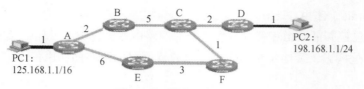

图4.35　路由开销示例

优选总开销较小的路线 PC1 → A → B → C → D → PC2。

◆ 下一跳（Nexthop），指的是互联的对端路由器的接口，而不是本端接口。

◆ 接口（Interface），是本端接口，即数据包从本端哪个接口发出去。

2. 中兴路由表

中兴路由表如图4.36所示，与其华为路由表大致一样。其中，Gw 和华为路由表的 Nexthop（下一跳地址）对应；Owner 表示路由的来源，对应华为路由表的 Protocol。

```
ZXR10#show ip route
IPv4 Routing Table:
  Dest      Mask             Gw       Interface   Owner   pri  metric
1.0.0.0     255.0.0.0        1.1.1.1  fei_0/1.1   direct  0    0
1.1.1.1     255.255.255.255  1.1.1.1  fei_0/1.1   address 0    0
2.0.0.0     255.0.0.0        2.1.1.1  fei_0/1.2   direct  0    0
2.1.1.1     255.255.255.255  2.1.1.1  fei_0/1.2   address 0    0
3.0.0.0     255.0.0.0        3.1.1.1  fei_0/1.3   direct  0    0
3.1.1.1     255.255.255.255  3.1.1.1  fei_0/1.3   address 0    0
10.0.0.0    255.0.0.0        1.1.1.1  fei_0/1.1   ospf    110  10
10.1.0.0    255.255.0.0      2.1.1.1  fei_0/1.2   static  1    0
10.1.1.0    255.255.255.0    3.1.1.1  fei_0/1.3   rip     120  5
0.0.0.0     0.0.0.0          1.1.1.1  fei_0/1.1   static  0    0
```

图4.36　中兴路由表

3. 计算机路由表

在计算机开始 / 运行中输入 cmd，在之后的弹出框中输入 route print 命令，可以调出计算机路由表，如图 4.37 所示。

```
Active Routes:
Network Destination        Netmask             Gateway         Interface    Metric
         0.0.0.0           0.0.0.0           10.1.1.100        10.1.1.2        20
        10.1.1.0        255.255.255.0         10.1.1.2         10.1.1.2        20
        10.1.1.2      255.255.255.255         127.0.0.1        127.0.0.1       20
  10.255.255.255      255.255.255.255         10.1.1.2         10.1.1.2        20
       127.0.0.0         255.0.0.0            127.0.0.1        127.0.0.1        1
    192.168.64.0      255.255.255.0        192.168.64.1     192.168.64.1       20
    192.168.64.1    255.255.255.255         127.0.0.1         127.0.0.1       20
  192.168.64.255    255.255.255.255      192.168.64.1     192.168.64.1       20
   192.168.217.0      255.255.255.0       192.168.217.1    192.168.217.1       20
   192.168.217.1    255.255.255.255         127.0.0.1         127.0.0.1       20
 192.168.217.255    255.255.255.255      192.168.217.1    192.168.217.1       20
       224.0.0.0         240.0.0.0            10.1.1.2         10.1.1.2        20
       224.0.0.0         240.0.0.0         192.168.64.1     192.168.64.1       20
       224.0.0.0         240.0.0.0        192.168.217.1    192.168.217.1       20
 255.255.255.255    255.255.255.255         10.1.1.2         10.1.1.2         1
 255.255.255.255    255.255.255.255      192.168.64.1     192.168.64.1        1
 255.255.255.255    255.255.255.255      192.168.64.1         20005           1
 255.255.255.255    255.255.255.255      192.168.217.1    192.168.217.1       1
Default Gateway:       10.1.1.100

Persistent Routes:
  None
```

图4.37　计算机路由表

Active Routes：活跃的路由。Network Destination：目的网段。Netmask：子网掩码。Gateway：下一跳路由器入口的 IP 地址。Interface：到达该目的地的本路由器的出口 IP。路由器通过 Interface 和 Gateway 定义一条到下一个路由器的链路，通常情况下，Interface 和 Gateway 是同一网段的，特殊情况下，Gateway 可以不在当前 Interface 的网段上，比如在配置递归寻路的情况下。

Metric：该条路由记录的质量，一般情况下，如果有多条到达相同目的地的路由记录，路由器会采用Metric值小的那条路由，如果同时连接了有线网络和无线网络，一般有线网络是20，无线网络是30。Persistent Routes：手工配置的静态固化路由，重启后不会消失。

第一条，缺省路由：当一个数据包的目的网段不在你的路由记录中，那么，你的路由器该把这个数据包发送到哪里。缺省路由的网关是由你连接上的 Default Gateway 决定的。该路由记录的意思是：当我接收到一个数据包的目的网段不在我的路由记录中，我会将该数据包通过10.1.1.2这个接口发送到10.1.1.100这个地址，这个地址是下一个路由器的一个接口，这样，这个数据包就可以交付给下一个路由器处理，与我无关。该路由记录的质量为20。

第二条，直连网段的路由记录：当路由器收到发往直连网段的数据包时该如何处理。这种情况下，路由记录的 Interface 和 Gateway 是同一个。当我接收到一个数据包的目的网段是10.1.1.0时，我会将该数据包通过10.1.1.2这个接口直接发送出去，因为这个接口直接连接10.1.1.0这个网段。该路由记录的质量为20。

第三条，本地主机路由：当路由器收到发送给自己的数据包时将如何处理。当我接收到一个数据包的目的网段是10.1.1.2时，我会将该数据包收下，因为这个数据包是发送给我自己的。该路由记录的质量为20。

第四条，本地广播路由：当路由器收到发送给直连网段的本地广播时如何处理。当我接收到广播数据包的目的网段是10.255.255.255时，我会将该数据从10.1.1.2这个接口以广播的形式发送出去。该路由记录的质量为20。

第五条，本地环路：127.0.0.0这个网段内的所有地址都指向自己，如果收到这样一个数据，应该发向哪里。该路由记录的质量为1。

第六条～第十一条：类似上面的解释，本机上其他网卡的路由。

第十二条～第十四条，多播路由：当路由器收到一个多播数据包时该如何处理。当我接收到多播数据包时，我会将该数据包从10.1.1.2、192.168.64.1、192.168.217.1这几个接口以多播的形式发送出去。该路由记录的质量为20。

第十五条～第十八条，广播路由：当路由器收到一个绝对广播时该如何处理。当我接收到绝对广播数据包时，将该数据包分别通过10.1.1.2、192.168.64.1、192.168.217.1这几个接口发送出去。该路由记录的质量为1。

默认网关：10.1.1.100。

固化路由：无，如果用 route add –p 参数添加静态路由，即使机器重启后仍然存在。

4.5　路由协议

假设你独自一人去旅行，到了旅游胜地之后发现自己没带地图，手机恰好又不能上网，这时候你会问周围的人，问他们附近有哪些旅游景点，交通情况怎么样。有些人会直接让你往某个方向走，而有些人会直接给你一张地图。这样，你一步步问，或者直接拿着地图看，就可以到达你要去的地点。在这个过程中，你和周围的人要遵守一些规则，比如大家要说同样的语言，大家对景点和交通的情况描述是一样的。

在路由器的世界中，这些规则就是我们所说的路由协议。通过路由协议，路由器可以了解网络情况，形成路由表，找出到达目的主机或网络的最佳路径。

很多初学者在学习了大量技术细节后，仍然对"路由协议"本身存在理解上的偏差，这里我们需要向各位读者明确：路由协议是为了满足路由器获取路由表的需要而制定的标准化协议。一系列的路由协议可以让 IP 网的所有路由器快速、准确地获取全网路由信息，从而指引 IP 包的行进方向。

路由协议是怎么工作的呢？

最容易想到的就是，人工输入路由。这种方法形成的路由，叫作静态路由。

一般情况下，只有在缺省路由表项或者小规模网络（如企业网）的情况下，才会使用静态路由。

没有专门说明的 IP 包都按照缺省路由表项所列的路由方向前进。就像若无专门说明，我们周一到周五都要上班。我们每天判断，今天是不是周一到周五中的一天？如果是，公司是否有专门的通知说明今天不用上班，如果没有，我们就得去单位上班。这就是缺省状态。

静态路由就像交叉路口上的交通指示牌，是人工一条条写好后放上去的。并且，绝不会因为网络发生变化而改变。

有两个问题致使静态路由协议不能胜任所有的情况。

第一，IP 网的地址规划和 PSTN 不同，任何一个 IP 地址在哪个位置，都有很大的不确定因素——IP 地址的分配并不像电话号码的分配那样，每个国家、每个地区都有自己严格的前缀[国家（地区）代码]。如果每个 IP 地址或者网段的路由都由人工录入，工作量将相当庞大。

第二，如果网络一成不变，工作量大也就罢了，输入一次，一劳永逸。但是，我们前面介绍过，整个互联网是分而治之的，一个 IP 网的拥有者，即使能保证自己的网络一百年不变，又怎么能保证别人的网络也一百年不变呢？更何况，网络发生故障是家常便饭，断一条链路、坏一块板卡的事情时而有之，你又如何能保证自己的网络永远完好无损呢？如果因为网络的一个故障而人为修改静态路由，更是不切实际的。

最早的路由专家可能就是这么做自我否定的：看来，要想解决整个 IP 世界的路由问题，人工输入静态路由的方法在现实中显得苍白无力。

人工输入静态路由太烦琐，难不成要让路由器自己获取路由表？对啊！让路由器根据周边网络环境和状态，自己获取路由表项，有何不可？而人工只录入一些基本的、简单的、少量的路由，其他的活，让路由器自己干！

路由器先自报家门，告诉邻近的路由器，我挨着谁，我接着谁。大家报完一圈，每台路由器开始琢磨了：

"我挨着老张，老张告诉我他挨着老李；如果我要到老李家，就得从老张家过；而老李又挨着老陈，如果我要到老陈家，我得先去老张家，然后去老李家，最后到达老陈家。这路由表不就有了吗？"

基于此原理，动态路由协议诞生了。

动态，就是让路由器和路由器之间交换信息，每台路由器最终由自己获得全网的路由表。人在其中起到的作用并不大，只需要设置它们之间交换信息的协议类型即可。在此思路的指引下，RIP2、OSPF、IS–IS、EIGRP、IGRP、BGP诞生了。它们都属于动态路由协议。

如果没有这一系列动态路由协议，IP网上的用户接入方式就不会如此方便灵活，IP网的维护管理工作也要比现在复杂得多！

一旦IP世界的某个节点或者某条链路发生变化，如网络中继链路的中断或增减、路由节点的增减、链路带宽的扩容、新用户的接入等，动态路由协议就能够在数秒之内通知运行相同路由协议的相关路由器进行路由表的更新！

注意，不是通知所有路由器，而是只通知与发生变化的链路相关的所有路由器！否则任何一个微小的网络变化就会造成全球的互联网路由器发生路由表更新。

任何网络的调整，都要保证整个IP网最大限度地不受影响，把蝴蝶效应的影响降到最小，把故障点、增删点对网络的影响降至最低，这才是我们的初衷。要知道，网络的上述变化，每天、每小时、每分钟可能都在发生，如果闹出什么大动静，影响肯定不好。

我们在遇到堵车时经常会替交通管理部门考虑一下如何管理道路交通的事儿，也可能会拿IP网做比较。因为道路交通和IP世界有太多相似之处。

然而，我们找相似，是为了发现不同。

不同在哪里呢？城市交通中负责选路的是司机而不是交叉路口，而IP网中负责选路和转发的都是路由器而不是IP包本身。稍后我们将对几种主流路由协议进行描述。

IP世界里任何两台计算机之间的路径，很可能不止一条，仅从信息传递安全的角度讲，我们也不希望它只有一条。

用什么方法从这不止一条的路径中，选择出"最佳路径"呢？什么路径是最佳路径？如图4.38所示，对于道路来说，最宽阔、最平坦、最短、管理最完善、不收过路费的道路是最佳路径。而在IP网中，我们也可以建立规则，对路径的诸多指标进行综合评估。

比如路由跳数（从A路由器经过线缆蹦到了B路由器，就算经过了1跳）、路由成本（下一段将介绍这个术语）、带宽等，都是寻找最佳路由的计量依据。

不同的路由协议对"路由成本"的定义不完全相同，它们都会定义自认为合理的"成本"：OSPF的路由成本为10^8除以端口配置带宽，IS–IS则为所有的端口都默认分配了一个值为10的路由成本……初学者无须记忆这些路由成本的算法，只要知道每种路由协议都有一套计算方法来衡量任何两个节点之间的链路的可通过程度即可。

图4.38　什么路径是最佳路径？

你千万不要怀疑路由器的忠诚。如果你对它没有特殊要求，可爱的机器们只会选择成本低的路径，如果两条路径成本一样高，则允许被同时选择。

有时这种所谓的"忠诚"显得过于呆板，比如有时成本低的路径由于某些原因会出现拥塞（本节最后介绍这一问题），而"忠诚"的路由器却始终对那条成本高的路径"视而不见"，哪怕那条链路正处于空闲状态！

这当然不是路由器的错，而是我们设计的协议不够完善。

在城市道路交通中，我们有时也会遇到这种情况：交叉路口的一个方向根本没有车辆却依然长时间绿灯，而另一方向的车辆等了很长时间，甚至已经排起了长队，你不能说是红绿灯的错，因为控制红绿灯的是人。只有人才能改变红绿灯的参数设置。如果不合理，就需要人去修改相关参数。

不过大家放心，专家们早已意识到这个问题了，在后续章节我们会给出解决这一问题的方案——流量工程。

回到路由协议。

路由协议作为TCP/IP协议族中的重要成员之一，其选路过程的好坏会影响整个网络的效率。按应用范围的不同，路由协议可以分为内部网关协议（IGP）和外部网关协议（EGP），RIP2、OSPF、IS-IS、EIGRP都属于内部网关协议，BGP是唯一的一种外部网关协议。路由协议算法分类如图4.39所示。

所谓"内部"和"外部"，都是相对于自治系统（AS）来说的。内部网关协议是自治系统的内部政策，外部网关协议是自治系统之间的外交政策。

自治系统如图4.40所示，指在IP世界中，拥有同一选路策略、在同一管理机构下运行的一组路由器。

图4.39　路由协议算法分类

图4.40　自治系统

通俗地理解，电信运营商、二级运营商、ISP等机构因为某一类或者几类需求而建立的一个具有独立网络调控能力、统一管理机构、统一路由策略的IP网，被称为"自治系统"，并且被分配一个统一的编号，比如AS9929、AS4837、AS4134等。比如承担家庭和企业用户接入互联网的163、169网络，专门用于承载下一代网络（NGN）业务的IP网，以及电力、石油、教育、金融等行业专用IP网等。中小规模企业的IP网大都隶属于其接入运营商的自治系统。

一个自治系统一定有且只有一个管理单位。比如9929就属于中国联通这个管理单位。

而一个管理单位可以拥有多个自治系统。国内的电信运营商根据IP网承载业务的不同，以及受到多次拆分和重组的影响，一般都具有多个AS。比如中国联通拥有4837、9929等多个自治系统。

在外部世界看来，整个自治系统是一个"单一实体"。每个单一实体中将运行多种路由协议。

距离矢量算法和链路状态算法的区别是什么？别着急，下面我将举个例子来说明一下。如果我具有距离矢量的思维，我从大明湖去趵突泉，通过询问左边的邻居，我知道可以从大明湖站坐A路车；通过询问右边的邻居，我知道可以从大明湖西南门站坐B路车。这样问下来几种方案后，我再选一个最优的，以这样的方式我就知道济南市内的一些地方该怎么去；而如果我具有链路状态的思维，我会先去四处打听，收集信息然后汇总成一张济南市区的公交路线图，然后依据这张公交路线图决定如何去趵突泉以及其他地方。

距离矢量路由协议（如RIP2）中，路由器之间交换的是路由表（即邻居只告诉你可以到达某个地方，但并不告诉你拓扑信息），如果一条重要的链路发生变化，意味着需要重新通告 N 条涉及的路由条目，因此，该协议不适合大型网络。

链路状态路由协议中，路由器之间交换的并不是路由表，而是链路状态。完成交换后，每台路由器上都有完全相同的拓扑（全网的拓扑），它们各自通过最短通路优先（SPF）算法，计算出路由条目。它的更新是增量更新，如果一条重要链路发生变化，不必再发送所有被波及的路由条目，只须发送一条链路通告，告知其他路由器本链路发生故障即可，其他路由器会根据链路状态，改变自己的拓扑数据库，重新计算路由条目。

这里需要特别提醒注意的是，不管采用什么样的路由协议进行路由计算，在完成路由计算后进行数据包转发时都是"逐跳转发"，即每台路由器会根据自己当时的路由表进行转发，只要把数据包发出去就算完成任务了。

在正常情况下，路由器会把事先规划的整条转发路径的度量值计算出来，但在网络配置数据不正确或者网络出现故障的情况下，各台路由器可能会产生不同的判断。譬如，路由器 A 认为到路由器 C 最近的路是发给路由器 B，而路由器 B 认为到路由器 C 最近的路是发给路由器 A，这样的话，路由器 A 将数据包发给路由器 B，路由器 B 又将数据包发回给路由器 A，两边互相"踢皮球"，既到达不了目标地点又占用网络带宽，这种现象就是"路由环回"。对于路由环回的问题，不同类型的路由协议有不同的处理方法，最通用、最简单的一种处理方法就是利用 IP 数据包的生存时间（TTL）。每个数据包被赋予一个 TTL 值，每经过一台路由器就将这个值减 1，当 TTL 值为 0 时，数据包将被丢弃。

动态路由协议是路由器之间的官方沟通语言，由于历史原因，专家们设计了不同的沟通语言，我们一起悉数分析一下，再看看它们的区别到底在哪里。

4.6　RIP2和RIPng协议

史上最简单的动态路由协议叫作 RIP，它被称为"路由信息协议"，目前我们使用其升级版 RIP2。我们说某个路由协议是简单还是复杂，其中一个判断依据就是该路由协议所规定的"路径综合成本"算法的复杂度。而 RIP2 的路径综合成本算法是最简单的。

在 RIP2 中，路由器每隔 30 秒钟就将所谓的"距离向量"信息发送给相邻路由器，路由表只存储到目的站点的最佳路径的下一跳地址。RIP2 以最小路由器跳数为依据选择最佳路径。比如，路由器 A 到达路由器 B 有两条路，一条经过 10 台路由器，一条经过 8 台路由器，RIP2 将确定路由器 A 中的 IP 包要到达路由器 B 时必须经过第二条路径。

RIP2 允许的最大跳数为 15 跳（通过的网络节点数），超过 15 跳的路径被认为是不可达的。新的基于 IPv6 的 RIP 协议 RIPng，在信息格式和地址相关方面比 RIP2 有所加强。

对于庞大的 IP 网，仅仅靠"跳数"这一距离参数来选择路由，在很多时候会显得有点应付差事。还是刚才的例子，路由器 A 到达路由器 B 的路径 1，看似跳数较多，但如果带宽比路径 2 大很多，这种情况 RIP2 将作何感想？

RIP2 依然会倔强地选择路径 2。而事实上我们很容易判断，路径 2 在某些情况下并非最优解。

因此，RIP 适合较小的网络，或者在大的 IP 网的边缘。真正能胜任大型网络路由任务的，还得是 OSPF 和 IS-IS。

4.7 IS-IS协议

由于中间系统到中间系统（IS-IS）协议相对简单、可扩展性好，已经在电信运营商的网络中得到了大规模的应用。目前的 IP 承载网使用的路由协议大部分为 IS-IS 协议。

1. 链路状态协议的入门童话

在介绍 IS-IS 协议之前，我们先讲一个故事，这个故事适用于链路状态路由协议 IS-IS 和 OSPF。

想象整个网络（一个 AS）是一个王国，这个王国可以分成几个区域（area），现在我们来看看区域内的某一个人（路由器）是怎样得到一张到各个地点的线路图（routing table，即路由表）的。

首先，你得和你周围的人（同一网段，例如 129.102）建立基本联系，你大叫一声"我在这！"（发送 Hello 报文），周围的人知道了你的存在，他们也会大叫，这样你就知道周围有哪些人。你与他们之间建立了邻居（neighbor）关系，当然，他们互相之间也有邻居关系。

在这一群人中，最有威望（Priority，即优先级）的人会被推荐为首领（Designated Router），他会与你建立单线联系，而不允许你与其他邻居有过多交往，他会说："那样做的话，街上太挤了。"

你只好通过首领来知道更多的消息了。首先，你们互通消息，他告诉你他知道的所有地图上的地名，你也会告诉他你现在知道的地名，当然也许只有你一个点（Database Description，数据库描述报文）。

你发现你的地名表中有缺少的地名或需要更新的地名，你会问他要一份更详细的资料，他发现你的地名表中有他需要的东西，他也会向你索取新资料（Link State Request，即链路状态请求报文），你们毫不犹豫地将一份详细资料发送给对方（Link State Update，即链路状态更新报文），收到资料后，互相致谢表示收到了（Link State Ack，即链路状态响应报文）。

现在，你已经尽你所能得到了一份王国地图（Link State DataBase，即链路状态数据库）。根据地图，你把到所有目的地最短的路线（shortest path，即最短路径）标记出来，并画出一张完整的路线图，以后查看这张路线图，你就知道到某个目的地的一条最近的路了。你要收好王国地图，万一路线图上的某条路不通了，还可以通过地图去找一条新的路。

其实与你有联系的只是周围的一群人，外面的消息都是通过首领来知道的，因此你的地图和首领的一致。现在，我们假设你是首领，你要去画一份王国地图。

你命令所有手下向你通报消息，你可以知道你这一群人的任何一点点小动静（event，即事件）。你的手下还有可能同时属于两群人（同一区域内的两个网段），他会告诉你另一群人的地

153

图，当然也会把你们这一群人的地图泄露出去（不过，无所谓啦）。这样，你就知道了整个区域的地图（对于不知道的那也没办法，我们尽力了）。

通过不停地交换地图，现在，整个区的人都有同样的地图了。住在区边境上的人义不容辞地把这个区的地图（精确到每一群人）发送给别的区，并收集别的区的信息。国王把这些边境上的人命名为骨干（backbone area）。通过骨干的不懈努力，现在，整个国家的地图你都了解得一清二楚了。

有些人"里通外国"（AS Boundary Router，自治系统边界路由器），他们知道一些"出国"（即自治系统外部路由）的路，当然，他们会把这些秘密公之于众（import，引入），通过信息的传递，现在，你已经有一张完整的"世界地图"了。

链路状态路由协议是这样标记最短路径的：对于某个目的地，首先，考虑是否有同一区域内部能够到达目的地的其他路线（intra area，区域内），如果有，则在其中取一条离你最近的（花费最小），记录进你的路线图中，对于需要经过其他区域的路由，你会不予考虑，与自己人（同区域）打交道总比与外人（其他区域）打交道好；如果没有本区域的路，你只好通过别的区域了（区域间），你只要在地图上找最近的路即可。

链路状态路由协议就是这样，给你一份链路状态信息，你自己画一张"王国地图"，并且在上面标记到达各个地方的最短路径。

2. IS-IS 概述

IS-IS 是一种路由选择协议，中间系统（IS）就是 IP 网中的路由器。IS-IS 本来是为 OSI-RM 的 7 层结构中的第三层无连接网络业务（CLNS）设计的，使用 CLNS 地址来标识路由器，并使用协议数据单元（PDU，网络层 PDU 相当于 IP 报文）进行信息沟通。OSI 与 IP 术语对照关系见表 4.1。

表 4.1　OSI 与 IP 术语对照关系

缩略语	OSI 中的概念	IP 中对应的概念
IS	中间系统	路由器
ES	末端系统	主机
DIS	指定中间系统	Designated Router（DR）OSPF 中的选举路由器
SysID	系统 ID	OSPF 中的 Router ID
PDU	协议数据单元	IP 报文
LSP	链路状态分组	OSPF 中的 LSA 用来描述链路状态
NSAP	网络服务接入点（网络层地址）	IP 地址

在 ISO 规范中，一台路由器就是一个 IS，一个主机就是一个 ES（末端系统）。那么，一个自治系统可以理解为许多中间系统被许多末端系统包围着，许多末端系统被许多中间系统连接起来。

提供 IS 和 ES（路由器和主机）之间通信的协议，就是 ES-IS 协议；提供 IS 和 IS（路由器和路由器）之间通信的协议（也就是路由协议），就是 IS-IS 协议。

中国联通的 AS4837 网、AS9929 网，中国电信的 AS4134 网等，都采用 IS-IS 协议。随着 IP 网的蓬勃发展，IS-IS 协议被扩展应用到 IP 网络中，扩展后的 IS-IS 协议被称为集成 IS-IS（Integrated IS-IS）协议。集成 IS-IS 协议可以支持纯无连接网络协议（CLNP）网络，或者纯 IP 网，或者同时在 CLNP 和 IP 的双重环境下运行。由于现实环境中 IP 网的广泛使用，通常我们在日常使用中说的 "IS-IS" 就是扩展后的集成 IS-IS。

IS-IS 协议支持点到点网络和广播型网络，对于广播型网络涉及的指定中间系统（DIS，即上面故事里一群人中的首领）选举和链路状态分组（LSP）在广播型网络中的泛洪等不做详细讲解，在后文中如无特别说明，均指点到点网络。友情提示，在本书中，您可以看到缩写同样为 LSP、含义却截然不同的两个术语，这里的 LSP 是链路状态分组，在之前和后文中还有一个 LSP，是标签交换路径，请大家在学习时注意根据上下文区分 LSP 的含义。

前面已经说到，IS-IS 协议是一种使用链路状态算法的路由协议，这类路由协议通过收集网络内的节点和链路状态信息，构建出一个链路状态数据库，然后运行 SPF 算法计算出到达已知目标的最优路径。首先，我们看看 IS-IS 是怎么样去标识一个节点的。

3. NET 地址

在讲解 IS-IS 协议对网络节点的标识之前，首先补充一下 loopback 接口的知识。通常我们在完成网络规划之后，为了方便管理，会为每一台路由器创建一个 loopback 接口，并在该接口上单独指定一个 IP 地址作为管理地址。loopback 接口是一个类似于物理接口的逻辑接口，即软接口，它的特点是：只要设备不宕机，该接口就始终处于 UP 状态。它经常被用于线路的环回测试或被用于提供设备的管理地址以实现远程登录（如 Telnet），因此，管理地址实际上起到了类似设备名称一类的功能。

OSPF、BGP 在运行过程中需要为该协议指定一个 Router ID（Router ID 的概念在下一节中还会介绍），作为此路由器的唯一标识，要求其在整个自治系统内唯一。由于 Router ID 是一个 32 位的无符号整数，这一点与 IP 地址十分相似。而且 IP 地址是不会出现重复现象的，所以通常将路由器的 Router ID 指定为与该设备上的某个接口的地址相同。由于 loopback 接口的 IP 地址通常被视为路由器的标识，所以也就成了 Router ID 的最佳选择。因此，OSPF、BGP 一般使用该接口地址作为 Router ID。在 IS-IS 协议中，又是怎么个情况呢？

由于 IS-IS 协议本身是为 CLNS 设计的，因此，虽然该协议已经扩展应用到 IP 网络中，但仍然需要使用 CLNS 地址对路由器进行标识，在 OSI-RM 中，CLNS 地址叫作网络服务接入点（NSAP，对应 TCP/IP 集中的 IP 地址），而用于标识网络节点的特殊 NSAP 叫作网络实体标识

（NET）地址，NET 地址如图 4.41 所示。

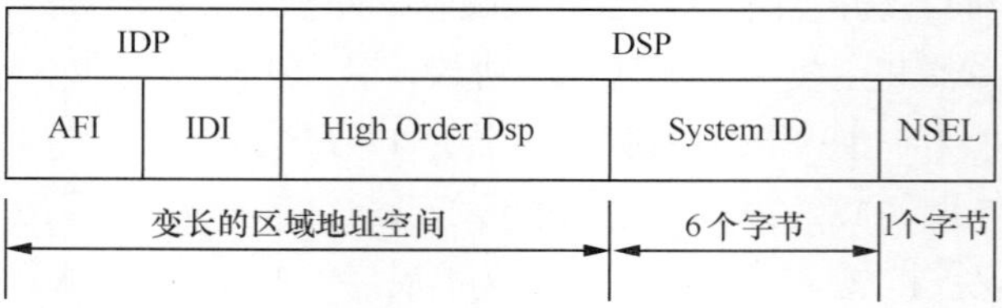

IDP		DSP		
AFI	IDI	High Order Dsp	System ID	NSEL

变长的区域地址空间　　　　　　6 个字节　1 个字节

图4.41　NET地址

与 IP 地址长度固定为 4 个字节不同，NET 地址的长度在 8 ～ 20 个字节之间可变，NET 地址可以分成以下 3 段。

◆ Area ID(区域地址)：这一段标识路由器所在的区域，长度在 1 ～ 13 个字节之间可变。由于 IS–IS 中区域是以路由器为边界的，因此，一台路由器每个接口上的区域地址都是一样的。在 IS–IS 中，一台路由器最多可以有 3 个区域地址，这对区域中的过渡是很有用的。

如果一组路由器有相同的区域地址，那么它们属于同一区域。如果一台 IS–IS 路由器属于多个区域，则可以配置多个具有不同区域地址和相同 SysID 的 NSAP。

◆ System ID(SysID，系统标识)：这一段在一个 AS 里唯一标识一台路由器，可以看作路由器的 "身份证"，长度固定为 6 个字节。

◆ SEL(或 NSEL，N 选择器)：这一段用于标识 IS–IS 应用的网络，长度固定为 1 个字节。当该段设置为 0 时，用于 IP 网。

在 IS–IS 的世界中，所有的 NET 地址必须遵从如下限制。

◆ 一个中间系统（路由器）至少有一个 NET 地址（所有 NET 地址必须有相同的 System ID，但由于一个中间系统可以同时有 3 个区域地址，因此实际最多可以有 3 个 NET 地址)，两个不同的中间系统不能具有相同的 NET 地址。

◆ 一台路由器可以有一个或多个区域地址，多 NET 地址设置只有当区域需要重新划分时才使用，例如多个区域的合并或者将一个区域划分为多个不同的区域。这样在进行重新配置时仍然能够保证路由的正确性。

◆ NET 地址至少需要 8 个字节(1 个字节的区域地址，6 个字节的系统标识和 1 个字节的 N 选择器)，最多为 20 个字节。

由于 IS–IS 系统使用这个特别的 NET 地址进行网络节点的标识，因此在使用 IS–IS 协议的网络中，一台路由器除了用 Router ID(通常使用逻辑接口 loopback0) 进行标识外，还多了一个 NET 地址。

4. IS–IS 的分层

网络中的每个节点都分配一个 NET 地址，链路连接完成后，路由器和路由器之间就可以寻找邻居了。在这之前，我们先了解一下 IS-IS 的分层结构。

前面说到，IS-IS 协议是一种 IGP，适用于一个 AS 内，但 AS 是一个逻辑定义，范围可大可小，打个比方，广西壮族自治区可以看作一个 AS，三江侗族自治县也可以看作一个 AS，我们管理一个像广西这么大的 AS 时，通常需要将它进一步划分为市、县进行管理，对于 IS-IS 也有这样的分区域、分层次管理需求。

IS-IS 协议支持网络划分区域和层次，但仅仅支持两种分层：

◆ Level-1：普通区域（Areas），也叫 L1；
◆ Level-2：骨干区域（Backbone），也叫 L2。

在 IS-IS 中，路由器必须属于某个特定的区域，普通区域内只保存 L1 的数据库信息，骨干区域内既有 L1 的数据库信息，又有 L2 的数据库信息。同一区域内的路由器交换信息的节点组成一层，区域内的所有 L1 路由器知道整个区域的拓扑结构，负责区域内的数据交换。区域之间通过 L12 路由器相连接，各个区域的 L12 路由器与骨干 L2 路由器共同组成骨干网，这是二层，L12 路由器负责区域之间的数据交换（对于一个要送往另一个区域的数据包，不管它的目的区域到底在哪）。划分区域和层次的网络如图 4.42 所示。

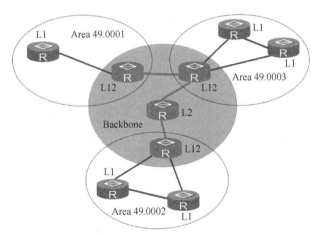

图4.42 划分区域和层次的网络

（1）L1 路由器

只与本区域的路由器形成邻居，只参与本区域内的路由，只保留本区域的数据库信息；通过与自己相连的 L12 路由器的 ATT 位寻找与自己最近的 L12 路由器；通过发布指向离自己最近的 L12 路由器的缺省路由，访问其他区域。

（2）L2 路由器

可以与其他区域的 L2 路由器形成邻居；参与骨干区域的路由；保存整个骨干区域的路由信息；L12 路由器同时可以参与 L1 路由。

（3）L12 路由器

可以和本区域的任何级别路由器形成邻居关系，可以和其他区域相邻的 L2 或 L12 路由器形成邻居关系，可能有两个级别的链路状态数据库。L1 作为区域内路由；L2 作为区域间路由；L12 完成它所在的区域和骨干区域之间的路由信息的交换，将 L1 数据库中的路由信息转换到 L2 数据库中，以在骨干区域中传播，既承担 L1 路由器的职责，也承担 L2 路由器的职责，通常位于区域边界。

以图 4.43 为例，整个网络是一个乡，3 个区域是 3 个村，同一个村里的普通村民（L1 路由器）可以互相了解信息和串门，但是如果他们想了解别的村的情况或者送东西到其他村，就必须通过村委会主任（L12 路由器）。各个村委会主任（L12 路由器）和乡长（L2 路由器）经常一起开会，所以他们对整个乡的情况都比较了解，知道哪个村有哪些人，送东西应该交给哪个村委会主任。还需要注意的一点是，L2 区域要求连续，不连续的 L2 区域如图 4.43 所示。也可以这样理解：村委会主任和村委会主任或者村委会主任和乡长之间不能通过普通的村民进行交往，必须通过另一个村委会主任或者乡长。

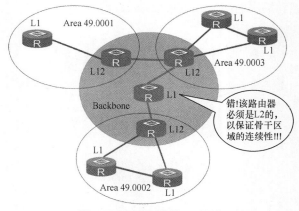

图4.43　不连续的L2区域

5. IS-IS 协议的工作原理

（1）建立邻接关系

"找啊找啊找朋友，找到一个好朋友，敬个礼啊握握手……"这首《找朋友》大家是不是都很熟悉呢？在 IS-IS 中，路由器之间首先要做的就是"找朋友"，用数据通信的术语来讲就叫"建立邻接关系"。

两台运行 IS-IS 的路由器在交互协议报文实现路由功能之前必须先建立邻接关系，建立邻接关系需要遵循以下基本原则。

◆ 只有同一层次的相邻路由器才有可能成为邻接体，L1 路由器只能和 L1 路由器或 L12 路由器建立 L1 邻接关系，L2 路由器只能和 L2 路由器或 L12 路由器建立 L2 邻接关系，L12 路由器和 L12 路由器可以建立 L1、L2 邻接关系。这里要特别注意，L1 邻接关系和 L2 邻接关系是完全独立的，两台 L12 路由器之间可以只形成 L1 邻接关系，也可以只形成 L2 邻接关系，还可以同时形成 L1 邻接关系和 L2 邻接关系。

◆ 形成 L1 邻接关系要求区域地址一致。

◆ 一般而言，建立邻接关系的接口 IP 地址只能在同一网段。这点在 IS-IS 的原理上并不做要求，但通常华为设备会对其进行检查。

相邻路由器互相发送 Hello 报文，验证相关参数后即可建立邻接关系。

（2）链路状态信息泛洪

"泛洪"这个词大家可能经常会听到，有的地方也称为洪泛，这个词描述的就是链路状态信息在整个网络的传播，节点将某个接口收到的数据流从除该接口之外的所有接口发送出去，这样任何链路状态信息的变化都会像洪水一样，从一个节点瞬间传播到整个网络中的所有节点。下面我们来看看这个过程是怎么完成的。

◆ 发生链路状态变化的节点产生一条新的 LSP，并通过链路层多播地址发送给自己的邻居。LSP 描述一个节点的链接状态，通常包含 LSP ID、序列号、剩余生存时间、邻居、接口、IP 内部可达性（与该路由器直接连接的路由域内的 IP 地址和掩码）和 IP 外部可达性（该路由器可以到达的路由域外的 IP 地址和掩码）等信息。

◆ 邻居收到了新的 LSP，将该 LSP 与自己数据库中的 LSP 进行序列号等方面的比较，发现收到的 LSP 为新的 LSP，将新的 LSP 安装到自己的 LSP 数据库中，标记为 flooding，并通过发送部分时序报文（PSNP）对新的 LSP 进行确认。

◆ 邻居将新的 LSP 发送给自己所有的邻居，这样一条新的 LSP 就从网络节点的邻居扩散到邻居的邻居，然后进一步在网络中扩散完成泛洪。由于 IPRAN 中进行多进程 IGP 部署，单进程内路由器数量不多，通常完成一次泛洪的时间很短。

链路状态信息泛洪在 IS-IS 协议中的作用非常重要，因为 IS-IS 协议依靠泛洪来达到各个节点链路状态数据库的一致性，就好像所有的地点都拿到同样的一张地图。如果无法保证数据一致性，甲的地图指示 A 地点应该往乙那边走，而乙的地图指示 A 地点应该往甲那边走，就容易造成循环，最终导致数据包被丢弃。

（3）计算路径

一个网络节点完成链路状态数据库的构建和更新后，就可以根据 SPF 算法进行路径计算。SPF 算法基于迪杰斯特拉（Dijkstra）算法，这种算法把每一台路由器都作为"根（Root）"来计算其到每一个目的地路由器的距离，每一台路由器将根据一个统一的数据库，计算出 AS 的拓扑结构图，这个结构图类似于一棵树——注意，这是从这台路由器的视角观察到的拓扑图，并非实际的拓扑图，这就是著名的"最短路径树"。最短路径树的树干长度，即路由器至每一个目的地路由器的"距离"，就是我们前面提到的"路由成本"。

路由器 A（RTA）计算出的最小生成树如图 4.44 所示，从最小生成树上可以算出路由器 A 到其他所有节点的度量值。

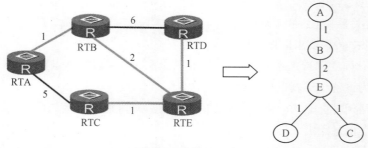

图4.44　最小生成树

6. 支持 IPv6 的 IS-IS 协议

由于 IS-IS 协议本身是基于类型 – 长度 – 值（TLV）结构的，天然具备良好的扩展性，很方便地实现了对 IPv6 网络的支持。使用 IS-IS 协议可以很准确和迅速地发现和计算 IPv6 路由，为 IPv6 业务流的转发提供有力的保障。支持 IPv6 网络的 IS-IS 协议又称为 IS-ISv6 协议。

为了支持 IPv6 路由的处理和计算，IS-IS 新增了两个 TLV 和一个新的网络层协议标识符（NLPID）。

第一个新增的 TLV 字段：IPv6 可达性 TLV。

这个 TLV 用于在链路状态通告（LSA）中携带 IPv6 的路由信息。它允许路由器宣告其能够到达的 IPv6 网络前缀。IPv6 可达性 TLV 包含一系列 IPv6 前缀，每个前缀都与特定的度量值（例如，链路开销）相关联。这样，路由器可以利用这些信息来计算到达这些前缀的最佳路径。该 TLV 允许网络设计者根据需要选择适当的前缀聚合策略，以优化路由表的大小和路由计算的效率。

第二个新增的 TLV 字段：IPv6 接口地址 TLV。

这个 TLV 用于在 LSA 中宣告路由器接口的 IPv6 接口地址。每个启用了 IS-ISv6 的路由器接口都可以使用这个 TLV 来通告其 IPv6 接口地址。IPv6 接口地址 TLV 使路由器能够识别和区分网络中其他路由器的接口，从而正确地建立路由和转发数据包。此 TLV 有助于简化 IPv6 地址的配置和管理，因为它允许自动发现邻居路由器的接口地址，而无须手动配置。

这两种 TLV 的引入，为 IS-ISv6 协议提供了必要的机制来支持 IPv6 网络的路由和接口管理。它们使 IS-ISv6 能够处理 IPv6 的地址分配、路由计算和协议的自动配置，从而在 IPv6 环境中提供高效和灵活的路由解决方案。通过这些 TLV，IS-ISv6 能够与现有的 IPv4 网络无缝集成，同时支持新的 IPv6 网络特性。

IS-ISv6 引入新的 NLPID 值来标识 IPv6 数据包。

IPv6 的 NLPID 值为 0x8E。这意味着：

当路由器使用 IS-ISv6 协议时，它会在相应的 PDU 中使用值为 0x8E 的 NLPID 来标识它正在传输或接收的是 IPv6 数据包。

这种标识允许路由器正确地处理和转发 IPv6 数据包，即使它们与 IPv4 数据包在同一网络中共存。

通过使用特定的 NLPID 值，IS-ISv6 能够与 IPv4 IS-IS 网络共存，同时保持对 IPv6 的支持。NLPID 字段使路由器能够快速识别数据包的协议类型，从而应用正确的处理规则。

在某些配置场景中，NLPID 可以帮助简化路由器的配置，因为它可以自动地根据数据包类型选择正确的协议处理方式。

虽然未来在纯 IPv6 环境中，NLPID 的使用可能不是必需的，因为网络可能只运行一种网络层协议，但在需要支持 IPv4 和 IPv6 双栈操作的环境中，NLPID 提供了一种机制来确保数据包被正确地识别和处理。

除此之外，IS-ISv6 还支持多拓扑（MT）特性，允许网络在单个区域或整个路由域内计算和维护多个独立的拓扑，例如分别针对 IPv4 和 IPv6 的拓扑。

在多拓扑模式下，路由器的接口可以配置不同协议的地址，每个接口可以支持不同的网络层协议，这增加了网络设计的灵活性。

同时，IS-ISv6 也支持 IPv4 和 IPv6 共存网络中的路由策略，IS-ISv6 可以为两种协议分配不同的度量值，并且可以分别计算最短路径，从而优化路由策略。

4.8　OSPF协议

1. OSPF 概述

路由协议 OSPF 的全称为 Open Shortest Path First，即开放最短路径优先，因为 OSPF 协议是由 IETF 开发的，它的使用不受任何厂商的限制，所有人都可以使用，所以被称为开放的，而最短路径优先（SPF）是 OSPF 的核心思想。

OSPF 是一个内部网关协议，用于在单一 AS 内决策路由。与 IS-IS 协议类似，OSPF 也是一个基于链路状态算法的 IGP。

OSPF 协议具有如下特点。

◆ 适应范围广：OSPF 协议支持各种规模的网络，最多可支持几百台路由器。

◆ 携带子网掩码：由于 OSPF 协议在描述路由时携带网段的掩码信息，所以 OSPF 协议不受自然掩码的限制，对 VLSM 提供很好的支持。

◆ 支持快速收敛：如果网络的拓扑结构发生变化，OSPF 协议立即发送更新报文，使这一变化在自治系统中同步。

◆ 无自环：由于 OSPF 协议通过收集到的链路状态用最短路径树算法计算路由，故从算法

161

本身保证了不会生成自环路由。

◆ 支持区域划分：OSPF 协议允许自治系统的网络被划分成区域（区域的概念在后面会介绍）来管理，区域间传送的路由信息被进一步抽象，从而减少了占用网络的带宽。

◆ 支持路由分级：OSPF 协议使用 4 类不同的路由，按优先顺序来说分别是区域内路由、区域间路由、第一类外部路由、第二类外部路由。

◆ 支持等值路由：OSPF 协议支持到同一目的地址的多条等值路由，即到达同一个目的地有多个下一跳，这些等值路由会被同时发现和使用。

◆ 支持验证：它支持基于接口的报文验证以保证路由计算的安全性。

◆ 多播发送：OSPF 协议在有多播发送能力的链路层上以多播地址发送协议报文，既达到了广播的作用，又最大限度地减少了对其他网络设备的干扰。

在以上 9 个特点中，除了第 5 个的区域划分及第 6 个的路由分级与 IS-IS 有些不同外，IS-IS 也同样具备其他的特点。

2. Router ID

每个 OSPF 路由器都必须有一个唯一标识，就相当于人的身份证，这就是 Router ID，每台 OSPF 路由器只能有一个 Router ID，且在网络中不能重名，Router ID 定义为一个 4 字节（32 比特）的整数，通常使用 IP 地址的形式来表示，确定 Router ID 的方法具体如下。

◆ 手工指定 Router ID。现网应用中一般将其配置为该路由器的 loopback0 地址的 IP 地址。由于 IP 地址是唯一的，所以这样就很容易保证 Router ID 的唯一性。譬如路由器 A 的 loopback0 地址为 10.11.101.1，Router ID 一般也配置为 10.11.101.1。这是日常网络规划常用的方法。

◆ 路由器上活动 loopback 接口中 IP 地址最大的，也就是数字最大接口，如 C 类地址优先于 B 类地址，一个非活动的接口的 IP 地址是不能被选为 Router ID 的。如果没有活动的 loopback 接口，则选择活动物理接口 IP 地址最大的。这种方法在日常网络中较少使用。

注：如果一台路由器收到一条链路状态信息，但无法到达该 Router ID 的位置，则无法利用该信息到达链路状态中的目标网络。Router ID 只在 OSPF 启动时计算，或者重置 OSPF 进程后计算。

3. OSPF 的分层

对于规模巨大的网络，OSPF 通常将网络划分成多个 OSPF 区域（Area），并只要求路由器与同一区域的路由器交换链路状态，而在区域边界路由器上交换区域内的汇总链路状态，可以减少传播的信息量，且使最短路径计算强度减小。在区域划分时，必须有一个骨干区域，其他普通区域与骨干区域必须有物理或者逻辑连接。所有的普通区域应该直接和骨干区域相连；普通区域只能和骨干区域交换 LSA；普通区域与普通区域之间即使直连也无法互换 LSA。

区域的命名可以采用整数数字，例如 1、2、3、4，也可以采用 IP 地址的形式，例如 0.0.0.1、0.0.0.2，区域 0（或者可以表示为 0.0.0.0）就是骨干区域。

区域划分示意如图 4.45 所示，Area 1、Area 2、Area 3、Area 4 只能和 Area 0 互换 LSA，然后再由 Area 0 转发，Area 0 就像是一个中转站，两个普通区域需要交换 LSA，只能先交给 Area 0，再由 Area 0 转发，而普通区域之间无法互相转发。

当有物理连接时，必须有一个路由器的一个接口在骨干区，而另一个接口在普通区。当普通区不可能物理连接到骨干区时，必须定义一个虚拟链路，虚拟

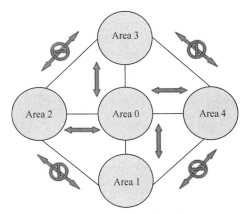

图4.45　区域划分示意

链路由两个端点和一个传输区来定义，其中一个端点是路由器接口，是骨干区域的一部分，另一端点也是一个路由器接口，但在与骨干区没有物理连接的普通区域中。传输区是一个区域，介于骨干区域与普通区域之间。

OSPF 的分层与 IS-IS 的分层既有相似之处，又有一定的不同。

◆ 在 IS-IS 中，一台路由器只能归属一个区域，如果要归属多个区域，必须在路由器上配置多个区域 ID。而在 OSPF 中，一台路由器的多个接口可以归属多个不同的区域。

◆ 在 OSPF 中，普通区域可以进一步细分为多种类型，包括末梢区域（Stub Area）、非末梢区域，末梢区域又分为完全末梢区域（Totally Stub Area）和非纯末梢区域（NSSA），其中完全末梢区域对应 IS-IS 中的 L1 区域。

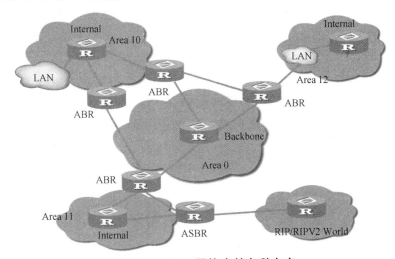

图4.46　OSPF网络中的各种角色

OSPF 网络中的各种角色如图 4.46 所示，如果一台 OSPF 路由器属于单个区域，即该路由器

的所有接口都属于同一个区域，那么这台路由器被称为内部路由器（IR）；如果一台 OSPF 路由器属于多个区域，即该路由器的接口不都属于同一个区域，那么这台路由器被称为区域边界路由器（ABR），ABR 可以将一个区域的 LSA 汇总后转发至另一个区域；如果一台 OSPF 路由器将外部路由协议重分布进 OSPF，那么这台路由器被称为自治系统边界路由器（ASBR），但是如果只是将 OSPF 重分布进其他路由协议，则不能被称为 ASBR。

由于 OSPF 有着多种区域，因此 OSPF 的路由在路由表中也以多种形式存在，共分以下几种：如果是同区域的路由，称为区域内路由（Intra-Area Route），在路由表中使用 0 来表示；如果是不同区域的路由，称为区域间路由（Inter-Area Route）或汇总路由（Summary Route），在路由表中使用 0 IA 来表示；如果并非 OSPF 的路由，或者是不同 OSPF 进程的路由，只是被重新分布到 OSPF，称为外部路由（External Route），在路由表中使用 0 E2 或 0 E1 来表示。

当存在多种路由可以到达同一目的地时，OSPF 将根据先后顺序来选择要使用的路由，所有路由的先后顺序为：

Intra-Area Route→Inter-Area Route→External Route E1→External Route E2，即 0→0 IA→0 E1→0 E2。

4. OSPF 的工作原理

与 IS-IS 相类似，OSPF 的工作原理也可以分成 3 步，建立邻接关系、泛洪链路状态信息和计算路径。

（1）建立邻接关系

通过互相发送 Hello 报文，验证参数后建立邻接关系。主要的参数包括区域 ID、接口 IP 地址网段、Hello 时间间隔、路由器无效时间间隔（相当于 IS-IS 中的抑制时间）、认证信息等，OSPF 要求邻居之间 Hello 时间间隔、路由器无效时间间隔相同，而 IS-IS 并不做强制要求。

（2）链路状态信息泛洪

OSPF 链路状态信息泛洪过程与 IS-IS 类似，通过 IP 报文多播对各种 LSA 进行泛洪，LSA 和 IS-IS 协议中的 LSP 类似但并不完全相同，OSPF 协议中的 LSA 就是 OSPF 接口上的描述信息，描述接口上的 IP 地址、子网掩码、网络类型、Cost 值等信息。

OSPF 路由器会将自己所有的链路状态毫不保留地全部发给邻居，邻居将收到的链路状态全部放入链路状态数据库（LSDB）后，再发给自己的所有邻居，并且在传递过程中，不做更改。通过这样的过程，最终网络中所有的 OSPF 路由器都拥有网络中所有的链路状态，并且所有路由器的链路状态应该能描绘出相同的网络拓扑。这个过程的关键点在于，要防止形成路由信息的循环，就是老张将信息告知老李了，老李又把老张的信息告知老张，常识告诉我们，这是没有必要的，并且会造成死循环！幸运的是，LSA 在设计机制上已经规避了这种死循环。

这里再举个例子，比如现在要绘制一段北京地铁的线路图，如果我们不直接将该图给别人看，只是报给别人各个站的信息，通过告诉别人各个站上一站是什么，下一站是什么，别人也能通过该信息（链路状态），画出完整的线路图（路由表）。

◆ 五道口（下一站是知春路，上一站是上地）

◆ 知春路（下一站是大钟寺，上一站是五道口）

◆ 大钟寺（下一站是西直门，上一战是知春路）

◆ 西直门（上一站是大钟寺）

还原线路图（路由表）如下。

根据以下两站信息（两条链路状态）：

◆ 大钟寺（下一站是西直门，上一站是知春路）

◆ 西直门（上一站是大钟寺）

计算得出线路为知春路—大钟寺—西直门。

再根据以下两站信息（链路状态）：

◆ 五道口（下一站是知春路，上一站是上地）

◆ 知春路（下一站是大钟寺，上一站是五道口）

计算这部分线路为：上地—五道口—知春路。

通过以上各部分的线路，别人很轻松地就画出该段地铁线路图为：上地—五道口—知春路—大钟寺—西直门。

从以上计算过程可以知道，得到各站的信息，就能画出整条线路图，而 OSPF 也同样根据路由器各接口的信息（链路状态），计算出网络拓扑，OSPF 之间交换链路状态，就像上面交换各站信息，OSPF 的智能算法比距离矢量协议对网络有更精确的认知。

在这个泛洪过程中，OSPF 和 IS-IS 非常类似，但我们还是可以注意 OSPF 和 IS-IS 的又一点区别，IS-IS 协议报文（如 LSP 报文）是直接封装在链路层报文上的，而 OSPF 协议报文（如 LSA 报文）是封装在 IP 数据包里的，OSPF 的协议号是 89。

（3）计算路径

OSPF 同样基于 Dijkstra 算法进行最小生成树计算，各台路由器都开始计算到达所有本 AS 内所有网段的最短路径，并编写一条条路由表项。

比如路由器 S 知道，要到达路由器 A 的直连网段 W.X.Y.0/24，必须先从自己的接口 s1 出发（s1 与路由器 T 直连），经过 4 跳（哪 4 跳，路由器 S 并不十分关心，只知道最后一跳将到达路由器 A）；在路由器 T 上的与路由器 S 直连的接口 t1 的 IP 地址是 202.34.55.27/24，该地址是路由器 S 到达 211.33.88.0/24 网段的"下一跳地址"，那么路由器 S 上的路由表将增加这样一项：221.33.88.0 255.255.255.0 202.34.55.27/24，计算路径如图 4.47 所示。

119.20
77.38
30.125
38,22
24/25

想去我的目的地
211.33 .88 .0 / 24
必须先去
202.34. 55. 27 / 24

211 .33 .88 .0 / 24

202 .34 .55 .27 / 24

图4.47　计算路径

我们可以想象，当所有的路由器都经过上述步骤，获得了所有的路由表项，整个网络将"趋于平稳"。IP包从任一路由器进入网络，根据其目的地址，查找自己对应的路由表项，就可以进行转发了。

当网络状态比较稳定时，网络中传递的链路状态信息是比较少的，或者可以说，当网络稳定时，网络是比较"安静"的。这也正是链路状态路由协议区别于距离向量路由协议的一大特点。

在本阶段，需要关注的是OSPF中对于接口度量值的定义，OSPF的度量值为16位整数，接口度量取值范围为 1 ～ 1 024，路径度量取值范围为 1 ～ 65 535，该值越小越好。默认情况下，OSPF 使用以下公式对接口度量值进行自动计算：

$$度量值 = 10^8 / 接口速率（接口速率以 bit/s 为单位）$$

也就是，百兆以太网接口的度量值为1，由于度量值不能取小数，因此千兆以太网等更高速率的接口度量值也只能为1。

如果路由器要经过两个接口才能到达目标网络，两个接口的开销值要累加起来，在累加时，只计算出接口，不计算进接口，累加之和为到达目标网络的度量值。到达目标网络如果有多条开销相同的路径，可以执行负载均衡，OSPF 最多允许 6 条链路同时执行负载均衡。

OSPF 可以按照上述方式自动计算接口上的开销值，也可以通过手工指定该接口的开销值，手工指定的值优先于自动计算的值。由于网络流量规划的需要，在实际部署中一般使用手工指定。

5. OSPF 和 IS-IS 的对比

由于两者均为链路状态协议，在日常部署中，OSPF 经常被拿来和 IS-IS 进行对比，上面的内容中也做了多处对比，下面我们简单地对 OSPF 和 IS-IS 的对比进行总结，见表 4.2。

表 4.2　OSPF 和 IS-IS 的对比

比较点	IS-IS	OSPF
是否最早为 IP 设计的	否	是
是否为链路状态的 IGP	是	是
是否直接运行在链路层上	是	否
是否有区域概念	是	是
是否适合层次性大型网络	是	是
是否有指定路由器	是	是
指定路由器的选举是否可确定	否	是
是否产生 LSP 来描述网络结构	是	是
是否支持 IP	是	是
是否支持非 IP	是	否
复杂度	产生更少的 LSPs，一般使用一个区域	产生更多的 LSAs，一般使用多个区域
可扩展性	可以支持相当大的单个区域	/
对流量工程的支持	扩展支持	扩展支持
可调节性	非常好	好

6. OSPF 协议的 3 个版本

在网络世界的传奇史诗中，OSPF 协议的演进是一场波澜壮阔的冒险旅程——OSPF、OSPFv2、OSPFv3，下面我们来看一下 OSPF 协议 3 个版本的演进历程和相互之间的差异。

（1）OSPF 的诞生

在网络混沌初开之时，OSPF 作为一位古老的智者，首次登场。它携带着链路状态路由的秘籍，Dijkstra 算法作为它的魔法杖，迅速揭示出网络中的最短路径。OSPF 以其快速收敛和灵活的区域划分，迅速成为网络世界的宠儿。

（2）OSPFv2 的崛起

随着 IPv4 的普及，OSPF 迎来了它的第一次进化——OSPFv2。OSPFv2 不仅继承了前辈的衣钵，更在 IPv4 的世界中大放异彩。它优化了 LSA 的处理，加强了认证机制，使网络更加安全。OSPFv2 还引入了虚拟链路和不连续网络的概念，使网络的连接更加灵活。

（3）OSPFv3 的革新

然而，随着 IPv6 的诞生，网络世界迎来了新的挑战。OSPFv3 这位勇敢的新一代战士，携带着对 IPv6 的原生支持，踏上了历史的舞台。OSPFv3 不仅优化了对 IPv6 地址的处理，还引入了全新的 LSA 类型，专门用于 IPv6 路由信息的传播。它使用更先进的认证机制，包括对数据包的加密和认证，大大提升了网络的安全性。

OSPF 的 3 个版本在核心协议机制（本小节前半部分介绍的内容）上保持了延续，包括最短路径的算法、支持多路径路由和网络聚合等方面，但也根据网络的发展衍生出了新的功能和特点。表 4.3 对 OSPF 的 3 个版本进行了简要的对比。

表 4.3　OSPF 的 3 个版本的对比

特性 / 版本	OSPF（原始版本）	OSPFv2（IPv4 版）	OSPFv3（IPv6 版）
支持的 IP 版本	主要用于 IPv4	IPv4	IPv6 和 IPv4
地址表示	根据网络环境变化	32 位 IPv4 地址	128 位 IPv6 地址
LSA 类型	通用 LSA 类型	引入了 Type 1（路由器 LSA）、Type 2（网络 LSA）等	引入了新的 LSA 类型，如 Type 8 和 Type 9 用于 IPv6 路由
邻居发现	基于早期的网络协议	使用 ICMP 和 ARP	使用 IPv6 邻居发现协议
多播地址	使用 IPv4 多播地址	使用 IPv4 多播地址（如 224.0.0.5）	使用 IPv6 多播地址（如 FF02::5 和 FF02::6）
认证机制	基本认证	增强的认证机制，如简单密码	高级认证机制，支持加密和数字签名
路由聚合	基本支持	优化的路由聚合	高效的路由聚合，适应大地址空间
配置复杂度	较低	中等	较高，但提供了更多配置选项
安全性	基础	提升	高，包括对数据包的加密和认证
协议扩展性	有限	一般	高，设计时考虑了未来网络需求
双栈网络支持	需要额外配置	需要额外配置	原生支持，可同时处理 IPv4 和 IPv6 路由
兼容性	/	与 OSPF 兼容	与 OSPFv2 和 OSPF 兼容，原生支持 IPv6

4.9　BGP 协议

1. BGP 概述

在介绍完常用的两种 IGP 之后，紧接着我们要介绍 BGP，BGP 是目前使用最广泛的一种 EGP。和 IGP 的定位不同，BGP 的层次更高，BGP 用于不同 AS 之间的路由传播。BGP 并没有发现和计算路由的功能，而是着重于控制路由的传播和选择最好的路由，而且 BGP 是基于 IGP 之上的，进行 BGP 路由传播的两台路由器首先要 IGP 可达，并且建立起 TCP 连接，这一点非常重要。

电话交换网并没有 BGP 的概念，任何一个国家（地区）、省份的电话号码，都有明确的前缀，寻址方式相对简单。而在互联网中，IP 地址分配较为散乱。同一个 AS 内的 IP 地址，前缀并不统一。因此，每个 AS 必须把自己内部的网络情况和 IP 地址分配情况告知其他 AS，以利于不同管理者的网络之间互相访问。

互联网上每个 AS 都通过官方语言——BGP，向其"对等互联伙伴"广播网络信息。

BGP 是一种"路径向量协议"，因为它所广播的是到达某一特定目的地所需的路径信息，而不像前面讲到的 OSPF 一样，采用 LSA 广播路由器的直连网段。

BGP 并不会告诉人们，数据包是如何在自治区域内传送的，也不会像 OSPF 那样知道整个网络的情况。

BGP 也可以被称为"距离向量协议"，除了几个不大的变化，其他都与距离向量协议类似。

BGP 协议解决的是在 AS1 根本不清楚与其互联的 AS2 内部是怎么回事的情况下，通过何种方式（当然是在 AS1 和 AS2 之间传递最少信息的情况下），让任何其他 AS（AS2 或者 AS2 外侧的 AS3、4、5……）内某台主机发出的 IP 包找到 AS1 内的主机（注意，AS1 和这些 AS 没有直连）；并且，BGP 并不是单纯负责"寻找路径"的工作，它还为网络管理员提供一种优化网络、调整 IP 网络流量的方法。

我们不妨用外交的例子来做类比。

BGP 拥有的一些属性让它比别的路由协议多了一些路由控制手段，其实就是 AS 的管理手段，从这个意义上说，BGP 有点像外交中的一种原则或实施方法。

在外交领域，有"和平共处五项原则"，而 BGP 不干涉任何 AS 的"内政"，它提供各项原则和各种手段，协调两个对等的 AS 之间的关系。这些"手段"被称为 BGP 的"属性"。

正如官方语言给了全人类平等沟通的机会一样，BGP 给了整个 IP 世界对等互联的通用语言。任何机构在这种通用语言的指引下迅速团结起来，构筑了全球范围内最大的数据网络——互联网。

不知道大家对于之前 IS-IS 扩展成为集成 IS-IS 还有没有印象，BGP 扩展后成为多协议 BGP（MP-BGP）。这应该算是互联网的特色，只要有业务需求产生，MP-BGP 就可以想办法对协议进行改造扩展去满足业务的需求，这种灵活多变但缺乏整体规划的特色可能让习惯于维护传统传送网的技术人员一时不太适应，但 IP 网络的一统天下已经有力地证明，这是网络发展的趋势。

2. BGP 的基本概念

（1）AS

AS 指的是由同一个技术管理机构管理使用统一选路策略的一些路由器的集合。每个 AS 都有唯一的自治系统号（AS号），这个编号是由互联网授权的管理机构分配的。AS号的范围是1～65 535，其中1～65 411是注册的互联网编号（类似于IP地址中的公网地址），65 412～65 535是专用网络编号（类似于IP地址中的私网地址）。

AS的产生可以看作对网络的一种分层，整个网络被分成多个AS，AS内部互相信任，通过部署IGP自动发现和计算路由，AS之间协商部署BGP，通过配置参数，选择和控制路由传播。如果把一个AS比喻为一个公司的话，IGP就是公司的内部流程，而BGP则是公司之间往来的流程。

如果大家是第一次登录路由器，会发现找不到可以单独进行AS号配置的命令，只有在启用BGP的命令中才要求配置AS号，譬如华为VRP平台中使用"BGP *as-number*"进行配置。它基于这样一种逻辑：如果一台路由器只启用IGP，说明这台路由器在网络内部，不需要与其他网络打交道，这时候AS号就没有意义；路由器启用了BGP，说明这台路由器需要与其他网络打交道，这时候就一定需要AS号。就好像一位负责财务的公司职员在走公司内部流程的时候不需要强调"我是××公司的"，而另一位负责市场的公司职员在拜访客户的时候首先应该介绍"我是××公司的×××"。

AS号一旦确定了就很难再做更改，和一个公司改名一样困难，因此，通常在构建一个网络时会事先规划好AS号的分配，否则，如果将来需要进行AS号变更，会有很大的麻烦。

（2）BGP Speaker和Peer

发送BGP消息的路由器被称为BGP发言者（Speaker），它接收或产生新的路由信息，并发布（Advertise）给其他的BGP Speaker。当BGP Speaker收到来自其他AS的新路由时，如果该路由比当前已知路由更优或者当前还没有路由，它就把这条路由发布给所有其他BGP Speaker（发送这条BGP路由的Speaker除外）。

互相交换信息的BGP Speaker之间互称对等体（Peer），若干相关的对等体可以组成对等体组。

（3）BGP连接类型

◆ IBGP：如果两个交换BGP报文的对等体属于同一个自治系统，那么这两个对等体就是IBGP对等体，如图4.48中的B和D。换句话讲，虽然BGP是运行于AS之间的路由协议，但是一个AS的不同边界路由器之间也要建立BGP连接，只有这样才能实现路由信息在全网的传递，如图4.48中的B和D，为了建立AS100和AS300之间的通信，我们要在它们之间建立IBGP连接。IBGP对等体之间不一定是物理相连，但一定要是逻辑相连，这样才可以完成TCP握手。一般IBGP建立在对等体路由器的loopback0地址上。在MPLS VPN的解决方案中，IBGP连接更是不可或缺。

◆ EBGP：如果两个交换BGP报文的对等体属于不同的自治系统，那么这两个对等体就是EBGP对等体，如图4.48中的A和B。EBGP对等体之间通常要求能够物理相连，一般EBGP建立在互联的接口上。IBGP和EBGP示意如图4.48所示。

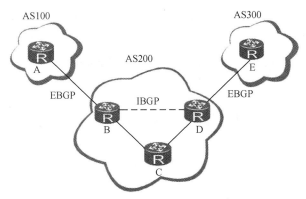

图4.48 IBGP和EBGP示意

（4）BGP TTL

一台 BGP 路由器只属于一个 AS，在建立 BGP 邻居关系时，如果对方路由器和自己属于不同 AS，即邻居在自治系统外部，则邻居关系为 EBGP。考虑到外部自治系统的路由器会对 BGP 发起拒绝服务（DoS）攻击，所以 BGP 要求外部 BGP 邻居，即 EBGP 邻居必须与自己直连，而 IBGP 邻居之间可以是任意距离。这些控制是通过控制 BGP 数据包的 TTL 值来实现的，默认把建立 EBGP 邻居时发出的数据包的 TTL 值限制为 1，这样就限制了 EBGP 邻居必须与自己直连（在实际部署中也可以取消对 EBGP 邻居发出数据包的 TTL 限制），而由于 IBGP 邻居可以在任意位置，所以建立 IBGP 邻居关系时发出的数据包的 TTL 值为最大，即 255。

（5）BGP 路由表

路由器之间建立 BGP 邻居关系之后，就可以相互交换 BGP 路由。路由器会将 BGP 得到的路由与普通路由分开存放，所以 BGP 路由器会同时拥有两个路由表：一个是存放普通路由的路由表，被称为 IGP 路由表，IGP 路由表的路由信息只能从 IGP 中和手工配置获得，并且只能传递给 IGP；另一个就是运行 BGP 之后创建的路由表，被称为 BGP 路由表。

因为 BGP 的邻居类型分为两种——EBGP 和 IBGP，所以 BGP 路由的 AD 值（优先级）也有区分，如果 BGP 的路由是从 EBGP 学习到的，AD 值为 20，我们可以发现，从 EBGP 邻居学习到的路由，将优于任何 IGP；从 IBGP 学习到的路由的 AD 值为 200，我们同样可以发现，此类路由的优先级低于任何 IGP。BGP 本地路由的 AD 值为 200，与 IBGP 路由的 AD 值相同，优先级低于任何 IGP。

（6）BGP AS_Path

BGP 的路由可能会从一个 AS 发往另一个 AS，从而穿越多个 AS。但是由于运行 BGP 的网络是一个很大的网络，路由从一个 AS 被发出，可能在经过转发之后，又回到了最初的 AS 之中，最终形成路由环路。出于防止出现环路的目的考虑，BGP 在将路由发往其他 AS 时，也就是发给 EBGP 邻居时，要在路由中写上自己的 AS 号码，下一个 AS 收到路由后，再发给其他 AS 时，除了保留之前的 AS 号码，也要添加上自己的 AS 号码，这样写在路由中的 AS 被称为 AS-path，如果 BGP 收到的路由的 AS_PATH 中包含自己的 AS 号码，就认为路由被发了回来，断定出现了路由环路，丢弃收到的路由。BGP 只有在将路由发给 EBGP 时，才会在 AS-path 中添加自己的 AS 号，而在发给 IBGP 时，是不会添加 AS 号的，因为 IBGP 邻居与自己在同一个 AS 中，AS 号是一样的，所以没有必要添加。

AS_Path 中包含了 BGP 路由器到达目的地所经过的所有 AS 的集合，AS_Path 中包含了多个 AS 号，号码的多少从逻辑上反映了到达目的地的远近。

AS 示意如图 4.49 所示，当路由器穿越各个 AS 时，所有发给 EBGP 邻居的路由，都会在 AS-path 中添加自己的 AS 号，自己的 AS 号总是添加在 AS-path 的最前面。例如，一条路由从 AS 10 被发往 AS 20，则 AS-path 为 "10"，当 AS 20 将路由发往 AS 30 时，添加上自己的 AS 号码 20 之后，AS-path 变成 "20,10"，当 AS 30 将路由发往 AS 50 时，最终 AS 50 收到的路由的 AS-path 为 "30,20,10"。当 AS 30 将路由发给 AS 40，AS 40 再将路由发给 AS 10 时，路由的 AS-path 为 "40,30,20,10"，由于 AS 10 在收到路由后，发现 AS-path 中包含自己的 AS 号码 10，所以认为出现环路，便丢弃收到的所有路由。

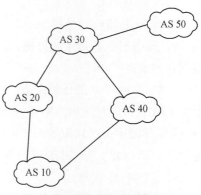

图4.49　AS示意

当 BGP 路由表到达同一目的地存在多条路径时，会优选 AS-Path 最短的路径。

（7）NLRI

网络层可达信息（NLRI）用于在 BGP 对等体之间交换路由信息，是 BGP Update 消息中的一部分，它包含了一组目的网络的网络层地址前缀信息，这些信息用于描述哪些目的地网络是可达的。NLRI 作为 BGP 路由选择的基础，允许 AS 之间共享路由信息。通过 NLRI，BGP 可以确定数据包的最佳路径，从而实现网络的路由和转发。

NLRI 通常由一系列 IP 地址前缀组成，每个前缀代表一个可达的网络或子网。这些前缀可以是 IPv4 或 IPv6 地址，具体取决于 BGP 的版本或扩展。NLRI 与 BGP 路径属性一起使用，提供关于路由的附加信息，例如下一跳地址、AS 路径、本地偏好值等。

在 MP-BGP 中，NLRI 的概念被扩展以支持多种网络层协议。MP-BGP 使用地址族标识符（AFI）和后续地址族标识符（SAFI）来区分不同的网络层协议，例如 IPv4、IPv6 或多播。

NLRI 是 BGP 路由交换的核心，确保了互联网和其他大型网络能够高效地路由数据包到正确的目的地。通过 NLRI，BGP 能够动态地适应网络变化，并提供灵活的路由策略。

（8）RR

为保证 IBGP 对等体之间的连通性，需要在 IBGP 对等体之间建立全连接（Full-mesh）关系。假设在一个 AS 内部有 n 台路由器，那么应该建立的 IBGP 连接数就为 $n(n-1)/2$。当

IBGP 对等体数目很多时，它们对网络资源和 CPU 资源的消耗都很大。路由反射可以解决这一问题。

在一个 AS 内，其中一台路由器作为路由反射器（RR），其他路由器作为客户机（Client）。客户机与路由反射器之间建立 IBGP 连接，路由反射器和它的客户机组成一个集群（Cluster）。路由反射器在客户机之间反射路由信息，客户机之间不需要建立 BGP 连接。

既不是反射器也不是客户机的 BGP 设备被称为非客户机（Non-Client）。非客户机与路由反射器之间，以及所有的非客户机之间仍然必须建立全连接关系。路由反射器示意如图 4.50 所示。

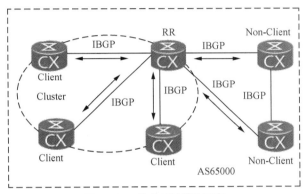

图4.50　路由反射器示意

当 RR 收到对等体发来的路由时，首先使用 BGP 选路策略来选择最佳路由。在向 IBGP 邻居发布学习到的路由信息时，RR 按照 RFC 2796 中的规则发布路由。

从非客户机 IBGP 对等体学到的路由，被发布给此 RR 的所有客户机。从客户机学到的路由，被发布给此 RR 的所有非客户机和客户机（发起此路由的客户机除外）。从 EBGP 对等体学到的路由，发布给所有的非客户机和客户机。

RR 的配置方便，只需要对作为反射器的路由器进行配置，客户机并不需要知道自己是客户机。在某些网络中，路由反射器的客户机之间已经建立了全连接，它们可以直接交换路由信息，此时客户机到客户机之间的路由反射是没有必要的，而且还占用带宽资源。路由器支持配置命令 "undo reflect between-clients" 来禁止客户机之间的路由反射，但客户机到非客户机之间的路由仍然可以被反射。缺省情况下，路由器允许客户机之间的路由反射。

3. BGP 的工作原理

（1）建立 BGP 连接

这里再次强调，BGP 并不像 IGP 一样能够自动发现邻居和路由，需要人工配置 BGP 对等体，就像两个公司要专门指定往来的对口人员。BGP 是建立在 TCP 之上的，TCP 端口号为 179，也就是说，首先要 IP 可达才能建立 BGP 连接。

（2）注入路由

在初始状态下，BGP 的路由表为空，没有任何路由，要让 BGP 传递相应的路由，只能先将该路由导入 BGP 路由表，之后才能在 BGP 邻居之间传递。默认情况下，任何路由都不会自动进入 BGP 路由表，只能手工导入。对于路由是怎么进入 BGP 路由表的，会被记录在路由条目中，这被称为 Origin 属性，Origin 属性就反映出了路由是如何进入 BGP 路由表的。路由导入 BGP 路由表，有以下 3 种方式。

第一，因为路由器上默认会有 IGP 路由表，这些 IGP 路由表中的路由可以被手工导入 BGP 路由表，在 BGP 进程模式下使用命令，可将 IGP 路由表中的相应路由导入 BGP 路由表。不能通过这种方式将一条不存在的路由凭空导入 BGP 路由表。通过命令被导入 BGP 路由表的路由的 Origin 属性为 IGP 属性。

第二，BGP 路由表可以从 EGP 中获得路由信息，而 EGP 已经被淘汰，被 BGP 所取代，所以我们很难遇见 EGP，从 EGP 获得的路由的 Origin 属性为 EGP。

第三，BGP 路由表除了从上述两种方式中获得路由，还可以将路由重分布进 BGP 路由表，而重分布的路由的 Origin 属性为 Incomplete。

（3）路由通告

路由通告就是把自己获取的 BGP 路由告诉别的 BGP 对等体，BGP speaker 就是发出通告的路由器，可以将其看作一个大喇叭。BGP 的路由通告遵循以下原则。

◆ 存在多条路径时，BGP Speaker 只选最优的供自己使用。

◆ BGP Speaker 只把自己使用的路由通告给对等体。

◆ BGP Speaker 将从 EBGP 获得的路由向它所有的 BGP 对等体通告（包括 EBGP 和 IBGP）。

◆ BGP Speaker 不会将从 IBGP 获得的路由向其他 IBGP 对等体通告，因此要求 IBGP 对等体逻辑上全连接（Full Mesh）。

◆ BGP Speaker 是否将从 IBGP 获得的路由通告给它的 EBGP 对等体，要根据 IGP 和 BGP 同步的情况来决定。

◆ 连接一个建立，BGP Speaker 将把自己所有的 BGP 路由通告给新对等体。

这些原则的产生都有原因，大家可以先记住，后续我会对部分原则进行进一步讲解。

4. 路由更新

BGP 有以下 4 种报文信息。

◆ Open 报文用于建立连接，类似于 IGP 建立邻接关系过程中的 Hello 报文，"你好，跟我交个朋友吧！"

◆ Keep-alive 报文用于保持连接，类似于 IGP 邻接关系建立后的 Hello 报文，"我还活着"。默认每 60 秒发送一次，hold timer 为 180 秒，即到达 180 秒没有收到邻居的 Keep-alive，便认为邻居丢失，则断开与邻居的连接。

◆ Update 报文用于携带路由更新信息，包括"撤销路由信息和可达路由信息及其各种路由属性""有新闻……"。

◆ Notification 报文在发现错误或关闭同对等体连接的情况下使用，"我不跟你玩了！"

与 IGP 不同的是，路由更新时，BGP 只发送增量路由（增加、修改、删除的路由信息），大大减少了 BGP 传播路由时所占用的带宽，具体做法如下。

BGP 初始化时发送所有的路由给 BGP 对等体（路由通告原则 6），同时在本地保存了已经发送给 BGP 对等体的路由信息。当本地的 BGP 收到一条新路由时，与保存的已发送信息进行比较，如未发送过，则发送，如已发送过则与已经发送的路由进行比较，如新路由更优，则发送此新路由，同时更新已发送信息，反之则不发送。当本地 BGP 发现一条路由失效时（例如对应端口失效），如果路由已发送过，则向 BGP 对等体发送一个撤销路由消息。

总之，BGP 不是每次都广播所有的路由信息，而是在初始化全部路由信息后只发送路由增量。这样保证了 BGP 和对端的最小通信量。

同时，和其他路由协议类似，BGP 也必须通过一定的机制避免路由环路，在 BGP 中有以下两种情况。

◆ AS 之间：BGP 通过携带上述的 AS 路径属性（AS-path）来标记途经的 AS，带有本地 AS 号的路由将被丢弃，从而避免域间产生环路。

◆ AS 内部：BGP 在 AS 内部学到的路由不再通告给 AS 内的 BGP 邻居，避免 AS 内产生环路。这条要求决定了 AS 内的 IBGP 路由器逻辑上必须全连接，这也是大型网络需要部署 RR 的原因。

5. BGP 路由选择

当到达同一目的地存在多条路由时，BGP 采取以下策略进行路由选择。

◆ 优选协议首选值（PrefVal）最高的路由。协议首选值是华为设备的特有属性，该属性仅在本地有效。

◆ 优选本地优先级（Local_Pref）最高的路由。如果路由没有本地优先级，BGP 选路时将该路由按缺省的本地优先级 100 来处理。

◆ 优选本地生成的路由（本地生成的路由优先级高于从邻居学来的路由）。

◆ 优选 AS 路径（AS-path）最短的路由。

◆ 比较 Origin 属性，依次优选 Origin 类型为 IGP、EGP、Incomplete 的路由。

◆ 优选 MED（Multi-Exit Discriminator，多出口鉴别器）值最低的路由。

◆ 优选从 EBGP 邻居学来的路由（EBGP 路由优先级高于 IBGP 路由）。

◆ 优选到 BGP 下一跳 IGP Metric 较小的路由。

◆ 优选 Cluster_List 最短的路由。

◆ 优选 Router ID 最小的交换机发布的路由。

◆ 比较对等体的 IP Address，优选从具有较小 IP Address 的对等体学来的路由。

6. 支持 IPv6 的 BGP

BGP 最初设计时仅支持 IPv4 路由信息的管理，不具备处理跨自治系统的其他网络层协议（例如 IPv6）的能力。为了克服这一限制并支持多种网络层协议，IETF 对 BGP 进行了相应的能力增强，发展出了 MP-BGP，以支持包括 IPv6 在内的多种网络层协议。

在传统 BGP-4 的报文结构中，携带 IPv4 相关信息的 3 个主要部分——NLRI、Next_Hop 属性和 Aggregator 属性，它们均由 Update 报文负责传输。

为了实现对多种网络层协议的支持，BGP-4 需要能够将这些协议的信息体现在 NLRI 和 Next_Hop 中。为此，MP-BGP 引入了两个新的路径属性，这些属性允许 BGP 携带和识别不同网络层协议的路由信息。这些新属性如下。

◆ MP_REACH_NLRI：多协议可达 NLRI，这个属性代表多协议可达网络层可达性信息，用于通告特定网络层协议的可达路由信息及其下一跳信息。

◆ MP_UNREACH_NLRI：多协议不可达 NLRI，用于从路由表中撤销特定网络层协议的不可达路由信息。

以上两个属性的引入，使 MP-BGP 能够支持包括 IPv6 在内的多种网络层协议，增强了 BGP 在现代网络环境中的适用性和灵活性。这两个属性被设计为可选且非转发，因此，那些不支持多协议扩展的 BGP 路由器将忽略这些属性，不会将它们传播给其他 BGP 邻居。这样的设计确保了支持多协议扩展的路由器能够与那些不支持此扩展的路由器进行正常的路由信息交换。

7. BGP 小结

BGP 着重于控制路由，因此，相应的路由属性和控制策略是非常复杂的，上面的内容只是简单介绍了 BGP 的一些基础内容，更多详细的内容将在 VPN 章节进一步介绍。在本节中大家需要了解的重点内容有以下几点。

◆ AS 的定义和 BGP 的作用。

◆ BGP 是基于 TCP 连接的，不能自动发现，需要手工配置对等体。

◆ BGP 路由的发起也要依靠手工配置注入。

◆ 对于同一个目的地址段，BGP 只通告最优路由。

◆ BGP 通过 Update 报文对路由进行增量更新。

◆ BGP 通过携带 AS 路径属性等方法防止路由环路。

◆ 通过 MP-BGP 的扩展，BGP 能够支持 IPv6 在内的多种新型网络层协议。

第 **5** 章

TCP/IP 网络构建

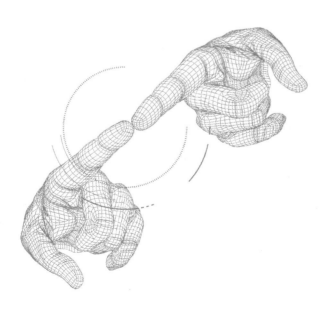

TCP/IP 世界，用"浩瀚的海洋"来形容，一点都不为过。和海洋的一望无际相比，绝大部分单位、机构的网络，都只是奔向海洋的一条条小溪小河。

要想让这一条条小溪小河汇入海洋，似乎并不是一件很复杂的事情。

然而事情往往就是这样。乍想起来，都非常容易，但当你真的操作起来，会发现无数细节千头万绪，如果不理清思路，就会被搞得晕头转向。

5.1 连接到IP世界

首先，让我们来做一件事情——把你的计算机连到互联网上，别去找网络管理员，你自己操作一下！

你也许会说，这再简单不过了！结果却如图 5.1 所示。

图5.1 　上面内容的解释

我们不应该仅仅停留在"知其然不知其所以然"的层次。任何复杂的操作，都是由简单的几个步骤组成的。但很多看似简单的配置，却往往需要耗费网络工程师数年的功力。

在实践过程中，如果我们能够多问几个为什么，将非常有助于你真正掌握网络。否则，在复杂的网络环境下，或者在一切基本工作做完却发现连接失败的时候，我们会感到束手无策。遇到困难没什么可怕，怕的是没有找到解决困难的方法。

因此，在任何时候我们学习的重点都应该是"所以然"。

如果你是企业的员工，并且不是网络管理员这样的职位，你不必与电信运营商或者 ISP 洽谈，因为这不是你的职责。但是你得知道，你的企业要接入互联网，一定有人与这些机构进行了谈判，购买了服务，交了钱，签了合同，并监督工程的实施。

如果你对工程实施并不了解，那么不妨去公司的中心机房寻找一些蛛丝马迹：那里是不是有一台以太网交换机？这台以太网交换机是不是通过网线连着一台路由器或者 ADSL 的猫？路由器或者 ADSL 的猫上是不是连接着一些线缆或者光缆（当然也有可能是无线），它们的去向不是你公司的任何一个办公室，而是你的公司之外的某个地方？

如果你只是一个家庭用户，那么对于这个家庭的网络，你就是经营者。你应该直接参与和电信运营商或者 ISP 的洽谈（很可能发生在运营商的营业厅），我想你一定也购买了服务，交了钱，签了合同，并监督了工程实施。

条条大路通罗马，如图 5.2 所示，网络接入的方式也是如此。

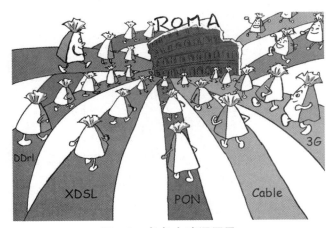

图5.2 条条大路通罗马

电话线、数字数据网（DDN）、xDSL、PON、电缆、FTTx、LMDS、移动网、小灵通、卫星通信网 VSAT……人类发明这么多通信接入技术，都可以用于互联网接入。

企业和家庭的互联网接入就是由这些技术作为基础的。每个企业和家庭的接入方式取决于应用类型、性价比和市场垄断程度。

应用场景是一个刚性要素。如果企业需要传输高清视频会议，采用 $N \times 64$kbit/s 的 DDN 传输一定是个很差的选择。常年下雨的地方采用 LMDS 接入，那么雨会像噩梦一样随时影响着使用者的好心情。

性价比是一个很好解释的问题。10 个人的企业租一根 100Mbit/s 的光缆是完全没有必要的；市中心的企业若无特殊需要，也无须通过卫星接入；一个上万人的企业，租用一根 2Mbit/s 的 ADSL 显然会带来大量抱怨。

市场垄断是现实存在的，从用户的角度讲，你只能努力适应它。如果你在家里希望用运营商 A 的网络，而运营商 B 垄断着你的小区，你的梦想恐怕也很难实现，即使运营商 A 的价格更便宜。对于电信市场的垄断问题，全世界都没有彻底解决的成功案例，电信服务本就是一种普遍化服务，没有形成规模的运营商总会处于市场的劣势地位。

从发展的眼光看，互联网最早就是一个局域网，局域网之外的某个企业通过某种方式能够与这个局域网共享数据，另一个企业也如法炮制……当有 10 000 个企业能够和这个局域网共享数据，并且这 10 000 个企业之间也能够共享数据，这个网络就有了一定的规模，如图 5.3 所示。

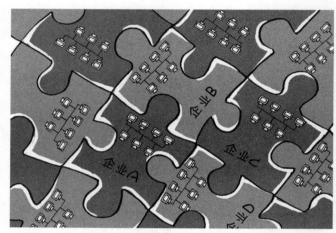

图5.3　上面内容的解释

接着，越来越多的人开始通过各种方式进入这个"共享体"中（这时候还不能说是"互联网"）。

很快，人们就意识到这个共享体的巨大经济价值和社会价值。

于是，电信运营商开始建设自己的 IP 网，并通过一定的带宽与这个共享体互通，同时将这个共享体开放给所覆盖的公共用户，自己也成为共享体的一部分。

越来越多的运营机构和企业加入，在接入这个共享体并能够访问别人的信息的同时，还把自己的信息共享出来供别人使用。当这种共享体发展到一定规模，就成为"互联网"了。

互联网很难有清晰的边界，至少，它不像公用电话交换网（PSTN）的边界那么清晰。若干台电信运营商的交换机加电、连线、配置并开始放号，这就构成了 PSTN；把铜线、光纤铺设到家庭和企业，就可以把用户的电话接入 PSTN 了。因此对 PSTN 来说，只有用户接入网络的问题。

而互联网，则有用户接入网络、网络接入网络、网络对等互联等复杂的情况，如图 5.4 所示。本节重点是企业网络接入 ISP（或者运营商）网络。

图5.4　是你接入我，还是我接入你？

5.2　和平共处五项原则

对于企业建设的 IP 网络，一般情况下，产权和经营权归属企业所有。企业对自己所有的网络拥有充分的处置权，但与公共的 IP 网之间必须遵循 5 项基本原则。

第一，共享而不互相影响，互不干涉"内政"，如图 5.5 所示。

信息共享，但信息互相不能影响。企业的计算机可以方便地访问互联网，但是互联网上的计算机要访问企业，企业必须严格把关。防火墙就是帮助企业把关的主要力量。当然，还有很多技术机制的实施是用来保护企业数据安全的，比如 Radius。

图5.5　互不干涉"内政"

所谓"内政"，是指各自的数据组织结构、网络架构、支持协议等。企业网和互联网之间针对对方的所有配置信息都没有驾驭的权力，只能对等协商。在和平共处的基础上，谁都不准干涉谁。在未获得许可的情况下，不能随意改变对方的数据组织结构、网络架构、支持协议等。

第二，地址统一规划，如图 5.6 所示。

地址统一规划，企业网的地址必须符合整个公共网络的 IP 地址规划。企业网一般采用私有 IP 地址，比如 192 网段的地址（也就是 192.***.***.***）。而在企业的出口路由器上，大都采用 NAT 方式将地址映射为互联网承认的合法 IP 地址。任何数据进入企业网，首先要进入企业网的出口路由器或者防火墙，才能进一步找到企业内网的计算机。

图5.6　地址统一规划

第三，接入方向 ISP 缴纳费用。

一般来说，ISP 是资源多的一方，这种资源包括信息内容和客户群体。

企业网通过 ISP 接入互联网，企业要向 ISP 缴费，如图 5.7 所示。原因是，企业需要向 ISP 索取互联网信息资源。

图5.7　企业网通过ISP接入互联网

第四，共同维护"双边贸易"，如图 5.8 所示。

两者的连接部分必须共同维护，避免受到破坏。

企业的接入线路，是企业网络融入互联网的生命线，企业可见部分，由企业负责维护，其他部分，都是由运营商负责维护的。

接入线路两端的物理接口、逻辑接口、IP 地址、协议类型，在接入实施过程中就已经被确定，未经双方同意，不能随意更改。

图5.8 共同维护"双边贸易"

第五，共同防范网络攻击者和病毒等，如图 5.9 所示。

IP 世界丰富多彩，有好的，也有坏的；有健康的，也有不健康或者亚健康的；有有效的，也有无效的。为了防止坏的、不健康的、亚健康的、无效的信息对合法使用者的侵扰，我们需要同时运用技术手段和法律手段。

图5.9 共同防范网络攻击者和病毒等

5.3　IP VPN

20 多年前，要想把局域网扩展到企业以外的区域，拨号、专线几乎是唯一的选择。随着技术不断改进，企业经历了 Modem 拨号（VPDN，虚拟专有拨号网络）、DDN、帧中继、ATM 和 SDH 的不断演变，但专线的高昂成本和弹性的匮乏从未得到彻底改变。

而互联网的不断扩张，宽带接入技术的不断进步，给我们带来了 IP VPN。利用无所不在的互联网，VPN 把经济性和部署弹性发挥到了更高的水准，逐渐成为取代专线的首选方案。

未来，互联网还将继续发展壮大，也会有更多的人和企业利用互联网的便利条件，在这里"跑马圈地"，构建自己的专用网络——稍等，没搞错吧！互联网可是一个公网，怎么能在其上建立"专用"网络？！

我没搞错。IP 世界的一大魅力，就是能够在这个人人建设、人人享用的天地里，构建一张属于自己的私有网络，并且与其他用户的业务互不影响。

这，就是本节的主题——IP VPN。

1. VPN 的基本概念

为了弄清 IP VPN 的概念，我们首先要了解 VPN 的概念。我们从"VPN"这一术语的 3 个字母开始分析，将非常有效。

V，Virtual，即"虚拟的"。这里的"虚拟"，是指没有确定的边界和实体，它应该采用虚拟电路，而不是以时隙、光纤、物理线路来区分。一般来说，VPN 是以连接名称来区分的，例如 VPI/VCI（ATM 技术）、IP 包流（TCP/IP 技术）、标签（MPLS 技术）。

P，Private，即"私有的"。这个网络应该是为某个带有专有性质的机构组建或者发起的，并且是为特定机构而不是为公众服务的。企业的分支机构互联，是 VPN 最普遍应用的场景。

N，Network，即"网络"。这应该是一个网络的范畴，有自己的拓扑，有自己的网络参数，在网络之上可以提供各种数据服务。

VPN 属于远程访问技术，简单地说就是利用公网链路（通常是互联网）架设私有网络。例如，某天老板派你到外地出差，在外地你想访问单位内网，这种访问就属于远程访问。你怎么才能访问到内网呢？ VPN 的解决方法是在内网中架设一台 VPN 服务器，VPN 服务器有两块网卡，一块连接内网，另一块连接公网。你在外地连上互联网后，通过互联网找到 VPN 服务器，然后利用 VPN 服务器作为跳板进入企业内网。为了保证数据安全，VPN 服务器和客户机之间的通信数据都进行了加密处理。有了数据加密，我们就可以认为数据是在一条专用的数据链路上进行安全传输的，就如同专门架设了一个专用网络一样。但实际上，VPN 使用的是互联网上的公用链路，因此只能称为虚拟专用网。即：VPN 实质上就是利用加密技术在公网上封装出一个数据通信隧道。有了 VPN 技术，用户无论是在外地出差还是在家中办公，只要能上互联网就能利用 VPN 非常方便地访问内网资源，这就是为什么 VPN 在企业中应用得如此广泛。

也可以这样理解：公网好比交通路线，通信相当于你要从一个地点（比如北京）去另一个地点（比如广州）；传统的方式是走公网，相当于在北京坐普通火车去广州，缺点是中间有好多停顿，优点是花钱少；专线相当于从北京坐飞机去广州，方便快捷，但是价格高；VPN 就相当于从北京坐高铁去广州，路线中没有了那么多的停顿，也减少了意外，并且比普通火车快，比飞机价格实惠。

关于 VPN，传统的说法是，所有在公共网络上通过专有技术建立的，服务于非公共群体的逻辑网络，都是 VPN。

一个企业，10 个分支机构，要用 IP 网络实现互联，最常规的思维模式当然是拉光纤或者租线路，并通过路由器，按照某种拓扑，把 10 个节点连接起来。然而这样的方案，无论是购买设备还是网络建设，其投入成本都会非常高昂，维护的成本也是惊人的。更让人担忧的是，不是每个企业都能维护好这张网络的。

而如果 ISP 在公共 IP 网络上建立一组虚拟通道，将这 10 个分支机构连接起来，企业只需要建设和维护这 10 个分支机构的自有路由交换设备，所有线路的运维工作都由电信运营商来做，成本将大幅度降低，维护难度和风险也小了很多。

各位读者可以想象一下，电信运营商绝不会只为一个用户建立虚拟通道。全球有数以百万计的带有分支机构的企业，这一市场是足够大的。如果在一张物理网上建立逻辑通道，实现多个企业的 VPN，运营商的建设和维护成本被分摊。运营商何乐而不为？

看来，这是一个多赢的结局。

当然，要在公网上建立私网，就像在公园里规划一个别人不能进入的私家花园，如图 5.10 所示，"公"与"私"之间的边界必须明确。

图5.10　私家花园，非请勿入，我是VPN

A 企业和 B 企业的 VPN 网络虽然都在一张物理网上，但彼此之间应互不干涉，两个企业的信息绝对不能互相"串门"。

距离产生美。隔离，更会产生美感。有了隔离，才有安全、私密；有了隔离，才有各自的发挥空间。

在互联网上建立专用的多个通道为多个机构传送私有数据，在大部分情况下，多个通道之间可以互相使用对方空闲的带宽资源。

在这个意义上，VPN 可以说是一种对企业内部网的扩展网络。

如果 VPN 承载在 IP 网络上，我们称这种 VPN 叫作 IP VPN，它是 VPN 家族里最大的一个分支。以前基于 ATM 网络、帧中继网络的 VPN 都呈下滑趋势，或者被 IP VPN 包容。

IP VPN 能够让企业采用较为廉价的方式获取一组穿过杂乱的公共网络的、尽可能安全而稳定的隧道。

在 IP VPN 模式下，一个公共网络可以被多个企业所共用而不是独占，大家共同承担公共网络的建设和维护费用，这不但符合企业的实际需求，也是社会化大分工的必然结果。

让专业的人来做专业的事，让每个人把精力放在自己最擅长的地方，是人类长久以来一直追寻的目标。那么由哪类专业的人来做这个事情呢？除了传统的电信运营商以外，经过授权的 IP VPN 服务提供商也是一个好的选择。目前，国际国内有多家 IP VPN 服务供应商可为用户提供服务。

2. 认识 IP VPN

常规的直接拨号连接与虚拟专网连接经常被人们相提并论，但其实这两者有很大的区别，虽然后者也可以像前者那样使用 PPP 这样的协议拨号进入公网。

我们得先了解 PPP。这是一个数据链路层的协议，用于点对点的通信，支持多种协议，当然，目前主要用来封装 IP 包。

PPP 的最大特点之一是，能够提供验证。如果要深究 PPP，你会发现里面有一大堆和建立链路、配置链路、认证授权有关的协议，比如链路控制协议（LCP）、网络控制协议（NCP）、口令验证协议（PAP）、挑战握手身份认证协议（CHAP）等。PAP 如图 5.11 所示。CHAP 如图 5.12 所示。

图5.11　PAP

图5.12 CHAP

PPP的这一套机制在拨号网络中行之有效，因此人们才将其移植到以太网之中，用于解决以太网的验证问题。

聪明的读者可能会发现问题：PPP 是一个点对点协议，而以太网是广播型网络，这两者能结合起来吗？

答案是肯定的！这两者的结合产物——PPPoE 已经被广泛应用。比如我们常用的 ADSL，其验证方式大部分都采用 PPPoE 技术。

在 IP VPN 中，PPP 数据包流可以看成是由一台局域网上的路由器发出，通过共享 IP 网络上的隧道进行传输，到达另一台局域网上的路由器。注意，中间通过的 IP 网络一定是某种共享 IP 网络，比如互联网，或者教育网这样的行业公网。

IP VPN 的"隧道"代替了实实在在的专用线路。隧道好比是在公共网络中拉出一根串行通信电缆，并且，在公共网中应该能够"拉出"许多根这样的串行通信电缆。

IP VPN 技术的重点，就是如何在 IP 网（尤其是广域的 IP 网，例如互联网）中"拉出"这若干根串行通信电缆，且电缆相互之间不受干扰，并能充分利用整个网络资源，减少各自独立建设却无法保证业务量饱和而造成的资源浪费。

各种技术体制粉墨登场，例如 VPDN、IPSec VPN、SSL VPN 和 MPLS VPN。每种技术构建隧道的方式都不一样，应用的群体、方法也不尽相同。

VPDN 的应用曾经风靡一时，其是和拨号 Modem 同时发展起来的 VPN 技术。不过在今天，VPDN 已经退缩到了专业应用领域，例如税务申报、海关申报等。

IPSec VPN 和 SSL VPN 主要解决的是基于互联网的远程接入和互联，它们更适用于商业用户等对价格特别敏感的用户，也就是投入不能太大、服务质量要求也不太高的用户。

MPLS VPN 则不依靠封装和加密技术，而是依靠转发表和数据包的标记来创建安全的 VPN，这是其与传统 VPN 的不同之处。

3. VPDN

VPDN，就是拨号方式的 VPN。

企业局域网采用以太网方式，出差办公人员或者很小的分支机构，如果希望访问企业局域网，采用 VPDN 是最廉价和便利的选择。

拨号是一种握手方式。握手的一方是用户端，也就是出差办公人员或者小分支机构；另一方是企业路由器。

VPDN 的实施方式有两种：一种是通过 NAS 与 VPDN 网关建立隧道（一般被称为基于网络的 VPDN）；另一种是客户机与 VPDN 网关建立隧道（基于客户端的 VPDN）。我们重点介绍前者。

基于网络的 VPDN 主要由网络接入服务器（NAS）、用户驻地设备（CPE）和管理工具组成。

其中 NAS 一般由电信运营商提供，其作用是为 VPDN 提供接入服务，负责建立与 PSTN、综合业务数字网的连接，并支持各种 LAN 的协议、安全管理和认证、隧道及相关技术。

CPE 是 VPDN 的用户端设备，位于用户总部，根据网络功能的不同，可以由路由器或防火墙等提供相关的设备来担任。

VPDN 管理工具对 VPDN 设备和用户进行管理。由电信部门或大型 ISP 来管理，属于用户的设备及用户管理功能由用户方进行管理。

VPDN 的几方通信，需要有专门的隧道协议。这些协议可以是点到点隧道协议（PPTP）、第二层转发协议（L2F）、第二层隧道协议（L2TP）等。最常用的隧道协议是 L2TP。L2TP 是 IETF 将 PPTP 和 L2F 中最优秀部分合并而成的。

4. IPSec VPN 和 SSL VPN

IPSec VPN 和 SSL VPN 两种技术，在企业应用的场景中有所差异。

IPSec 一般被用于提供分支机构到总部之间的远程访问。分支机构和总部的地理位置相对固定，采用的联网装置也是单一的，不是随时发生变化的。这种情况下，企业可以管理所有远程访问者。

可以把 IPSec 看作一种伪装数据包的机制，它工作在网络层——也就是 IP 层上。因此，IPSec 的部署与具体的应用无关。Web、电子邮件、文件传输、互联网电话（VoIP）、视频点播等服务，都可以基于 IPSec 的隧道进行。

IPSec 的部署方式是，在企业总部和分支机构的防火墙上分别进行配置（防火墙有可能"隐藏"在路由器中），使其建立隧道。当有多个分支机构的时候，隧道就不止一条了。

当防火墙接收到一个 IP 数据包时，从该数据包头部获取相关信息，在一个规则表中进行匹配。当找到一个相匹配的规则时，防火墙就按照该规则指定的方法对接收到的 IP 数据包进行处理。

它只有两种处理方式：丢弃或转发。IPSec 通过规则表，与一个叫作安全策略的数据库进行比较，通过该数据库来决定对接收到的 IP 数据包进行何种处理。

IPSec 既可以对 IP 数据包进行加密，也可以进行账户认证，但大部分情况都是两者兼而有之。

IPSec VPN 最大的缺点是其连接性会受到网络地址转换的影响，或受网关代理设备的影响。IPSec VPN 需要先完成客户端配置才能建立通信通道，并且配置复杂。

SSL 是"安全套接字层"协议，它是著名的浏览器公司——网景（Netscape）公司提出的基于 Web 应用的安全协议。

"有的人死了，他还活着"，大诗人臧克家的这句话用在 Navigator 身上再贴切不过了。虽然这家公司已经淡出人们的视野，但其提出的 SSL 却依然深入人心。

所有深入人心的事物一定有其过人之处。而 SSL 能够被广泛应用，就在于它工作在 TCP 层和应用层（HTTP）之间，因此，它比 IPSec 更"专一"，因为它支持的服务类型以 WWW 为主，辅以 Telnet、FTP、SNMP 等。目前 SSL 已经由传输层安全协议（TLS）整合取代，TLS 成为传输层的主流安全协议。

SSL VPN 不需要专门的客户端软件，这是因为主流操作系统已经安装了支持 HTTP 和 HTTPS（以 SSL 为基础的 HTTP）的 Web 浏览器。

很少有把 SSL VPN 用于点对点拓扑，并且使用时需要开放 HTTPS 连接端口，以使 SSL VPN 流量通过。

生活中我们经常会遇到两难的选择，即安全性与便利性的冲突。

要想保护财产，必须在家里安装门，安装门就要配锁和钥匙，钥匙由谁保管，保管人放在哪里最安全，这又牵扯到一大堆管理问题。钥匙丢了是一件很麻烦的事情；而家里没有安装门，还真的让人心里发虚。这就是安全性和便利性之间的矛盾，类似于鱼和熊掌的问题。

事实上，没有哪一种技术被认为"绝对完美"。舍和得的选择，必将出现在任何场景中。

IPSec VPN 就舍去了些许便捷性。通过共享密钥和高强度的加密算法实现局域网之间的安全互联，IPSec 让企业的分支机构融合到了总部的局域网中，分支机构可以根据其网络规模和使用人数选择客户端。比如硬件 VPN 网关一般部署在分支机构局域网上，供多人使用；VPN 客户端则直接安装在使用者的计算机操作系统里，供一人使用。

IPSec VPN 适合拥有较多的分支机构的企业（并且分支机构有一定规模），通过隧道进行站点之间的连接，交换大容量的数据，这些企业中有一些员工在 IT 建设、管理和维护方面拥有一定经验，对数据安全级别要求较高；另外，企业员工不能随便通过任意一台计算机来访问企业内部信息，移动办公员工的计算机要配置防火墙和杀毒软件。

然而企业员工不可能永远坐在办公室，当他们"移动"起来时，例如回到家中、外出参加会议、出差考察，环境的频繁变化让 IPSec VPN 难以应对。

企业的外界环境迅速膨胀，合作伙伴、股东、审计部门、供应商、经销商都被纳入组织的网络外延，他们需要接入组织的内网，以访问他们所关心的应用资源和数据报表。

IPSec 的部署问题会让企业的网管人员或者 CIO 被称为合作伙伴的"公用"网管。IPSec 客户端不停地安装、调试、维护将会成为网管人员生活中不可或缺的一部分，无论是在工作时间内还是在工作时间外。

问题还远没有结束。

基于 IPSec 技术，办公室以外的计算机通过互联网穿越到办公室的局域网内，将会获得局域网的所有使用权限。虽然方便了，但危险随之增加。一旦有病毒潜伏其中，局域网将很快地受到感染，CIO 精心构建的安全城墙顷刻灰飞烟灭！

而 SSL VPN 作为 IPSec VPN 的替代性方案，更适合于以下环境：出差员工多且需要经常访问公司信息；IT 维护水平不高，员工对 IT 技术了解不多；IT 方面的投资不会太大。目前，SSL VPN 主要应用于与远程网络进行 Web 通信的用户，包括内部网页浏览、电子邮件及其他基于 Web 的查询工作。

总的来说，IPSec VPN 与 SSL VPN 是 VPN 技术在两种不同的安全协议下实现 VPN 通信的两种方案，也可以同时使用。目前 SSL VPN 的应用越来越广泛，甚至有的厂商已经做到了类似 IPSec VPN 的功能。

5. IP VPN 的发展趋势

IP VPN 的性价比是被企业接受的最主要的原因。没有人能拒绝"物美价廉"的东西。IP VPN 的发展趋势是多元化的课题，从安全性能和服务质量、技术体制的人心所向、管理、应用范围扩展等角度，我们可以简单剖析 IP VPN 的发展趋势。

从目前的市场情况看，IPSec 仍占据较高的市场份额，但是它的种种弊端已经暴露。一些用户已经开始同时部署两种解决方案，比如远程访问办公通过 SSL VPN，而固定站点之间的连接通过 IPSec。

在未来几年内，两种解决方案还将共存，但是 SSL VPN 凭借其简单易用、部署及维护成本低受到企业用户的青睐，将来也许会有更大的发展空间。

在移动网络已经普及的今天，手持终端采用 IP VPN 技术已经越来越流行，这也成为移动互联网的重要组成部分。手机、PAD、电子阅读器等各种移动通信设备已经或者即将成为 IP VPN 的重要承载工具。员工可以通过它们，在无线信号可达的任何地点轻松访问企业的数据库、CRM、电子邮箱以及自己办公计算机的硬盘。

囿于本书的逻辑结构，本节我们没有介绍 IP VPN 中的重要角色——MPLS VPN。如果要分析 IP VPN 的未来发展趋势，我们却又不得不先期为各位做一些铺垫。

MPLS VPN 是近年来最炙手可热的 IP VPN 技术，其安全性、可扩展性和成熟性已经获得了大量运营商、ISP 和用户的认可。接下来，我们将为各位详细介绍 MPLS 及 MPLS VPN 技术。

5.4 MPLS技术

1. MPLS

"完美"总是发生在刚开始，了解新技术的人越来越多，问题也会逐渐暴露。就说 TCP/IP 吧，路由和转发技术日臻纯熟，新业务方兴未艾，用户使用量暴涨，服务质量问题浮出水面。

这时候，专家们又拿出了锦囊妙计。他们设计了一种技术，把路由器改造成"交换机"，把无连接变成了面向连接，把尽力而为变成按需分配。

"MPLS(多协议标签交换)"从锦囊中脱颖而出。MPLS 属于第三代网络架构，是新一代的 IP 高速骨干网络交换标准，由 IETF 提出。MPLS 可以看作是 IP 技术和 ATM 技术的结合体，它就是为了综合利用网络核心的交换技术和网络边缘的 IP 路由技术各自的优点而产生的，概括说就是骨干网络边缘的路由，核心的交换。

从名字看，MPLS 有以下两个特点。

◆ 支持多协议：虽然目前主要使用在 IP 网络上，但 MPLS 实际上支持任意的网络层协议（IPv6、IPX、IP 等）及数据链路层协议（例如 ATM、F/R、PPP 等）。

◆ 使用标签交换：给报文打上标签，以标签交换取代 IP 转发，下文会详述具体的标签封装、交换。

MPLS 最大的贡献，就是使路由器家族一夜之间更新换代，原有的路由机制被新的"标签交换"机制所取代。MPLS 一跃成为 IP 路由和交换中最流行的术语之一。

MPLS 标签格式如图 5.13 所示，一个 MPLS 标签位于数据链路层（2 层）头部和 IP 层（3 层）头部之间，因此我们也常说 MPLS 是 2.5 层的。它共有 4 个字节，其中 20 比特为标签值（0 ～ 15 保留为特殊用途），3 比特为 EXP 字段，通常用于做服务等级（Class of Service，COS），8 比特用于生存时间（Time To Live，TTL，类似于 IP 包中的 TTL），另外，有 1 比特（即中间标为"S"的比特位）用于标识是否为标签栈的栈底，理论上 MPLS 支持无限多重的标签嵌套使用。

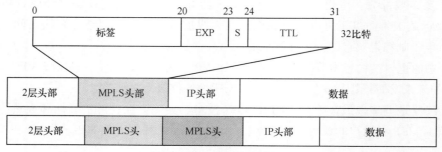

图5.13　MPLS标签格式

MPLS 在网络边缘处的 IP 包上贴上一个"标签"，在网络核心处的路由器通过标签值，决定此 IP 包的出接口和转发路径，无须打开 IP 包查看目的 IP 地址。这样就方便多了，标签只是一个编号，放在 IP 包的前面，这就像把汽车刷成不同的颜色，让人穿上不同的衣服一样简单。

而采用 MPLS 技术的路由器家族被划分为 3 类，如图 5.14 所示。

第一类是终端（CE）。它们做的事情和传统路由器没什么区别。该拆包拆包，该路由路由，该转发转发，该打包打包。做传统路由器该做的任何事情。

第二类是标签边缘路由器（LER），它们处于核心网和 CE 之间，专门负责给各个 IP 包打标签。

生活中给事物做标记的例子非常多。星级餐厅中，热菜和冷菜采用的盘子形状就不一样；毕业照中，学士、硕士、博士的穿着颜色有明显区别……给 IP 包打标签，无非是给 IP 包穿上一件外套，并且，MPLS 允许多层标签，也就是说，可以给 IP 包穿多层外套。

第三类是标签交换路由器（LSR），它们构建 MPLS 的核心网。LSR 的主要工作就是根据标签选路。

图5.14 上面内容的解释

IP包进入后，LSR只须查看前面的标签，就可以决定IP包从哪个出口转发。判断出口需要依据，这是制定好的一整套标签交换的路径——被称为LSP的"标签交换路径"。

可以设想以下场景来帮助我们理解MPLS。把进入城市的车刷成不同的颜色，一旦到达城市中某个十字路口，交警指挥不同颜色的车走特定的出口……这样做的好处是，把第三层的路由选择功能和面向连接的第二层交换功能结合起来，提供性价比更高的IP层选路方案，由此提供QoS保障，并推动"流量工程"的实施。

刚才的讨论基于一个假设——道路已经建立起来了。道路就是我们刚才讲的LSP。那么LSP是怎么建立起来的呢？实际上，这个道路还是由路由器家族的所有成员运用内部网关协议（RIP2、IS-IS、OSPF）建立的。虽然路由器已经变成"标签交换机"，但路由协议依然在发挥作用。

标签就是用来分类的，无论这个标签是贴在物品上，还是贴在IP包上。

给IP包打的这个标签，可以成为优先级的参数，对本来无所谓服务质量的IP网来说，意味着服务质量的回归！

技术向前的一小步，对应用来讲就前进了一大步。

数据包进入MPLS网络的同时，就需要走出第一步——被一台路由器"贴标签"。

"标签机"LER需要了解数据包将被发送到哪里去，应该给它贴上哪种标签或者标签栈（多层标签）。在传统的IP转发技术中，网络中的每台路由器都在路由表中查找IP包的IP目的地址，在每次查找的过程中，都将选择IP包的"下一跳"IP地址。

选择IP包的下一跳是两项功能的组合。第一项功能将整个可能的包集合划分为一组IP目标前缀；第二项功能将每个IP目标前缀映射为下一跳IP地址。这意味着对于来自某个入口，并被发送到某个目标出口的数据流而言，网络中的每个目的地都可以通过一条路径到达。

在MPLS体系结构中，第一项功能的结果叫作转发等价类（FEC），我们可以将它们看作一组以相同方式、通过相同的路径、以相同的转发处理方式转发的 IP 包，如图 5.15 所示。

图5.15　FEC的图解

引入 MPLS 后，为特定的 IP 包分配特定 FEC 的操作只执行一次，这是当 IP 包进入网络时，在 LER 设备上完成的。紧接着，分配给 IP 包的 FEC 将被编码成一个长度固定的短小标识符——这就是我们反复提及的"标签"！

分配了标签的 IP 包欢呼雀跃地离开 LER，到达下一跳路由器——LSR。LSR 根据标签选择接下来的路径，不用查看 IP 包头的地址信息。

一组 FEC 走过的路径必须是单向的，从入口 LER 进入 MPLS 网络，并通过出口 LER 离开 MPLS 网络，这就是一条完整的 LSP 路径。

在每台 LSR/LER 中都保存了两张表，用于保存与 MPLS 转发组件相关的信息。

第一个表叫作标签信息数据库（LIB），其中思科很特殊，把它叫作标签信息库（TIB）。一个是 L（Lable），一个是 T（Tag），强者总是会做一些特立独行的事，可以理解。LIB 或者 TIB 中包含该 LSR/LER 分配的所有标签，以及这些标签与所有相邻 LSR/LER 收到的标签之间的映射表。

第二个表叫作标签转发信息库（LFIB），思科又很特殊，把它叫作 TFIB。它在 IP 包实际转发中发挥作用。这张表只保存了 MPLS 转发组件当前使用的标签。

IP 技术一路过关斩将，如入无人之境。但其本身存在的问题，必须得以解决，才能真正让这位通信行业的新科状元获得整个电信行业的认可。

"出来混，总是要还的"，IP 的出身决定了其必须经过改造才能适应未来的电信发展的要求，否则，它必将让出自己的位置。

值得庆幸的是，MPLS 让业界看到了 IP 技术在解决历史遗留问题方面的希望。目前，MPLS 已经在大多数骨干网 ISP 获得了广泛应用。

MPLS 本身是一种数据网络的优化技术，其优化结果可以大幅度提高数据网络的服务质量及支持能力；而它又是一种优化了的 IP 网络交换技术，这种优化使 IP 网络可以动态应用带宽、实施流量工程。

MPLS 的三大优势，让 IP 网的未来前途广阔！

2. MPLS 与 QoS

传统的IP技术之所以对 QoS 的支持能力不足，是因为没有合适的区分优先级的方法。MPLS 标签的使用，填补了这一不足，MPLS 网络可以对不同标签值采取不同的优先级处理方案。MPLS 与 QoS 如图 5.16 所示。

图5.16　MPLS与QoS

MPLS 可以使 QoS 应用于庞大的路由和交换的网络中，因为服务商可以指定不同的标签来区分"服务类别"。

我们把数据流在边缘设备分门别类，服务要求高的、可接受高价格的业务放在高优先级上，而把服务要求不高的、价格低的业务放在低优先级上。这符合自然界的生存法则。

3. MPLS 与 IP VPN

经过 MPLS 改造后的 IP 网络，建立虚拟专网变得非常简单。

这又是怎么回事呢？为了解答这个问题，我们需要重新审视"管道"的概念。

在通信里面，有各种各样的"管道"。

比如在一根电缆线上均匀传送一组 0 和 1 的数据，我们按照时间进行切片，假如 32 片为一组，每一组的第一片就组成一个时分的管道。这个管道占据整个电缆带宽的1/32。

在一根电缆上，所有传送的数据都被分配一个标号，比如1、2、3、4、5等，或者两级标号，比如1/1、1/2、1/3、2/1、2/2等，每个标号所携带的数据似乎也是通过某个管道传送的，这种管道，最典型的是ATM中的VP虚通道或者VC虚通路，以及帧中继的连接。

一些管道按照频率进行划分，比如无线通信中的频分复用，还有一些管道按照波长进行划分，比如DWDM中按照波长划分的管道。

这些管道未必是明确的、有物理界限的道路，而是通过特定标识符体现出来的、有明确逻辑定义的、相互之间不会发生串扰的、在一根物理管线上传送的逻辑通路。

而MPLS也通过标签的方式建立了若干条这样的管道，这就是前面介绍过的LSP。

在浩瀚的IP海洋里有一条管道，它采用标签的方式予以确立后，只有标签相同的IP包才能从这个管道里通过。于是我们就知道了，利用这个管道，我们能干一件大事。

VPN！

可以想象，在MPLS网络中，具有相同标签的数据包本身就是一种"专有"链路。

在MPLS网络上的多条"专有"链路，就可以组成VPN。与我们曾介绍过的IPSec VPN相比，基于MPLS的网络天然地将数据流分开，不需要专门建立"隧道"，无须加密即可提供保密性（当然也可结合IPSec的加密算法进行加密），并提供网络到网络的保密性。

MPLS与VPN如图5.17所示。

图5.17　MPLS与VPN

4. MPLS与流量工程

MPLS实现了一种完美的流量工程机制，我们称之为MPLS-TE。

解决一个同样的技术难题，同时采取两种技术路线的例子屡见不鲜。比如，医生碰到血管的拥塞，外科医生可以搭桥，产生新的结构分流血液；内科医生则采用改善血液黏度的方法。

针对互联网的"拥塞"问题也同样如此，可以利用两种甚至多种的技术路线并行加以解决。

仅仅扩大互联网带宽并不能完全解决问题，就像解决道路拥塞问题一样，仅仅加宽路面是不能解决所有问题的，还要对车辆进行合理的调配。流量工程（TE）就干这个活。

流量工程的部署，能够控制一个网络中的路由，减少拥塞并提高效率。

IP 网络中有多条路径可到达目的地，仅依赖路由协议（如 OSPF），某些路径会发生拥塞，导致路径没有得到充分利用，如果仅仅从扩大互联网带宽入手解决拥塞问题，则更是一种浪费行为！

MPLS-TE 带来了新的流量调控措施。

首先，MPLS-TE 引入了动态的带宽参数以及更多的链路属性。ISP 在做路由规划的时候很难做到精准的未来预测，所以在网络运行过程中要一点点优化，这就可能产生无法预料的蝴蝶效应。用户自然希望这个变动的影响越小越好，要可控，而 TE 正好提供这个功能。当然，付出的代价是很大的，尤其是控制平面需要对内部网关协议进行功能扩展，还需要新的路由计算模块。

这对已有路由器而言是一个大手术！医保福利并不总是全部覆盖，像这种手术就不在医保范围。免费的午餐一般没有不免费的午餐丰盛，支持 TE 设备的价格当然要和不支持的 TE 设备的价格有区别，用户要考虑是否值得吃这顿不免费的午餐！

其次，是面向连接的带宽保证。MPLS 提供了"面向连接"的路由，但在提供真正的有 QoS 保证的连接上是难以继续发挥作用的，所以 MPLS-TE 采用这样的方法：在建立 LSP 的时候，对每个经过的节点进行带宽申请，选择最合适带宽需求的路径建立连接。

MPLS-TE 如图 5.18 所示。

图5.18　MPLS-TE

总之，MPLS 在理论上可以完全动态地根据实时的带宽状况选择数据包的转发路径。这对传统的尽力而为型的 IP 网络而言是一场革命！

5.5 流量负载均衡

IP 流量的负载均衡在业界并没有统一的标准，相关术语也比较含糊。业界比较统一的认识是，流量负载均衡有两大应用领域，一个是链路负载均衡，另一个是服务器负载均衡。前者以入方向流量为主（例如，解决企业的接入链路负载问题），后者以出方向流量为主（例如，解决IDC 中服务器的负载均衡问题）。

1. 链路负载均衡

一个大型企业一般会租用多个ISP 的多条链路来解决不同的ISP 服务商之间的互访问题。但拥有多条链路只是必要条件，要想上网的体验更好，就要利用多链路的负载均衡技术。这种技术可以根据目标 IP 地址判定包的出口，也可以采用各种智能探测手段发现最佳访问路径，并且可以实时监测链路的健康状况，当一条链路发生故障时，不至于造成用户彻底断网。

比如，某 ISP 内的一台主机要访问某个网站，从 A 出口（比如电信）出或 B 出口（比如联通）出都可以到达，但是究竟哪个出口更快呢？这就要看链路负载均衡设备了，如图 5.19 所示。

图5.19 链路负载均衡设备

应用层链路负载均衡设备通过智能的动态监测方法，当智能 DNS 解析设备接收到主机的 DNS 请求时，在两条出口链路分别发送一个探测包。发送目的一般是目标服务器的 IP 地址或者本地 DNS（也就是计算机网卡上设置的 DNS 地址），这个包可能是 ICMP 的 Ping 包，也可能是反向 DNS 查询的 DNS 包，诸如此类。

当两个包有回应后，比较两个包的时间戳。时延小、跳数少、链路负载小的则判定为优先解析的链路。链路负载均衡设备将引导主机通过优选链路访问服务器。

很多读者可能会好奇，BGP 不也能够用来导向多个互联网链路上的流量吗？

BGP 是一种域间路由协议，是路由的核心技术，它很难用来实施多归属的管理，并且不提供任何机制来确保基于链路性能的动态灵活路由，另外，BGP 的部署成本很高，网络配置和维护复杂，缺乏链路的灵活性，无法从应用角度分析链路负载状况。

这就决定了 ISP 进行多链路负载均衡时，大都选用专门的链路负载均衡系统。

2. 服务器负载均衡

无论是人还是机器，都有自身能力承受的极限。互联网中的服务器，随着访问量和数据流量的快速增长，不堪重负的状况随时会发生。

当然可以考虑将不堪重负的服务器替换成性能更强的服务器。这会造成极大的浪费，尤其在当前互联网爆炸式发展的今天。如果面临下一次业务量的提升，又将再一次导致硬件升级的高额成本投入，性能再卓越的设备也不能满足业务量持续增长的需要。

最佳的解决方案是，将工作任务分摊到多台服务器上，随着业务量的增多，服务器数量也相应地增多，每台服务器都只负责一部分工作，还可以设置各种策略，用于协调每台服务器究竟负责哪些部分的工作。

这种分担任务的方式，可以廉价地扩展网络设备和服务器的带宽，提高吞吐量，加强服务器的处理能力。这就是业界常说的"集群"技术。

大量的并发访问或数据流量被分担到多台节点设备上分别处理，还可以减少用户的响应时间，让用户就近获取信息。这对 Web 服务、FTP 服务、企业关键应用服务等，是非常有必要的。第 9 章介绍的内容分发网络（CDN）应用，就是以负载均衡为技术基础的。

5.6　防DoS/DDoS攻击和流量清洗

2014 年 12 月 20 日—21 日，部署在阿里云上的一家知名游戏公司，遭遇了一次 DDoS 攻击，攻击时长 14 个小时，攻击峰值流量达到 453.8Gbit/s。

2015 年 8 月 25 日晚，锤子科技的最新产品——坚果手机发布，锤子科技官网当即遭到了高达数十吉比特的流量 DDoS 攻击，一度面临全面瘫痪的风险，导致用户无法登录购买产品。

一直以来，DDoS 攻击在全球范围内呈现愈演愈烈的态势，在攻击后索要"赎金"的行为，使其具有明显的"网络黑帮"特征。基于全球多家安全机构（Gcore、Cloudflare、GoUpSec 等）发布的 DDoS 攻击报告，2024 年全球 DDoS 攻击总量达 2 130 万次，平均每小时 4 870 次，较 2023 年（攻击总量 1 400 万次）增长 53%；在攻击规模方面，2024 年上半年最高攻击峰值达 1.7Tbit/s，下半年更是创下 5.6Tbit/s 的历史记录。

你也许会问，DDoS 是个啥玩意儿？DDoS 称为分布式拒绝服务，指攻击者借助于客户端 – 服务器技术，将多个计算机联合起来作为攻击平台，对一个或多个目标发起攻击，从而成倍地提高拒绝服务攻击的威力，DDoS 示意如图 5.20 所示。

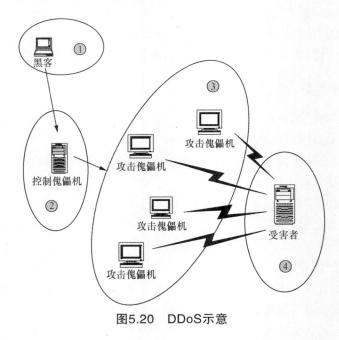

图5.20　DDoS示意

例如，老杨开了一家茶馆，生意还不错哦！此时，该茶馆被隔壁老王盯上了，因为他家生意不好，于是他雇佣来了一群闹事的小子。紧接着，老杨就发现店里突然来了一大波客人，他完全应接不暇，而且他们找老杨问这问那，东看西看，就是不喝茶，更可恶的是，还赖着不走了！而真正的顾客进店后连坐的地方都没有了！这就类似所谓的 DDoS，一群"恶意访问""堵店门""占空间""调戏店员"的非法流量。它们由网络攻击者通过网络上事先留下的木马后门的僵尸主机发动，只不过它们装的和正常访问数据的主机几乎一样，使相关防护设备根本无法识别哪些是非法的数据流量。那么，这时候的解决办法就是，需要一个"明眼人"帮忙清理现场。具体来说，就是利用某种抗 DDoS 攻击的工具来精准识别这些非法流量。

我们知道，互联网是一个开放的大网络，任何服务器都可能被任何一台主机访问，如果这台主机正常访问服务器，一切将平安无事；如果这台主机怀有恶意，后果会很严重。

最基本的 DoS 攻击是利用合理的服务请求来占用服务资源，恶意主机反复发送让服务器吃不消的数据请求，导致服务器不堪重负，无法处理正常的用户指令。

一个正常工作的人被喋喋不休地骚扰，他怎么能有心工作？

解决方案是让这个人提高工作效率，增强劳动强度。这对一个人来说是很难做到的，而对于计算机而言，CPU 的升级、内存的扩展、网速的提升，将有助于缓解 DoS 攻击的压力。

好吧，恶意主机们，你们来吧，你 1 秒钟发 2 000 个包来折腾我，而我每秒钟能处理 5 000 个包，能奈我何？

但是，你在进步，流氓也在进步。它们开始组团欺负服务器！一个流氓不够，就搞 10 个流氓过来，或者发动许多不明真相的群众，在网络上一起发起攻击！

可哪来那么多攻击者呢？网络攻击者把流氓攻击软件潜藏到多台主机上，让这些主机成为"肉鸡"或者叫作"傀儡机"，并控制这些主机一起向服务器发送恶意包。高速发展的互联网和带宽让"肉鸡"可能出现在世界任何一台未设防的主机之上。

平时，"肉鸡"并没有什么异常，当网络攻击者启动指令以后，它们就成了"疯狂的小鸟"，会同时向某个服务器发起猛烈攻击。

"双拳难敌四手，好汉架不住人多"。再强大的服务器，也无法阻止理论上无限多的"肉鸡"发起的攻击，疯狂的"肉鸡"如图 5.21 所示。

图5.21 疯狂的"肉鸡"

出现 DDoS 攻击时，服务器系统往往会有以下表现。

◆ 被攻击服务器上有大量等待的 TCP 连接。

◆ 网络中充斥着大量无用的数据包，这些包的源地址是伪造的。

◆ 制造高流量无用数据，造成网络拥塞，使受害服务器无法正常和外界通信。

◆ 利用受害服务器提供的服务或传输协议上的缺陷，反复高速地发出特定的服务请求，使受害服务器无法及时处理所有正常请求。

◆ 严重时会造成系统死机。

要尽可能避免 DoS/DDoS 攻击造成的影响，除需要定期对服务器和网络主节点进行扫描，清查可能存在的安全漏洞，过滤掉不必要的服务，限制 SYN/ICMP 流量以外，还要借助流量清洗工具。

流量清洗的原理与医学中治疗某些血液、泌尿重症的方式很类似：实时检测网络流量中隐藏的非法攻击流量；一旦发现攻击，系统及时通知并激活"防护设备"进行流量清洗；攻击的"缓解系统"将可疑流量从原始网络路径中重定向到"净化产品"上，进行恶意流量的识别和剥离，还原出的合法流量"回注"到原网络中转发给目标服务器，其他合法流量的转发路径不受影响。这就是流量清洗。

许多防火墙、路由器本身就能够支持流量清洗功能，以降低攻击级别，使攻击被削弱。

对于 IDC/ISP 运营者、金融机构、游戏服务商、电子商务和内容提供商而言，"技术 + 管理"双管齐下，才能把 DoS/DDoS 攻击的危害降到最低。

2015 年 9 月 17 日，百度云邀请乐视云、中国电信以及 CloudFlare 等合作伙伴进行了一场精彩的 DDoS 攻防实战演练，攻防演练持续了数分钟，攻击流量峰值达 1Tbit/s。

乐视云作为模拟攻击方，云加速、CloudFlare 和云堤则组成了强大的防守方。乐视工作人员启动了针对云加速的大流量攻击后，来自乐视云的巨大流量直接打到云加速平台上，云加速工程师随即快速响应，百度自主研发的 DDoS/CC 清洗算法自动运行，并且与 CloudFlare 和云堤形成联动：云加速识别到来自国外的攻击流量，通过 Anycast 在路由层面将流量分散到全球超级节点进行清洗；国内攻击流量则是云加速将攻击特征同步给云堤，由云堤进行近源清洗。整个攻防过程中，正常的访问得到回源，而攻击流量则被清洗掉。

5.7　我的地盘我做主

连接到 IP 网络上，只是相当于你从"机构"手里买了一块地。这块"地"拥有以下内容：享有获取别人公开信息的权利；享有若干 IP 地址和分配合法 IP 地址的权利；享有与别人共享你的信息的权利；享有与其他互联网用户进行信息交流的权利。

建立和平共处五项原则，只是相当于你明确了这块地的性质，并建立了规则。

接下来，你要挖掘这块地的潜力了。是盖商住楼还是住宅楼，那就由你做主了——当然，要在土地性质允许的前提下。

网络的部署，业务系统的规划，安全系统的安全等级，都直接取决于你建立 IP 网的目的。也就是说，取决于你想用自建的 IP 网络干什么。

你是要建立企业邮件系统？是建立门户网站，还是建立办公自动化平台？是建立 ERP 系统，还是开展可视电话服务或者 VoIP 服务？是建设 3G 分组网，还是建设城域接入网？这个问题如果似是而非，接下来的工作就很难进行。

因为没有这些目标，你就无从知道如下问题，如图 5.22 所示。

需要多大的带宽连接互联网？

需要多大的带宽实现分支机构之间的互通？

需要多少 IP 地址？包括合法的和私有的。

需要什么样交换能力的路由器或者交换机？

需要什么样的安全性要求？

需要什么样的产品和服务？

需要什么档次和价位的产品？

图5.22　上面的解释

当官不为民做主，不如回家卖红薯。对企业来说，如果 CIO 只是一个官职，那么所谓的"民"就应该是网络的使用者——企业的员工。

客观地说，国内企业的 IT 发展水平与应用的增长是不相匹配的。泛滥的新技术术语层出不穷，它们很容易冲昏人们的头脑，就像刚刚赚到或正在努力去赚第一桶金的企业在还没有分析自己企业的真实需求的情况下，就迫不及待地用最先进、最热门、最富噱头的技术武装自己。

古代斯巴达战士的特点是，不问敌人来了多少，只问敌人在哪里；而我们的很多 CIO 们，不问网络干什么，只问设备多少钱。

于是，问题接踵而至。

◆ 高端的软硬件配置造成大量浪费。精明的路由器供应商提供了一份价格列表，有用的、没用的，统统列在其中，假如不加分析和调研地悉数购买，造成的浪费不仅是金钱，还有惊人的维护成本！

◆ 管理匮乏造成故障不断，人为故障占据90%以上。IP地址冲突这样的简单问题都时常发生，病毒侵扰造成整个局域网瘫痪，连远程的VPN分支机构都会受到牵连。

◆ 起初，信息在局域网内被"暴晒"，毫无安全性可言；当发生信息泄密事件后，草木皆兵，对开放权限产生心理阴影，不敢越雷池一步，最原始的信息交流手段回归，U盘、移动硬盘复辟。

当然还有一些非网络方面的问题，这不是本书的重点，但与IP网络的架构有千丝万缕的联系。

◆ 各自为政的应用系统被运行起来却没有被运用起来。一次性支付了高昂的软件费用之后，却发现后续的资金投入更大：新的需求不断涌现，于是顾此失彼，拆东墙补西墙，缝缝补补，应用系统被改造得不伦不类。

◆ 缺乏后续的支撑保障，与公司业务的结合缺乏指导和规范，员工用了一段时间后就兴致大失。很多企业花大价钱买来的CRM和ERP系统，被菜鸟们用得落花流水、惨不忍睹，最终，员工们又回到原始状态，靠记忆或Excel表格存储数据，靠口才交互信息。

企业的IP网络部署需要金钱，但并非多花钱就能把事情办好。所有复杂的系统工程，都有类似的特点。

根据经验来看，整个工程需要分为需求调研、方案设计、可行性分析、产品选型、工程实施、技术维护等几个步骤。而有两条主线始终应与这些步骤紧密相连。

◆ 如何与企业办公流程紧密结合，让系统发挥最大效能？企业的IP网络绝不是"花瓶"，其实用性是判断网络是否成功的首要因素。如果网络不够合理和健壮，基于网络的应用系统也会跟着遭殃。

◆ 如何解决短期性与长期性之间的关系？成长型企业占据企业总数的大多数，短期和长期的需求满足之间需要找到合理的平衡点。

其实，这两条主线只说了一个道理——量体裁衣（如图5.23所示）！

体者，需求也；衣者，方案也。

图5.23　量体裁衣

想明白需求，你才能制定网络建设的目标；确立了目标，你才能着手规划网络、部署设备、定制业务系统。在规划和部署过程中，相关的管理规范必须同时出台。

这个世界没有绝对的完美。再大的带宽、再先进的技术体制、再昂贵的设备以及再辛勤的劳动所建设的网络，如果不符合自身需求，且不结合企业自身的管理水平，其应用必将千疮百孔，使用者哀嚎遍野。

回顾一下你的企业，下面的问题有没有发生过？

◆ 用着昂贵的千兆位交换机，大家却手拿 U 盘互相复制资料。

◆ 明明安装了安全网关，却病毒丛生，一日不得消停。

◆ 每台计算机都分配了 IP 地址，却总是发生地址冲突。

企业百态，需求百态。我们要想做一个放之四海而皆准的技术和应用方案，即使技术和应用方案完美无缺，但如果没有规范的管理体系和严格的执行能力，一切也都无从谈起。

管理体系和执行能力不是本书的重点，我们按下不谈，单谈技术和应用方案。

在建设自身企业网络之前，我们有必要做好整体网络规划，并画出详尽的网络拓扑，如果需要进行综合布线，还应画出综合布线图。

拓扑是拓扑学中的术语，就是以空间几何的形式来表现事物内部的结构、原理、工作状况等。网络拓扑，是指将整体网络结构以形象、生动、抽象的几何图形表现，一张网络拓扑如图 5.24 所示。网络拓扑结构是指用传输媒体互联各种设备的物理布局，也就是说，你希望用什么方式把网络中的计算机、路由器、防火墙、交换机等设备连接起来。拓扑给出网络服务器、工作站的网络配置和相互之间的连接。

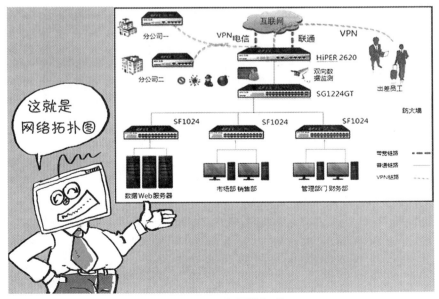

图5.24 一张网络拓扑

我们给各位带来了几位 CIO（有的并非专职）的成功案例。他们所在的企业都具有一定代表性，有小规模的、中等规模的、大规模的，有单点的、多分支机构的，通过对他们企业各自建设网络的需求和方案进行描述，希望各位能真正在自己的地盘"当家做主"，驾驭网络，控制网络，为企业服务。

下面几个案例的文字分别摘自几位企业 CIO 的介绍。

案例 1

张三　某小企业主

我是某公司的高管，CEO 兼任 CIO。像我们这种公司，我一个人兼任多个职位，没办法。

即便如此，我相信我的企业将成为世界上最知名的企业之一，不过那是在 10 年后要发生的事情，也许，要 30 年后。

然而现在，我的公司只有 10 个人。我的目标是，明年 10 ～ 100 人，后年 100 ～ 1 000 人，大后年……也未必，天知道（张三的畅想如图 5.25 所示）。

图5.25　张三的畅想

我的公司是某品牌家具的代理。

有 3 个人负责销售工作，每周仅来公司一次，通过电子邮件与公司联系。

公司办公室有 7 个人需要上网，他们发邮件，收集行业市场信息，发布软文，在百度上进行关键词推广。

我的公司需要一套简单、实用的邮件系统和 CRM 系统。这 3 个常年在外的销售要每天至少收发一次邮件，向我书面汇报当天的工作情况，有时候他们需要从公司下载大量产品资料和合同文本模板，还要将正式合同文本交公司审核，审核通过后再通过电子邮件将合同文本提交给用户。

我的公司需要建立自己的门户网站，要花花绿绿的那种，访问量不会太大，虽然我还是希望点击次数越多越好。我专门安排两个电话营销人员负责接听用户的咨询或者记录订购电话。

用户确认购买后，销售人员将合同文本转到商务部门进行审核，商务人员会根据订单情况备货和发货。过去，我们都用电子邮件的方式沟通，现在我听说用 CRM 系统就可以建立和执行这一流程。那敢情好，我也想试一试。

别看我是搞家具生意的，我也知道不断学习。通过问朋友、上网查，我获得了一些技术支持，于是开始 DIY，让我吃惊的是，效果还不错！我的 DIY 过程如下。

◆ 向当地主流运营商（电信或者联通）申请一条 2Mbit/s 的 ADSL 专线，比我家里用的还是贵不少。

◆ 购买一台某品牌企业级路由器和一台二层以太网交换机。

◆ 购买一台服务器，开启 VPN 和 FTP 服务，将常用的文件上传到这台服务器上供公司内外人员下载。

◆ 购买一台小型不间断电源设备（UPS），用于路由器、交换机和 ADSL 猫的临时供电。事后，我发现这个有些多余，因为断电的情况下，计算机也无法开启，要网络有何用呢？

◆ 员工的 10 台计算机利用路由器的 DHCP 服务自动获取 IP 地址。

◆ 用网线将计算机、服务器和以太网交换机连接起来。这个活我自己亲自操刀，布线虽然不够规范，但是对我们这样的企业而言，基本够用了。

◆ 在以太网交换机上划分两个 VLAN。VLAN1 给普通员工使用，VLAN2 给我和财务部使用。

◆ 向在线 CRM 软件服务商 Xtools.cn 申请 10 账号的 CRM 服务。

◆ 申请 .cn 域名一个，邮件域名一个，账号 15 个（考虑备用）。

◆ 与某 IDC 服务商谈判，申请虚拟主机的服务。

◆ 与某软件开发商谈判，购买网站制作和 1 年的技术支持。

复杂的东西我们一个都没有做，邮箱系统能正常工作，CRM 系统可以通过互联网登录 Xtools.cn 的服务器即可。

在外奔波的销售人员可以通过 VPDN 访问企业内网，下载文件。

这套系统，是一个非常简单的局域网系统，未来可根据需要随时扩展，原来购买的设备也不会被浪费。这套系统投资较小，功能恰到好处，我很满意。

案例 2

李四 某国企信息系统部 经理

我是某集团下属公司高管，级别相当高，副处。

我们集团已经是全世界最知名的企业之一，效率虽然不高，但是利润丰厚。

我们集团在全国有 30 万人，我们公司有 1 000 人，明年有 1 000 人，后年有 1 000 人，大后年如果不出意外，还是有 1 000 人（李四的畅想如图 5.26 所示）。

图5.26　李四的畅想

我们公司的主要工作是负责某个项目的开发。员工基本不出门。

去年的某一天，领导下发指示，要求我们信息系统部尽快就公司的信息化做出规划。

我的天啊！让我负责信息化！我对IT简直一窍不通！

我只知道，目前公司的网络是计算机网。每个人都分一个固定的地址——这大概就是IP地址了。当然，公司很多年轻人不守规则，网络中经常发生地址冲突事件。

整个公司局域网基本是以一台以太网交换机加一堆HUB为中心的，毫无规划可言。很多员工甚至开始使用无线上网卡上网，公司的重要信息经常外泄，造成竞争对手对我们公司的情况了如指掌。然而最让人头痛的是，公司的网络也经常发生拥塞，病毒泛滥，员工打游戏也只能靠人去盯着。

公司员工每个人都有一个邮箱，每个邮箱域名（后缀）都不一样，可谓"百花齐放"。

公司一直没有网站，虽然有一个不错的域名，但是否失效也不清楚。

我们与集团有专门的数据通道，这个数据通道用于传送视频会议等，采用资费昂贵的专线，投入巨大，却长期闲置。

幸亏公司来了一个IP达人！我让他给我做了一份方案，我看着还不错，他的水平挺高，我权力下放，他负责系统建设工作，最后的效果得到领导的高度认可。

这份方案的主要内容如下。

◆ 购买某品牌企业核心路由器一台，带1个100BaseFX单模光纤接口。公司访问互联网所需的带宽量很大，尤其是高峰时段，数据量接近80Mbit/s，因此，公司需要从某ISP申请较大带宽的IP通道，目前初步确定为100Mbit/s。

◆ 购买某品牌三层以太网交换机1台，二层以太网交换机22台，将原有的以太网交换机、HUB全部替换。将交换机按照端口划分VLAN，每个部门分得一个。

◆ 购买某品牌企业级防火墙一台，内置杀毒网关，通过配置，在上班时段（又延长了2小时）屏蔽掉常用游戏的端口号。

◆ IP 地址由公司 DHCP 服务器统一分配，与员工计算机 MAC 地址绑定。

◆ 购买邮箱服务器一台，安装邮箱服务器软件一套。企业员工均分配公司统一的邮箱地址。

◆ 申请 .com 顶级域名一个（原来那个的确失效了，但还未被占用，我们需要再申请一次），购买 5 年服务。

◆ 与某 IDC 服务商谈判，申请虚拟主机服务。

◆ 与某软件开发商谈判，将网站制作外包，该软件开发商需要提供 3 年的网站维护服务。

◆ 租用运营商的 MPLS VPN 通道，与集团公司建立 VPN 连接，专人负责维护和开通视频会议系统。

案例 3

我叫王五，就职于全球知名的美国企业，我所在的企业也是一个听起来如雷贯耳的跨国集团。

我是中国公司的 CIO。

全中国 30% 的某种塑料制品都是由我们公司生产的。

我们中国公司的总部设在北京，有 3 000 人；工厂设在深圳和东莞，每个工厂中办公室人员大约 300 名，工人 1 000 名左右。我们在国内有 30 多个销售机构，拥有 700 多家代理商，3 000 多家供应商（王五的畅想如图 5.27 所示）。

图5.27 王五的畅想

我们的 ICT 信息系统已经老化，不适应新的市场竞争的需要，改造工作已经提上日程。

我们需要用最先进的技术建立视频会议系统，并建立完备的 CRM 和 ERP 体系。

我们还需要建立现代化的沟通通信手段。

下面是我们的方案。

◆ 购买某品牌 72 系列路由器一台，带一个 100BaseFX 单模光纤接口；购买某品牌 45 系列路由器两台，各带一个 100BaseFX 单模光纤接口。

◆ 购买某品牌三层以太网交换机 3 台，二层以太网交换机 102 台。划分多个 VLAN，每个部门分得一个。

◆ 购买某品牌企业级防火墙一台，内置杀毒网关，通过配置屏蔽掉常用游戏的端口号。

◆ 将原有的以太网交换机、HUB 全部替换，采用某品牌的以太网交换机连接所有计算机。

◆ IP 地址由公司 DHCP 服务器统一分配。

◆ 购买邮箱服务器两台，安装邮箱服务器软件两套。这两台服务器的软硬件互为热备份。

◆ 购买某品牌 CRM 软件一套，功能需求由市场部老总提。

◆ 申请 .com 顶级域名一个，并一次性购买 5 年服务。

◆ 与某 IDC 服务商谈判，申请虚拟主机的服务。

◆ 与某软件开发商谈判，购买了网站制作和 1 年的技术支持。

◆ 租用运营商的 MPLS VPN 通道，与集团公司建立 VPN 连接，专人负责维护和开通视频会议系统。

◆ 通过 VPN 服务器的设置，出差员工可以通过 VPN 访问企业内网。

方案 4

我叫刘七。

我所在的公司是一家新兴的电子商务集团公司，主攻 B2C，业务覆盖全球。公司总部在杭州，在中国设有 4 个办事处，分别位于北京、上海、广州和成都；另外，在日本东京、美国洛杉矶和英国伦敦设有 3 个海外办事处。员工共 2 800 人，其中总部约 2 000 人（刘七的畅想如图 5.28 所示）。

图5.28 刘七的畅想

为能够满足公司业务日益增长的需求和集团公司日常办公需求，我们计划建设符合公司发展的 IT 应用系统。整个系统主要包含以下模块。

（1）数据中心

◆ 引入中国电信、中国联通各 1GE 作为总部带宽接入。

◆ 核心部署两台某品牌 76 系列路由器，并分别配置负载均衡模块、防火墙模块、流量清洗模块、无线管理模块、千兆全线速交换模块。

◆ 核心交换部署两台某品牌企业核心交换机，并分别配置千兆全线速交换模块和万兆模块，继而实现万兆骨干、千兆接入的企业网。

◆ 接入层全部采用某品牌接入级交换机。

◆ 存储区域采用 NAS 构架，并在一期配置 12 个 Shelf，并采用 FC 盘（600G），这样初期存储总容量可达 $12 \times 14 \times 600G=100T$。

◆ 配置存储网络、接入数据网络的交换机一台。

◆ 部署某品牌 UC 系统，向员工提供统一通信服务。

◆ 部署某品牌负载均衡系统，优化广域网流量，可进行流量管理、访问控制等功能。

◆ UPS 部署、恒温空调、机房布线和装修。

（2）语音和视频通信

◆ 语音通信：内部分支机构之间采用 VoIP 系统，以及某品牌的 IPPBX，公司提供 100 台某品牌 IP 话机给公司领导和部门经理使用。该 IPPBX 支持电话会议功能，且支持 8 方同时开会。

◆ 视频会议：购买某品牌视频会议系统一套，有人建议我买高清的，我想，这个钱没必要花那么多。

◆ 呼叫中心：购买某品牌呼叫中心系统 200 座席，用于客户服务。实现来电弹屏、点击呼叫、排队、班长座席、强插强拆、统计报表等功能。

（3）网络和应用安全

◆ 部署一台企业级 VPN Server，分公司通过 Site-to-Site VPN 与总部组网，并采用 IPSec over GRE 协议增强总分通信安全性，形成 Hub-Spoke 模式，出差人员通过 EasyVPN 拨号访问。

◆ 防火墙已集成在数据中心路由器中。

◆ 部署某品牌网络防御系统。

◆ 流量清洗已集成在数据中心路由器中。

◆ 配置某品牌安全分析管理设备。

（4）数据库与服务器

◆ 安装某品牌数据库系统企业版。

◆ 采用某高端品牌服务器，可安装公司各种应用系统。

（5）虚拟化应用

◆ 采用 VMware Infrastructure 作为服务器虚拟化解决方案。

◆ 采用 VMware View 4 或者 Citrix 的 XenDesktop 作为桌面虚拟化产品。

（6）CDN 网站加速

◆ 静态内容加速。

◆ 下载加速。

◆ 动态内容加速。

◆ 流媒体加速。

（7）办公自动化系统

◆ 购买某品牌 CRM、ERP 和 OA 系统各一套。

◆ 购买某品牌邮箱服务器并进行合理部署。

（8）其他

◆ 全面采用某知名厂商的流控和安全审计方案，对企业园区的 IP 流量进行有效监控。

◆ 会议室、楼道等位置部署某品牌无线路由器，支持 IEEE 802.11n 协议。

◆ 计算机等终端支持 802.11n 无线协议。

各位，本书不夹杂任何嵌入式广告。上述方案中出现的产品品牌，各位根据需要也可以选取同级别的其他品牌产品，也不必去记忆这些产品型号。你要做的，仅仅是了解企业 IT 系统，尤其是网络系统，有哪些基本组成部分，以及设计方案的思路和方法。

第 **6** 章

TCP/IP 网络机构

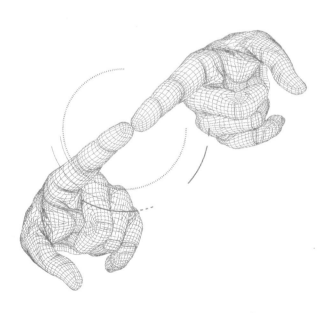

自从微信出现，人们的日常生活习惯便改变了，当你沉浸在微信朋友圈的时候，其实你是在享受一种服务，但是你有没有想过具体都是什么人在为你服务？首先有人生产出了手机这一款硬件，再有人提供移动互联网络，然后有人提供微信这一款软件，还有就是相关的管理者。同理，TCP/IP 网络机构可以归为 4 类，通俗地说，有提供网络的，有提供软件的，有制造硬件的，还有组织管理的。

6.1　TCP/IP经营管理者

◆ IP 世界是众多机构互联起来的联合体，每个机构都拥有这个联合体的一部分设施的产权和处置权。

◆ ICANN 负责全球 IP 地址、域名和自治系统号的管理和分配工作。

◆ ISO、ITU、IETF 等标准化组织为 IP 世界制定规则。

IP 世界是一个"和谐"的世界。

所有的参与者都在这个世界里有条不紊地执行自己的使命。正如常识告诉我们的，路由器负责 IP 包的寻址和路由，交换机负责 IP 包的交换，防火墙负责网络的安全并建立"准入制度"，管线负责连接主机、路由器、交换机，管理系统负责管理 IP 网络，等等。

首先我们要弄明白，IP 世界的管理结构是什么？

就像一个明确的产权人（房东）也是房屋的管理者。其对房屋的处置，必须符合国家规定，比如出租房屋必须缴税，不能随便将租户赶出房子等。

那么对于 IP 世界的诸多要素，我们也应该弄明白，产权属于谁？谁负责管理？

IP 世界属于全人类，没有明确的产权人。IP 网络的地址编号和协议有统一的管理者和制定者，网络的拓扑却没有统一的管理者。它是众多机构互联起来的联合体，每个机构都拥有这个联合体的一部分设施的产权和处置权——当然，处置权也必须符合规则。

这些机构包括电信运营商、ISP、企业应用者、个人应用者，等等。

基于经营权的天然垄断地位，互联网的主导参与者是电信运营商。骨干的路由器网、传输网、企业和个人用户的接入部分，绝大部分都是由电信运营商或其代理 ISP 参与规划、建设、经营和维护的；包括大部分 IDC 都是由电信运营商承建并经营的。总之，从网络到内容，从道路到居民，电信运营商无不涉足。

如果只看硬件设施，全世界的电信运营商参与了 80% 以上的网络建设，而另外的不到 20%则由其他 ISP、接入的企业和个人用户参与建设。

每个家庭打开"光猫",接入互联网。其实你的计算机、手机、"光猫"、智能电视等,也成为 IP 世界的一个组成部分,并且产权属于你。

如此众多的产权所有者如果各自为政,那么这个世界一定是混乱不堪的。让世界保持和平的最佳方法就是,制定统一的规则。

然而问题是,谁有资格制定这些规则?

人类历史反复证明了这一点:规则,当然是由最有话语权的人群制定。

如图 6.1 所示,IP 通信的主要标准化组织有 ISO、ITU–T、IETF 等。

ISO 定义了基础通信架构以及大量的接口标准。

ITU–T 定义了电信领域的诸多标准和规范。

IETF 定义了 IP 网络中的诸多标准和规范,且主管互联网的大部分协议,比如 TCP、UDP、HTTP、DNS、Mail 等,并且 IETF 是专门制定 IP 网络规范的组织,全球业界唯其马首是瞻。

IP 通信只是一个笼统的概念,从物理接口到传送通道再到应用系统,所涉及的标准、规范、协议多如牛毛。除了上述 3 个主要的标准化组织,还有一些其他标准化组织,它们制定的标准被应用于 IP 世界的各个角落。比如 IEEE、电子工业协会(EIA)、欧洲电信标准学会(ETIS)等。

图6.1　IP通信的主要标准化组织

这些标准化组织,云集了全世界各个国家的业界大佬。在这个过程中,你能看到各个利益集团的影子若隐若现,而正是这些利益集团,引领了全球通信界及互联网界标准的潮流。

出于共同利益的驱使,这些标准化组织并不是各自为政的。它们之间会互相协调、互相补充,共同发展和规范通信网络。TCP/IP 协议族,只是诸多通信技术体制中的一个重要分支。

对于互联网的公共资源分配，尤其是 IP 地址分配和域名管理，国际上有专门的机构行使这一职权。这一机构叫作 ICANN，成立于 1998 年 10 月，总部位于美国加利福尼亚州，专注于处理 IP 地址和域名的分配，是美国政府互联网治理的非营利机构。美国政府志愿放弃了这个治理权，它有点像 IP 地址和域名分配的联合国。

而在 ICANN 成立之前，曾经有一个叫作因特网编号分配机构（IANA）负责互联网编号分配。IANA 通过向地区互联网注册管理机构分配一组 IP 地址编号来管理 IP 地址授权。区域性的互联网注册管理机构，如亚太地区的 APNIC、美洲的 ARIN、拉丁美洲和加勒比海地区的 LACNIC、非洲的 AFRINIC 等，都是从 INAN 派生出来的。

2003 年开始，这 5 个机构组成码号资源组织（NRO），以代表其利益，并采取联合行动，协调它们在全球范围内的活动。随即，NRO 与 ICANN 签订协议，在 ICANN 内创立地址支持组织（ASO），用于两者之间的协调工作。从此，NRO 在 ICANN 的框架内开展协调全球 IP 寻址的政策。

ICANN 大权在握，对于所有地区性的 NRO，有建议权、收集建议的义务，这些建议都被提交给 ICANN 中的 ASO。最终的决定权，则归 ICANN 所有。ICANN 的管理如图 6.2 所示。

NRO 中和我国有关的，是亚太地区的 APNIC，总部位于澳大利亚的布里斯班。

图6.2　ICANN的管理

世界上没有绝对的自由。哲学家说：自由是相对的，不自由是绝对的。

世界上没有绝对的开放。IP 专家说：IP 的开放是相对的。

只要符合基本规则，我们就很容易把此计算机与彼计算机互联起来，把 A 网络和 B 网络互联起来，把甲主机和乙主机互联起来。

接下来要介绍 IP 世界的各种规则，这些规则都是由 ISO、ITU–T、IETF、IEEE 以及其他标准化组织定义的、已经被业内所接受的基本规范和标准。学习 IP，一定要研究这些规则。

6.2　TCP/IP网络服务提供商

ISP 是向广大用户综合提供互联网接入业务、信息业务和增值业务的电信运营商。

2008 年电信运营商的大改革，对中国电信业发展的影响是深远的。

电信体制改革的历史如图 6.3 所示。

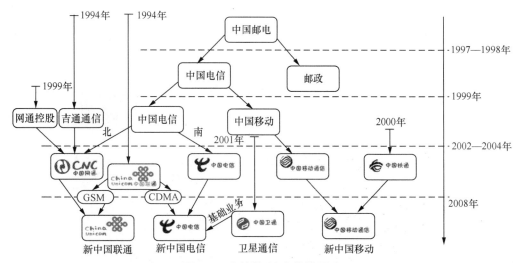

图6.3　电信体制改革的历史

1. 中国电信

1998 年，中国电信由中国邮电拆分而成，2002 年中国电信南北分家，南电信成为新的中国电信，2008 年，在整合了原中国联通的 CDMA 网络后，更新的中国电信成立。全业务运营商固网经验丰富，建立了全国范围内的骨干 IP 网络，南方的 IP 宽带业务发展迅速，拥有两个 IP 骨干网络：ChinaNet 和 CN2。提供 2G（GSM）、3G（CDMA2000）、4G（FDD–LTE）等网络服务，拥有"商务领航""我的 e 家""互联星空""号码百事通""天翼"等重量级服务品牌。中国电信 5G 宣传海报如图 6.4 所示。

图6.4　中国电信5G宣传海报

2. 中国移动

中国移动是中国利润最高的电信运营商，年轻、富有朝气，主要经营移动话音业务，2G（GSM）、3G（TD-SCDMA）和4G（TD-LTE）。拥有"全球通""神州行""动感地带""咪咕"等著名移动通信服务品牌。近年来，中国移动发展起数据和多媒体业务，目前正在弥补自身在固网和宽带网发展的不足，为成为均衡的全业务服务商而努力。2015年进军餐饮业，建O2O模式咪咕咖啡店，如图6.5所示。

图6.5　中国移动咪咕咖啡店

3. 中国联通

2008年，前中国联通将CDMA网络出售给中国电信后，与前中国网通合并，成立新的中国联合网络通信有限公司。中国联通为全业务运营商，拥有"精彩在沃""沃派""沃家庭"及IPTV等著名客户品牌，拥有China169（AS4837）、IP骨干网络。提供2G（GSM）、3G（WCDMA）、4G（FDD-LTE、TD-LTE）等网络服务。北方市场固网拥有较大优势，在宽带、IDC等领域拥有丰富的运营经验和资源优势。中国联通5G和家宽业务宣传如图6.6所示。

图6.6　中国联通5G和家宽业务宣传

4. 中国广电

中国广电，全称中国广播电视网络集团有限公司，是广电系统以广电内容丰富和用户接入网络覆盖广著称，如图6.7所示。各省（区、市）情况差异较大，网络分而治之，产权复杂，被业内称为除中国移动、中国电信、中国联通之外的第四运营商，负责全国范围内有线电视网络的相关业务，开展三网融合业务，并具备宽带网络运营等业务资质。2022年，中国广电开放192号段，开启5G移动通信服务。

图6.7　中国广电

5. 中国星网

中国星网，全称中国卫星网络集团有限公司，是卫星互联网领域的领军企业，于2021年4月26日成立，是首家注册落户雄安新区的中央企业，如图6.8所示。中国星网致力于卫星互联网的论证、设计、建设、运营与服务，拥有广泛的经营范围和技术实力。中国星网不仅在国内卫星通信领域占据重要地位，还积极推动国际合作，拓展跨境服务。中国星网通过发射大量卫星，构建完善的卫星互联网系统，为全球用户提供优质、高效的卫星互联网服务。作为推动中国卫星互联网事业发展的重要力量，中国星网持续创新，引领行业发展，为全球卫星互联网领域的发展贡献中国智慧和中国方案。

图6.8　中国星网

6.3　TCP/IP网络内容提供商

ICP是指在互联网上提供大量丰富且实用信息的服务提供商。由于网站众多，本书只列举部分。TCP/IP 网络内容提供商详见表 6.1。

表 6.1　TCP/IP 网络内容提供商

名称	简介
新浪	中国著名门户网站之一。创始人为王志东
搜狐	中国著名门户网站之一。创始人张朝阳是互联网时代中国的代表人物
网易	中国著名门户网站之一。创始人丁磊是互联网时代中国的代表人物
腾讯	全世界使用人数最多的即时通信软件之一。由深圳腾讯公司 1998 年创立，创始人为马化腾
微软	MSN/Live Message 作为高端的即时通信品牌，其私密性和严肃性，受到了商务人士的青睐
Skype	Skype 采用全球最先进的语音处理技术，掀起了互联网语音通信的热潮
谷歌	全球最知名的互联网公司，以搜索引擎起家，提出"云计算"概念、发布 Android 手机操作系统
百度	汉语世界使用率最高的搜索引擎，创始人为李彦宏
阿里巴巴、淘宝和支付宝	马云创立的阿里巴巴，是全球最知名的 B2B 模式的网站之一，其旗下的"淘宝网"则是 C2C 模式的网站，目前在国内拥有最大的用户群和非常高的知名度，而其旗下另一个重要武器——支付宝，是目前国内互联网电子支付领域的排头兵
当当	综合性网上购物中心，包括服装、鞋包、图书、家居等众多品类
京东	综合性网上购物商城，包括家电、手机、计算机、图书、母婴、服装等众多品类
智联招聘	找工作、招聘员工的专业网站
58 同城、赶集网	分类信息网站，提供房屋租售、招聘求职、二手买卖、汽车租售、宠物票务、餐饮娱乐、旅游交友等多种生活信息
携程网、同程网、途牛旅游网	酒店预订、机票、火车票预订、度假预订
大众点评、美团	团购、餐厅预订、外卖等交易服务
世纪佳缘网、百合网	婚恋网站
中国通信网	国内最老的 IP 通信门户网站
全球 IP 通信联盟	国内最大的 IP 通信门户网站
迅雷	国内知名 P2P 服务提供商
瑞星、360、卡巴斯基	知名杀毒软件供应商

6.4　TCP/IP网络设备制造商

中国通信产业高速发展10多年，活跃在中国市场的IP设备制造商真可谓"浪花淘尽英雄"，本节我们以关键词的形式介绍业内几个知名企业。

（1）华为技术

狼性：其公司的"狼性"文化成为中国通信行业以至中国自主知识产权领域的排头兵。

任正非：总裁任正非更因其卓越的管理才能和远见卓识，被业内奉为精神领袖。

一流：在多个国家和城市设立研究所，业务包括通信网络设备（运营商）、企业网和消费电子。其中，消费电子业务发展迅速。

IP产品线：开发和销售IP领域的几乎所有产品。

（2）兴通讯

典范：与华为技术一起，成为中国通信企业最成功的典范之一。

上市：2004年12月，中兴通讯作为中国内地首家A股上市公司成功在香港上市。

踩点：无论是小灵通，还是视频会议，以及CDMA，中兴通讯都走在市场最前沿，也是中国通信设备制造商中，"步点"踩得最准的。

IP产品线：开发和销售IP领域的几乎所有产品。

（3）烽火

烽火科技集团于1974年正式成立，其前身武汉邮电科学研究院（WRI）是中国光通信的发源地，与华为技术、中兴通讯一起，成为中国通信企业最成功的"三兄弟"。

（4）TP-LINK

TP-LINK（普联技术有限公司）是全球领先的网络通信设备供应商，提供以太网、无线局域网、宽带接入等产品，是中国少数几家用于自主研发、生产的无线网络设备生产商和解决方案提供商，其国内销量一直处于领先地位。

（5）CISCO

95%：生产的路由器曾经占据全球互联网路由器总数额的95%以上。

龙头：出产路由器、交换机、防火墙，其系列名称、命令行都成为全球路由器交换机制造商顶礼膜拜的对象。

认证：思科的认证体系非常健全。成为CISCO的认证工程师（如CCNP、CCIE、CCDA等）是大量网络工程师追求的目标。

IP产品线：以路由器，交换机，IOS软件为主，还有宽带有线产品、板卡和模块、内容网络、网络管理、光纤平台、网络安全产品与VPN设备、网络存储产品、视频系统、IP通信系统、无线产品、统一通信产品等。

（6）H3C

H3C即杭州华三通信技术有限公司（简称华三通信），拥有全线路由器和以太网交换机产品，还在网络安全、云存储、云桌面、硬件服务器、WLAN、SOHO及软件管理系统等领域稳健发展。H3C的前身是华为3Com公司，是华为与美国的3Com公司的合资公司，于2010年被HP收购，2015年被紫光集团收购。

（7）上海贝尔 – 阿尔卡特 – 朗讯

其名字之所以复杂，是有故事的，先是法国的阿尔卡特收购上海贝尔，之后于2006年与美国的朗讯科技合并。

复杂的名字：其是阿尔卡特 – 朗讯公司在亚太地区的"旗舰公司"，是中国电信领域第一家引进外资的股份制企业，拥有丰富的国际资源。公司直接隶属于国务院国有资产监督管理委员会。

产品线：提供端到端的电信解决方案和高质量的服务，产品覆盖固定网络、移动网络、宽带接入、智能光网络、多媒体解决方案和网络应用。

（8）迈普

成都：在这样的休闲城市里崛起一家 IT 业界高科技公司，真是一件不容易的事。

专网：一直致力于金融、保险、石油等行业 IP 通信市场的企业，今天也开始大步迈向电信运营商领域。

IP 产品线：国内中低端路由器、交换机份额较高。

（9）锐捷

上市：A 股上市公司。

IP 产品线：国内中低端路由器、交换机份额较高。各种 IP 终端产品线丰富，云计算启动较早。

（10）微软

软件：全球的软件帝国。从桌面到手机，从办公软件到游戏软件，微软软件均深入涉足。

比尔·盖茨：神话的缔造者，如图 6.9 所示。

"DOS"和"Windows"：拥有最高知名度和最多使用人群的操作系统。

图6.9 比尔·盖茨

（11）Oracle（甲骨文）

数据库：知道 Oracle 的人大多数是因为 Oracle 的数据库。

神谕：Oracle 在英语里是"神谕"的意思。

产品范围：在 JAVA 中间件领域、应用服务器领域、ERP 领域、CRM 领域都有自己强大的产品线。

（12）IBM

大鳄：我们只用一句话来形容这一大鳄——无所不能，无处不在。

产品范围：致力于 IP 技术与产品的研究、开发、生产、销售及服务。

（13）苹果

乔布斯：苹果创始人，如图 6.10 所示。

风靡：其任何一款产品，包括 iPod、iPhone、iPad，都风靡全球，被奉为经典。

应用商店：创建了第一个应用商店。

图6.10 苹果创始人乔布斯

（14）联想

联想集团成立于 1984 年，主要生产台式计算机、服务器、笔记本计算机、打印机、掌上计算机、主板、手机等商品。2004 年收购 IBM PC 事业部。2013 年，联想计算机销售量升居世界第一，成为全球最大的 PC 生产厂商。2014 年 10 月，联想集团完成对摩托罗拉移动的收购。

（15）浪潮

浪潮是中国领先的云计算、大数据服务商，高端服务器、海量存储、云操作系统、信息安全技术领先。1968 年，浪潮的前身——山东电子设备厂在那时开始生产计算机外围设备和低频大功率电子管。1970 年，中国第一颗人造卫星"东方红 1 号"就采用了浪潮生产的晶体管作为电子元件。

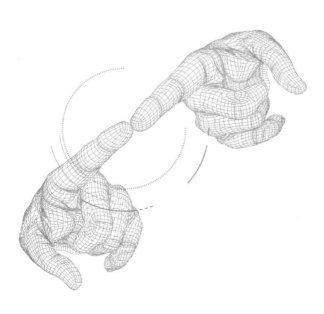

第 **7** 章

TCP/IP 常用命令

当你在网上玩得正高兴的时候，网断了，不能上网了，你会不会很上火？不论是在家里还是在办公室，无法上网的问题是我们最容易遇到的，这时候求人不如靠自己，学会几个常用的网络测试命令，就可以大概知道自己无法上网的原因了。

7.1　cmd命令符

早期的计算机是 DOS 系统，DOS 时代没有 Windows 系统的视窗操作界面，只有一个黑漆漆的 cmd 窗口，通过输入命令，查询系统的信息或者是判断网络的好坏。直到今天的 Windows 系统，还是离不开 DOS 命令的操作，一般 Windows 的各种版本都与其兼容，用户可以在 Windows 系统下运行 DOS。

学习 DOS 系统，首先你需要了解命令提示符。先了解每个命令提示符的作用，然后才能够灵活运用。cmd 是 command 的缩写，即命令行。想要更详细地了解 cmd 命令，你还需要进入 cmd 命令提示符操作界面进行尝试。

1. 如何打开命令提示符操作界面

打开命令提示符操作界面有多种方法，最简单的方法就是使用快捷键。

◆ 在键盘上同时按下 Win 图标键和字母 R 键，如图 7.1 所示，会弹出一个运行界面，然后输入 cmd，如图 7.2 所示。

图7.1　键盘操作

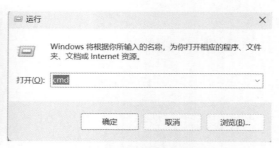

图7.2　运行界面

我们再单击下方的"确定"即可打开 cmd 命令提示符操作界面，如图 7.3 所示。

◆ 计算机左下角桌面任务栏的"开始"按钮旁边，有一个搜索按钮，如图 7.4 所示，使用鼠标单击后在"搜索程序和文件"的输入框中输入 cmd，再按下"回车键（Enter 键）"即可进入命令行。

图7.3 命令提示符操作界面

图7.4 命令提示符打开方法

◆ 打开文件夹，在文件夹地址栏输入"cmd"，即可打开命令行，如图7.5所示，而且当前命令行操作的默认地址是该文件夹。

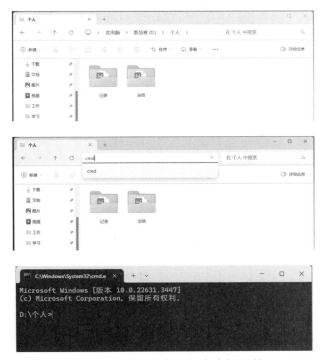

图7.5 利用文件夹打开命令提示符

2. 命令提示符怎么用

命令提示符的使用其实并不复杂，我们只要了解一些命令提示符即可。以下，我们将通过命令提示符查看计算机 DNS 地址的例子，来为大家介绍命令提示符的用法。

◆ 在打开的命令提示符操作界面，键入需要操作的命令。我们要想查看计算机 DNS 地址，就必须在 DNS 中借助命令来查看，具体为在命令提示符中键入命令 ipconfig/all，如图 7.6 所示。

图7.6　命令提示符操作界面

◆ 在命令提示符操作界面，键入 ipconfig/all 命令后，再按计算机上的回车键确认运行即可，之后即可显示命令结果了，如图 7.7 所示。

图7.7　命令提示符显示命令结果

至此我们就成功执行了一条 cmd 命令，并得到了结果，如果要运行其他命令，可再次键入命令，然后按回车键运行即可。也就是说，命令提示符的使用非常简单，步骤为先进入命令提示符操作界面，然后键入命令，按回车键运行即可。

7.2 ping命令

ping 对网络老手来说，实在太普通不过了，老手几乎每天都会用到它，而对于新手来说，多多少少会有点陌生，作为常用的一个工具，了解它非常必要。ping 来源于物理学，是用来测声呐脉冲的回应情况的，在网络中是一种关于协议的常用工具，主要用来检测分析网络连接的状况。

当你对着前方大声喊叫，如果你听到回声，就能确定对面有阻挡物。根据你发出喊叫声音和听到回声之间的时间差，你就能确定阻挡物距离你的距离。

ping 命令也运用了这一原理。

据说，ping 命令是互联网时代 DOS 系统中使用频率最高的命令之一，因为我们运行 Windows 的资源管理器，就可以做绝大部分 DOS 命令能做的工作，例如对磁盘文件的处理。但和 TCP/IP 网络有关的许多操作，用 DOS 命令行的方式更加直观，比如：

ping 202.102.7.1

ping www.×××.com

其他操作系统，比如 Linux、UNIX、Solaris，命令与此相似。

ping 是 Packet Internet Groper 的缩写，看似小小的一个工具，我们要想完全掌握它，还真不是一件容易的事。我们键入"ping /?"就可以得到官方给出的 ping 命令的一些参数和用法，如图 7.8 所示。

```
C:\Users\Lenovo>ping /?
用法: ping [-t] [-a] [-n count] [-l size] [-f] [-i TTL] [-v TOS]
          [-r count] [-s count] [[-j host-list] | [-k host-list]]
          [-w timeout] [-R] [-S srcaddr] [-c compartment] [-p]
          [-4] [-6] target_name

选项:
    -t             ping 指定的主机，直到停止。
                   若要查看统计信息并继续操作，请键入 Ctrl+Break;
                   若要停止，请键入 Ctrl+C。
    -a             将地址解析为主机名。
    -n count       要发送的回显请求数。
    -l size        发送缓冲区大小。
    -f             在数据包中设置"不分段"标记 (仅适用于 IPv4)。
    -i TTL         生存时间。
    -v TOS         服务类型 (仅适用于 IPv4，该设置已被弃用，
                   对 IP 标头中的服务类型字段没有任何
                   影响)。
    -r count       记录计数跃点的路由 (仅适用于 IPv4)。
    -s count       计数跃点的时间戳 (仅适用于 IPv4)。
    -j host-list   与主机列表一起使用的松散源路由 (仅适用于 IPv4)。
    -k host-list    与主机列表一起使用的严格源路由 (仅适用于 IPv4)。
    -w timeout     等待每次回复的超时时间 (毫秒)。
    -R             同样使用路由标头测试反向路由 (仅适用于 IPv6)。
                   根据 RFC 5095，已弃用此路由标头。
                   如果使用此标头，某些系统可能丢弃
                   回显请求。
    -S srcaddr     要使用的源地址。
    -c compartment 路由隔离舱标识符。
    -p             Ping Hyper-V 网络虚拟化提供程序地址。
    -4             强制使用 IPv4。
    -6             强制使用 IPv6。
```

图7.8 ping命令的一些参数和用法

-t：设置这个参数，当你 ping 一台主机时，系统将不停地运行 ping 命令，直到你按下"Ctrl+C"键终止，否则，操作系统一般只会 ping 几个包，比如 Windows 在缺省情况下就只 ping 4 个包。

-a：将地址解析为主机名。

-n count：要发送的回显请求数。

……

ping 命令就像一个"飞去来兮"玩具，运行 ping 命令的计算机 A 将触发一个特殊的 IP 包从本地发出，目的地是计算机 E，ping 示意如图 7.9 所示。

图7.9　ping示意

这个 IP 包将轻装上阵——只携带出发地和目的地的 IP 地址，以及一个简单的计时器和计数器，并都设置从 0 开始计时和计数。

从寻找路由的角度看，这个包和普通的 IP 包没有任何区别。每到达一台路由器，计数器会自动加 1，直到到达目的节点 E。

在节点 E，这个 IP 包被"调包"，将包头中的源、目的 IP 地址做一个调换，其他内容不变，再将其"遣返"回节点 A！

注意，这个数据包来回的路由未必一致，可以走回头路，也可以不走。如果这个 IP 包顺利回到起始节点 A，则说明节点 A 和节点 E 之间双向路径均通畅。

如果它没有回来呢？那么节点 A 和节点 E 之间的双向路径中，至少有一条路径是不通的。

从上面的描述我们可以看出，ping 命令是用来检测两个 IP 节点之间连通性的工具。当这个特殊的 IP 包回到节点 A 时，计时器和计数器中的当前数据将显示在屏幕上。

一般情况下，节点 A 上能 ping 通节点 E，那么节点 E 上也能 ping 通节点 A。当然，在极个别情况下会出现节点 A 能 ping 通节点 E，而节点 E 无法 ping 通节点 A 的情况。

工程师会通过连续地 ping 查看计时器的时间变化，并可以通过丢包情况分析整条链路的质量。IP 包在网络上的“长途旅行”，可能会遇到各种网络情况，对不同长度的 IP 包而言，所遇到的待遇未必相同，有时候因为包长增大，时延会突然增加。对于网络环境较差的，过大的 IP 包可能根本无法通过整个网络回到起始点。

ping 本机 IP 地址：这是为了检查本机的 IP 地址是否设置有误。

ping 远程 IP 地址：这主要是检查本网或本机与外部的连接是否正常。

ping 127.0.0.1：127.0.0.1 是回送地址，回送地址是为了检查本地的 TCP/IP 有没有设置好。如果本地址无法 ping 通，则表明本地机 TCP/IP 不能正常工作。

回到本章开始的场景，当我们连不上网的时候，我们可以分两步来判断问题出在哪里。首先 ping 一下某网址，命令为 ping ×××.com，按下回车键后的显示如图 7.10 所示。

```
C:\Users\Lenovo>ping xxx.com

正在 Ping xxx.com [110.242.68.66] 具有 32 字节的数据:
来自 110.242.68.66 的回复: 字节=32 时间=11ms TTL=53
来自 110.242.68.66 的回复: 字节=32 时间=11ms TTL=53
来自 110.242.68.66 的回复: 字节=32 时间=11ms TTL=53
来自 110.242.68.66 的回复: 字节=32 时间=11ms TTL=53

110.242.68.66 的 Ping 统计信息:
    数据包: 已发送 = 4, 已接收 = 4, 丢失 = 0 (0% 丢失),
往返行程的估计时间(以毫秒为单位):
    最短 = 11ms, 最长 = 11ms, 平均 = 11ms
```

图7.10　ping命令

“数据包：已发送 = 4，已接收 = 4，丢失 = 0（0% 丢失）”，这里我们可以看得到数据包的丢失数为 0，说明现在网络是很畅通的，如果你还是无法打开网页或登录 QQ，那就不能怪网络，而要从你的软件设置上找原因。如果 ping 了百度后显示“timed out”即请求超时，则说明当前网络有问题，无法连接互联网。

ping 后返回的信息最常见的有两种：“Destination host unreachable（目标主机不可达）”和“Request timed out（请求超时）”。

如果所经过的路由器的路由表中具有到达目标的路由，而目标因为其他原因不可到达，这时候会出现“Request timed out（请求超时）”，如图 7.11 所示。

```
Reply from 110.88.209.244: bytes=32 time<1ms TTL=63
Reply from 110.88.209.244: bytes=32 time=2ms TTL=63
Reply from 110.88.209.244: bytes=32 time=1ms TTL=63
Request timed out.
Request timed out.
Request timed out.
```

图7.11　ping超时

如果路由表中连到达目标的路由都没有，那就会出现"Destination host unreachable"，表示 ping 请求找不到目的主机，也称为路由不可达，如图 7.12 所示。

```
Pinging 119.6.6.6 with 32 bytes of data:

Destination host unreachable.
Destination host unreachable.
Destination host unreachable.
```

图7.12　路由不可达

Request timed out 的意义就是超时，即你与这个 IP 地址的网络是不通的，主要有以下几种原因。

◆ IP 地址设置错误。

◆ 对方已关机，或者网络上根本没有这个地址。

◆ 对方确实存在，但设置了 ICMP 数据包过滤（比如防火墙设置）。

◆ 对方与自己不在同一网段内，通过路由也无法找到对方。

Destination host unreachable 主要在以下 4 种情形中出现。

◆ 网线没有插到网卡上。

◆ 子网掩码设置错误。

◆ DHCP 故障。局域网使用 DHCP 动态分配 IP 地址时，DHCP 出现故障或者失败。DHCP 失效或者出现故障时，用户机无法分配到 IP 地址，系统只有自设 IP 地址，而 IP 地址的自动设置往往会使其被分配到不同的子网，因此会出现"Destination host unreachable"。

◆ 路由表返回错误信息。这种情况一般是在"Destination host unreachable"前面加上 IP 地址，说明本地计算机与外部网络连接没有问题，但与某台主机连接存在问题。

7.3　traceroute命令

互联网中，信息的传送是通过网络中许多段的传输介质和设备（路由器、交换机、服务器、网关等）从一端到达另一端。每一个连接在互联网上的设备，例如主机、路由器、接入服务器等，一般情况下都会有一个独立的 IP 地址。通过 traceroute 我们可以知道信息从计算机到互联网另一端的主机走的是什么路径。当然，每次数据包由某一同样的出发点（source）到达某一同样的目的地（destination）走的路径可能会不一样，但基本上来说大部分时候所走的路由是相同的。traceroute 通过发送小的数据包到目的设备直到其返回，来测量这一过程需要多长时间。一条路径上的每个设备 traceroute 要测 3 次。输出结果中包括每次测试的时间（单位为 ms）和设备的名称（如有的话）及其 IP 地址。

traceroute 是追踪路径的命令。在英文里，trace 是"追踪、追寻"的意思。既然是追踪、追寻，就要有所反馈，而 traceroute 的特点，就是"一步一回头"。traceroute 命令用来显示数据包到达目标主机所经过的路径，并显示到达每个节点的时间。命令功能同 ping 类似，但它所获得的信息要比 ping 命令详细得多，它把数据包所走的全部路径、节点的 IP 以及花费的时间都显示出来。

traceroute 最初是范·贾可布森于 1988 年开发的一个小程序。之后，经过多位专家上千次的调试和修改，最终成为今天我们所使用的版本。

在浩瀚的互联网里，从同一台计算机出发，到达同一个目的地的所有 IP 包，未必走相同的路径，但是在大多数时候，确实还是走同一路径。这就是 traceroute 存在的意义。当我们用一个 traceroute 检测包探测节点 A 到节点 B 的整条路径，那么实际的数据包一般也会走这条路径。traceroute 示意如图 7.13 所示。

图7.13　traceroute示意

下面我们描述节点 A"追寻"到达节点 E（IP 地址是 192.168.1.1）的路由的整个过程。在节点 A 中，我们敲入命令：

tracert 192.168.1.1

首先，在节点 A，traceroute 送出一个 TTL 是 1 的 IP 包到目的地。其实，节点 A 送出的是3 个 40 字节的包，包括源地址、目的地址和包发出时的时间标签。

当路径上的第一台路由器 B 收到这个包的时候，它将 TTL 减 1。此时，TTL 变为 0，所以路由器 B 会将此包丢掉，并送回节点 A 一个超时消息。消息也是一个 IP 包，里面包括发 IP 包的源地址（A）、IP 包的所有内容及路由器 B 的 IP 地址。节点 A 收到这个消息后，便知道路由器B 存在于这个路径上。

其次，traceroute 再送出另一个 TTL 是 2 的包，发现第 2 台路由器 C……如此下去，traceroute 每次将送出的包的 TTL 加 1 来发现另一台路由器，这个重复的动作一直持续到某个包抵达目的地节点 E。

这时，该主机并不会送回超时消息，因为节点 E 已是目的地了，那么 traceroute 如何得知到达目的地了呢？

　　traceroute 在送出 IP 包到目的地节点 E 时，它所选择送达的端口号（端口号的规则，参见第 5 章的相关内容）将是一个一般应用程序都不会用的号码（30000 以上），所以当此 IP 包到达目的地节点 E 后，该节点会送回给节点 A 一个"端口不可达"的消息，而当节点 A 收到这个消息时，便知道目的地已经到达了。

　　这是一个巧妙的方法。一般在使用 traceroute 之前，工程师会先使用 ping 命令，证明节点 A 到节点 Z 的连通性，在连通性确认的前提下使用 traceroute。那么，如果节点 A 接收到"端口不可达"消息，说明 traceroute 的 IP 包到达了目的地址，只是无法在节点 Z 找到端口为 30000 的应用。

　　traceroute 提取发 ICMP TTL 到期消息设备的 IP 地址并进行域名解析。每次，traceroute 都打印出一系列数据，包括所经过的路由设备的域名及 IP 地址，以及 3 个包及其反馈包在整个链路上所花费的时间。

　　traceroute 命令有什么实际用途呢？

　　试想，庞大的网络发生故障，节点 A 到节点 Z 的道路很不畅通，但是并非完全不通。这时，我们需要知道，从节点 A 到节点 Z，IP 包走的哪条路。如果我们通过 traceroute 获知，路径是 A→B→C→D→Z，那么可以判断出，A→B、B→C、C→D、D→Z，以及 B→A、C→B、D→C、Z→D，这 8 条路径中至少有一条是不顺畅的，接下来就可以借助多种方式判断究竟是哪条路径发生了拥塞。这有利于快速排查故障，让整个网络通畅。

　　另外，需要说明的是，traceroute 也有不同的叫法，在 UNIX 系统中，我们称之为 traceroute，而在 Windows 中我们称之为 tracert。默认情况下，tracert 向目的地址发出 ICMP 请求回显数据包，而 traceroute 向目的地址的某个端口（大于 30000）发送 UDP 数据报。两者用于探测的数据类型不同。但它们也有一个共同点，都是通过设置发送包的 TTL 的值从 1 开始、逐次增 1 的方法来探测。

　　假如我们身处某个大公司的网络中，而这个公司的网络很混乱，路由器连着路由器，连成一串。如果这时你发现你的 Windows 10 系统的计算机无法上网，那么在多台路由器中，相信你找那台出现问题的路由器会找到崩溃。这个时候 tracert 命令就可以派上用场了，我们可以直接发送命令"tracert ×××.com"，回显中会显示你连接网络所经过的每台路由器，你只须记住回显数据在哪个 IP 地址处停下来了，那么这台路由器就是有问题的路由器，如图 7.14 所示。

图7.14　tracert命令

7.4　netstat命令

netstat：这个命令有助于我们了解网络的整体使用情况。

命令格式：netstat [–r] [–s] [–n] [–a]

参数含义：

–r：显示本机路由表的内容。

–s：显示每个协议的使用状态（包括 TCP、UDP、IP）。

–n：以数字表格形式显示地址和端口。

–a：显示所有主机的端口号。

打开命令提示符窗口，键入"netstat –a –n"，按下回车键后可以显示当前正在活动的网络连接的详细信息，例如采用的协议类型、当前主机与远端相连主机的 IP 地址以及它们之间的连接状态，其中包括以数字形式显示的 TCP 和 UDP 连接的端口号，如图 7.15 所示。如果端口被封了，相应的程序就不能运行了，比如封了 3076 端口后，你用迅雷就不能下载影片了。

图7.15　netstat –a –n

7.5　arp命令

ARP 是 IP 层的协议，像武侠影视剧中可以吸人内力的吸星大法一样，可以得到对方的东西。在局域网中，网络中实际传输的是"帧"，帧里面是有目标主机的 MAC 地址的。一个主机和另一个主机进行直接（或通过交换机）通信，必须知道目标主机的 MAC 地址。但这个目标主机的 MAC 地址是如何获得的呢？它就是通过 ARP 获得的。ARP 的基本功能就是通过目标设备的 IP 地址，查询目标设备的 MAC 地址，以保证通信的顺利进行。

ARP 过程如图 7.16 所示，如果主机 A 需要知道在同一子网的另一台主机的 MAC 地址，主机 A 将向网络发送一条广播消息"我是 128.1.2.7，谁知道 IP 地址为 128.1.2.15 的主机对应的MAC 地址？"其他主机不回应，唯有具有 IP 地址为 128.1.2.15 的主机 E 回传一条包括目标主机物理地址的 ARP 响应"主机 128.1.2.7，我是 128.1.2.15，我的 MAC 地址是 8:0:20:e:28:ef"。主机 A 收到 ARP 应答后，将主机 E 的 MAC 地址存入本端 ARP 表中。

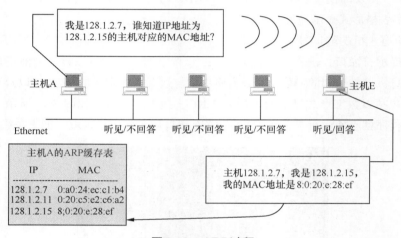

图7.16　ARP过程

常用的 arp 命令有以下 3 种。

① arp –a：显示所有的 ARP 表

如图 7.17 所示。

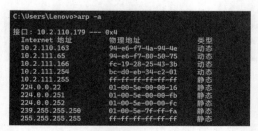

图7.17　arp –a

② arp –s：在 ARP 表中添加一条记录

arp –s　126.13.156.2　02–e0–fc–fe–01–b9

③ arp –d：从 ARP 表中删除一条记录

arp –d 126.13.156.2

7.6 ipconfig命令

ipconfig 用于显示当前的 TCP/IP 配置的设置值，它可以让我们了解计算机当前的 IP 地址、子网掩码和缺省网关。它实际上是进行测试和故障分析的必要项目。

输入 ipconfig，我们可以看到每个已经配置了的接口的 IP 地址、子网掩码和缺省网关，如图 7.18 所示。

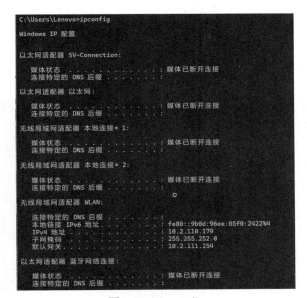

图7.18 ipconfig

如果要显示更详细信息，包括本地网卡的物理地址，一个很简单的方法是使用"ipconfig/all"命令或"ipconfig –all"命令。

在命令提示符下输入"ipconfig /all"命令或"ipconfig –all"命令，按回车键后出现如图 7.19 所示的对话框，其中的"物理地址"即所查的 MAC 地址。

图7.19 ipconfig /all

237

ipconfig 命令的用处在于查看当前的网络环境。例如，你想设置路由器，但是不知道路由器的 IP 地址是什么，那么这时就可以输入 ipconfig 命令并按回车键，回显中"Default Gateway"后面显示的就是你的路由器 IP 地址了。当然，ipconfig 在检查网络问题的时候也十分有用，当你发现无法上网的时候，你也可以输入这一命令，查看"IP Address"后面的 IP 地址，如果能正常获取到 IP 地址，那说明是路由器的问题，如果 IP 地址无法获取到，那就是网线或者网卡的问题了。

7.7　route命令

route 命令在本地 IP 路由表中显示和修改条目，手动配置静态路由表，常用的 route 命令有以下 3 种。

① route print：显示 IP 路由表的完整内容

要显示 IP 路由表的完整内容：route print，如图 7.20 所示。

```
C:\Users\Lenovo>route print
接口列表
 20...08 00 58 00 00 05 ......SSL VPN Client Virtual Network Adapter
 18...e8 80 88 7f f1 95 ......Intel(R) Ethernet Connection (16) I219-V
 17...d4 d8 53 d6 d5 54 ......Microsoft Wi-Fi Direct Virtual Adapter
  3...d6 d8 53 d6 d5 53 ......Microsoft Wi-Fi Direct Virtual Adapter #2
  4...d4 d8 53 d6 d5 53 ......Intel(R) Wi-Fi 6E AX211 160MHz
  7...d4 d8 53 d6 d5 57 ......Bluetooth Device (Personal Area Network)
  1...........................Software Loopback Interface 1
===========================================================================

IPv4 路由表
===========================================================================
活动路由:
网络目标        网络掩码          网关       接口      跃点数
      0.0.0.0          0.0.0.0      10.2.111.254    10.2.110.179     35
     10.2.108.0    255.255.252.0         在链路上      10.2.110.179    291
   10.2.110.179  255.255.255.255         在链路上      10.2.110.179    291
   10.2.111.255  255.255.255.255         在链路上      10.2.110.179    291
      127.0.0.0        255.0.0.0         在链路上         127.0.0.1    331
      127.0.0.1  255.255.255.255         在链路上         127.0.0.1    331
127.255.255.255  255.255.255.255         在链路上         127.0.0.1    331
      224.0.0.0        240.0.0.0         在链路上         127.0.0.1    331
      224.0.0.0        240.0.0.0         在链路上      10.2.110.179    291
255.255.255.255  255.255.255.255         在链路上         127.0.0.1    331
255.255.255.255  255.255.255.255         在链路上      10.2.110.179    291
===========================================================================
永久路由:
无

IPv6 路由表
===========================================================================
活动路由:
接口跃点数网络目标                 网关
  1    331 ::1/128                  在链路上
  4    291 fe80::/64                在链路上
  4    291 fe80::9b0d:96ee:85f0:2422/128
                                    在链路上
  1    331 ff00::/8                 在链路上
  4    291 ff00::/8                 在链路上
===========================================================================
永久路由:
无
```

图7.20　route print

要显示 IP 路由表中以"10."开始的路由：route print 10.*，如图 7.21 所示。

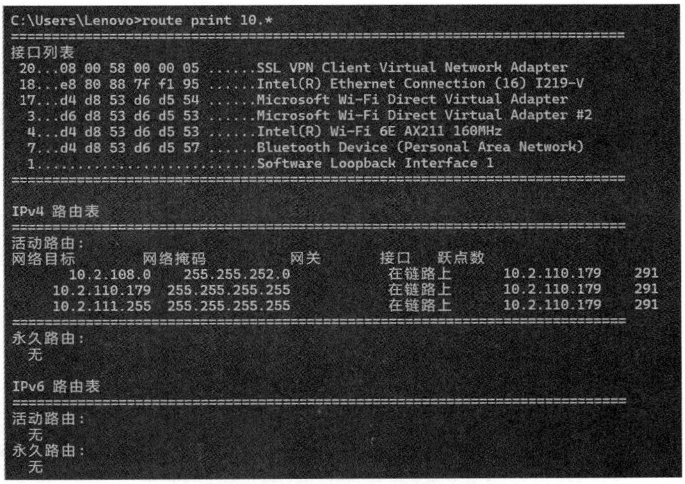

```
C:\Users\Lenovo>route print 10.*
===========================================================================
接口列表
 20...08 00 58 00 00 05 ......SSL VPN Client Virtual Network Adapter
 18...e8 80 88 7f f1 95 ......Intel(R) Ethernet Connection (16) I219-V
 17...d4 d8 53 d6 d5 54 ......Microsoft Wi-Fi Direct Virtual Adapter
  3...d6 d8 53 d6 d5 53 ......Microsoft Wi-Fi Direct Virtual Adapter #2
  4...d4 d8 53 d6 d5 53 ......Intel(R) Wi-Fi 6E AX211 160MHz
  6...d4 d8 53 d6 d5 57 ......Bluetooth Device (Personal Area Network)
  1...........................Software Loopback Interface 1
===========================================================================

IPv4 路由表
===========================================================================
活动路由:
网络目标        网络掩码          网关       接口   跃点数
     10.2.108.0   255.255.252.0       在链路上      10.2.110.179    291
   10.2.110.179 255.255.255.255       在链路上      10.2.110.179    291
   10.2.111.255 255.255.255.255       在链路上      10.2.110.179    291
===========================================================================
永久路由:
  无

IPv6 路由表
===========================================================================
活动路由:
  无
永久路由:
  无
===========================================================================
```

图7.21　route print 10.*

② route add：增加一条路由记录（重启后丢失）

route –p add：永久地增加一条路由记录（重启后不丢失）。

要添加默认网关地址为 192.168.12.1 的默认路由：

route add 0.0.0.0 mask 0.0.0.0 192.168.12.1

要添加目标为 10.41.0.0，子网掩码为 255.255.0.0，下一个跃点地址为 10.27.0.1 的路由：

route add 10.41.0.0 mask 255.255.0.0 10.27.0.1

要添加目标为 10.41.0.0，子网掩码为 255.255.0.0，下一个跃点地址为 10.27.0.1 的永久路由：

route –p add 10.41.0.0 mask 255.255.0.0 10.27.0.1

要添加目标为 10.41.0.0，子网掩码为 255.255.0.0，下一个跃点地址为 10.27.0.1，跃点数为 7 的路由：

route add 10.41.0.0 mask 255.255.0.0 10.27.0.1 metric 7

要设定一个到目的网络 209.98.32.33 的路由，其间要经过 5 个路由器网段，首先要经过本地网络上的一台路由器，IP 为 202.96.123.5，子网掩码为 255.255.255.224，那么我们应该输入以下命令：

route add 209.98.32.33 mask 255.255.255.224 202.96.123.5 metric 5

③ Route delete：删除一条路由记录

要删除目标为 10.41.0.0，子网掩码为 255.255.0.0 的路由：

route delete 10.41.0.0 mask 255.255.0.0

要删除 IP 路由表中以 10. 开始的所有路由：

route delete 10.*

7.8　flushdns命令

　　有时候大家可能会遇到这样的情况，计算机突然上不了网，或者存在某些网站打不开的情况，但别的网站又可以打开。这种情况很多是由 DNS 缓存时延导致的。其解决办法是清除 DNS 缓存，最常用的方法就是使用清除 DNS 缓存命令。

　　清除 DNS 缓存命令为 ipconfig/flushdns，如图 7.22 所示。

图7.22　ipconfig/flushdns

　　这样我们就成功地完成DNS缓存清理，其实很简单，当计算机无法上网，或者DNS出错的时候，我们都可以尝试清除 DNS 缓存。

　　另外，大家还可以在以上命令框中输入 ipconfig /displaydns 命令，来查看一下本机已经缓存了哪些 DNS 信息。

第 **8** 章

TCP/IP 网络新技术

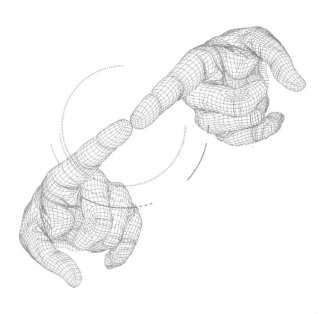

随着语音、视频、数据业务在 IP 层面的不断融合，各种业务都在向 IP 化发展，各类新型的业务也都是建立在 IP 基础上的，IP 这个万能的网络信息搬运工已经把大千世界的角角落落连在一起了。"ALL IP，Everything over IP"已成为一种技术的流行趋势。

8.1 将IP技术发展下去

无论你用什么夸张的辞藻，都不足以形容 TCP/IP 世界对人类文明的贡献。这一人类智慧的伟大结晶，其最摄人心魄之处，在于它总像变戏法一样，不断给我们带来惊喜。一路上步步惊心，也让我们对其未来充满期待！

究其原因，IP 技术拥有一项独门秘籍——不断自我发展，持续自我完善。没有活水，渠中之水就没那么清；没有新鲜血液，人就没有那么强壮。IP 技术自打诞生之日起，就拥有不断生长和发展的基因。

从交换能力的不断提升、带宽的不断扩大，到服务质量、安全问题的逐步完善，再到新应用模式的不断创新，IP 技术就这么一路走来了。

冷战给人类留下了两笔最宝贵的财富。第一笔，叫作"沟通"，缺乏沟通就意味着对峙，对峙就阻碍社会发展；第二笔，叫作"ARPnet"，这是 IP 世界的雏形。

40 多年前，伯克利分校的高人们开创了 TCP/IP。

30 多年前，人们开始使用电子邮件、BBS 等工具。不过那时候，IP 只是少数科研人员手中的玩物。看来，玩物未必丧志。

30 年前，蒂姆·伯纳斯·李发明了 WWW，IP 世界开始色彩斑斓、丰富多彩起来。伯纳斯成为互联网真正的父亲。

20 多年前，ICQ、Google、QQ、VoIP、门户网站、免费邮箱接踵而至，声嘶力竭地呐喊出一个崭新的 IP 时代，IP 势如破竹地占据了越来越多的应用场合。其风格是应用简单，传播迅猛。

20 年前，IP 与 ATM 展开了一场生死搏斗。最终，IP 以绝对优势胜出，无论在桌面还是骨干上，ATM 几乎没有了立足之地。然而难能可贵的是，IP 又吸纳了 ATM 中大量优秀的思想，因为 IP 知道，QoS 是其软肋，而在这方面，ATM 是榜样。于是 MPLS 诞生了，它给 IP 打了一剂强心针，IP 一统天下的呼声甚嚣尘上。IP 核心设备继而通过硬件加速模块，实现万兆骨干、千兆接入的企业网。

今天，IP 已经遍及世界的各个角落，IP 使地球成为村落。在这个村落里，有地域区分却没有远近差别。

今天，一大群互联网精英和全世界的网民们，不断书写着 IP 世界的一个又一个奇迹。

不仅仅是互联网的信息需求，连电信基础业务的固网语音、移动语音，其核心网都将逐渐架构在 IP 网络之上，于是诞生了 NGN、IMS。

在统一的 IP 技术支撑下，数据、语音、视频、短信、信号，都将成为一个个 IP 包，它们被任意结合、组合和融合，形成千姿百态的业务形式，结合其他领域的技术进步，这一技术更是创造出三网融合、物联网、云计算等新的网络形态和计算模式。

今天，全球经济结构因 IP 技术而发生重大改变，IP 技术构建的信息高速路开创了无数新的经济增长点。新事物的诞生，催生了人类新的产业浪潮。

人类生活将因 IP 而变得更加美好！

而我们的主角——IP 技术，也在应用中革新，在尝试中调整，在发展中完善。IP，如初生之朝阳，光芒万丈，润泽大地，万物复苏；却又如出鞘利剑，锋利无比，经过之处，所向披靡。

本章的重点，是 TCP/IP 新技术。我们先从 5G 承载传送的关键技术讲起。

8.2　5G承载传送关键技术

1. 5G 网络切片

在数字时代的今天，我们的生活离不开网络连接。从智能手机到智能家居，从工业自动化到医疗保健，无处不在的互联网服务已经成为我们的生活一部分。为了满足不同应用场景的需求，5G 网络切片技术应运而生，它就像邮政服务一样，对网络数据包进行精细划分，为每个应用提供专属的网络体验。

（1）为什么需要 5G 网络切片技术

随着移动通信技术的不断发展，5G 网络作为第五代移动通信技术的代表，正日益改变着我们的生活方式和商业模式。5G 网络被广泛认为将成为未来连接互联网、物联网和大数据应用的基础，为世界带来前所未有的高速、低时延、大容量的通信服务。然而，5G 网络的成功部署也带来了一系列新的挑战，其中之一是如何满足不同行业和应用的多样化需求。为了解决这一问题，5G 网络切片技术应运而生。

5G 网络切片技术是一种革命性的技术，它可以将一个物理网络基础设施划分成多个逻辑网络，每个逻辑网络都可以根据不同的需求进行独立配置和优化。这种技术为 5G 网络带来了更高的灵活性、可扩展性和可定制性，以满足各种行业和应用的不同需求。

◆ 多样化的应用需求：5G 网络将支持各种不同类型的应用，从智能城市、自动驾驶汽车到远程医疗和工业自动化。这些应用的需求差异巨大，有些需要低时延、高带宽，而其他一些则需要高可靠性和安全性。5G网络切片技术可以根据每种应用的具体需求来优化网络资源的分配，以确保其最佳性能。

◆ 网络资源的有效利用：5G网络是一个高度资源可配置的网络，可以提供更多的带宽和连接性。然而，如果资源分配不得当，宝贵的网络资源将被浪费。通过网络切片，我们可以更有效地利用这些资源，以满足特定应用的需求，从而降低网络运营成本并提高效率。

◆ 服务质量保证：对于一些关键应用，例如紧急通信、医疗服务和工业自动化，服务质量至关重要。5G网络切片技术可以为这些应用提供可预测的性能，确保网络在被需要时提供最高的可靠性和低时延。

（2）什么是5G网络切片技术

作为5G网络技术家族的重要成员，5G网络切片技术是一项先进的网络技术，它允许将5G网络按需分割成多个独立的虚拟网络切片，每个切片可以根据具体应用的需求来定制网络性能和资源分配。就像你可以选择快递服务的不同类型一样，5G网络切片允许不同应用享有不同的网络体验，无论是超低时延的智能工厂，还是高清视频流畅播放的娱乐应用。

面向5G，业界有一个著名的比喻，相比4G高带宽的网络像一把吹毛可断、削铁如泥的利刃，5G则更像一把灵活多变、功能十全的"瑞士军刀"。

这个问题就像是你在购物时，不同的商品需要不同的包装一样。不同的应用需要不同的网络性能和资源分配，传统的互联网难以满足这些多样化的需求。5G网络切片技术的出现，就像是为每个应用提供了专属的网络通道，满足了不同应用的不同需求。就比如我们身边无处不在的邮政服务。想象一下，邮局只有一种通用的邮寄方式，无论你是寄明信片还是大包裹，都只能使用相同的邮寄方式。这显然不合理，因为不同的邮件需要不同的处理方式。同样，在传统网络中，所有的数据包都被平等对待，无法满足不同应用的不同需求。而5G网络切片技术就像是为网络数据包提供了个性化的快递服务，为每种应用提供了特定的网络质量和服务保障。5G切片主要包括增强移动带宽（EMBB）、超可靠低时延通信（URLLC）、大规模机器通信（MMTC）三大场景，下面我们将逐一进行介绍。

① EMBB

EMBB代表增强移动带宽，旨在提供高速的数据传输，以支持高清视频、虚拟现实、增强现实等数据密集型应用。网络切片在EMBB场景中的关键需求是提供大规模的带宽。不同应用可能需要不同大小的带宽，因此网络切片技术必须能够根据需要配置和分配带宽，以满足高带宽应用的需求。此外，EMBB对于大规模流量的管理和负载均衡也至关重要，以确保网络性能和服务质量。这就像调味品可以根据不同食物的口味添加不同的调料。对于高清视频，我们可能需要大块的芝士，而在线游戏可能需要蘸酱。网络切片技术可以根据需求调整带宽，确保我们吃到的汉堡和薯条是完美的组合，不会浪费一口美味。

② URLLC

URLLC 是面向需要极低时延和高可靠性的应用，例如自动驾驶汽车、远程手术和工业自动化等。在 URLLC 场景中，网络切片技术需要提供极低的通信时延，同时确保高可靠性。这可能需要为关键应用分配专用频谱和网络资源，以减少数据传输的时延。网络切片就像是一个出色的魔术师，能够在不消失鸽子的情况下迅速完成魔术。这意味着它必须为关键应用提供迅速的数据传输，同时要有备用计划，以确保即使发生网络故障，也能在关键时刻完成魔术表演。

③ MMTC

MMTC 代表大规模机器通信，旨在支持物联网设备和传感器的连接，这些设备数量庞大，但传输数据通常较小。在 MMTC 场景中，网络切片需要支持大规模设备的连接和数据传输。这包括低功耗连接技术，以延长设备电池寿命，并能够有效处理大量小型数据包的传输。此外，网络切片技术还需要提供安全性和隐私保护，以防止设备数据泄露或被滥用。它就如同一位高级侍者，需要在花园派对上不停地为每个来宾倒茶或递小点心。它必须处理大量小数据包的传输，同时确保来宾享受到完美的服务，不浪费一颗葡萄或一杯茶。

（3）5G 网络切片的工作方式

5G 网络切片的背后是复杂而强大的技术。它使用了网络功能虚拟化（NFV）和软件定义网络（SDN）等关键技术，以实现网络资源的分割和动态分配。就像邮局可以根据不同邮件的尺寸和重量来选择不同的包裹大小一样，5G 网络切片可以根据不同应用的需求来配置网络资源，包括带宽、时延和安全策略。

NFV：允许将网络功能，例如防火墙、路由器和负载均衡器，虚拟化为软件模块，这些模块可以在需要时分配给不同的网络切片。就像邮局可以根据需要选择不同的邮寄方式一样，NFV 允许网络根据应用需求选择不同的网络功能。

SDN：允许网络管理员通过软件来配置和管理网络流量，就像快递公司可以使用软件来跟踪包裹的运送情况一样。在 5G 网络切片中，SDN 可以根据应用需求动态分配网络资源，确保每个切片都获得所需的性能。

切片管理与编排：网络切片的管理与编排是关键的一环，它确定了如何分配网络资源以满足不同切片的需求。就像邮局需要将邮件分类和分配到不同的邮递车一样，切片管理与编排系统负责将网络流量划分为不同的切片，并确保它们不会互相干扰。

挑战与解决方案：尽管 5G 网络切片技术有巨大的潜力，但它也面临着一些挑战。这些挑战具体如下。

◆ 管理和维护多个网络切片可能会变得复杂，就像邮局需要管理不同类型的邮件一样。解决方案包括自动化管理工具和智能分配算法，以减轻管理负担。

◆ 确保不同网络切片之间的安全隔离是至关重要的，就像需要保证邮寄包裹不被盗取一样。解决方案包括强化网络安全策略和访问控制。

◆ 5G网络切片需要大量的计算和网络资源，尤其是在高负载时。解决方案包括云化网络基础设施和网络资源池化。

◆ 制定统一的5G网络切片标准是一个挑战，以确保不同设备和供应商的兼容性。解决方案包括国际标准化组织和行业协会积极参与，推动标准化进程。

（4）5G网络切片的好处

5G网络切片技术有许多令人惊叹的特点和优势，就像邮政服务的不同快递选项一样，每个网络切片都有独特的特性。

◆ 定制性：每个网络切片都可以根据应用的需求进行定制，从而提供最佳的网络性能。就像对症下药需要选择不同的方案一样，每个切片可以适应不同的应用场景。

◆ 高效性：5G网络切片可以在同一物理网络的基础上同时支持多个应用，提高了网络资源的利用率，如同一个邮局可以同时处理不同类型的邮件一样。

◆ 低时延：对于需要实时响应的应用，例如自动驾驶汽车或远程手术，5G网络切片可以提供极低的时延，保证了信息传输的低时延与高可靠性。

◆ 安全性：每个网络切片都可以独立管理和隔离，从而增强了网络安全性，就像邮寄的包裹可以被单独追踪和管理一样。

（5）应用案例

当谈到5G网络切片技术的应用案例时，就像是在探索5G切片冒险世界，让我们来看看有趣的5G切片冒险世界中的两个精彩应用案例。

① 自动驾驶的"切片速递"

在5G的世界中，自动驾驶汽车成为城市街道的新常客，它们需要高可靠性和极低的通信时延，这就是URLLC技术的时间展现时刻。所以，5G网络切片技术将道路切成了不同的片，就像切片的比萨饼一样。每片道路切片都专为自动驾驶汽车优化，确保它们能够获得即时的、可靠的通信。如果一辆自动驾驶汽车需要"大号比萨"，可以享受高速通信，而如果一辆只需要"小号比萨"的汽车，也能快速获取所需的信息。

一辆自动驾驶汽车在路上行驶，突然碰到了一个难题，需要即刻向云中的"中央比萨餐厅"咨询解决方案。幸运的是，5G网络切片技术让这辆汽车能够迅速与"中央比萨餐厅"通信，获取美味的比萨指导，就像是一个比萨快递服务一样，但速度更快！

② 物联网的"网际小聚会"

在5G的物联网世界中，我们有各种各样的智能设备，从智能冰箱到智能咖啡壶，它们都想要上网，与其他设备互相聊天。这就是MMTC技术登场的时候了。

5G网络切片技术将网络分成了多个层次，就像是一场网际小聚会。每个设备都可以找到适合自己的聚会，无须担心与其他设备争夺带宽和资源。所以，当你的智能冰箱需要与咖啡壶聊天时，它们就能够在自己的小聚会中自由交流，不会担心被其他设备打扰。这就像是网络世界中的社交活动，每个设备都能轻松畅谈，无拥挤之忧。

2. SR 分段路由

在 2G、3G 和 4G 时代，承载网络主要是面向人之间的通信需求，因此，应用需求模型相对固定、稳定，运行维护相对简单。承载网络以 IP 和 MPLS 为主的技术体系足以满足应用需求。因此在过去的几十年里，IP 和 MPLS 是网络的 C 位主角，轻松应对各类连接场景。

随着 5G 时代的来临，应用需求层面向万物互联的终极目标挺进，应用侧对大带宽、低时延、高可靠、海量连接、隔离度、响应速度等要求千差万别。就像是登山的人们渴望探索不同的登顶之路一样。有些人想要以最快速度到达山顶，选择最短的路途；有些人希望在登山的同时欣赏风景；而有些人要求必须途经一些亭子以便休息。

可承载网络苦苦修炼 MPLS 内功数十年，打补丁无数，引入了 LDP、RSVP-TE，最终形成了一个严密复杂的体系。而一朝面对 5G 需求，发现昔日引以为傲的 LDP 和 RSVP-TE，已经成为制约 MPLS 继续前进的枷锁。于是，承载网络基于 MPLS 开始了一场自我改良，目的是简化协议、提高运维效率、促进 SDN 演进，在这一背景下，SR 相关技术应运而生。

（1）SR 技术是什么

分段路由（SR）技术通过在报文中添加一串 Segment 符号（这些被添加的 Segment 符号被称为 SID）来控制报文的转发。SR 技术的指导思想是将网络分成一段一段的，通过控制报文经过的段，实现 $1+1+N$ 等于全局，从而实现全域控制。

一般情况下，SID 串在网络的入口位置被封装到数据报文中，网络中的其他设备根据 SID 串来控制报文转发。因此，网络中间设备不需要维护报文的路径信息，从而降低了中间设备的资源消耗和能力要求，提高了网络的可扩展性和灵活性。

分段路由技术适用于各种网络环境，包括数据中心网络、广域网和运营商网络。它以更智能的方式引导数据包在网络中传输，就像是一个指南针导航仪一样，根据具体需求选择到达目标的最佳路径。在 SR 中，数据包头部包含了一系列 Segments(段) 的信息，这些段定义了数据包的路由路径。

我们需要先解释一个最基本的概念：Segment。SR 域中的各个元素示例如图 8.1 所示，这是一个由支持 SR 技术的路由器组成的网络，我们叫它 SR 域。在这个 SR 域中，连接任意两个 SR 节点的一段网络就叫 Segment，例如图 8.1 中的 Segment A、Segment B、Segment C。每个 Segment 都有一个 Segment ID(SID) 标识，例如用 SID = 101 标识 Segment A。SR 支持 MPLS 和 IPv6 两种数据转发平面。在 MPLS 中，SID 是一个 MPLS 标签，在 IPv6 网络中，SID 是一个 IPv6 地址。

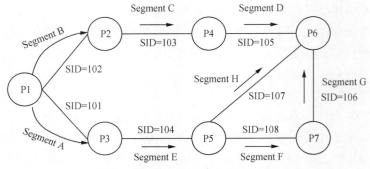

图8.1　SR域中的各个元素示例

分段路由技术的关键在于两点：对路径进行分段（Segment）以及在起始节点对路径进行排序组合（Segment List），确定出行路径。在 SR 技术中，将代表不同功能的 Segment 进行组合，可以实现对路径的编程，满足不同路径服务质量的需求。

SR 技术就像是一本魔法指南，允许网络管理员在网络中创建可编程路径，将路由决策从网络设备中分离出来。这种方法使网络更加灵活和可管理，就像是一位导游可以根据旅行者的需求来规划不同的路线，让旅行者获得更好的旅游体验。

传统路由协议依据最小 Cost 的原则计算数据传输的最优路径，但是源路由技术打破了这种最优路径，可以通过手动指定或控制器指定的方式，使数据包到达某个目的地可以不走最小 Cost 路径，而是依据当前需求走特定路径，比如某条路径虽然 Cost 很大，但是负载低，所以拥塞概率低，这条路径也可能会成为手动指定的路径；另一条路径虽然 Cost 不是最小的，跳数也可能很多，但是该路径上有防火墙，包可能被要求必须经过防火墙，这也有可能采用指定路径的方式。

（2）SR 技术的特点与优势

① 灵活性

SR 技术的一大特点是其灵活性，它可以根据不同的应用需求动态调整路由路径。网络管理员能够在数据包头部添加不同的"段"以定义路径，这样可以根据具体的网络需求动态调整路径。这种路径控制灵活性可以用于流量工程、故障恢复和优化路由。另外，SR 技术能够允许创建逐跳服务链，其中每台路由器都可以识别数据包头部中的段信息，并按照指定的顺序执行特定的操作。这对于提供网络服务、网络监视和安全策略非常有用，SR 技术就好像一个疏通交通拥堵的警察一样，在十字路口维持车辆秩序，确保不会出现拥堵和堵塞的情况。

② 简化网络管理

传统的路由方法需要网络管理员维护庞大的路由表，这就像是一位导游需要背诵数不清的路线一样，实在是太难为人了。而SR技术可以大大简化网络管理，通过在数据包头部添加路由信息，减轻路由设备的负担，使网络更易管理。同时减少了路由器上的状态信息，因为路径信息是在数据包头部而不是在路由表中维护的。这提高了网络的可扩展性，因为网络可以容纳更多的路径信息而不会增加路由器的负担。

③ 高性能与低时延

SR技术可以提供高性能和低时延的网络连接，就像是导航软件可以为旅行者提供最快捷的路径一样。通过减少路由器上的决策过程，数据包能够更快地到达目的地。SR技术可以用于动态选择最短或最优路径，以满足特定应用的时延需求。这可以通过在数据包头部添加不同的段来实现，以选择适当的路径。例如，SR技术可以用于选择低时延路径以支持实时通信或视频流。另外，SR技术还可以根据网络状况和负载来智能选择路径。这意味着在网络拓扑发生变化或出现拥塞时，SR技术可以重新选择路径，以避免时延增加。

④ 安全性

SR技术还可以增强网络的安全性，就像是在数据包外部又封装了一层保护壳一样，保护了数据包的隐私。路由信息是加密的，难以被恶意窥探或篡改，从而提高了网络的安全性，避免了隐私泄露等安全隐患问题。SR技术可以与访问控制列表（ACL）结合使用，以限制哪些数据包不可以使用SR路径。这有助于控制谁可以使用SR技术来定义路径，从而增强网络的安全性。SR技术的部署也可以结合身份验证机制，以确保只有经过身份验证的用户或设备才能够配置和使用SR路径，从而确保陌生用户无法进入。

（3）SR技术的原理

我们探讨SR的技术原理，就像在网络世界里了解一群有趣的"信使小伙伴"，他们负责将数据包从一个地方送到另一个地方，有各种有趣的技巧和工具来帮助他们。这些信使小伙伴可以分成3类，让我们来认识一下。

◆ 网络编码：这一群信使小伙伴就像是一支编曲团队，他们把音符组合成美妙的乐曲。在SR中，网络编码的信使小伙伴会对传输路径进行分段处理，并对每段路径进行编码。这个编码允许数据包有更多的传输路径选择，就像音乐会上的音乐可以通过不同的乐器传达给观众。

◆ 路由头部扩展：这一群信使小伙伴就像是建筑工人，他们在房屋的结构上添加新的房间和设备。在SR中，路由头部扩展的信使小伙伴会在数据包的头部添加额外的信息，就像是在房屋的结构上增加新的房间和设备，以定义路径。这个额外的信息告诉路由器数据包应该去哪里，就像告诉建筑工人在哪里加新的房间。这个额外的信息就是SID，目前有两种添加SID的方式：在SR-MPLS中，SID是一个MPLS标签，在IPv6网络中（SRv6），在IPv6报文中插入SRH扩展头来替代传统的MPLS标签转发功能，SRH扩展头存储的是IPv6的Segment List信息，其作用与SR-MPLS里的Segment List一样。SID的添加方式如图8.2所示。

SR-MPLS：

SRv6：

图8.2　SID的添加方式

◆ 标签堆叠：这一群信使小伙伴就像是一位烹饪大师，他们把不同的调味料叠加在一起，创造出美味的菜肴。在 SR 中，标签堆叠的信使小伙伴会将多个标签叠加在数据包上，就像是将多种调味料叠加在同一道菜上，以指导数据包的路径。每个标签代表一个"调味料"，它告诉路由器下一个要去的地方，就像是告诉大厨下一个要加的调味料。这样，数据包就可以在网络中顺利传递。

（4）SR 技术的报文转发流程

看到这里，你可能会好奇在 SR 域中，数据报文究竟是如何到达目的地的。那么本节就以 SR-MPLS 为例，说明 SR 分段路由技术的报文转发流程，如图 8.3 所示。

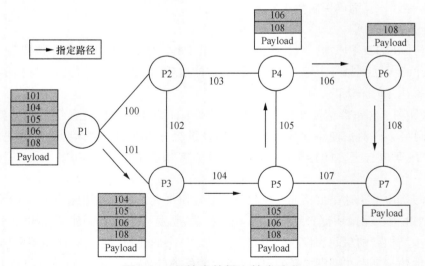

图8.3　SR技术的报文转发流程

图 8.3 表示一个 SR 域，此时网络节点 P1 需要发送报文到节点 P7，指定报文的传输路径为 P1 → P3 → P5 → P4 → P6 → P7，转发流程如下。

通过网络编程，在 P1 节点中将路径信息（各路径的 SID）以 MPLS 标签的方式添加到报文头之前，形成标签栈 <101, 104, 105, 106, 108>。P1 根据第一个标签 <101> 查找转发表，找到连接 P3 的转发出接口并将标签 <101> 弹出。之后报文携带的标签栈变成了 <104, 105, 106, 108>，报文转发到节点 P3。

节点 P3 收到报文后，根据此时的第一个标签 <104> 找到连接 P5 的转发出接口，同时将标签 <104> 弹出。然后报文携带的标签栈变成了 <105, 106, 108>，报文转发到节点 P5。

同理，当 P5、P4、P6 节点收到报文后的处理方式和节点 P3 相同。在经过 P6 节点的处理后，最后一个标签 <108> 被弹出，数据报文转发至目的地 P7。

节点 P7 收到的报文不带 SID 标签，根据实际情况进行正常的解包读取数据，并执行下一步操作。

这个示例不仅涉及 SR-MPLS 技术应用下的报文转发流程，也体现出了网络编码、路由头部扩展和标签堆叠这些 SR 的技术原理。

3. EVPN 技术

在传统 VPN 技术中，我们面临诸多技术挑战。首先，网络部署难度大，PE 设备需要学习所有 CE 设备的 MAC 地址，然而 MAC 表容量有限，这大大限制了网络的扩展性。同时，由于存在大量的手工配置，对 PE 设备的规格要求极高，这不仅增加了网络建设的成本，还降低了网络的可靠性。

其次，传统 VPN 技术的适用网络规模有限，PE 设备之间需要建立全连接 PW，使 VPLS 不适合大规模网络。传统 VPN 技术缺乏控制平面，一旦 MAC 地址变化或故障发生切换，就需要重新泛洪学习 L2 转发表，这导致收敛性差，增加了网络故障的风险。

再次，链路带宽利用率低，CE 侧到 PE 侧只支持单活模式，不支持多活模式，这无疑浪费了宝贵的网络资源。网络故障恢复缓慢也是传统 VPN 技术的一大痛点，当网络出现故障时，路由协议需要一定的时间来重新计算路径，这可能导致数据传输中断或时延，严重影响业务连续性。

最后，随着云计算和数据中心服务的兴起，多租户隔离的复杂性也成为传统 VPN 技术面临的挑战。

现代数据中心建设对 VPN 技术提出了更高的要求。首先，为了满足大规模和超大规模数据中心以及海量虚拟机迁移的需要，VPN 技术必须具备强大的可扩展性，能够支持数百个以上站点互联、上万个 VLAN 扩展以及上百万个 MAC 地址。其次，高带宽利用率也是现代数据中心所追求的。由于数据中心之间的广域网带宽资源通常是租用的，因此 VPN 技术需要高效地利用这些资源，通过流量均衡分布在所有可用链路上，以提高广域网带宽资源利用率，降低带宽租用成本。最后，运维简化也是现代数据中心建设不可忽视的一环。传统的 VPN 部署方式在新增或删除互联站点时，已有站点的配置也会受到影响，这增加了运维的复杂性。因此，现代 VPN 技术需要实现 Single-Sided 部署，即新增或删除站点时，已有站点的配置不受影响，从而简化运维，降低管理难度。

综上所述，传统 VPN 技术面临着诸多技术挑战，已难以满足现代数据中心建设的高要求。因此，更加先进、高效、灵活的以太虚拟专用网（EVPN）技术应运而生，以应对新一代网络建设的需求和挑战。

（1）什么是 EVPN 技术

EVPN 是下一代全业务承载的 VPN 解决方案。EVPN 统一了各种 VPN 业务的控制平面，利用 BGP 扩展协议来传递二层或三层的可达性信息，实现了转发平面和控制平面的分离。与传统的 VPN 技术相比，EVPN 提供了更高的灵活性和可扩展性，支持多种网络场景，包括数据中心互联、服务提供商的网络以及企业网络。它的实现主要用于解决传统 L2VPN 无法实现负载分担、网络资源的消耗较高等不足，同时也可以对 L3VPN 业务进行承载，降低了协议的复杂程度。EVPN 还将 IP VPN 流量均衡和部署灵活的优势引入以太网。种种优势使其广泛应用于大型数据中心二层网络互连场景。

下面我们先了解一下 EVPN 的相关概念。

◆ 动态路由协议：动态路由协议用在多台路由器之间，定期地、自动地互相交换路由信息（包含网段信息、可达性信息、路径信息等），动态生成路由表，并最终达到全网的路由收敛，即：理想情况下，一台路由器总是能够知道到达数据包的目标网络对应的下一跳应该如何转发，并且即便网络上的某个节点出现了故障，但只要有一个可绕行的其他路径，那么其他路由器的路由表就会自动设置，并选择一个可达的路径。

◆ BGP：边界网关协议，是一种被设计出来应用于网络中的距离矢量类型动态路由协议，能够在不同的 AS 之间交换路由信息。因为 BGP 路由器通常被部署在不同的 AS 之间的边界上，故命名为"边界网关"。

◆ 虚拟网络标识符（VNI）：在基于虚拟可扩展局域网（VXLAN）技术的 EVPN 部署中，VNI 用于标识不同的虚拟化网络。VNI 确保了在底层共享网络基础设施中，来自不同虚拟网络的流量可以被正确地隔离和转发。

◆ 类型路由：EVPN 定义了多种类型的路由，具体如下。

类型 2 路由：用于宣告 MAC 地址和可能的宿主 IP 地址。

类型 3 路由：用于建立多播树，支持 EVPN 实例中的多播和广播流量。

类型 5 路由：用于宣告 IP 前缀，支持跨 EVPN 实例的 IP 路由。

◆ 信号通道和数据通道分离：EVPN 通过分离信号通道（控制平面）和数据通道（数据平面），提高了网络的灵活性和效率。信号通道基于 BGP 交换路由信息和网络拓扑状态；而数据通道则基于 VXLAN 或 MPLS 等技术传输用户数据。

（2）EVPN 的技术原理

EVPN 作为 VXLAN 控制面的工作过程包括以下几个步骤。

◆ 使用 EVPN 学习 MAC 地址：使用 EVPN 作为 VXLAN 的控制平面，可以用 EVPN 来进行

MAC 地址学习,以替代数据平面泛洪方式的 MAC 地址学习,减少泛洪流量。使用 EVPN 来进行 MAC 地址学习的过程,是通过在 VTEP 之间传递 Type2 路由完成的。

◆ 复制列表的建立:EVPN 只能相对减少网络中的流量泛洪,并不能完全避免。那么这些不能避免的 BUM(广播、未知单播和多播)流量,还需要其建立头端复制列表来进行转发。

◆ 发布主机路由:EVPN Type2 路由不仅可以发布主机 MAC 地址,还可以发布主机路由信息,这是因为 Type2 路由还可以携带 32 位掩码的主机 IP 地址信息。主机路由的发布可以实现分布式网关场景下跨网段主机之间的互通。VTEP 之间需要发布下属主机的 IP 路由,否则对端 VTEP 就无法学习到该主机的路由信息,从而无法进行三层转发。简单来说就是"你得告诉我你下面都接了什么网段的路由,否则我怎么知道要发给你呢"。

◆ 发布网段路由:网段路由的发布流程与主机路由类似,区别在于网段路由是通过 Type5 路由发布的,Type2 路由只能发布 32/128 位的主机路由。Type5 路由也可以发布 32/128 位的主机路由,在发布 32/128 位的主机路由时,功能与 Type2 路由类似。

如果将承载信息比作智慧城市中需要进行传送的快递信息,EVPN 就像是这个城市中的一个智能快递系统,它的任务是确保每个信息包(或者说是邮件)都能够快速、准确地到达目的地,同时避免不必要的拥堵和混乱。它通过一种特殊的方式(Type2 路由)在不同的目的地(VTEP)之间传递信息,帮助这些交通系统记录和学习每个居民(MAC 地址)的住处。这样,当有人需要发送邮件(数据包)给某个居民时,负责该区域的快递员(VTEP)就知道该往哪个方向走了。这个过程减少了寻找整个快递系统居民所需的时间和精力,避免了不必要的广播和混乱。

学习 MAC 地址可以类比于快递员对周围环境的学习熟悉过程。我们可以把 MAC 地址想象为大家彼此熟悉的邻居、好朋友、同事的地址一样。

建立复制列表:选择快递员的路径。尽管 EVPN 的魔法很强大,但有时候,特别是在需要发送一些大量的共有的资源快递时,我们仍然需要一点点的官方通知来确保每个角落的居民都能收到消息。这时,EVPN 建立了一个复制列表,就像是选定了一群快递员的路径,确保他们能够高效地把邮件分发到每个需要收到快递的人手中。

发布主机路由:告知你的邻居。想象每个人区域的快递负责人(VTEP)下面都有很多对接的客户(主机),对于指定区域的快递负责人,需要告诉其他区域的快递负责人负责的客户有哪些,这样其他区域的快递负责人如果有快递需要发送给这些居民时,就能够直接找到对应的快递负责人并通过他转发邮件。这个过程就像是在快递站的同事之间互相通告:"嘿,如果你有邮件要送到我这边的客户,就直接把邮件转到我这边来。"这样做的好处是可以大大提升工作的效率,每个人都做着自己熟悉的工作。

发布网段路由:广播你的版图。当快递负责人需要告诉其他快递负责人拥有的所有客户地址区域(网段)时,他会使用一种特别的魔法(Type5 路由)来广播这个信息。这样,其他快递负责人就可以了解到这个快递负责人拥有哪些客户区域，如果他们有消息需要发送给这些区域上的客户，就知道应该如何转发这些消息了。

EVPN 的这个魔法系统确保了信息在这个广阔国度中能够快速、准确、高效地传递，就像是有一个无形的网络，把每个快递员、每个客户紧密地连接在一起，让通信变得前所未有的高效和有序。

（3）EVPN 报文的转发过程

◆ 同子网报文转发：同子网报文转发为二层转发，只在 VXLAN 二层网关之间进行，三层网关无须感知。

◆ 同子网已知单播报文转发（如图 8.4 所示）。

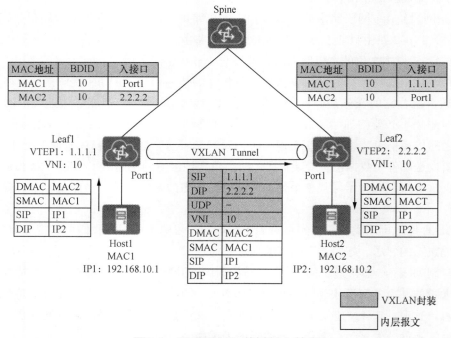

图8.4　同子网已知单播报文转发

◇ Host1 发送目的地址为 Host2 的报文。如果 Host1 没有 Host2 的 MAC 地址，会先发送广播 ARP 请求来获取 Host2 的 MAC 地址，该过程在此处不再详述，认为 Host1 已经获取了 Host2 的 MAC 地址。

◇ Leaf 1 接收到 Host1 的报文后，根据报文入接口或 VLAN 信息判断其所属的 BD，并在该 BD 内查找出接口（Leaf1 会学习到 Host2 的 MAC 地址，出接口为 VTEP 2.2.2.2）。然后 Leaf1 会对报文进行 VXLAN 封装后转发。

◇ Leaf 2 接收到 VXLAN 报文后，根据报文中 VNI 获取二层广播域，进行 VXLAN 解封装，获取内层的二层报文。

　◇ Leaf 2 根据内层报文的目的 MAC 地址，从本地 MAC 表中找到对应的出接口，然后转发给对应的主机 Host2。

　◆ 同子网 BUM 报文转发：如果是同子网的 BUM 报文，则会向同子网的所有 VTEP 发送一份广播报文。

　◆ 跨子网报文转发：在分布式网关场景下，Leaf 1、Leaf 2 作为 VXLAN 的三层网关，进行 VXLAN 封装及三层转发，Spine 仅作为 VXLAN 报文转发节点，不进行 VXLAN 报文的处理。

我们把它依旧类比为智慧城市中需要进行传送的快递系统。想象在我们日常的生活中，每个小区（子网）都有自己的小邮局（VXLAN 二层网关）。当小区的居民需要发送邮件（数据包）给邻居时，他们会将消息交给村中的快递员（二层转发），这位快递员非常熟悉小区中的每一个角落，可以迅速将邮件送达。在这个过程中，小区外的快递站（三层网关）并不需要接收这些邮件，因为这些邮件仅在小区内部传递。

邮件的传递方式如下。

　◇ 同子网已知单播报文转发：如果 A 想要发送一个快递给 B，她会将这个邮件（已知单播报文）交给快递员，快递员知道 B 住在哪里，直接将邮件安全地送到 B 手中。

　◇ 同子网 BUM 报文转发：偶尔，小区中会有需要告知所有人的派件（BUM 报文），这时，快递员摆摊群发通知，让大家统一来摊位取快递。

　◇ 跨子网报文转发：当快递需要从一个小区传递到另一个小区时，需要一位有快递车的快递员（三层网关）。在这个过程中，快递员会穿越马路（Spine），使用更加特别的包装（VXLAN 封装）来保护邮件，在确保安全的同时，将邮件准确地传递给远方的朋友。

（4）EVPN 的特点和优势

EVPN 是一种基于标准化协议的网络技术，旨在通过提供一种灵活、可扩展且功能丰富的方式来促进以太网服务在广域网上部署。这项技术结合了 MPLS 和 VXLAN 的优点，能够在数据中心互联、企业网和服务提供商网络中实现高效的多租户隔离和流量工程。

① 多租户支持

EVPN 通过使用唯一的 VNI 实现多租户环境中的流量隔离，允许服务提供商在共享的物理基础设施上安全地运行多个独立网络。想象你住在一个巨大的公寓大楼里，这个大楼非常特别，因为每个房间都有自己的隐形屏障。即使你和你的邻居共享同一个楼梯和电梯，但你们彼此之间却互不干扰。EVPN 就像这个公寓的隐形屏障，它确保了不同公司（租户）的数据可以安全地在同一网络基础设施上运行，而不会互相干扰。

② 灵活的控制平面

EVPN 利用 BGP 作为其主要的控制平面协议，提供了一种统一和标准化的方式来广播网络路由信息，从而实现了网络的灵活性和可扩展性。想象网络是一个巨大的铁路系统，而 EVPN

就像是控制中心，负责调度每一列火车（数据流），确保它们能够顺利到达目的地。它就像一个精密的时刻表，通过BGP（控制中心）能够灵活地指挥、调度每个数据包的行进路线，确保网络运行顺畅且高效。

③ 高效的数据平面

通过封装以太网帧进入MPLS或VXLAN隧道，EVPN能够在广域网上高效地传输以太网流量，同时支持细粒度的流量工程和负载平衡策略。我们将EVPN的数据平面比喻为一条高速公路，在这条公路上，每辆车（数据包）都能通过最快的路线到达目的地，不需要停在每一个路口询问方向。这就是EVPN通过VXLAN或MPLS隧道技术实现的，它为数据包提供了直接而高速的路径，就像是高速公路上的快车道。

④ 广播、未知单播和多播流量优化

EVPN特别针对BUM流量的优化，减少了不必要的泛洪，提高了网络的整体效率和性能。想象你在一个巨大的图书馆中寻找一本特定的书，但图书馆的图书没有被很好地分类。没有EVPN时，找书就像是在每个架子上随机搜索，这非常低效。EVPN通过特别的"图书管理员"（优化的BUM流量处理）来指导你直接走到正确的书架旁。这样，寻找信息（传递数据）变得更加高效和直接。

⑤ 快速故障恢复

EVPN提供了快速的故障检测和恢复机制，保证了网络的高可用性和稳定性。我们如果想象网络是一座由许多桥梁连接的城市，那么EVPN就像是城市的应急响应团队。一旦发现某座桥梁（网络路径）出现故障，EVPN会迅速启动备用桥梁，确保交通（数据流）不受影响，从而保障城市（网络）的连续运作和可靠性。

⑥ 简化网络操作和管理

通过自动化的网络发现和配置，以及对不同网络层次的统一视图，EVPN简化了网络的操作和管理，降低了复杂性和运营成本。管理一个没有EVPN的网络，就像是用手工方式管理一个庞大的邮件系统，每封信件（数据包）都需要手动排序和分发，这既费时又容易出错。而有了EVPN，整个过程就好像有了一个自动化的邮件分拣中心，它能够自动识别每封邮件的目的地，并将其快速准确地分发到正确的邮箱。这样不仅提高了效率，还减少了出错的可能性。

（5）EVPN技术的应用

◆ PBB：PBB-EVPN是一种基于MPLS和以太网技术的新一代二层VPN技术。在控制平面上，PBB-EVPN技术可以使用BGP在各个PE设备之间传递MAC地址信息，从而控制不同Site上的数据报文跨MPLS网络进行传输。PBB-EVPN业务分成I-EVPN和B-EVPN两部分，I-EVPN实例通过与CE连接的接口绑定用户接入业务，B-EVPN实例连接骨干网络，用来管理从其他PE设备上发来的EVPN路由信息。

◆ EVPN VPWS：和传统虚拟专线业务（VPWS）一样，提供P2P的业务，此方案复用并简化了原有的 EVPN 技术，使用 MPLS 隧道技术穿越骨干网，不需要 MAC 地址学习。

◆ EVPN E-Tree：如果用户希望同一广播域中无互访需求的用户接口之间可以相互隔离，则可以在网络中部署 EVPN E-Tree 功能。E-Tree 的逻辑就像一棵树，其中有两种角色——root 和 leaf，root 节点可以和 leaf 节点通信，但是 leaf 节点之间不能相互通信。

◆ EVPN L3VPN：当前 IP 承载网络一般使用 L3VPN（HVPN）和 L2VPN 协议承载二三层业务，协议复杂度较高。由于 EVPN 协议可以同时承载二三层业务，为了简化 IP 承载网络的业务承载协议，很多 IP 承载网络演进为 EVPN 协议，其中承载三层业务的 L3VPN HVPN 功能需要演进为 EVPN L3VPN HVPN 功能。EVPN L3VPN 有以下优点。控制面：传统 L3VPN 使用 VPNv4 路由传递路由信息，EVPN L3VPN 使用 MP-BGP 扩展的 5 类路由传递路由信息，统一了二层和三层控制面，简化了部署和维护复杂度。数据面：传统 L3VPN 和 EVPN L3VPN 保持一致。

8.3 云数据中心关键技术

1. VXLAN 技术

网络世界就像一座庞大的城市，而数据包则是其中忙碌的居民。然而，随着城市的扩张，道路变得越来越错综复杂，数据包仿佛在一个个分叉口中迷失了方向。这时候，我们需要一种魔法，一种能够建立高架桥和高架路，让数据包在网络中直达目的地的魔法。于是，VXLAN 蓄势待发，它就像是通信网络的道路工程师，为数据包架起了通往目的远方的大道。

（1）什么是 VXLAN 技术

VXLAN 技术，即虚拟可扩展局域网技术，这个名字背后蕴含着数字时代网络的一场变革。它不再仅仅是一种扩展局域网的技术，更是一张数字时空中的通行证，为我们的数据包打开了一扇连接虚拟和物理网络的大门。在这个大门背后，是一个充满无限可能性的数字世界，VXLAN 就如同一个虚拟网络的导航，引领数据包穿越网络的迷宫，自由畅游于数字时空的广阔天地。

想象一下，VXLAN 就像是在 IP 网络的大舞台上指挥一场宏伟的交响乐。每当源点和目的地有通信需求时，VXLAN 会在 IP 网络上轻松创建一条虚拟通道，犹如打造了一座彩虹桥，让数据包优雅地通过，完全忽略了底层网络结构的复杂和细节。

现在，设想你是这场奇妙网络盛宴中的一台服务器。VXLAN 施展了一些网络魔法，它将整个基础网络变成了一座庞大的"二层交换机"（如图 8.5 所示），每台服务器都仿佛连接在这个神奇的交换机上。基础网络内部如何传输，就好比这个巨大交换机的内部事务，服务器完全无须操心，VXLAN 为服务器创造了一个无须关心技术细节的奇妙空间。

257

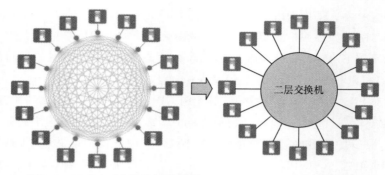

图8.5　VXLAN让整个网络就像一台巨大的"二层交换机"

VXLAN 的核心概念是通过在数据包头部添加额外的信息，将原本受限于物理拓扑结构的局域网扩展到更大的范围，释放数据包的自由。这项技术本质上是一种隧道封装技术，给原始数据包套上一层 VXLAN 头部，使其能够在底层网络之上获得新的生命。

为了理解 VXLAN 的工作，我们需要深入探究它的封装过程。首先，原始数据包会被包裹在 VXLAN 的 UDP 封装中，就像是为数据包穿上一层铠甲一样，让它们能够安全地穿越网络的战场。而这个 UDP 封装不仅为数据包提供了安全保障，还使 VXLAN 能够通过传统的网络设备进行传输，就像在数字世界中开设了一条通畅的通道。

VXLAN 的魔法还体现在它引入的 VNI 上。VNI 就像为每个局域网创建了一个独特的身份证，标识数据包所属的虚拟网络。这使数据包即使在底层网络中，也能被正确地引导到它们的目的地。不仅如此，VNI 还扩大了身份证库的空间，大幅增加了供使用的身份证数量，能够标识支持更多的局域网。

在 VXLAN 技术中，数据包通过 VXLAN 头部的引导，安全地穿越网络的边界。这种数字时空的穿越不仅仅是为了连接不同的局域网，还为数据包提供了一种绕过底层网络拓扑限制的机制，使它们能够轻松地穿越各种网络环境，实现数字世界中的无缝漫游。

（2）VXLAN 技术的特点与优势

◆ 可扩展性和灵活性得到显著提升。VXLAN 将第二层网络的标识符数量从原本仅有的 4 000 个迅速扩展至 1 600 万个，使网络结构更为灵活可变。VXLAN 跨越了 IP 网络基础设施和二层网络，从而为网络和虚拟化数据中心提供了更广阔的发展空间。

◆ VXLAN 引入了分段的概念，通过对网络进行分段，实现了高级别的安全性。VXLAN 流量限制于 VNI，从而实现了隔离，同时也为多租户架构提供了支持，使多个租户能够在共享的基础设施上进行安全独立的操作。

◆ VXLAN 简化了二层网络，减少了对生成树、中继和 VLAN 扩展的需求。同时，它支持 IP 迁移，允许虚拟机在不同子网之间迁移而无须更改 IP 地址。

◆ VXLAN 在二层和三层网络之间建立连接，通过在运行 IP 的三层网络基础设施上运行具有 VNI 的虚拟二层网络，VXLAN 交换机将二层帧封装为三层数据包。

◆ 作为 SDN 的一部分，VXLAN 将中央网络控制器与数据平面解耦，使网络管理、部署和监控变得更加简化。这一理念在一些支持 VXLAN 覆盖的软件化虚拟网络交换机中得到了实现，例如 Open vSwitch。

隧道技术对比见表 8.1。

表 8.1　隧道技术对比

隧道技术	封装协议	头部大小	扩展性	网络隔离	性能开销	适用场景	加密支持
VXLAN	UDP	50 字节（包括 UDP 头）	高	支持多租户	中等	数据中心网络	通常需要额外的加密协议
GRE	IP	24 字节	中	不支持多租户	低	较小规模网络	可以与 IPsec 配合使用
MPLS	MPLS	4 字节（MPLS 标签）	低	部分支持多租户	低	运营商网络、广域网	可以与 IPsec 配合使用
IPsec	IP	可变，通常较大	中	部分支持多租户	较高	遗留网络、边缘设备	内建的加密支持
L2TPv3	IP	可变，较大	低	部分支持多租户	较高	远程访问、边缘网络	可以与 IPsec 配合使用
VLAN	802.1Q	4 字节	低	支持多租户	无	可以与 IPsec 配合使用	通常不涉及加密

（3）VXLAN 技术原理

VXLAN 是一项创新的隧道技术，主要功能是在传统的三层网络基础上构建一个二层以太网网络隧道，实现了跨地域的二层互联。VXLAN 采用了一种巧妙的封装方式，将原始以太网数据包嵌套在 UDP 数据包中，形成了一种新的封装格式。这意味着原本的二层数据帧现在被添加了 VXLAN 头部，并与 UDP 数据包一同被打包。图 8.6 展示了 VXLAN 的报文结构和转发流程。

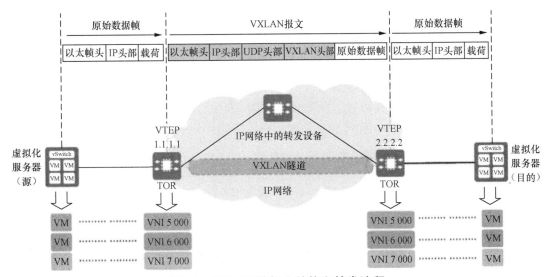

图8.6　VXLAN的报文结构和转发流程

VXLAN 头部的关键部分是 VXLAN 标识，也就是 VNI。这个标识在数据包中占据了 24 比特，支持高达 1 600 万个不同的 VXLAN，远超过传统 VLAN 的 4 094 个。这使 VXLAN 能够轻松适应大规模租户的部署。通常，VXLAN 的实现是通过安装在服务器上的软件来完成报文的封装和解封装，而网络只须保证 IP 路由可达即可。

VXLAN 实现了应用与物理网络的解耦，尽管网络和虚拟机相互独立，但业界通常通过网络控制器（例如 SDN）来实现 VXLAN 网络与云业务的协同。在虚拟机发生迁移时，虚机 / 存储控制器会向网络控制器通知迁移信息，网络控制器会根据虚拟机的新位置重新调整网络配置，实现网络与云业务的联动。

这意味着物理网络可以仍然是传统的三层 IP 网络，只须保持路由的可达性。虚拟机能够实现跨越三层 IP 网络的远距离迁移，不再受限于传统的二层技术。物理网络也不再需要允许所有 VLAN 通过，从而大大减少了接入交换机需要学习的 MAC 地址数量，减轻了网络设备 MAC 地址表项规格对虚拟机规模的限制。这使 VXLAN 成为构建灵活、高效、可扩展网络架构的有力工具。

（4）应用场景

VXLAN 的应用场景就像是给数据包开设了一家全球连锁的旅行社。在数据中心中，它能够为虚拟机和容器提供一个自由畅通的通信通道，无论它们身处何方。这种灵活性使 VXLAN 在云计算环境中大放异彩，为数据包提供了一个高速、安全、可扩展的通道。

① VXLAN 网络内终端用户通信的应用

VXLAN 在终端用户通信中的应用主要体现在提供安全、跨网络的通信环境。它通过创建 VPN 和利用隧道封装技术来实现终端用户之间的安全通信。这种隧道封装技术使用 UDP 封装，将终端用户的数据包打包在 UDP 包中，确保数据在网络中的安全传输。

在技术细节方面，VXLAN 引入了 VXLAN 标签，用于标识不同的虚拟网络。这种标签机制可以为不同的终端用户或用户组提供独立的网络隔离，确保用户通信的隐私和安全性。同时，VXLAN 可以与加密协议（例如 IPsec）结合使用，提供端到端的加密，确保终端用户的数据在传输过程中得到保护。

此外，VXLAN 还支持远程访问，为终端用户提供安全的远程办公环境。通过与云平台的集成和认证机制的运用，VXLAN 确保只有授权用户才能访问相应的虚拟网络，增强了整个通信系统的安全性。

② VXLAN 在虚拟机迁移场景

当前，企业在数据中心网络中通过实施服务器虚拟化来实现 IT 资源的整合、提升资源利用效率以及降低运营开支的目标。随着虚拟化水平的不断提升，物理服务器上虚拟机的数量持续攀升，同时，虚拟化环境中运行的应用程序也在不断增加，这为虚拟网络的管理带来了巨大的挑战。随着虚拟化规模的扩大，数据中心网络需要适应不断增长的虚拟化工作负载，这促使了其对网络架构和技术的进一步优化，以确保虚拟网络能够高效、可靠地支持不断增长的虚拟化环境。

VXLAN 在虚拟机迁移场景中扮演着关键角色，为数据中心网络提供了强大的扩展性和灵活性。其应用主要集中在以下几个方面。

VXLAN 的虚拟机迁移功能就像是给虚拟机戴上了一个隐形的"搬家标签"。这个标签让虚拟机可以在数据中心网络中像"漂泊者"一样自由移动，而不用担心换了地方就得改变自己的"身份证"（网络地址和 MAC 地址）。

在技术上，VXLAN 的工作原理有点儿像用一支特殊的笔，叫作 VTEP。每个主机上都有一个 VTEP，它的任务就是在虚拟机发送数据包的时候，把数据包"装进"一个 VXLAN 的外壳里，然后再将数据包送到目的地。这种外壳有点儿像快递包裹，上面写着虚拟机的"地址"，确保数据能够准确无误地被送到。

VXLAN 不仅提供了虚拟机的迁移能力，还让我们可以在数据中心里像搭积木一样灵活地创建不同的虚拟网络。就好比城市中有很多个小社区，每个社区有自己的规则，但又可以自由来往。这就是 VXLAN 给我们带来的网络灵活性，它让不同的虚拟机可以在自己的"社区"里随心所欲地玩耍，而不会影响其他地方。

2. EVPN 技术应用

一个城市由无数个小区组成，每个小区上都住着不同的人。人们需要通过特殊的桥（VXLAN）来往返于它们之间。但是，城市变得越来越大，仅仅靠这些桥已经不足以保持城市的运转，人们需要一种更加强大的"魔法"来管理这些桥梁，确保每个人都能够快速、安全地到达目的地。

VXLAN 就像是一种施工队，可以在小区之间创建看不见的桥梁。这些桥梁特别的地方在于，它们不仅可以承载人们的重量，还能保护每个人的隐私，确保他们在桥上的谈话不会被旁人听到。但是，如果没有 EVPN 的智慧来指导它们，这些桥梁就会变得混乱，不知道该如何高效地服务于城市的居民。

如果说 VXLAN 是连接城市中各个小区的桥，那么 EVPN 就是这座城市的大脑。EVPN 拥有高超的智慧，能够知道城市中的每个人在什么时候需要去哪里，通过哪座桥最合适。EVPN 可以告诉所有的桥，如何变化它们的位置，让人们可以最快地到达目的地，同时还能确保每个人的旅途是安全的，不会被外来者窥视。

EVPN 和 VXLAN 携手合作，就像是城市中拥有了一个完美的交通系统。EVPN 负责规划路线、管理交通，确保每个人都能通过最合适的 VXLAN 桥到达目的地。这种协同工作让城市的运转变得更加高效和安全，人们可以享受快速、无忧的旅行，而不用担心迷路或者被外来的威胁所困扰。

（1）EVPN 和 VXLAN 技术的协同

首先，我们先搞清楚为什么 VXLAN 会需要 EVPN 的加持。第一，VXLAN 本身并没有定义控制层面，只定义了数据转发层面，而扩展的 EVPN 又特别擅长于控制层面，且两者都专注于二层技术，两者一拍即合！第二，VXLAN 的 MP-BGP 作为承载性最强的协议或应用，有多种地址族，但整体来说无非是分成了两大类——三层或二层，VXLAN 是为了实现二层的相关功能，所以肯定在 MP-BGP 地址族中与二类相关的地址族中选择，EVPN 是 MP-BGP 中在二层方面承载能力最强的。当你在启动交换机 EVPN 的时候，要先启用二层 EVPN 的功能。

EVPN "帮助" VXLAN 的方法说来也简单，VXLAN 需要什么，EVPN 就给什么！那么 VXLAN 需要什么呢？VXLAN 在隧道建立的前期需要知道对端的 NVE 接口的地址和 VNI，在隧道建立之后需要知道对方站的 MAC 地址表，那 EVPN 就满足 VXLAN 这两个需求，通过 3 类路由信息运载 NVE 接口的 IP 和 VNI，通过 2 类路由信息运载 MAC 地址。

EVPN 要运行在 VXLAN 的前面，才能向 VXLAN 提供信息，那么 EVPN 需要什么？EVPN 在前期需要 NVE 接口的 IP 和 VNI，那么这个信息在哪里？谁给 EVPN 提供呢？答案是 VXLAN，VXLAN 要先给 EVPN 提供 NVE 接口的 IP 地址和 NVI，为了实现这个目的，在进行 VXLAN 配置 NVE 接口的时候需要调用 EVPN，也要在配置 NVI 的时候调用 EVPN，同时 EVPN 还要能正常运行。总结来看，EVPN 能向对方发送 3 类路由信息的条件包括：一是 BGP 邻居关系要能正常建立；二是 BGP 里面必须启用 EVPN 地址族；三是设备本身也要打开二层 EVPN 的功能（有一些设备不支持 EVPN）；四是告诉 EVPN 本端的 VNI；五是告诉 EVPN 本端的 NVE 接口 IP。

（2）基于 EVPN VXLAN 技术的数据中心组网案例

① 基于 EVPN VXLAN 技术实现医院分布式双活数据中心

数据中心是医院信息化建设的核心部分，安全、稳定、扩展性强的数据中心网络架构已成为支撑医院信息化建设和医疗业务快速发展的重要基石。采用 EVPN XLAN 技术在基于医院现有 IP 网络架构不进行大规模修改的条件下，叠加建立虚拟网络。实现不同数据中心站点之间二层互联的大二层网络，使医院能够在不同的物理站点部署自己的数据中心网。将双活或虚拟化业务在网络上承载，并与其他网络业务分离，使物理网络向云和虚拟化深度延伸，实现真正的云网融合。

传统的医院数据中心采用主备模式，主用数据中心对外提供业务，备用数据中心大多时候处于闲置状态。只有在发生灾难宕机的情况下，业务系统才从主迁移到备。这导致医院投入大量人力和物力建设的备用数据中心大多都处于闲置状态，资源使用率极低。更为重要的是，主 – 备模式的数据中心的 RTO 和 RPO 无法保证业务的连续性。基于 EVPN VXLAN 技术实现医院分布式双活数据中心具体组网设计与实现方案如下。

◆ 数据中心站点间互联。医院数据中心的不同物理站点之间首先需要通过传统网络技术互联形成 Underlay 网络。然后再利用 EVPN VXLAN 搭建 Overlay 大二层网络。

由于网络中需要使用 BGP 路由协议，当 EVPN VXLAN 网络中的设备属于同一个 AS 时，在建立 IBGP 邻居时要形成全连接的邻居关系或对等体。若网络设备众多，则网络的配置就会相当复杂和烦琐,这就需要在网络中部署路由反射器(RR)以减轻网络部署的难度。网络中所有需要建立 IBGP 邻居关系的设备都只与路由反射器建立 IBGP 邻居关系。路由反射器与 IBGP 邻居设备之间建立连接后形成邻居设备列表,将从某个 IBGP 邻居设备收到的路由反射给其他的 IBGP 邻居设备,形成全连接的邻居关系。

EVPN VXLAN 通常采用核心–分支的分层结构,EVPN VXLAN 分层结构如图 8.7 所示。核心层设备通常作为路由反射器反射 BGP EVPN 路由;分支层设备作为 VTEP,转发二层流量或三层流量。EVPN VXLAN 构建的是一个相对独立的网络空间,可以通过接入外网,实现与外界网络的通信。为了与外界网络互通,在 VXLAN 网络的边缘,还需要部署边界(Border)设备。边界设备通过 Underlay 网络的接口与外界网络之间运行路由协议、学习路由,然后将这些路由引入 EVPN VXLAN。在实际组网中,通常部署多台边界设备。这些边界设备都可以通告这些路由,从而形成等价路由负载分担的架构。

EVPN VXLAN 网络主要包括以下几个部分。

VTEP:EVPN 网络边缘设备,EVPN 相关处理均在其上进行。

VXLAN 隧道:两个 VTEP 之间的点到点逻辑连接。

AC 接入电路:连接站点和 VTEP 的物理电路或虚拟电路,例如以太网链路、VLAN。

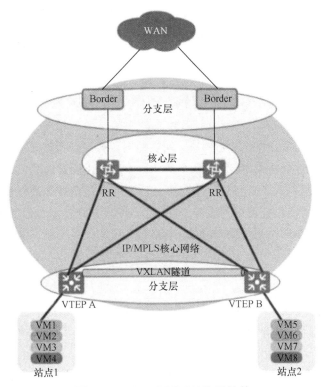

图8.7 EVPN VXLAN分层结构

为了实现 EVPN VXLAN 网络的三层互通，需要部署 EVPN VXLAN 网关。在 EVPN VXLAN 网关上配置 VSI 虚接口，并为该接口配置 IP 地址作为网关地址。

EVPN VXLAN 网关分为集中式网关和分布式网关两种。

集中式网关：网络中只有一台设备作为网关，不同 VXLAN 之间的流量以及 VXLAN 访问外部网络的流量全部通过这个网关处理。这种组网方式配置简单，但网关的压力比较大。

分布式网关：网络中多台设备作为网关，能够对本地站点的流量进行三层转发，缓解了网关的压力。在分布式网关组网中，通常边界设备也需要配置 VSI 虚接口，用来与外部网络通信。

◆ 数据中心间互联。超大规模的医院或医联体模式下的医疗单位，随着业务规模的不断发展，跨地域的数据中心同样需要互联。跨地域、大范围的互联很有可能需要依赖通信服务提供商作为支撑。服务提供商可能会提供 VPLS、PBB VPLS、EVPN 或 PBB-EVPN 等链路。

数据中心间互联通过 EVPN VXLAN 数据中心互联技术在数据中心之间建立 VXLAN-DCI（VXLAN 数据中心互联）隧道，实现不同数据中心之间虚拟机的二层和三层互通。

② 基于 EVPN 企业专线组网应用分析

在数据中心以及政企类业务组网中，该应用能够满足二、三层互通的需求。依托 EVPN 能够实现转发平面和控制平面分离，具备负载分担、快速收敛的能力，提供更加可靠、智能的网络。在当前数字经济高速发展，国家推进"新基建"建设要求的大背景下，云计算、大数据等成为各个企业数字化转型的重要支柱。企业发展趋向大规模、分布式、数字化等方向，也产生了企业在一点入云、多点组网等场景下的需求。

◆ 企业一点入云专线场景。随着云计算市场的快速发展，越来越多的企业将数据放在公有云池中。例如某用户数据在公有云，办公楼宇所在地需要通过专线进行公有云服务访问，进行数据互通，并且保证业务的安全性和可靠性。企业一点入云专线场景如图 8.8 所示，客户 CE 就近连接运营商 PE 设备，一跳进入骨干网，最大限度地保障业务便捷性和安全性，运营商骨干网通过 EVPN VPWS 建立专线，提供高可靠性服务，同时其出口 PE 直连公有云资源池，保证时延最低。EVPN 的配置简单、协议简化，能够解决传统电路施工周期长的问题，能够被快速开通并提供服务，满足企业一点入云需求。

图8.8　企业一点入云专线场景

◆ 企业多点组网场景。一些大型银行、金融、证券类企业，对业务的可靠性和安全性有着较高的要求，同时有多个分支机构分布在各地，需要保证总部与各分支机构都能进行网络互通。不同地区的分支机构就近接入运营商PE设备，总部机构通过双轨接入运营商骨干网，建立EVPN VPLS专线，总部节点采用双活模式保证流量负载分担。企业多组网场景如图8.9所示。通过使用EVPN，为用户提供大型企业扁平化组网，保证业务的便捷性和实时性；通过双轨接入，提供高可靠性的网络，实现流量负载分担，满足企业多点组网需求。

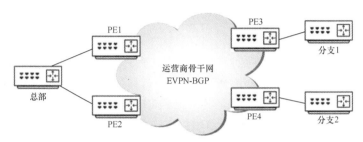

图8.9 企业多点组网场景

③ 基于 EVPN 和 VXLAN 的新一代云网融合技术

使用 SDN 技术，结合 Spine-Leaf 架构、VXLAN 和 EVPN 技术，构建灵活、可扩展的数据中心网络。这些技术的结合能有效提升数据中心性能，包括优化广播风暴问题、提高带宽利用率、简化虚拟机部署、支持数据中心之间的高效互联和灾备部署。

数据通信网络通过采用"接入-汇聚-核心"三层的网络架构，保障了数据的可靠性和有效性传播。然而，数据通信的快速发展及多业务的应用，对数据通信网络架构提出了需要能够轻松地部署和管理网络，并满足不同业务情况的个性化需求。"接入-汇聚-核心"的传统网络架构主要存在的问题如下。

广播风暴和资源浪费：传统云数据中心通常采用"接入-汇聚-核心"的传统网络模型。该网络模型所采用的二层管理协议通过在交换机之间建立多条链路来提高网络整体的可靠性，但会导致广播风暴。随着网络之间流量激增，广播风暴会造成严重的后果。

不能有效应对东、西向激增的流量：虚拟化技术的应用促使网络中产生大量虚拟机，同时随着大量微架构服务的流行，虚拟机之间的流量大幅增加。虚拟机交互产生的流量因为都发生在同级设备之间，传统三层网络的架构下，大规模同级数据交换会增加汇聚层交换机和核心层交换机的工作压力，与最初的 CLOS 网络模型背道而驰。

VLAN 协议应对数据量激增的局限如下。

主机数量有限。传统网络会采用 VLAN 协议整合设备。VLAN 协议意味着 VLAN 技术只能识别有限的二层网络，不能满足日益增长的用户分组需求。

无法灵活地部署虚拟机。在实际应用中，会遇到因为负载等原因，需要迁移二层里的虚拟交换机到其他二层中，但传统 VLAN 网络无法打破物理二层网络的限制，会导致部署不够灵活，利用不够充分。

　　VXLAN 技术的出现为虚拟机的兼容性、灵活部署等方面提供了技术支持，同时大大减少了网络中的损失，提高了信息传播的效率。EVPN 为 VXLAN 提供了控制层面的支持，因此分布式 VXLAN 与 EVPN 的结合成为备受关注的方案，为新一代数据中心网络的发展提供了网络虚拟化和资源池化的底层基础。图 8.10 所示为基于 Segment VXLAN 隧道的数据中心互联架构。

　　Segment VXLAN 架构中，数据中心内部和两个数据中心之间都要建立 VXLAN 隧道。在 Overlay 层面，Leaf 设备和数据中心互联（DCI）网关之间，以及不同的 DCI 网关之间均需要部署 EVPN。该架构的优势在于对多数据中心，每个数据中心都拥有独立的资源池负责相应网络和计算。

　　数据中心异地容灾部署：考虑用户的实际需求，往往要建立两套甚至多套具有监控功能的相同数据中心，以便在一套系统遭到破坏时，能够转移数据，并切换系统继续工作等。基于 SDN 的大二层技术为跨数据中心的互联提供了技术支持，既提高了数据中心的容灾能力，又丰富了云平台业务的种类，实现了合理规划使用拥有的资源。图 8.11 所示是一种数据中心的构建方法和异地容灾备份的示意。

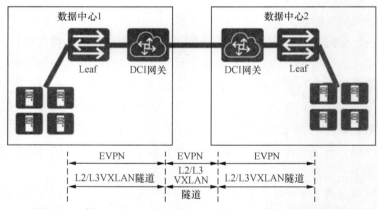

图8.10　基于Segment VXLAN隧道的数据中心互联架构

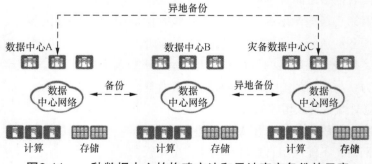

图8.11　一种数据中心的构建方法和异地容灾备份的示意

8.4　从IPv6到IPv6+

"IPv6+"技术是基于IPv6下一代互联网的全面升级技术，包括以SRv6、随流检测（IFIT）、位索引显示复制（BIER）、服务功能链（SFC，也称业务链）、基于IPv6的应用感知网络（APN6）等为代表的协议创新。

1. SRv6 技术

随着全球信息化的飞速发展，互联网应用像雨后春笋一样迅速涌现。然而，传统的网络方式面临一些问题。

首先，传统网络就像一个由多个孤岛组成的群岛，虽然MPLS技术统一了一些，但不同网络之间还是有些脱节，就像城市之间的高速路不够通畅。这导致了不同业务之间的连接很麻烦，需要用复杂的技术来搭建桥梁，让业务能够顺畅运行。

其次，IPv4和MPLS的可编程空间有点像是一本书的页数不能包含所有内容，而且MPLS的"标签"就像是书中的字数一样，有限且不够灵活。对于一些新业务来说，它们需要被更多的"字数"和"页数"展示，但传统网络跟不上这个需求。

最后，目前的网络就好比是一辆货车和它拉的货物分开了，导致我们很难优化网络的运行。运营商也面临一个难题，就像是他们在经营一个输送管道，却无法从输送管道中得到更多的价值。另外，网络的演进受到了很多限制，就好比一辆车的引擎和车身绑在一起，想要改变其中一个部分会很困难。

总的来说，传统网络面临的问题就像是一条蜿蜒曲折的山路上面有很多坎坷，而我们需要一种更先进、更灵活的方式来建设网络，应对日益增长的新业务需求。这时，SRv6解决了上述一系列问题，推动网络通信进入一个全新的时代。

（1）什么是SRv6

SRv6是一种网络架构，它的全名是"Segment Routing over IPv6"，简称SR+IPv6。它的设计灵感来源于IPv6，是一种通过在网络数据包中插入指令来指导数据传输的新型技术。通过在数据包头部加入指导信息，就像给快递包裹贴上标签一样，SRv6可以直接在数据传输过程中告诉网络数据往哪里走。

相比传统网络，SRv6采用了更简单、更灵活的方式。它抛弃了一些烦琐的网络管理协议，就像我们在旅行时不再需要复杂的导航系统一样。SRv6直接利用IPv6地址来标记数据包的路径，就像是在网络中用地址指引道路一样，这使网络的管理变得更加简单。另外，SRv6不仅继承了以前的一些优点，还增加了一些新的亮点。它的地址空间可以说是无限的，就像你在城市中行走，可以随时找到目的地一样方便。只要地址能够到达，SRv6 就可以让任意点都能够连接，就像城市中的任意两个地方可以通过道路相连一样。这让网络的搭建变得更加灵活和方便，就像是搭积木一样简单。

（2）SRv6 的技术原理

SRv6 技术通过在 IPv6 数据包中嵌入 Segment 标识符，直接指导数据包的路径。这使网络可以更灵活地根据需要进行配置，而不再受限于传统的控制平面协议。同时，中途的 SRv6 节点还能够根据 Segment ID 提供各种协同服务，使网络变得更为智能和高效。这就好比是在网络中为每个数据包出发之前都量身定制了一张详细的导航图。

① 出发前的准备

当你要发送一份信件时，你首先会设定信封上的目的地址。在 SRv6 中，我们将 IPv6 数据包的目的地址设置成接收方的 IPv6 地址。

② 导航图的添加

接下来，我们在信封上贴上一张特殊的导航图。在 SRv6 中，这张图是由一系列 Segment ID（SID）组成的。每个 SID 就像是图上的一个指引，告诉数据包应该如何在网络中传输。

③ 旅程的开始

当数据包进入 SRv6 网络时，它开始按照导航图上的指引行进。在网络中，这就相当于数据包根据 SID 找到下一台路由器的 IPv6 地址。

④ 途中的小站

在网络的途中，SRv6 节点会根据 SID 的信息进行一些操作。这可以包括将数据包转发到下个节点、执行 NFV 等服务。每个节点就像是高速公路上的一个服务区一样，负责处理数据包。

⑤ 抵达目的地

当数据包到达最后一个节点，即目的地时，它的最后一个 SID 就是与目的地址关联的 ID。这个 ID 在最后一个节点处理前被删除，就好像是在到达目的地后不再需要导航图一样。

（3）SRv6 的特点与优势

SRv6 的魔力在于它巧妙地将"指引"的理念融入 IPv6 包头，就如同你的车上搭载了一套高级导航系统，实现了动态的路径选择。在传统网络中，数据包像是被固定在某一车道上，而 SRv6 让数据包可以根据需要选择不同的道路，在错综复杂的网络城市中穿梭自如。

从技术上讲，SRv6 在 IPv6 包头中嵌入多个"段"（Segments）。这些"段"给了我们在网络中行驶的"引导点"，就好比是导航中的多个目的地。这种灵活性让数据包能够在网络中"冒险"，不再受制于传统网络的固定路径。

① 更简单的控制平面

想象一下，以前的网络控制平面就像是一台复杂的仪器，需要调校各种参数。而当它有了

SR，就像是换上了一个更简单的按钮，不再需要那些烦琐的设置。在 MPLS 网络中，不再需要使用复杂的 LDP/RSVP-TE 协议，只需要设备通过 IGP 路由协议对 SR 进行扩展。

② 易扩展的数据平面

SR 让网络设备变得像一把多用途的工具，就好比有了一把能同时开不同锁的钥匙。在 MPLS 网络中，SR 就是这个神奇的钥匙，把原本复杂的标签变得简单易懂，就像是用同一个钥匙能够打开不同的门。而在 IPv6 网络中，SR 就像是一种新型的邮寄方式，让数据包的传送更灵活，像是用特殊的邮寄方式送信。

③ 简单高效

SRv6 使用一种聪明的方法，通过在网络里面添加一个"指南"，直接告诉网络数据该往哪里走，减轻网络设备的工作负担。

④ 安全性和可靠性

SRv6 不仅能够提供端到端的路径保护，保护通信安全，还可以走多条路径，确保通信更可靠。它还支持各种数据加密技术，就像是在网络中加了一层防护盾，让通信更加安全可靠。

（4）应用场景

① 数据中心 vSwitch

SRv6 就像是一位网络导航专家，可以帮助数据中心里的交换机（vSwitch）更好地为不同应用提供服务。通过在网络中引入 SRv6，我们就能像切蛋糕一样将网络划分成不同的部分，每部分都能够按照需求提供不同的服务。

② 广域网 VPN

SRv6 就像是为网络搭建的一条特快专线，可以支持多种路径选择且能够灵活选择路由方式，还能提供定制的 VPN 服务。这就好比在网络中铺设了一条高速公路，能够更高效、更安全地传输信息。

③ 网络切片

SRv6 就像给网络穿上了各种不同颜色的衣服，可以让用户看到不同的景象。通过创造虚拟的网络层，就像是把网络中的一块大蛋糕切成了多个小块，每个小块都可以根据需要提供不同的服务。

④ 多路径路由和带宽聚合

SRv6 就像是网络中的一位交通规划师，可以解决传统路由的一些问题，比如如何更高效地走多条路线。通过使用 SID，能够实现多条路径、带宽的聚合和数据传输速度的提升。就好比在网络中建了一些捷径和任意门一样，能够更快地到达目的地。

⑤ 容器和云计算

SRv6 就像给云计算和容器网络安装了一套智能装备，使其可以更好地适应这个快速变化的世界。通过 SRv6 技术，容器网络和物理网络可以更好地协同工作，让云服务提供商能够更灵活地开展业务工作。

2. IFIT 技术

随着 5G 和云时代的崛起，网络变得更强大、更复杂。一方面，5G 为我们带来了虚拟现实、4K 超高清视频、车联网等新潮业务；另一方面，为了更方便管理和减少运维成本，网络设备和服务正在朝着云化的方向迈进。

这些新业务和新架构给现有的网络带来了不小的挑战，比如需要大带宽、低时延、广连接、高可靠网络。而传统的网络运维方法却似乎有些跟不上这个时代的步伐，尤其是在网络故障的检测和处理方面存在明显的问题。

首先，我们经常是被动感知业务故障的。运维人员通常只能根据用户的投诉或者其他部门的工单来判断故障的范围，这导致了故障的感知时间延迟，处理起来也很被动，给运维人员带来了很大的排障压力，最终影响用户的使用体验。

其次，故障的定位和解决也不是那么高效。通常需要多个团队协同工作，但是团队之间缺乏清晰的责任划分机制，导致责任不明确。传统的运维技术也存在较大的局限性，传统方法通过发送测试报文来模拟业务流，但这无法真实地还原网络性能劣化和故障情景。

为了解决这些问题，随流检测技术应运而生。随流检测技术采用带内检测技术，也就是在真实业务报文中插入一些特殊标记，这样一来，我们就能够实时、真实地了解网络时延、丢包、抖动等性能指标，更主动地感知业务故障。与传统的带外检测技术相比，随流检测技术在多个方面都更为优越，不仅提高了性能，还降低了业务部署的复杂度，提高了技术和协议的可扩展性。这就是随流检测技术能够更好地适应新时代网络需求的原因。

（1）什么是随流检测技术

当我们使用手机或计算机在网络上发送一个文件或打开一个网页时，数据会像水流一样在网络中流动。随流检测技术就随着这些"数据水流"的流动，实时监测网络的状态和数据传输的情况。它就像网络的"健康体检师"一样，帮助我们更好地了解网络的状态和性能。随流检测技术实现对网络实时监测的方法，就是在网络中传递的数据包中加入一些特殊标记，就像给数据包贴上一个小纸条，告诉我们这个数据包经历了什么，当网络中很多的数据包都把这些"纸条"反馈回来的时候，我们也就了解了网络的整体状况。借助随流检测技术这位负责的"健康体检师"，我们就可以像时刻关注自己的健康状况一样，实时监测网络的时延、丢包、抖动等性能指标。

为了更好地帮助运维人员工作，随流检测技术采用了一种叫 Telemetry 的技术，这是一种秒级的高速数据采集技术。借助 Telemetry 技术，网络中的路由器等传输节点能够及时地把监测到的数据实时上报给管理监测平台。管理监测平台对数据进行汇总、分类、分析和展示后，网络运维人员可以通过管理监测平台，直观地看到每个数据包或者业务流的情况。这就好比通过一个漂亮的仪表盘，看到汽车各个部分的状态一样。随流检测技术的应用，不仅让网络服务更高效，还能保障网络服务的质量。通过随时随地监测网络的情况，我们可以更快地发现问题并解决，确保网络不会"生病"，用户的网络体验也能更好，这也为大带宽、低时延、广连接、高可靠网络的发展提供了保障。

（2）随流检测技术原理

① 系统架构

随流检测应用部署中涉及管控系统和转发设备。管控系统主要功能包括业务测量的配置下发、统计上报数据的分析和检测结果的呈现，转发设备主要功能包括被测业务的识别、检测信息的封装、检测信息的解析、检测数据的统计和上报、检测信息解封装。其中，业务测量的配置下发可以通过命令行（CLI）或 NETCONF 等方式，数据上送基于 Telemetry 技术。

图 8.12 所示是随流检测技术的系统架构示意，数据网络路径上的节点可以分为头节点、中间节点和尾节点。头节点是应用部署的起始节点，尾结点是应用部署的终结节点，中间节点是业务报文流从头节点到尾结点中所经过的节点。

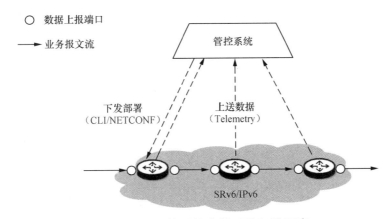

图8.12 随流检测技术的系统架构示意

下面我们来看看不同节点类型的主要功能。

头节点：接收管控系统下发的检测业务部署信息，把随流检测的信息封装到被测业务报文中，并根据部署信息对被测业务报文做交替标记，进行统计并将数据上送至管控系统。

中间节点：在端到端检测模式下，中间节点正常转发报文，不进行数据上报；在逐跳检测模式下，支持随流检测的中间节点会进行数据统计和上报，不支持随流检测的节点正常转发报文。

尾节点：作为尾节点的设备也要进行数据统计和上报，还需要将添加的随流检测封装信息从报文中去除。

② 检测模式

随流检测主要分为两种检测模式：端到端检测模式和逐跳检测模式。

在端到端检测模式下，管控系统向头节点下发部署信息，可以获取被测业务端到端的丢包、单向时延和抖动统计数据。这一模式只需要头节点和尾节点开启随流检测功能和上报数据，中间节点保证正常转发报文，端到端检测模式示意如图 8.13 所示。

271

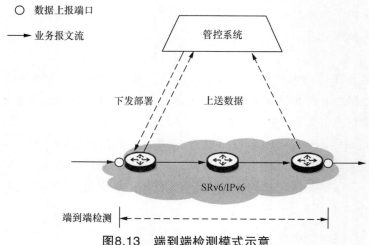

图8.13　端到端检测模式示意

随流检测技术的逐跳检测模式能够获取被测业务网络路径每个节点或关键节点间的丢包、单向时延和抖动统计数据。这个模式需要头、尾和中间节点设备都开启随流检测功能。管控系统只向头节点设备下发部署信息，但所有支持随流检测的节点都要进行统计和数据上报，而不支持随流检测的节点应正常转发报文，逐跳检测模式示意如图 8.14 所示。

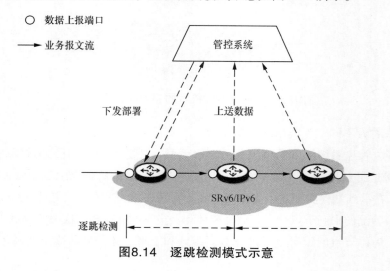

图8.14　逐跳检测模式示意

③ 扩展报头封装

在 IPv6/SRv6 使用场景中，随流检测信息是在 DOH（IPv6 目的扩展头）中携带的。封装的方式和位置主要有 3 种，随流检测中检测信息封装位置示意如图 8.15 所示，左边第一种在 SRv6 BE 场景中使用，后两种用于 SRv6 Policy 场景。

随流检测在 DOH 中的字段如图 8.16 所示。

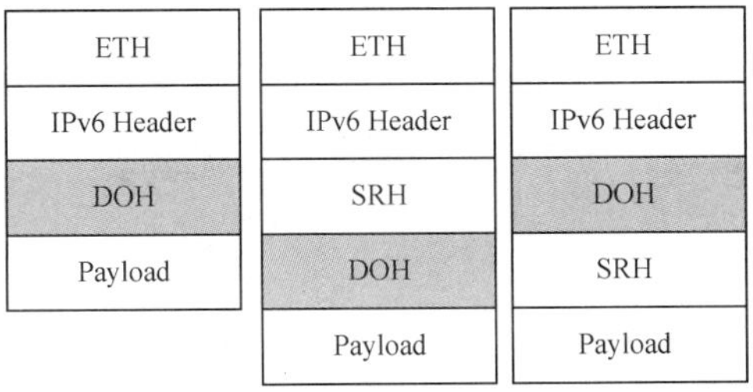

ETH	ETH	ETH
IPv6 Header	IPv6 Header	IPv6 Header
DOH	SRH	DOH
Payload	DOH	SRH
	Payload	Payload

图8.15 随流检测中检测信息封装位置示意

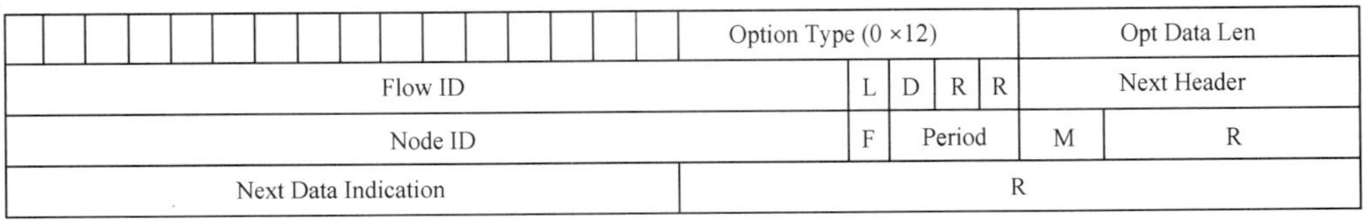

	Option Type (0 ×12)	Opt Data Len
Flow ID	L D R R	Next Header
Node ID	F Period M R	
Next Data Indication	R	

图8.16 随流检测在DOH中的字段

表 8.2 介绍了一些重要字段的含义。

表 8.2 随流检测字段详细说明

字段	描述
Flow ID（长度为 20 比特）	被测业务的流检测标识： 有 NodeID 时，Flow ID 在设备内唯一； 无 NodeID 时，Flow ID 在检测域内唯一
L（长度为 1 比特）	丢包测量染色标识
D（长度为 1 比特）	时延测量染色标识
NextHeader（长度为 8 比特）	标识扩展头的类型
Node ID（长度为 20 比特）	设备节点（头节点）标识，在检测域内唯一
F（长度为 1 比特）	是否使能反向流检测标识： 0，不使能反向流检测； 1，使能反向流检测
Period（长度为 3 比特）	测量周期，取值和对应周期： 000，1s； 001，10s； 010，30s； 011，60s； 100，300s； 其他，预留
M（长度为 2 比特）	检测模式： 01，端到端检测； 10，逐跳检测； 00、11，预留
Next Data Indication（BitMap: 长度为 16 比特）	扩展流检测类型标识，取值定义暂时预留
R	保留字段

④ 检测原理

随流检测技术应支持基于交替标记方式的业务网络性能检测，主要包括丢包、单向时延和抖动。

交替标记时，头节点根据当前检测周期数值的奇偶确定染色位 L 的值（参照图 8.16 和表 8.2 中的字段信息），在奇数周期将染色位 L 设置为 1，在偶数周期将染色位 L 设置为 0。例如，第一个检测周期内报文的染色位 L 置 1，第二个检测周期内报文的染色位 L 置 0。

交替标记时，头节点的报文标记与检测周期在时间上要进行对齐，在一个检测周期内的报文，染色位 L 值应一致，并在检测周期切换时，报文标记也同步进行切换，交替标记和检测周期示意如图 8.17 所示。

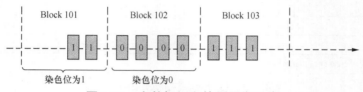

图8.17　交替标记和检测周期示意

丢包检测的功能实现通过标记 L 比特位，按照时间周期做标记翻转，每个周期统计和上报报文量信息（包括字节数和报文个数），丢包检测示意如图 8.18 所示。针对一个被测业务流，每个检测周期内，两个检测节点之间的丢包量 = 发端的报文量 − 收端的报文量，检测丢包量为所有检测周期的丢包量之和。

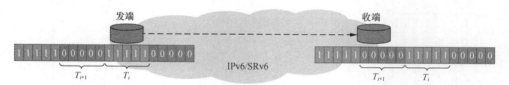

图8.18　丢包检测示意

单向时延统计采用双标记法，需要标记 D 和 L 两个比特位，L 比特位的标记方式与丢包检测保持一致，D 比特位可按规则在每周期内选 1 个报文做标记（如第一个报文），默认标记每周期内的第一个报文。针对一个被测业务流，每个检测周期内，两个检测节点之间的时延 = 收端的报文时间戳 − 发端的报文时间戳，检测单向时延为所有检测周期单向时延的平均值。单向时延检测示意如图 8.19 所示。

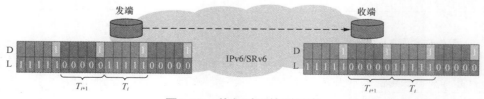

图8.19　单向时延检测示意

（3）随流检测技术的特点与优势

① 高精度多维度检测真实场景下的业务质量

随流检测技术实现了高精度多维度检测真实业务质量。传统的网络监测技术往往采用间接模拟业务数据报文的方式，通过周期性上报监测数据，无法真实还原报文的实际转发路径。相比之下，随流检测技术通过在网络真实业务报文中插入特定报文头，实现了网络情况的准确监测。这一技术创新可以高精度、多维度地展现真实业务的性能指标，包括但不限于时延、丢包率等。另外，随流检测技术不再依赖于虚拟的测试报文，而是跟随实际业务流的转发路径，让我们更准确地了解网络的运行情况。

不仅如此，随流检测技术还支持通过扩展报文来实现更多维度的性能数据统计。这让用户可以更全面地监控网络的运行质量，有利于及时发现和解决潜在问题，确保整体网络状况良好。简而言之，随流检测技术就像是给网络装上了"真实感知器"，让我们更直观、更全面地了解网络的运行状态。

② 灵活适配大规模多业务类型场景

随流检测技术在网络中的应用，能够灵活适应各种复杂的网络场景。网络的发展是一个渐进的过程，随着网络需求的增加，网络中可能存在各种各样的设备，同时还要承载多样化的网络业务。

随流检测技术有一个很厉害的特点，就是它的部署超级简单，而且适用于各种大规模、多类型的业务情况。你只需要在网络节点上支持随流检测技术的功能，然后在起始点（头节点）定制一下检测需求，就可以愉快地使用整个网络了。这样的设计非常适应网络里设备多的情况。

③ 提供可视化的运维界面

在没有可视化运维手段之前，网络运维工作得靠运维人员手动配置一个个设备，然后各个部门再齐心协力一条一项地排查问题，效率相当低下。有了可视化运维，这样的问题迎刃而解。可视化运维就像是给网络装上了一副"智能眼镜"，可以提供集中管控的能力。它支持在线规划业务和一键部署，能够快速定位故障。

随流检测技术作为可视化运维的一部分，给了运维人员更直观的控制能力。用户可以通过管控平台上的可视化界面，按需下发不同的监控策略，实现日常的主动运维和故障的快速处理。

在日常主动运维方面，我们可以通过监控全网和各区域的TOP5故障、基站状态统计、网络故障趋势图以及异常基站趋势图等数据，及时了解全网和关键区域的故障情况。在VPN场景下，我们还可以查看端到端业务流的详细数据，提前发现和解决故障，确保专线业务的整体服务水平。

而在报障快速处理方面，当收到用户报障时，我们可以通过搜索基站名称或IP地址，查看业务拓扑和随流检测技术逐跳流指标。通过这些信息，我们可以快速定位故障的位置，猜测可能的原因，并得到修复建议。此外，我们还可以根据需要查看 7×24 小时的拓扑路径和历史故障的定位信息，以帮助我们更好地处理问题。

3. BIER 技术

在传统的网络中，为了支持多播（一对多通信）的服务，网络设备需要为每个多播流量分别建立一种叫作多播分发树的东西。这就好比是为了送一封信给一群人，需要为每个人单独规划一条邮递路线。而这个过程中，每个路线都需要网络设备了解这个特定的多播服务，并记录相关的状态信息。

以前的方法中，针对每条流量都创建一棵独立的分发树，并且随着用户的加入和退出，需要实时新增、删除和更新多播分发树，因此，网络的中间节点需要保存大量的多播信息，创建和维护多播流状态。当多播业务变得非常庞大时，数据路径就会非常复杂，网络中间设备的压力也会越来越大。如果网络发生变化，整个多播系统需要花费很多时间去适应。这种方法由于在扩展性和灵活性上的表现较差，明显无法跟上网络发展的脚步，很难应用于大网络和大量不同的多播业务，所以需要更先进的多播技术来解决这些问题。

因此，新型的多播技术应运而生，旨在摆脱传统的限制，提高网络效率，并简化网络管理的复杂性。这些新技术能够改善网络的性能，使网络更加灵活和易于维护。

（1）BIER 技术是什么

BIER 是一种应用于多播路由协议领域的技术架构。这项技术可实现无状态多播转发，具有协议简化、易运维、高可靠等特点。

BIER 在头部信息中使用特定的位字符串来指定多播树中的叶节点，中间节点不需要维护多播流转发相关的状态信息，从而实现无状态多播转发的功能。通过控制面和数据面逻辑功能的分层，在控制面，BIER 路由器可以基于 IPv4 或 IPv6 路由协议确定 BIER 转发路径；在数据面，BIER 路由器可以采用 MPLS、Ethernet、IPv6 等方式对 BIER 报文进行封装和解封装的操作，并按要求对其进行转发。

BIER 基本原理示意如图 8.20 所示。BIER 域是由支持 BIER 功能的路由器 A、B、C、D 构成的网络区域。BIER 域内所有支持 BIER 功能的路由器都叫作位转发路由器（BFR）。

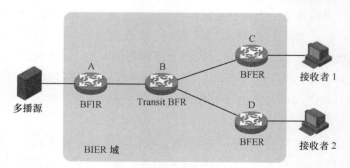

图8.20　BIER基本原理示意

路由器 A 是多播源进入 BIER 域的入口，被称为 BIER 域入口节点，简称位转发入口路由器

（BFIR），负责对进入 BIER 域的数据报文进行 BIER 封装。

路由器 B 是 BIER 域中入口和出口节点之间的中间节点，被称为 Transit BFR，负责对携带多播数据的 BIER 报文进行转发。

路由器 C 和路由器 D 是多播树的叶节点，也是多播在 BIER 域的出口，被称为 BIER 域出口节点，简称位转发出口路由器（BFER），负责对 BIER 报文进行解封装工作，并把解封装后的多播数据报文转发给接收者。

此外，还有一些 BIER 技术中的概念和术语也在下文介绍。

◆ BFR-ID（BFR 路由器标识），是指 BIER 子域的边缘路由器所具有的标识，该标识在所在的 BIER 子域中是唯一的。例如，在一个 256 台以内的边缘 BFR 路由器组成的 BIER 网络域中，BFR-ID 取值范围是 1 ～ 256。

◆ BFR-Prefix（BFR 前缀），是 BFR 的 IP 地址（IPv4 或者 IPv6 均可），通常采用 loopback 地址作为 BFR 前缀。

◆ BIER 域：多播数据报文进行 BIER 转发的区域，由所有 BFR 组成的可进行 BIER 多播转发的网络形成 BIER 域。在 BIER 域中，BFR 运行 BIER 控制协议并对多播报文进行 BIER 转发复制。

◆ BIER 子域（SD）：使用唯一的子域号（Sub-domain-id）区分 BIER 域中的独立子域。一个 BIER 域至少包含一个或多个 BIER 子域，缺省的子域为 Sub-domain 0。如果一个 BIER 域被划分为多个 BIER 子域，每个 BFR 必须明确自己所属的子域。BIER 子域号取值范围是 0 ～ 255。

◆ BSL（比特串长度），用来表示 BIER 封装中的比特串长度。

◆ BS（比特串），BIER 封装用一个特定长度的比特串来表示 BIER 报文的目的边缘设备。BS 从最右边开始，每一个比特位对应一个 BFR-ID。比特位置 1，表示该比特位对应的 BFR-ID 所标识的 BIER 边缘设备是多播报文转发的目的边缘设备。例如，假设 BSL=4，那么 BS=0001 指 BFR-ID 是 1 的 BFR 路由器，BS=0100 指 BFR-ID 是 3 的 BFR 路由器。

◆ BFR-NBR（BFR 路由器邻居），表示某个 BFR-ID 的下一跳邻居。由 underlay 路由发现创建，用于 BIER 报文转发。

◆ SI（集标识），表示当一个 BIER 子域内使用的 BSL 长度不足以表示该子域内配置的 BFR-ID 的最大值时，需要将 Bit String 分成不同的集合，每个集合通过 SI 来标识。比如，BIER 子域内 BFR-ID 最大值为 1 024，假如 BSL 设置为 256，我们就需要将 BIER 子域分为 4 个集合，分别为 SI 0、SI 1、SI 2 和 SI 3。

◆ F-BM（转发比特掩码），表示往下一跳邻居复制发送报文时，通过该邻居能到达的 BIER 域边缘节点集合。F-BM 由 BIRT 中相同的 <SI，BFR-NBR> 的表项条目中的 Bitstring 汇聚，并做逻辑"与"而形成。在 BIER 报文转发过程中与 BIER 头中携带的 Bitstring 相"与"来决定转发下一跳。

◆ BIRT（基于比特索引的路由表），是一张从 BFER 的 BFR-ID 到该 BFER 的 BFR-Prefix 的

映射表，指明了去往 BFER 的下一跳 BFR。

◆ BIFT（基于比特索引的转发表），来自 BIRT，将 BIRT 中的 SI 和 BFR-NBR 进行同类合并汇聚，通过对 BIRT 中的这些行做逻辑"与"操作，得到一个 SI 和 BFR-NBR 相对应的比特掩码，即转发比特掩码 F-BM。

（2）BIER 技术的特点与优势

BIER 带来了很多好处，让网络更简单、更容易管理，同时也更可靠。这项技术的优势主要体现在以下几个方面。

更简单的网络规则：BIER 使用一种新的方式来传送多播信息，不再需要复杂的标签标识。它把要传送的信息打包成一个特殊的数字串，让网络中的设备更容易理解和处理。

更容易管理：BIER 让网络配置和维护变得更加简单。当网络中有新的多播信息或者原有多播信息发生变化时，中间设备不需要关心这些变化，也不需要执行复杂的操作。因此，网络管理员的工作变得更轻松。

更可靠的网络：BIER 在信息传递方面采用了一种更高效的方法，使网络发生故障时能够更快速地恢复正常。这提高了整个网络的可靠性，用户在使用网络服务时会更加流畅。

更好地适应未来网络：BIER 采用了 IPv6 地址承载多播业务，这使它更好地适应未来网络的发展。IPv6 提供了更多的地址空间，支持更多设备连接到互联网。

更高效的数据传送：通过将目的节点信息以比特串的形式封装在报文头中，BIER 实现了更高效的数据传送。中间节点只需根据报文头中的信息进行复制和转发，而不必了解具体的多播业务和状态，从而提高了数据传送的效率。

更灵活地控制：BIER 的比特串可以通过更新来进行灵活地控制。当多播业务的目的节点发生变化时，可以通过简单地更新比特串来实现灵活地控制，而无须进行复杂的网络调整。这种灵活性使网络更易于管理和维护。

（3）BIER 的技术架构和原理

BIER 技术通过位索引显示复制技术实现多播无状态转发，其架构上分为三层：Routing Underlay 层、BIER 层和 Multicast Flow Overlay 层。

◆ Routing Underlay 层是下层路由层，是传统 IP 路由层，这一层是 BIER 实现的基础，通过在 BIER 域内交换 BFR 节点的 BIER 属性信息，建立节点之间的邻居关系并维护节点之间的路径信息，实现 BIER 网络的互通。在实现层面，一般是基于 IPv4 或 IPv6 路由协议（IGP/BGP）扩展、传递 BIER 属性信息。

◆ BIER 层是实现显示位索引显示复制技术的关键，主要功能是完成 BIER 路由信息发布、泛洪以及本地 BIER 转发表的维护。当多播报进入 BIER 域时，BIER 层可以根据 BIER 转发表对多播报文进行转发。BIER 层中的每一个 BIER 路由器都可以对报文进行 BIER 的封装、解封装和重新封装。BIER 路由器是构建和维护 BIER 转发表的主体，一个 BIER 路由器可以维护多个 BIER 转发表，每个 BIER 转发表有多个表项内容。BIER 层屏蔽网络层感知多播业务，中间 BIER 节点不感知多播业务，不建立传统的多播发布树，不维护每个多播的转发状态信息。BIER 路由器仅根据收到 BIER 报文的 BitString 和本地 BIER 转发表进行转发或者复制。

◆ Multicast Flow Overlay 层是上层多播层，负责多播业务控制面信息交互。负责对每个多播数据报文所属多播流进行处理，包括 BIER 域内 BIER 路由器和叶子结点的多播组管理维护，即多播加入、多播离开。负责 BIER 的入口和出口节点的 BIER 报文封装及解封装操作，以及 BIER 多播域内多播路径的确认和维护，如确定报文所属的公网或者 VPN 实例，根据多播组信息复制转发内层多播报文。

BIER 层的关键技术可以分为控制面和数据面两个方面，下面将分别进行讲解。

① 控制面

控制面的功能包括两部分：一是实现 BIER 域内网元间 BIER 信息的交换；二是 BIRT 和 BIFT 的生成和维护。这些功能都需要在其他协议技术（例如 IS-IS、BGP、OSPF 等）的帮助下完成。以下是对 BIRT 和 BIFT 生成过程的详细介绍。

◆ BIRT 生成过程

IGP 和 BGP 通过拓展 TLV 信息以及传递和交换 BIER 域相关信息，可获得域内 BFR 的 Sub-domain、BSL、BFR-ID 等信息。以 IS-IS 为例，BFR 可以通过 IGP/BGP 获得以 BFR-prefix 为索引的路由表（BIRT），构建出一张 BFR-prefix 和 BFR-ID、邻居（NE）的关系对照表，路由协议构建路由表示意如图 8.21 所示。

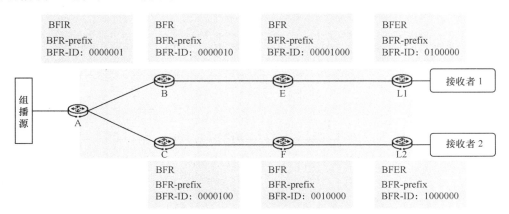

路由器 A 的 BIRT

BFR-prefix	BFR-ID	NE	BFR-prefix	BFR-ID	NE
A	0:0000001(1)	A	C	0:0000100(3)	C
B	0:0000010(2)	B	F	0:0010000(5)	C
E	0:0001000(4)	B	L2	0:1000000(7)	C
L1	0:0100000(6)	B			

图8.21 路由协议构建路由表示意

其中，以 BFR 路由器 A 为例，路由器收到 BIER 内其他 BFR 通过 IGP/BGP 分发的 BIER 信息后，可以用 BFR-prefix 为索引，建立 BIRT。例如，路由器 A 获知和路由器 B 是直连关系，得到路由器 B 的 BFR-prefix 是 loopback B，路由器 B 的 BFR-ID 是 0:0000010。路由器 A 获知和路由器 C 是直连关系，得到路由器 C 的 BFR-prefix 是 loopback C，路由器 C 的 BFR-ID 是 0:0000100。路由器 A 获知和路由器 E 非直连，但可以通过邻居路由器 B 互联，得到路由器 E 的 BFR-prefix 是 loopback E，路由器 E 的 BFR-ID 是 0:0001000。以此类推，可以获得 BIER 内完整的 BIRT 信息。由此构建起 BIER 层控制层面用于路由寻址的基础信息。

◆ BIFT 生成过程

BIER 域内完成多播信息通告和 BIRT 建立之后，BFR 节点根据 BIRT 内容生成 BIFT：节点对 BIRT 中到相同 BFR 邻居的所有 BFR-ID 执行"或"运算，得到转发比特掩码（F-BM）列内容，路由协议构建 BIFT 示意如图 8.22 所示。

其中，以 BFR 路由器 A 为例，建立 BIRT 信息后，对相同邻居发送 BFR-ID 信息进行"或"运算。例如，从 BIER 邻居 B 发布的 BFR-ID 包括 0:0000010、0:0001000 和 0:0100000 的 3 个数值进行或运算得到 0:0101010，即 B 对应的 F-BM 表项。以此类推得到 C 对应的 F-BM 表项为 0:1010100。因此可得到 BFR 路由器 A 的 BIET，用于指导报文转发过程。

由此完成了 BIER 控制面内关键表项信息 BIRT 和 BIFT 的构建，两者可以指导数据面报文的路由和转发。

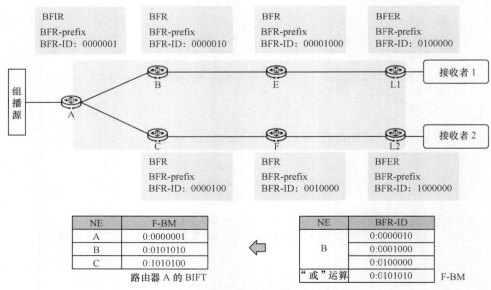

图8.22　路由协议构建BIFT示意

② 数据面

BIER 层的数据面主要负责 BIER 信息封装格式的约定，包括 Sub-domain 信息、BFR-ID 信息、BSL 信息、Set Identifier 信息和 Bit String 信息等。BIER 信息在报文中的表现形式，可以是把这些信息都直接封装在 BIER 报头中，也可以是将其中的 Sub-domain 信息、BSL 信息和 Set Identifier 信息映射为 BIER 标签信息，BIER 报头中主要携带 Bit String 的形式。

◆ BIER 报文封装。多播业务的数据报文进入 BIER 域时，会在入口节点 BFIR 处被封装一个 BIER 报文头，该报文头位置是在内层多播荷载报文和外层（MPLS 标签、IPv6 头等）封装之间。基于 BIER 标签和 BIER 报头的封装格式的结合方式是目前的主流数据面实现方式，即根据该 BIER 标签信息确定 BIFT，根据 BIER 报头中携带 Bit String 查找该 BIFT 并进行 BIER 转发。BIER 报头格式如图 8.23 所示。

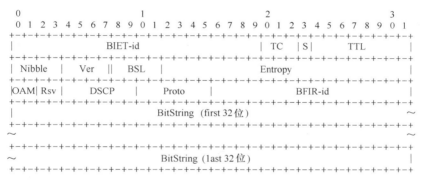

图8.23　BIER报头格式

其中，BIFT-id 是报文转发使用的 BIFT 标识，根据不同的数据面格式取值不同。其中，MPLS 封装时使用 MPLS 标签作为 BIFT-id，Non-MPLS（以太或者 IPv6）封装时，BIFT-id 由三元组（BSL、SD、SI）来映射或者编码。TC 是流量类型。S 是标签栈底标识。TTL 是有效最大跳数。Nibble 用来区分 BIER 封装和 MPLS 的 ECMP 功能，采用固定值 0101。Ver 表示版本号。BSL 表示 Bit String 的长度。Entropy 用于支持 ECMP，相同的 Entropy 及 Bit String，选择相同的路径。OAM 缺省为 0，可用 ping/trace，不影响转发和 QoS。RSV 是保留位。DSCP 字段表示报文自身的优先级，视数据面封装格式而定，目前在 Non-MPLS 中采用。Proto 表示 Payload 报文的类型。BFIR-id 表示多播进入 BIER 域中第一个 BIER 路由器的 BFR-ID 值。

在数据面上，BIER 报头和载荷的封装，可以是 IPv6 或者 IPv4 的报文，也可以是 MPLS 或者以太的报文。BIER 既支持 IPv4 多播业务，也支持 IPv6 多播业务。通过上游分配标签的方式，也可以支持多播 VPN 业务。

◆ BIER 转发过程。在解封装 BIER 头信息后，路由器可获得 BIER 多播相关的 Bit String、

BFR-ID、BIFT 等关键信息，BIER 转发过程示意如图 8.24 所示。

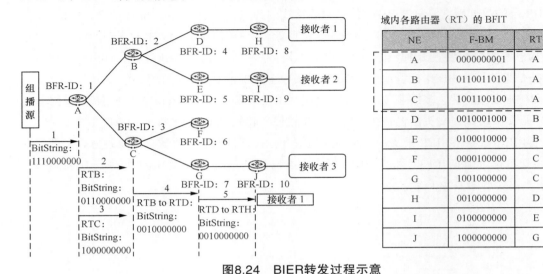

图8.24　BIER转发过程示意

其中，多播的接收者所连接的 BFER 是路由器 H、I、J，分别对应 BFR-ID 为 8、9、10，该多播信息由 BFIR 路由器 A 封装在多播报文中，通过 BIFT 匹配到下一跳 B 和 C。

下面以 A → B → D → H 路径为例说明 BIER 技术在同一子域内的转发过程。图 8.24 中的步骤 2 表示，A 匹配到邻居 B 后，根据 BIFT 的 F-BM 信息，改写 BIER 报头信息中的 BitString 为 01 1000 0000 后，向 B 发送。节点 B 查询本节点的 BIFT 匹配到下一跳 D 和 E。步骤 4 根据 BIFT 中的 F-BM 信息，改写 BIER 报头信息中的 Bit String 为 00 1000 0000 后，向 D 发送。节点 D 查询本节点的 BIFT 匹配到下一跳 H，步骤 5 根据 BIFT 的 F-BM 信息，改写 BIER 报头信息中的 Bit String 为 00 1000 0000 后，向 H 发送。节点 H 识别本节点为叶子节点，BIER 域内转发过程结束，并由节点 H 向多播接收者发送多播数据。

总结 BIER 技术的原理，可以将其比喻为邮局寄信的过程，帮助我们更形象地理解。

◆ 信封上的地址：想象一下，我们在数据包（就像一封信）上附上一个特殊的数字串，这个数字串就像是信封上写的目的地址。这个数字串用来告诉网络中的每个设备，数据应该传递到哪里。

◆ 无须预先规划路径：传统的多播会提前规划好一条条复杂的路径，就像在地图上规划桥梁一样。而 BIER 技术就像是在每封信上写上目的地址，中间的设备只需要按照这个地址信息转发数据，无须提前规划复杂的路径。

◆ 每个设备都是邮差：在 BIER 中，每个设备都像一个邮差，负责将数据按照信封上标记好的地址信息送到下一个设备。这样，整个网络就像是一个高效的邮递系统，数据能够迅速地到达目的地，而不需要经过烦琐的路径规划。

◆ 动态适应网络变化：由于 BIER 技术不需要提前规划路径，因此在网络拓扑发生变化时，不需要对大量的路径进行调整。每个设备只需要按照信封上的地址信息转发数据，灵活适应网络的变化，使网络更具弹性。

简单来说，BIER 技术的原理就是通过在数据上打上特殊的地址信息，使网络中的每个设备都能智能地、高效地传递数据。

（4）应用场景

BIER 多播技术在网络中有着广泛的应用，特别是在一些特定场景中，为网络提供了更高效、简化的多播服务。

在公网多播场景中，例如运营商提供的 IPTV 服务，BIER 扮演着关键的角色。运营商利用 MVPN over BIERv6 技术，将 IPTV 流量在 IP 骨干网上传输，使中间节点无须为每一条多播流建立多播分发树和保存流状态。这样一来，视频可以更加高效地传输到用户终端，而且在整个网络中不需要频繁更新复杂的多播状态信息，提高了网络的整体性能。当用户观看一部 IPTV 视频时，用户设备将请求传达到视频源，而视频数据则通过 BIER 的高效传输机制，经过网络中的各个节点，直达用户设备。这不仅使视频点播更为快捷，同时还优化了网络资源的利用，确保了视频传输的高质量和流畅性。

以广东某运营商为例，该运营商对省内 IPTV 直播业务承载进行了 IPv6 化改造。将 IPTV 直播业务流由分级 CDN 间单播引流、二级 CDN 进行多播分发的多播业务承载方式，改造为基于 E2E 的 IPv6 多播技术 BIERv6 进行承载，节约了 CDN 投资，提升终端用户的观看体验目标。广东联通 IPv6 E2E 多播的承载架构如图 8.25 所示。

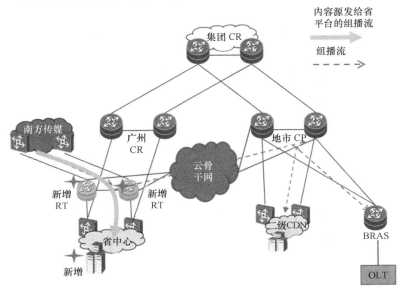

图8.25 广东联通IPv6 E2E多播的承载架构

IPTV BTV 直播内容从南方传媒导入广东联通省中心 CDN，省中心 CDN 作为 IPTV 直播业务的多播源，穿越云骨干网向各地市终端用户直接进行多播复制。E2E 多播复制时延小，节约带宽，可以承载更高清晰度的频道，最终为用户提供更极致的观看体验。将现有的 BTV 直播业务进行 IPv6 E2E 多播承载改造后，作为云骨干网的重点业务通过云骨干网进行逐级多播复制到终端用户，降低二级 CDN 的压力。

4. SFC 技术

在传统的运营商网络中，用户的业务数据需要按照一定的顺序通过多个不同的业务功能节点，才能确保网络能够按照用户的需求提供快速、安全、可靠、稳定的服务。这些业务功能节点，比如防火墙、负载均衡等，通常与网络的拓扑结构和硬件资源紧密耦合。每个业务节点都是专用的设备，而它们的部署相当复杂。当需要开通新业务、流程发生变化或者进行扩容时，就需要在关联路由器等网络设备上修改数据传递的路径和策略，也就增加了新业务开通的复杂性，无法达到对业务灵活加载和快速部署的需求。此外，在网络设备上频繁地调整策略也会增加其发生故障的概率，给网络稳定性带来了额外的风险。

随着虚拟化技术的不断发展和应用，网络呈现出网络功能的动态加载、资源按需调配、业务灵活开通等特点。SDN 和 NFV 技术使网络数据转发与控制分离、网络功能与硬件设备解耦。在 SDN/NFV 虚拟化网络中，SFC 技术变得非常适合，它可以实现业务流量按照指定的顺序经过不同的网络功能节点，完成网络的某种业务流程。当调整业务时，只须更改业务功能链的顺序，而无须修改网元配置，就可以实现网络业务的灵活开通和加载。这种技术的引入使网络更加适应了业务的变化和需求，提高了网络的灵活性和响应速度。

（1）SFC 是什么

SFC 是一种在虚拟网络中按需处理数据报文的重要工具。在传统网络中，数据包需要经过多个特定的设备，比如防火墙、负载均衡器等，以满足用户的各种服务需求。而 SFC 则通过一种智能的方式，将这些业务功能有序地组合在一起，形成一个灵活可配置的处理链。在 SFC 中，网络的数据包将按照既定的策略和分类通过一系列服务功能节点。这些节点可能包括防火墙、负载均衡、加密解密等，每个节点都是网络中的一个"服务站点"。SDN 的控制平面可以根据具体的业务需求智能地调整这些服务站点的顺序，形成有序的业务功能链。

其中一个关键的技术组件是业务报文头（SFC Header），它是 SFC 的基础。业务报文头提供了在数据包中携带关于服务链信息的标签，这样，数据包就能够按照指定的服务路径进行有序传递。这种方式相对于传统的基于 IP 地址的路由有很大的优势，因为它不仅提供了更灵活的业务路径定制，还减少了对底层网络拓扑的依赖。

举一个安全能力的 SFC 实例，如图 8.26 所示。来自网络中的某个用户，想要访问数据中心内部的 Web 服务器。为了保障安全性和可靠性，数据中心网络管理员将请求访问的流量指定依次通过防火墙、IDS、负载均衡器，最后才能到达 Web 服务器。

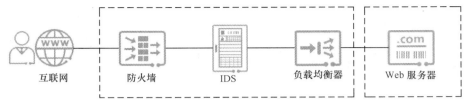

图8.26　安全能力的SFC实例

（2）SFC的技术原理

在传统网络中，数据包经过网络时，按照目的地 IP 地址通过路由表查找路径，然后沿着找到的路径传输。而 SFC 引入了一种新的概念，将网络服务抽象为一个有序的服务链。这就像是你在一家快餐店中，食物依次经过不同的加工环节，最终到达你的手中。网络服务链中的每个环节都是一个业务功能节点，比如防火墙、深度包检测、带宽控制等。当数据包进入网络时，它并不直接按照传统的路径流动，而是依次穿越这些业务功能节点，每个节点会对数据包完成特定的服务。

这是如何实现的呢？其中的 NSH 技术就像是一个透明的信封，包裹在数据包外面，上面标明了数据包在服务链中的路径。就好比你在信封上写上"先通过防火墙，然后到深度包检测，最后带宽控制"，网络设备就能根据这个信息依次引导数据包穿越这些功能节点。这种技术的优势在于它让网络服务和底层网络拓扑完全解耦，就像是你可以在快餐店中变换加工流程，而不需要改变厨房结构一样。这为网络提供了更大的灵活性和可定制性，使业务功能的添加、修改或删除变得更为容易。

图 8.27 所示是 SFC 的逻辑模型，组成模型的对象有以下几种。

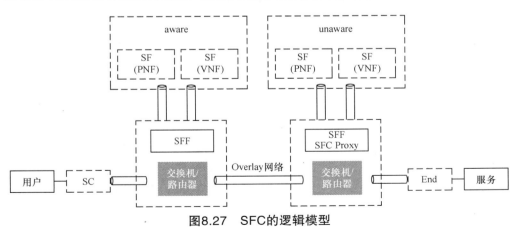

图8.27　SFC的逻辑模型

◆ 服务分类器节点（SC）：实现业务流识别，设置业务标识，封装 SFC 业务报文头。识别哪些流量需要引到 SFC 上。

◆ 服务功能节点（SF）：即提供增值服务功能的节点，包括防火墙、负载均衡等。

◆ 服务功能转发节点（SFF）：连接 SF 业务功能节点的交换机、路由器，根据 SFC 中业务路径信息进行转发，SFF 包括交换机、路由器、网关和虚拟交换机等设备。

◆ SFC Proxy：任何不能理解 SFC 的设备，在 SFC 中都必须配合 Proxy 使用。因为传统的 SF 设备没有 SFC 的概念，Proxy 会把网络包中的 SFC 业务报文头去掉，并把原始的数据包转发给传统的 SF 设备，当网络包处理完之后，Proxy 还将负责把 SFC 业务报文头加回到网络包中，并发回到 SFC 域中。

◆ End：SFC 的尾节点，业务流量通过本节点离开 SFC 域。

（3）SFC 特点与优势

① 灵活的业务流程定制

SFC 允许网络管理员根据具体需求定制业务流程。这是通过引入 SFC 业务报文头实现的，业务报文头指引数据包在业务功能链中穿行。在增加业务节点时，只需要在服务功能节点上给报文添加指向对应业务的标签，无须更改网络拓扑，使网络服务流程变得灵活可调。

② 智能的服务路径选择

SFC 可以根据网络状况、设备负载、路径带宽等因素，动态地调整业务功能链的顺序和连接方式，使数据包能够按照最优路径通过所有业务节点。这是通过 SDN 技术实现的，SDN 的控制层可以智能地根据业务需求调整网络的服务路径，确保数据包能够以最优的方式完成整个业务流程。这种智能的路径选择可以确保数据传输的高效性和可靠性，同时还可以平衡网络设备的负载，提高整个网络的性能和稳定性。

③ 提高网络安全性

SFC 在业务链中加入安全性处理站点，比如防火墙和入侵检测系统。NSH 标签可以确保数据包按照规定的安全路径传输，这就像是为网络套上了一层坚实的安全防护罩。

④ 简化网络管理和维护

SFC 使网络服务变得灵活可调，无须进行大规模的网络改动。这种灵活性减轻了网络管理的负担，使业务部署和维护变得更加简单。同时，SDN 的控制层也使网络设备的管理变得更加智能化。就像是你可以通过手机上的应用商店管理你的应用一样，网络管理员可以通过 SFC 智能地管理和调整网络中的各种服务功能，不需要对整个网络架构进行烦琐的调整。这种智能管理方式使网络能够更加适应不断变化的业务需求和网络环境。

（4）SFC 的应用场景

SFC 技术有着广泛的应用场景，尤其是在与 NFV 虚拟化技术相结合后，实现了与底层硬件的完全解耦。这使业界厂商和运营商能够根据自身需求挖掘基于 SFC 的应用场景，为各种网络应用提供了开阔的空间。目前，SFC 的应用主要涵盖以下几个方面。

① 宽带城域网络

在宽带网络中，SFC 的应用使网络运营商能够更灵活地满足用户的需求。在城域网中部署

SFC 如图 8.28 所示，通过在城域网中部署业务功能链，运营商可以按照用户的特定要求，智能地提供用户认证、防火墙、带宽控制等服务。这不仅简化了用户侧网关功能，还避免了通过网络设备的频繁升级来支持新业务的上线。

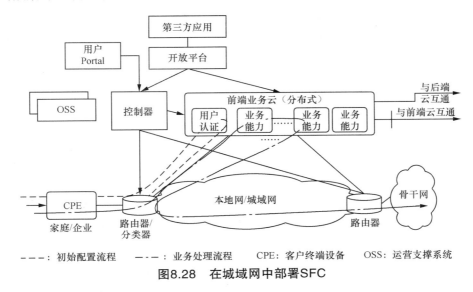

图8.28 在城域网中部署SFC

② 数据中心网络

在数据中心，SFC 的应用让运营商能够更精细地管理各种业务功能。深度包检测、入侵检测和防御系统、边缘防火墙等业务功能节点可以根据业务需求按区域分布，满足不同的时延和使用率要求。运营商可以通过构建业务功能链，在多个数据中心之间灵活、经济地建立 SFC，以支持不同业务的需求。

5. APN6 技术

在网络技术的发展历程中，TCP/IP 协议栈的分层和解耦设计一度被认为是极其重要的创新。这种设计理念使网络能够更加灵活和稳定地运行，但随着时间的推移，网络和应用快速发展，这种完全解耦的设计逐渐不再适用。

一方面，网络运营商曾经凭借多年建设的网络基础设施，拥有在网络服务领域的天然优势。然而，随着互联网厂商推出越过运营商的 OTT（通过互联网提供应用服务）业务，传统的语音、短信和视频类业务受到了巨大的冲击。运营商似乎只能扮演承载业务的"管道"角色。为了改变这一困境，近年来，网络运营商开始加速构建云服务，自主开发应用，通过升级和改造基础网络设施，努力实现网络感知应用的"智能管道"，从而为用户提供更为精准和个性化的网络服务。

另一方面，在不同的行业网络中，关键业务的保障变得至关重要。以办公网络为例，视频会议需要网络的特别保障，确保视频和语音业务不会出现卡顿和时延。然而，不同的行业和不同的办公网络场景使用的视频和语音应用可能千差万别。因此，网络必须能够识别出具体的应用，以进一步保障业务质量。

此外，在一些特殊业务场景中，例如自动驾驶、工业控制和远程控制等，业务对网络的要求变得更为明确。这就需要制定明确的服务等级协定（SLA），例如要求网络时延不超过50毫秒、抖动不超过1毫秒。应用需要将对网络质量的需求传达给网络，以推动网络进行智能路径选择和实时业务质量监控。

这些新需求的涌现凸显了网络感知应用和应用驱动网络的迫切性，标志着网络技术在不断适应和演进，以满足不断变化的用户和业务需求。

（1）什么是APN6

APN6是一种前瞻性的网络技术，旨在让网络更加智能地理解和适应各种应用的需求。我们用更通俗易懂的语言来解释一下。

首先，我们都知道互联网上有各种各样的应用，比如视频、游戏、金融交易等。这些应用对网络的要求各不相同，有的需要高速、有的需要低时延、有的对稳定性要求很高。传统网络在对这些差异性需求的处理上显得有些力不从心。

而APN6的出现就是为了解决这个问题。它在IPv6报文中引入两个关键的信息：应用标识（APN ID）和应用需求参数（APN Parameters）。APN ID就像是每个应用的身份证，让网络能够快速认出是哪个应用在传输数据。而APN Parameters则包含了应用对网络性能的具体要求，比如需要多少带宽、不能接受多大的时延等。

两者的信息通过IPv6扩展头部被传递，重新将原本分离的网络和应用信息联系了起来。对于网络设备来说，它们通过解析IPv6报文的扩展头部感知到应用信息，尤其是通过识别APN ID，网络可以迅速适应不同的应用需求，提供更精准的服务。而对于应用而言，IPv6报文的可编程空间也为应用提供了更多的自定义空间，比如可以定义自己的APN ID和APN Parameters，实现对网络的主动参与和个性化。

APN6技术还可以与其他网络技术结合，比如SRv6、网络切片和确定性网络，为各种应用提供更加丰富和差异化的网络服务。这种创新设计为网络服务提供商提供了更大的灵活性和定制性，帮助它们更好地适应不断变化的应用和业务环境。总的来说，APN6让网络变得更加智能，为各种应用提供了更加个性化的网络。

（2）APN6有哪些特点和优势

APN6技术是一项先进的网络技术，其特点和优势在于能够智能感知关键应用和用户对网络性能的具体需求。通过其精细感知的能力，APN6与其他先进技术（如SRv6、网络切片、DetNet、SFC、SD-WAN、IFIT等技术）进行结合后，为云网服务提供了更多维度的丰富性，拓展了云网商业增值的空间，实现了云网更为精细化的运营。APN6技术的特点和优势主要包含以下几个方面。

◆ 智能感知关键应用和用户需求：APN6通过智能感知技术，能够迅速识别出关键的应用和用户，了解它们对网络性能的详细需求。这就像网络的一双慧眼，可以精准洞察用户的使用场景和需求。

◆ 与其他先进技术结合应用：APN6与SRv6、网络切片、DetNet、SFC、SD-WAN、IFIT等技术结合，形成一种协同作用。这类似于各种先进技术的交织，共同发挥各自的优势，提供更全面、高效的云网服务。

◆ 拓展云网服务维度：结合APN6技术，云网服务得以在更多方面进行扩展，提供更加多元化的服务维度。这就好比是网络服务的画板变得更加广阔，可以在上面绘制更为绚丽的服务画面。

◆ 精细化运营：APN6技术为云网的运营提供了精细化的可能性。通过深入了解应用和用户需求，网络得以更精准地调配资源，提高服务的个性化和用户体验。

APN6技术通过智能感知、与其他技术的协同应用、服务维度拓展以及精细化运营等特点，为云网服务带来了卓越的技术价值，助力构建更为智能、高效的网络生态系统。

（3）APN6的技术原理

APN6技术的原理基于一种创新的网络架构，旨在通过IPv6报文的扩展报文头来携带应用信息，实现网络与各种应用需求的智能关联。在这个架构中，APN6引入了两个关键的应用信息，即APN ID和APN Parameters。APN ID类似于应用的身份证，必须包含在APN6网络的IPv6报文中，以迅速标识出发送或接收数据的应用。而APN Parameters则包括了应用对网络性能的具体需求，如带宽、时延等。

这些信息通过IPv6扩展头部被传递，重新将原本在TCP/IP协议栈中相互解耦的网络和应用信息进行耦合。在报文格式上，APN6报文对传统IPv6报文进行了扩展，增加了用于携带APN ID和APN Parameters的部分。这样，一条APN6报文不仅仅是数据的传输工具，还成为了携带应用信息的载体。

在报文的转发过程中，网络设备通过解析IPv6报文的扩展头部来感知应用信息，尤其是通过识别APN ID。当网络设备接收到APN6报文时，它能够迅速识别发送或接收数据的应用，并根据不同应用的需求，灵活地进行转发，选择最适合该应用的路径，从而提供更加精准的服务。这种智能关联和灵活转发的设计让APN6技术成为适应不同应用需求的理想选择，为网络提供更灵活性和个性化的服务。

下面我将分别从APN6网络架构及相关功能单元、APN6网络报文封装格式设计两方面进行详细讲述。

① APN6应用感知网络架构

基于IPv6的应用感知网络架构示意如图8.29所示，该架构由端侧/云侧设备、应用感知网络边缘设备、应用感知网络头节点、应用感知网络中间节点、应用感知网络尾节点和控制器组成。应用感知网络域（APN域）是由上述架构组成的端到端网络，在域内的节点相互协作，实现应用感知属性的生成和封装，并根据应用感知属性执行相应的网络策略等功能。

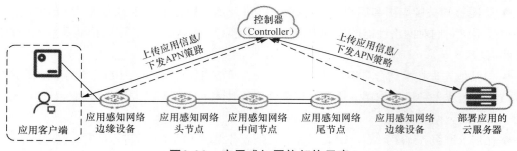

图8.29　应用感知网络架构示意

◆ 端侧/云侧设备可以通过应用感知的程序，感知应用的特征信息，生成"封装了应用特征信息"的数据报文，进入应用感知网络域。

◆ 应用感知网络边缘设备接收来自端侧/云侧的应用报文，基于设备配置获取应用感知网络属性信息。

在端侧/云侧设备不具备应用感知能力的场景下，应用感知网络边缘设备可以从五元组信息、业务信息中解析出应用特征信息或控制器获取需求信息，并将其封装进数据报文中，发送到应用感知网络头节点。

◆ 应用感知网络头节点接收来自应用感知网络边缘设备的数据报文，可以获取其所携带的应用感知网络属性信息，并执行相应的策略。应用感知网络属性信息也可以被复制或映射到外层隧道封装报文头中，可在带有 IPv6 扩展头的 SRv6 路径中进一步提供应用感知网络服务。

应用感知网络头节点与应用感知网络尾节点之间存在一组能够满足不同 SLA 保障的路径。应用感知网络头节点负责维护应用感知网络属性信息与应用感知网络头节点和尾节点之间路径的匹配关系。应用感知网络头节点根据报文中携带的应用感知网络属性信息及路径匹配关系，从而确定满足业务需求的路径。如果没有找到这样的匹配路径，应用感知网络头节点应计算一条指向应用感知尾节点的路径，并存储匹配关系，路径计算可通过本地计算或请求控制器完成。应用感知网络头节点将沿着满足业务需求的路径转发数据包。

在实际应用中，应用感知网络边缘设备可以与应用感知网络头节点共用，即一个网络设备可以同时实现应用感知网络边缘设备和应用感知网络头节点的功能。

◆ 应用感知网络中间节点提供路径服务，并根据报文携带的应用感知网络属性信息执行各种策略。中间节点也可以根据特定的策略和报文中的应用感知网络属性信息，在本地调整资源以保证满足业务需求。

◆ 特定服务路径将在应用感知网络尾节点终结。应用感知网络属性信息如果被应用感知网络头节点复制或映射到外部隧道报文头，该信息在应用感知网络尾节点将与外部隧道报文头一同被剥离移除。

◆ 应用感知网络控制器负责根据应用感知属性模板生成应用感知属性及对应的差异化服务

策略,并将应用感知属性与差异化服务策略之间的对应规则下发给应用感知网络域内的各个组件。应用感知网络控制器一般会具备"标识与策略管理"和"应用编排"的功能。

应用标识与策略管理功能可以实现对应用和应用感知标识的管理及配置,为每个新的应用分配新的应用感知标识,并在应用下线时从应用感知网络域中删除并回收作废的应用感知标识。

应用编排功能是指在应用感知网络域中编排报文处理流程,可通过接口发送给用户或编排系统,用户或编排系统可通过服务化接口调用切片控制器、网络性能分析器、安全控制器等组件,对在应用感知网络域中的报文处理流程进行编排和实现。

② 应用感知网络报文的封装格式

应用感知网络头(APN Header)包含应用感知标识信息和应用感知参数信息。应用感知网络头可以在不同的数据平面中使用。应用感知网络报文封装格式如图 8.30 所示。

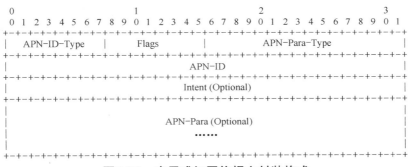

图8.30 应用感知网络报文封装格式

◆ APN-ID-Type:长度为 8 比特,表明应用感知标识类型,可以标识不同长度的 APN ID,包含 Type I 型、Type II 型、Type III 型,分别表明 APN ID 的长度为 32 比特、64 比特、128 比特。

◆ Flags:长度为 8 比特,保留字段。

◆ APN ID:应用感知标识,为必选项,长度与 APN ID Type 的要求一致。APN ID 用于标识业务信息,表明携带相同标识的报文都会被给予相同的处理,具体包含以下信息。

◇ APP Group ID:长度可变,用于标识该报文所属的应用组。

◇ USER Group ID:长度可变,用于标识该报文所属的用户组。

◇ Reserved:保留字段。

◆ Intent:长度为 32 比特,表示对网络的一组业务需求或者意图,为可选项。

◆ APN-Para-Type:长度为 16 比特,表明应用感知参数类型信息。APN-Para-Type 的值采用位图形式,应用感知参数的排列顺序按照 APN-Para-Type 位图字段中指定的位序排列。

◇ 第 0 位置(最高有效位)位后,表示有带宽需求。

◇ 第 1 位置位后,表示有时延需求。

◇ 第 2 位置位后,表示有抖动需求。

◇ 第 3 位置位后，表示有丢包率需求。

◇ 第 4 位之后暂未定义，可根据业务需求进行扩展。

通过不同的参数信息组合，可以更详细地表述业务需求，与应用感知标识信息一起传递，用来匹配满足各类业务需求的路径、隧道、队列和策略等。

◆ APN-Para：应用感知参数信息，应用感知参数种类的存在与 APN-para-type 表示的内容决定，为可选项。当 APN-Para-Type 位图中对应比特位设置为 1 时，APN-Para 封装中必须存在相应的 APN 参数。如 APN-Para-Type 中标识带宽需求的第 0 比特位置为 1，则 APN-Para 表示业务流要求的最小带宽需求；如 APN-Para-Type 中标识时延的第 1 比特位置为 1，则 APN-Para 表示业务流要求的最大时延需求。

（4）APN6 的应用场景

① APN6 在视频重保场景下的应用

现今，各级政府通过数字化手段举行的视频会议变得越来越频繁。在政府工作中，视频会议不仅仅为了通信，更承载着重要的决策和合作场景。因此，对于视频的要求不仅仅停留在确保连接通畅上，还需要通过重保措施来保障视频质量。

例如，政府工作中，视频会议在政务外网中的需求非常高。通过在视频多点控制单元（MCU）中给业务打上 APN ID 进行标识，政务网络可以根据视频 APN ID 辨识业务并将关键业务引导到专有的视频切片中。

APN6 在视频重保场景下的应用如图 8.31 所示，利用 APN6 技术，网络可以根据 APN ID 自动预留资源，实现会前的自动规划。在会议进行中，APN6 报文头中携带的重要会议 ID 有助于网络识别高优先级业务流，并将其引导至能够满足该应用 SLA 需求的 SRv6 路径，从而确保视频会议具备低时延、高可靠性的要求。而在会议结束后，网络可以根据整个会议过程进行回溯。

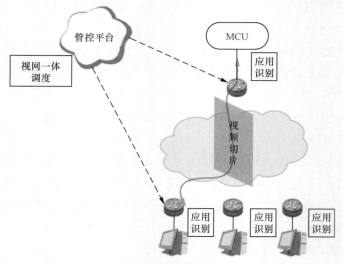

图8.31 APN6在视频重保场景下的应用

APN6 技术的应用实现了视频和网络的深度协同，有效解决了传统重保方式存在的人工规划耗时长、会中协同不足、故障不敏感、会后质量分析难等问题，提升了视频会议的可靠性和效率。

② SD-WAN 云专线场景

在企业分支站点通过云专线接入云服务的场景中，一般来说，这些分支站点位于不同城市，需要通过多个自治系统连接到云服务。然而，每个自治系统由不同的人员和控制器管理，彼此之间无法获取其他域内的路由信息，这使云专线难以实现端到端的统一路径规划，而云专线中的关键业务质量保证也因此变得相当困难。

现在，在网络中部署 APN6，能够为企业客户在 SD-WAN 云专线中带来一系列重要的价值。

减轻 CPE 设备压力：在边缘 CPE 上直接为关键业务报文封装 APN ID 等应用信息，使 CPE 设备无须再部署复杂的深度报文检测（DPI）来检测报文的应用类型。这就像是让 CPE 设备变得更轻松，不再需要背负繁重的报文检测任务。

精准应用级别的网络运维：结合随流检测技术，网络可以从庞大的流量中精准捕捉到关键业务的应用流量。这就好比是在网络中安装了一台"专业探测仪"，可以准确地监测关键业务的运行情况。

精准应用级别的网络质量保障：在不同自治系统内，设备可以根据应用信息将关键业务的应用流量引导到特定的转发路径中，从而保障网络质量。这就像是给关键业务打上了一张"贵宾通道"的标签，确保其畅通无阻。

通过引入 APN6 技术，SD-WAN 云专线变得更加智能和高效，企业客户可以更轻松地管理和保障关键业务，让网络变得更为可靠和灵活。

8.5 新型传输协议

1. QUIC 技术

互联网的核心是数据的传输，比如在网上听音乐、看视频，其实就是在接收数据。这些数据需要通过某种方式从服务器传输到你的计算机或手机上。TCP 和 UDP 就是两种在 TCP/IP 架构中传输层常用的数据传输协议。

TCP 就像一个很负责任的快递员，确保每个数据包都能按顺序、安全地被送到。但是，TCP 在某些情况下可能会遇到问题。比如，当网络状况不好、数据包容易丢失或时延很高时，TCP 的数据传输就会变得比较慢，因为它会等待丢失的数据包重传，这会导致其他数据包也被阻塞，即所谓的"队头阻塞"。

而 UDP 则像是一个不太负责任的快递员。它不太关心数据包是否按顺序到达，也不太关心数据包是否丢失，它只负责将拿到的数据包以最快的速度发送到目的地。虽然采用 UDP 传输数据在某些情况下会更快，但它无法保证数据的完整性。

那么，快速 UDP 网络连接（QUIC）协议就是为了解决这些问题而诞生的。它结合了 TCP 和 UDP 的优点，同时避免了它们的缺点。下面我们来详细介绍一下 QUIC 协议。

（1）什么是 QUIC

QUIC 协议是由 Google 开发的一种新型网络传输协议，其主要目标是优化网络连接的速度和可靠性。QUIC 的设计初衷是取代当前广泛使用的 TCP，并建立在 UDP 之上。

在移动互联网和物联网的崛起下，网络应用的场景变得越来越多样化，传输的数据量也变得越来越巨大，用户对网络传输效率和响应速度的期望也不断增加。用户对传输性能的需求不断提高，使得一些问题变得尤为突出。

首先，由于协议投入应用的时间越来越长，却很少进行版本的迭代，中间设备变得僵化，无法适应新的需求和技术。其次，很多协议的实现依赖于操作系统，这使协议本身变得僵化，很难灵活应对不断变化的网络环境。建立连接时的握手时延也成为一个明显的问题，影响用户体验。此外，队头阻塞更是一个令人头疼的难题，一旦某个小组件出现问题，整个数据流就会受到阻碍，影响整体效率。

为了解决这些问题，QUIC 协议应运而生，它是基于 UDP 的新一代传输协议。QUIC 的设计目标是提高连接的建立速度，降低握手时延，减轻队头阻塞的问题，并使协议能够更加灵活适应不同的网络环境。QUIC 的出现为互联网传输带来了一场革命，使互联网能够更好地满足用户对网络效率和响应速度不断提升的需求。

QUIC 相比于 TCP/UDP 最大的不同是：它处于 TCP/IP 架构中的应用层，而不是 TCP 所处的传输层。由于 QUIC 建立在传输层的 UDP 之上，并增加了自己的数据包重传和排序机制，且在应用层实现了 TCP 在传输层的数据包重传、排序和拥塞控制等机制。因此，它具备 UDP 快速、简单的特点，并通过应用层的能力弥补了 UDP 传输可靠性的劣势。通过这些改进和优化，QUIC 协议实现了更快速、更可靠的数据传输，以满足用户对网络高效连接的需求。同时，QUIC 还支持多路复用，可以在同一条连接上同时传输多个数据流，这大大提高了传输效率。此外，QUIC 还内置了加密机制，保证了数据的安全性。在移动设备上，QUIC 也能更好地适应网络环境的变化，减少带宽消耗和电量消耗。

（2）QUIC 的技术原理

从图 8.32 中的协议栈看出，QUIC 协议可以说是 HTTP、TLS 和 UDP 的综合体。QUIC 协议和 HTTP、TLS 协议一样都属于用户空间。而 TCP、UDP 和 IP 是在操作系统内核空间中实现的，在这些基础协议上实现创新不太容易。所以 QUIC 协议的出现为网络协议的发展提供了一种新颖的思路：利用系统内核级协议的优势，同时在用户空间增强协议功能。在部署中也不需要对操作系统或中间设备进行更改，实现起来更加方便。

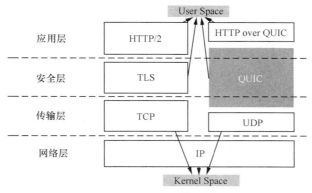

图8.32 QUIC协议栈

① QUIC 建立连接的流程

在连接建立方面，QUIC 协议为了建立连接，采用了一种更迅速的方式，只需要一次握手就能搞定，即 0-RTT 技术，零往返时间。这和传统的 TCP 比起来，就像是直接问问题，而不需要先打招呼，因为在第一次握手的时候，它就已经把要传的数据带上了，避免了等待的时间。

◆ TCP 握手和 TLS 握手。我们先回顾一下 TCP 的 3 次握手和 TLS 的两次握手：密钥协商（1.3 版本），分别如图 8.33 和图 8.34 所示。

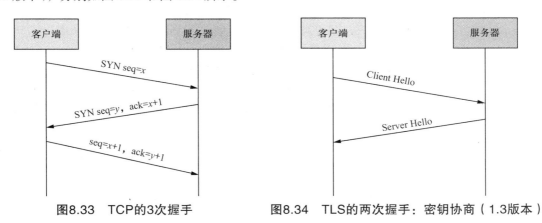

图8.33 TCP的3次握手　　　　图8.34 TLS的两次握手：密钥协商（1.3版本）

观察上面的图片并结合前面章节的内容，TCP 握手需要经历两个 RTT（往返时间）才能建立连接。TLS 握手需要一个 RTT 来完成通信密钥的协商。

我们来看一下 TLS 握手的流程。

第一，客户端首先生成一个随机数 a，并选择公开的大数 G 和 P。随后，计算 $A = a \times G\%P$，并将 A 和 G 一起发送给服务器，这一步骤通过 Client Hello 消息完成。

第二，服务器在接收到 Client Hello 消息后，生成另一个随机数 b，并计算 $B = b \times G\%P$。接着，服务器将 B 发送回客户端，这一过程通过 Server Hello 消息实现。

第三，客户端利用椭圆曲线迪菲－赫尔曼密钥交换（ECDH）算法，结合之前生成的随机数 a 和从服务器接收到的 B，生成通信密钥 $KEY = aB = ab \times G\%P$。

第四，服务器同样运用 ECDH 算法，结合自己生成的随机数 b 和从客户端接收到的 A，生成相同的通信密钥 $KEY = bA = ba \times G\%P$。

因此，整个过程中，ECDH 算法起到了至关重要的作用。其中，a 和 b 分别作为客户端和服务器的私钥，始终保持私密性，而其他参数如 A、B、G、P 均为公开信息。值得注意的是，ECDH 算法具备一个关键特性：即便已知 A、G、P 以及公式 $A = a \times G\%P$，也无法逆向推导出 a 的值，从而确保了私钥的安全性。

综上所述，基于 TCP 和 TLS 的 HTTPS 两端建立连接通常需要 3 个 RTT。然而，由于 QUIC 的握手过程是基于 UDP 和 TLS1.3 实现的，因此在首次建立连接时仅需一个 RTT。至于 QUIC 如何实现 0-RTT 握手，这涉及一系列复杂的优化和缓存机制，例如预先共享密钥、会话恢复等，使得在后续的通信中可以跳过部分握手步骤，从而实现更快的连接建立。下面我们就来看看 0-RTT 握手究竟是如何实现的。

◆ 0-RTT 握手。其实 0-RTT 握手的原理很简单：客户端缓存了 ServerConfig（$B=b \times G\%P$），下次建立连接时直接使用缓存好的数据计算通信密钥，0-RTT 握手如图 8.35 所示。

第一，客户端首先生成一个随机数 c，并选择公开的大数 G 和 P。接着，客户端计算 $A = c \times G\%P$，并将 A 和 G 作为 Client Hello 消息的一部分发送给服务器。

第二，在 0-RTT 握手过程中，客户端利用之前缓存的服务器配置（ServerConfig）直接计算通信密钥 $KEY = cB = cb \times G\%P$，并使用该密钥加密发送应用数据。这意味着客户端无须经过完整的握手过程即可开始发送加密数据，实现了 0-RTT 的连接建立。

第三，服务器在接收到 Client Hello 消息后，根据收到的 A 和自身生成的随机数 b，计算通信密钥 $KEY = bA = bc \times G\%P$。这样，服务器和客户端就拥有了相同的通信密钥，可以进行加密通信。

如果攻击者能够记录下所有的通信数据和公开参数（如 $A1 = a \times G\%P$，$A2 = c \times G\%P$ 等），并且服务器的随机数 b（私钥）发生泄漏，那么之前通信的所有数据都有可能被破解。这是因为攻击者可以利用 b 和公开参数重新计算出之前会话的通信密钥。

为了解决这一问题，确保前向安全性，需要确保每次会话都使用一个新的通信密钥。这通常通过引入会话标识符（Session ID）或会话恢复令牌（Session Resume Token）来实现。当客户端和服务器建立连接时，它们可以协商生成一个唯一的会话标识符，并在随后的通信中使用该标识符来恢复之前的会话状态。如果服务器的私钥发生泄露，由于每个会话使用不同的密钥，攻击者只能解密那些与他们记录的公开参数和私钥相对应的会话数据，而无法解密其他会话的数据。这样就确保了即使私钥泄露，之前的通信数据仍然保持安全。

◆ 前向安全如图 8.36 所示，前向安全是指即使之前用来产生会话密钥的长期密钥泄露出去，也不会泄露过去的通信内容。

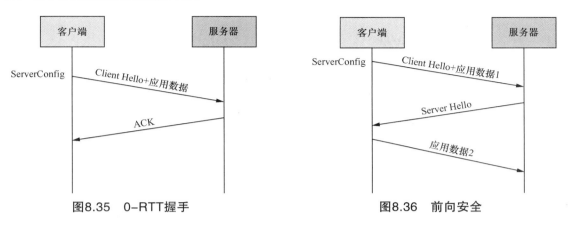

图8.35　0-RTT握手　　　　　　　　　图8.36　前向安全

客户端首先生成一个随机数 a，并选择公开的大数 G 和 P。接着，客户端计算 $A = a \times G\%P$，并将 A 和 G 作为 Client Hello 消息的一部分发送给服务器。

在 0-RTT 握手过程中，客户端利用之前缓存的服务器配置直接计算初始密钥 initKey $= aB = ab \times G\%P$。利用这个初始密钥，客户端在发送 Client Hello 消息的同时，加密并发送第一批应用数据 1。

服务器在接收到 Client Hello 消息后，根据客户端发送的 A 和自己生成的随机数 b，计算相同的初始密钥 initKey $= bA = ba \times G\%P$。

为了建立更安全的通信，服务器生成一个新的随机数 c，并计算 $C = c \times G\%P$。接着，服务器使用之前计算出的初始密钥 initKey 对 C 进行加密，并将 C 和 Server Hello 消息一起发送给客户端。

客户端接收到 Server Hello 消息后，使用之前的初始密钥 initKey 解密 C，并计算会话密钥 sessionKey $= aC = ac \times G\%P$。使用这个会话密钥，客户端加密并发送第二批应用数据 2。

服务器在接收到第二批应用数据后，使用相同的方法计算会话密钥 sessionKey $= cA = ca \times G\%P$，并解密获取客户端发送的应用数据 2。

客户端缓存的 ServerConfig 是服务器提供的静态配置信息，它包含了服务器的公钥和其他必要的参数。这个配置信息可以在多个会话中重复使用，从而实现了 0-RTT 握手。通过使用会话密钥 sessionKey，QUIC 确保了通信数据的前向安全性，即使服务器的长期密钥被泄露，攻击者也无法解密之前会话的数据。

② 多路复用，解决队头阻塞

在数据流管理方面，QUIC 采用了多路复用技术。与传统 TCP 按顺序传输数据不同，QUIC 允许多个数据流在同一连接上并行传输。这种机制使数据能够更顺畅地传输，提高了网络性能。

QUIC 连接可以创建多个独立的数据流，每个数据流都可以并行传输数据，它不需要为每个数据流建立单独的连接，从而实现了连接级别的多路复用，所以一个数据流的丢失不会影响其他数据流的传输。

QUIC 协议利用数据包编号（Packet Number）来确保数据包的顺序性。在 QUIC 中，每个数据包都有自己的 Packet Number，与 TCP 中的序列号（Sequence Number）不同的是，这些 Packet Number 按照发送的顺序严格单调递增，每个新发送的数据包的 Packet Number 都会比前一个数据包的 Packet Number 大。如果某个 Packet Number 为 N 的数据包丢失了，那么重传时，重传数据包的 Packet Number 就不是 N，而是比 N 大的数字，比如 $N+M$。这样接收端可以清晰地知道这是一个重传的数据包，而不是一个新的数据包，同样可以按照它接收到数据包的顺序发送确认（ACK），而不需要等待所有数据包都按照发送顺序到达，实现乱序确认的功能。这不仅有助于提高网络吞吐量和性能，还能解决 TCP 中由于重传引起的歧义问题。发送方接收到确认消息时，也能判断出 ACK 对应的是原始请求还是重传请求，避免 RTT 的错误计算，还能够准确计算重传超时时间（RTO）。

需要注意的是，虽然 Packet Number 确保了数据包的顺序性，但 QUIC 协议本身并不保证数据的完全有序性。在实际应用中，可能还需要结合其他机制（如流控制、优先级调度等）来确保数据的顺序性和可靠性。

队头阻塞是一种在计算机网络中常见的性能受限现象。它发生在当一个数据包（通常是处在发送队列头的数据包）因为某种原因受阻时，会导致后续的数据包也被阻塞，即使这些后续的数据包的目的地可能与受阻的数据包不同。这种现象在多种网络协议和架构中都可能会出现，包括缓存式输入的交换机、HTTP 流水线以及 TCP 等。

队头阻塞的一个典型例子是在 TCP 中。当 TCP 连接中的一个数据包丢失时，根据 TCP 的可靠性机制，发送方会重传丢失的数据包。在这个过程中，所有后续的数据包都必须等待丢失的数据包被重传并确认，即使这些后续的数据包本身是可以被正确传输的。这种等待会导致网络时延的增加，降低网络的整体性能。

QUIC 协议的多路复用能力可以帮助解决队头阻塞的问题，即使某个数据流中的数据包丢失，其他数据流也可以继续传输数据。此外，QUIC 还通过自定义的流量控制机制、前向纠错方式（FEC）等进一步避免队头阻塞的产生。

自定义的流量控制：QUIC 使用了一种自定义的流量控制机制，通过 window_update 来告诉对端它可以接受的字节数。这种流量控制不仅在一个连接上控制窗口，还在每个数据流中控制窗口。这意味着每个数据流都可以独立地进行流量控制，从而避免了因为单个数据流的阻塞而导致的队头阻塞。

FEC：一种差错控制方式，它通过在发送端加入冗余数据（即纠错码），使接收端在接收到足够数量的数据包后能够纠正丢失或错误的数据包。这样，即使某个数据流中的数据包丢失，接收端也可以利用 FEC 技术恢复丢失的数据包，从而通过减少超时重传的方式避免队头阻塞的发生。

③ 其他

用户态实现方面，QUIC 协议并不像 TCP、UDP 等那样深深嵌入在操作系统中，而是在应用程序层面实现。这种实现方式使得 QUIC 更加灵活，开发者可以更方便地定制和改进协议的行为，以适应不同的应用场景和需求。

在 API 方面，QUIC 提供了一套丰富的工具和规则，使开发者能够更容易地使用和定制协议。这些 API 为开发者提供了便捷的操作接口，使实现和控制网络通信变得更加简单和灵活。通过 QUIC 的 API 设计，开发者可以更加高效地实现网络通信功能，提升开发的便利性和灵活性。

（3）QUIC、TCP 和 UDP 的对比

表 8.3 展示了 QUIC、TCP 和 UDP 的对比。

表 8.3　QUIC、TCP 和 UDP 的对比

对比项	QUIC	TCP	UDP
连接建立时间	快速（0-RTT）	较慢（3 次握手）	无连接建立
数据流多路复用	支持	不支持	不支持
加密与安全性	强化加密和身份验证	加密和身份验证	可选加密
流量控制	支持	支持	无流量控制
拥塞控制	支持	支持	无拥塞控制
可靠性	较高可靠性（通过重传和确认）	较高可靠性（通过重传和确认）	无可靠性保证
顺序性	支持乱序恢复，但无法严格保证整体顺序性	保证所有数据包的整体顺序性	无顺序性保证
时延	较低时延	较高时延	最低时延
应用层协议	独立于传输层	依赖传输层	独立于传输层

（4）应用场景

① QUIC 协议在实时通信和移动应用程序中的应用

实时通信应用，比如视频通话、语音聊天和即时消息，要求数据传输快速且可靠。QUIC 通过使用独立的数据流和高效的拥塞控制机制，能够在瞬息万变的通信环境中确保信息迅速传递，让用户体验更加流畅。尤其对于移动应用，无论你身处何地，QUIC 的低时延特性能确保使用者更迅速地收到消息、看到视频。

② QUIC 协议在物联网设备通信中的应用

物联网设备通常在复杂多变的网络条件下运行，使用传统的传输协议可能导致高时延和数据包丢失。QUIC 协议在这种不稳定的网络环境中表现出色，通过其高效的传输机制，确保了物联网设备之间的可靠通信。这使智能家居、传感器和其他物联网设备能够更快速地互相交换信息，保持联动和协同工作。

③ QUIC 协议在车联网和联网汽车中的应用

车联网系统需要实时的数据交换，以提供车辆跟踪、交通管理和安全功能等服务。QUIC 的低时延、多路复用和数据包恢复能力使其成为车辆和基础设施之间可靠通信的理想选择。通过 QUIC，车辆能够更快速地传递信息，促使交通管理系统能够更及时地做出反应，增强整个车

联网系统的效能。这对于实现智能交通和提升驾驶安全性都起到了积极的推动作用。

2. HTTP/3

在互联网的早期，万维网仅实现了一群计算机之间超文本文件的交换。这个过程相对简单，涉及的程序只有请求和响应。为了更有效地处理这种文件交换，人们设计了一种基于文本的协议：HTTP。

HTTP，全称 Hyper Text Transfer Protocol，也就是超文本传输协议，它是互联网上数据传输的基础。简单来说，当你用浏览器打开一个网页时，你的计算机就会通过 HTTP 和服务器交流，把网页内容"拿"过来。

（1）HTTP 版本的演进

HTTP 的最初版本，即 HTTP/1.0，随后被制定成标准化的 IETF 协议，定义在 RFC 1945 中，也被称为 HTTP/1.0。作为 HTTP 的第一个版本，HTTP/1.0 就像是一个刚出生的婴儿，能力非常有限。它在同一时间只能处理一个请求，然后等服务器回应了，才能处理下一个请求。

后来，HTTP/1.1 版本出现了，这家伙聪明多了。相比于 HTTP/1.0，它引入了持久连接（keep-alive）和管道化（pipelining）的概念。持久连接意味着客户端和服务器之间可以建立一个长期稳定的连接，不用每次都重新建立。而管道化则允许你在一个连接上同时发送多个请求，这样就不再需要一个个等待了。

但即使如此，HTTP/1.1 在某些情况下还是显得有点慢。于是，HTTP/2 来了。HTTP/2 引入了多路复用的概念，就像是有多个窗口可以同时点菜一样，不再需要排队等待。同时，它还支持二进制分帧，把数据分成更小的帧来传输，这样传输起来更灵活、更高效。

此外，HTTP/2 还引入了头部压缩和服务器推送等特性，进一步提升了传输效率。

不过，HTTP/2 虽然快，但它还是基于 TCP 的，而 TCP 在某些情况下可能会遇到瓶颈。于是，HTTP/3 出现了，这家伙可是个黑科技高手！

HTTP/3 是基于 QUIC 协议的，在上一节我们了解过 QUIC 协议，它是一个基于 UDP 的家伙。虽然 UDP 是个"不管不顾"的协议，只负责把数据扔出去，不管对方有没有收到。但 QUIC 在 UDP 的基础上增加了很多 TCP 的特性，比如可靠性、流量控制、拥塞控制等，同时还引入了一些创新的设计，比如加密和身份验证等。

HTTP/3 通过 QUIC 协议，可以实现更快的连接建立、更低的时延和更高的安全性。同时，它还支持多路复用和头部压缩等 HTTP/2 的特性，进一步提升了传输效率。

总的来说，HTTP/1、HTTP/2 和 HTTP/3 就像是 3 代运动员，一代比一代跑得快、跳得高。而互联网的发展，同样是一个不断升级的赛场，需要这些运动员们不断挑战自我、超越极限。

（2）什么是 HTTP/3 协议

HTTP/3 是 HTTP 的第三个大版本，也是最新的版本，又称为 HTTP over QUIC。当时 IETF 正式将 HTTP/2 标准化，Google 独立研发了一个全新的传输协议。这个新协议初名为 gQUIC，后来进化为 QUIC。此新协议的目标是在网络条件不佳的情况下改善网页浏览体验，且已在实验和测试中获得了显著成功。在此基础上，IETF 的大部分成员支持基于 QUIC 制定新的 HTTP 规范。这个新协议被命名为 HTTP/3，以区别于当前的 HTTP/2 标准。

在 HTTP/3 中，尽管协议层堆叠顺序发生了变化，从 TCP 移至 UDP，并采用了 QUIC 协议，但 HTTP 的语义基本上保持不变，3 种 HTTP 的协议层次如图 8.37 所示。这意味着 HTTP/3 仍然遵循相同的请求和响应消息交换顺序，使用相同的请求方法、URI、状态码、消息头和消息体。因此，开发人员在使用 HTTP/3 时，不需要改变他们对 HTTP 语义的理解和使用方式。HTTP 语义指的是 HTTP 中定义的请求和响应的语义含义。HTTP 的语义规定了客户端（通常是 Web 浏览器）如何与服务器进行交互，以及如何解释从服务器接收到的数据。

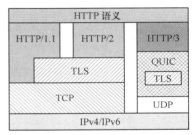

图8.37 3种HTTP的协议层次

从语法和语义角度看，HTTP/3 与 HTTP/2 颇为相似。两者遵循相同的请求和响应消息交换顺序，且数据格式包括方法、标题、状态码和消息体。然而，HTTP/3 的一个显著变化在于它采用与前两个版本不同的协议层堆叠顺序，即在 UDP 上运行。有别于先前的 HTTP/1.1 和 HTTP/2，HTTP/3 摒弃了 TCP，转而采用基于 UDP 的 QUIC 协议。

这一变化的主要动机是解决 HTTP/2 中存在的队头阻塞问题。由于 HTTP/2 在单个 TCP 连接上采用多路复用，一旦发生少量数据丢失，整个 TCP 连接上的所有流都可能被阻塞，受 TCP 阻塞控制影响。为了应对这一问题，HTTP/3 选择了 QUIC 协议，通过在 UDP 上运行，提供更灵活、高效的传输框架，从而提升用户体验。这一变革标志着网络通信领域的前沿创新，为未来的互联网交流奠定了更可靠、高效的基础。

因此，HTTP/3 相比于之前 HTTP 版本的主要优势和大部分潜力均来自 QUIC 协议，包括多路复用、0-RTT 建立连接、阻塞控制、FEC 及用户空间运行支持更灵活的未来扩展等。

（3）HTTP/3 特点与优势

下面让我们来介绍一下关于 HTTP3 的特点与优势，主要包含多路复用、快速连接建立和恢复、安全性等方面。

① 多路复用

想象一下你在一条高速公路上行驶，HTTP/1.1 就像是一辆卡车，每次只能装一份货物，然后开到到目的地，再回来拉下一个货物。HTTP/2 引入了多路复用，就像是一辆巧妙的货车，可以同时装载多个货物，不需要来回跑，效率大大提高。HTTP/3 则像是这辆货车换上了更快的引擎，通过 QUIC 协议实现更高效的装卸货物，使工作变得更加灵活和高效。

② 快速连接建立和恢复

当你正在玩在线游戏时，HTTP/1.1 就像是你需要等很久才能加入游戏的老式连接，而 HTTP/3 就像是使用了快速通道的新连接，你可以更迅速地进入游戏。如果你突然失去了连接，HTTP/3 就像是一位快速反应的救护员，可以在很短的时间内重新建立连接，确保你的游戏体验不受太大影响。

③ 更强的安全性

当你在互联网上发送一封信，HTTP/3 就像是把信装进了一个坚固的保险柜里，用特殊的密码锁上，确保只有你和收信人才能打开。这个密码就是 TLS 加密，它不仅保护了信件的内容，还确保了信件在传递过程中不被别人偷看或篡改。对于你的个人信息和隐私来说，这是一种强大的安全保障。

（4）应用场景

① 物联网

HTTP/3 在物联网领域具有广泛的应用场景，尽管 HTTP 可能不是物联网的首选协议，但在一些情况下，基于 HTTP 的通信对特定的应用非常合适。具体来说，HTTP/3 的应用在解决移动电话和独立 IoT 设备之间的无线连接损耗问题方面发挥着关键作用。

考虑到物联网中涉及的传感器，这些传感器负责收集各种数据。在移动电话与传感器之间建立可靠的通信通道至关重要。HTTP/3 通过其基于 QUIC 的传输层协议，有效地解决了传感器数据通过无线连接传输时的效率和可靠性问题。

这种问题同样存在于安装在车辆或其他可移动资产上的独立 IoT 设备。通过采用 HTTP/3，这些设备可以更可靠地与移动终端通信，确保数据的及时传输和完整性。HTTP/3 的快速连接和高效的数据传输机制为物联网设备提供了更稳定、更可靠的通信环境。

因此，HTTP/3 在物联网场景中的应用不仅可以优化传感器数据的采集和传输，还可以提高与移动设备和独立 IoT 设备之间的通信效率，为物联网的顺畅运行提供强大的支持。

② 大数据

世界各地的企业正逐渐认识到，以从多个部门收集并整合的数据为统一的 API，对内部和外部用户开放共享，具有巨大的潜力。这些 API 不仅促进了信息的传输，还为数据的商业化运用奠定了基础。通过将这些数据作为流式 API 服务进行托管，企业可以实现数据的价值转化。随着时间的推移，这些服务将累积庞大的数据量。得益于 HTTP/3 的健壮性和弹性，托管在这些服务上的流式 API 将比使用 HTTP/2 时更加稳定和可靠。

HTTP/3 在大数据应用场景中能够发挥关键作用，为企业提供更强大、更灵活的数据传输工具，使它们能够更好地应对信息的整合、共享和货币化的挑战。

③ Web VR

Web VR，即网页虚拟现实，是一种允许用户在网页上体验虚拟现实的技术。它结合了 Web 技术和虚拟现实（VR）技术，通过浏览器为用户呈现三维的虚拟环境，使用户能够沉浸其中并与虚拟世界进行交互。

Web VR 技术主要依赖于以下几个关键部分。

◆ WebGL：是一种基于 OpenGL ES 2.0 的图形库，用于在 Web 浏览器中渲染三维图形。它提供了一个 JavaScript API，允许开发者在网页上创建和渲染三维场景和对象。WebGL 是 Web

VR 实现的基础，使开发者可以在网页上呈现高质量的三维图形。

◆ WebXR：是一个 Web API，用于访问设备的 VR 和增强现实（AR）功能。它提供了一个统一的接口，使开发者可以轻松地开发适用于多种 VR 和 AR 设备的 Web 应用。WebXR 提供了对 VR 设备的访问，包括头戴式显示器、手柄等，使开发者可以创建沉浸式的虚拟现实体验。

◆ VR 设备：Web VR 需要依赖于 VR 设备，如头戴式显示器（HMD）、手柄等，以提供沉浸式的体验。用户通过佩戴头戴式显示器，可以将自己完全沉浸在虚拟环境中，并通过手柄等设备进行交互操作。

Web VR 技术为开发者提供了一个全新的平台，使他们可以创建更加丰富、生动和交互式的Web 应用。它的工作流程是这样的：用户通过浏览器访问支持 Web VR 的网页；网页利用 WebGL等技术渲染三维场景和对象；用户佩戴 VR 设备，如头戴式显示器，进入虚拟环境；用户可以通过手柄等设备与虚拟环境进行交互，如移动、旋转、选择对象等；用户的交互操作会实时反馈到网页上，实现实时的虚拟现实体验。

通过以上内容可以看出，Web VR 对数据传输速度和可靠性要求很高，而 HTTP/3 为 WebVR 提供了更高效、更稳定的数据传输方案。

Web VR 需要大量的数据传输来渲染复杂的三维虚拟场景。借助 HTTP/3，Web VR 应用可以更加高效地加载和渲染虚拟场景中的对象，提高用户体验。HTTP/3 的多路复用和流控制特性可以更好地处理 Web VR 中的大量数据传输。多路复用允许在单个连接上同时处理多个数据流，避免了队头阻塞的问题，提高了数据传输的并行性和效率。流控机制则可以根据网络状况和接收端的处理能力动态调整数据传输的速率，确保数据传输的稳定性和顺畅性。

此外，HTTP/3 还支持实时数据传输和推送更新，这对于 Web VR 中的动态场景和交互操作非常重要。通过实时数据传输，Web VR 应用可以及时更新虚拟场景中的对象状态，保持与用户操作的同步。而推送更新机制则可以在数据发生变化时及时通知接收端，减少不必要的轮询和时延，提升 Web VR 应用的响应速度和用户体验。

8.6　SDN&NFV的技术

1. OpenFlow 协议

在探讨 OpenFlow 之前，让我们先了解一下 SDN 的核心理念。SDN 的关键特点之一是转发和控制的分离，这一概念为网络带来了巨大的变革。在传统网络中，网络设备既负责数据的传输（转发平面），又负责路由控制（控制平面）。这样的网络结构使对网络进行灵活、定制化的管理变得困难，同时也限制了网络的可编程性和可控性。

SDN 的革新之处在于将控制平面与转发平面分离开来。这意味着网络的管理和状态在逻辑上被集中到一起，而底层的网络基础则从应用中独立出来。这种分离使网络变得可编程、可控制且自动化，为用户提供了前所未有的灵活性。用户可以根据业务需求轻松建立高度可扩展的弹性网络，实现对网络的更精细化管理。

要实现SDN网络的转控分离架构，关键在于建立一个标准通信接口，使SDN控制器与数据转发层之间可以有效地交流信息。OpenFlow应运而生，它作为这一标准接口的雏形，为SDN的发展奠定了基础。

OpenFlow的起源可以追溯到斯坦福大学的Clean Slate项目。在该项目中，研究人员试图通过集中式的控制器，让网络管理员对基于网络流的安全控制策略进行定义，并将这些策略应用到各种网络设备中，从而实现对整个网络通信的安全控制。这个项目的负责人Nick McKeown教授及其团队因此受到启发，他们认识到可以通过分离传统网络设备的数据转发和路由控制功能，并使用集中式的控制器对各种网络设备进行管理和配置，这能为网络资源的设计、管理和使用提供更多可能性，推动网络的创新与发展。

基于这一思想，Nick McKeown教授及其团队提出了OpenFlow的概念，并在2008年发表了详细介绍OpenFlow原理和应用场景的论文。OpenFlow的出现为SDN奠定了技术基础，使网络设备变得更加灵活、可编程，为网络创新提供了强大的工具。

（1）什么是OpenFlow

OpenFlow是一种用于SDN架构中的网络通信协议，主要用于控制器和交换机之间的通信。在SDN中，最核心的理念之一是"转发、控制分离"，将路由和交换设备中原本的路由功能上移至控制面的SDN控制器实现，在转发面只进行数据报文的转发。简单来说，控制面决策后由转发面执行。而OpenFlow位于控制面和转发面之间，是控制器和交换设备之间通信的协议，SDN架构示意及OpenFlow的位置如图8.38所示，它为"转控分离"理念的实现提供了关键技术支持。

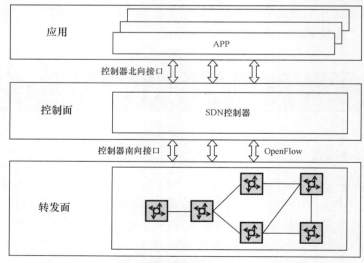

图8.38　SDN架构示意及OpenFlow的位置

（2）OpenFlow技术原理

OpenFlow网络由OpenFlow控制器、OpenFlow交换机、用于连接设备和控制器的安全信道、OpenFlow表项组成。其中，OpenFlow交换机和OpenFlow控制器是组成OpenFlow网络的实体，要求能够支持安全信道和OpenFlow表项。

首先，让我们先了解一下OpenFlow控制器。控制器是SDN网络的大脑，在控制面上"统筹大局"，负责制定网络策略、管理流量、实现网络功能等工作。通过OpenFlow协议，控制器能够直接与交换机进行通信，实现对网络的灵活控制。

OpenFlow交换机是网络中的数据传输设备。与传统交换机不同的是，OpenFlow交换机根据控制器下发的指令进行数据包的转发，从而实现了对网络流量的动态管理。OpenFlow交换机的灵活性使网络结构能够根据实际需求进行调整，更好地适应不同的应用场景。OpenFlow交换机可划分为OpenFlow专用交换机和OpenFlow兼容型交换机两大类别。OpenFlow专用交换机是一种标准的OpenFlow交换机，仅支持OpenFlow转发模式，它不支持现有的处理流程，所有流经该交换机的数据均遵循OpenFlow的转发模式。而OpenFlow兼容型交换机是在现有商业交换机的基础上，通过添加流表、安全通道和OpenFlow协议，从而获得OpenFlow特性，不仅支持OpenFlow转发，还保留了执行传统网络的二三层转发功能。

安全通道就是连接OpenFlow交换机与控制器的信道。OpenFlow交换机与控制器之间通过建立OpenFlow信道进行交互，这些交互的报文都是基于OpenFlow协议定义的，用于实现表项的下发、查询、状态上报等功能。为了保障通信的安全性，OpenFlow信道通常采用TLS加密，但也支持简单的TCP直接传输。当使用TLS加密时，OpenFlow交换机在启动时会尝试连接到控制器的6633 TCP端口（OpenFlow端口通常默认建议设置为6633）。为了完成认证过程，双方会交换证书。因此，在加密通信时，每个交换机至少需要配置两个证书。这样，通过安全的OpenFlow信道，OpenFlow交换机和控制器就能进行可靠交互。

在OpenFlow中，我们引入了"流表"的概念，可将它理解为一种更加灵活和可编程的路由表。流表中包含了一系列规则，告诉交换机如何处理特定类型的数据包。这就为网络管理员提供了一种有效的手段，可以根据实时需求调整网络行为。控制器通过OpenFlow协议下发流表规则到OpenFlow交换机，从而实现对数据包的精确控制。

从狭义上讲，OpenFlow流表是指OpenFlow单播表项。广义上的流表还包括OpenFlow协议发展后加入的表项，比如组表、计量表等。

图8.39展示了不同版本OpenFlow流表项的结构和功能。可以看到，各版本的流表项均包括匹配域（Match Fields）、指令（Instructions）部分，这两部分同样也是最为核心的部分。OpenFlow交换机收到数据包时，它的任务就是将解析后的数据报文头与流表项的匹配域进行匹配，如果匹配成功，就执行处理指令。

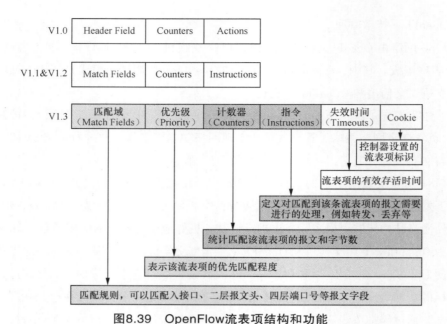

图8.39　OpenFlow流表项结构和功能

在OpenFlow技术中，可以对数据包实现多级流表协同的流水线处理。流水线处理是一系列有序的操作，其中每一级都对应一个流表，每个流表包含了一系列流表项，每个流表项定义了如何对匹配到的数据包进行处理。

当数据包到达OpenFlow交换机时，它首先与第一级流表中的流表项进行匹配。如果找到匹配的流表项，那么交换机就会按照该流表项中定义的指令对数据包进行处理，例如修改数据包的某些字段、将数据包发送到特定的端口等。然后，处理后的数据包会流入下一级的流表继续进行匹配和处理。如果在某一级流表中没有找到匹配的流表项，那么数据包会按照定义的"Table-Miss"的特殊行为进行处理，这种行为可以被灵活定义为将丢弃数据包发送到下一个流表或者控制器。

通过多级流表和流水线流程，OpenFlow交换机可以适应各种复杂的网络环境和应用需求，实现灵活的数据包处理。

（3）OpenFlow特点与优势

OpenFlow作为一种创新性的网络通信协议，在SDN中展现出了许多独特的特点和优势。

数据转发和路由控制的分离：OpenFlow将网络中的控制机制与交换机分离，使交换机可以更专注地进行数据包的转发，从而大幅提升了网络的性能。这种分离不仅提高了速度，而且在成本上也带来了实质性的降低，在转发面和控制面均可采用通用设备进行部署，通过管控平台进行配置下发和更新，网络的构建和运行因此变得更加经济高效。

应用和测试新功能：在OpenFlow网络中，网络管理员可以方便地在现有网络的基础上添加新的功能。这些功能可以在多平台上运行，而且不需要在每个供应商的硬件中实现。通过 OpenFlow 提供的开放 API，管理者和研究人员可以轻松添加他们自己的控制软件，实现新的重要交换功能。这为新应用的增加提供了更高的灵活性，也缩短了新业务部署上线的周期。

统一的管理：OpenFlow 的集中控制器为网络提供了统一的视图，能够实现一体化的管控和运维，有助于简化网络的管理方式，提高了网络整体的安全性能。通过清晰了解全网的流量信息，运维人员更容易识别网络入侵等问题，及时有效地应对拥塞和设备故障。此外，OpenFlow 允许网络管理员创建虚拟网络拓扑，比如可以在不改变物理网络的同时建立虚拟局域网（VLANs）或虚拟广域网（VWANs），从而为网络管理提供更灵活的手段，尤其对于数据中心的管理尤为有利。

云计算：在云计算网络中，OpenFlow 交换机的使用有效控制了网络数据和计算资源。面对大规模的数据中心，控制器可以优化传输路径以实现负载均衡，提高数据交换速度。OpenFlow 在云计算环境中发挥了关键作用，解决了虚拟环境的操控能力、虚拟机的无差错迁移、计算速度、通信和规模等问题，为云计算的发展提供了有力的支持。

（4）应用场景

① OpenFlow 在 VXLAN 中的应用

图 8.40 展示了 OpenFlow 兼容型交换机 SwitchA、SwitchB 与控制器之间的连接关系。控制器与 SwitchA、SwitchB 分别通过 OpenFlow 和 NETCONF 协议建立了相应的连接。在这个过程中，控制器利用 NETCONF 协议将 VXLAN 隧道的配置信息下发给 SwitchA 和 SwitchB，进而实现了两个交换机之间 VXLAN 隧道的建立。

为了支持 VXLAN 业务，控制器还向 SwitchA 和 SwitchB 下发了相关表项。这些表项包含了主机的重要信息，例如 IP 地址和 MAC 地址等。在接收到这些表项后，SwitchA 和 SwitchB 会根据表项中的信息进行必要的协议计算，并据此生成 ARP 表。这些 ARP 表在后续的数据转发过程中起着关键作用，它们指导着报文在 VXLAN 隧道中的正确转发路径。

② OpenFlow 在园区网络中的应用

通过 OpenFlow 技术，园区网络可以实现对接入层设备的有效管控，提高网络的可靠性和安全性。同时，这也为网络管理员提供了一个强大而灵活的工具，使他们能够更轻松地管理和维护园区网络。

在园区网络中，接入层设备扮演着至关重要的角色，它负责连接大量的终端设备，是网络通信的起点。然而，由于接入层设备数量众多，其故障率相对较高。尽管这些设备的功

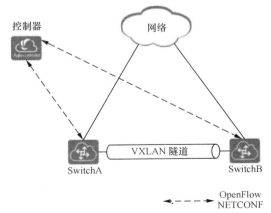

图8.40 OpenFlow在VXLAN中的应用

能和流量策略相对简单，但有效的管理和控制仍然是确保网络稳定运行的关键。

OpenFlow技术为园区网络提供了一种高效且灵活的管理手段。通过OpenFlow，网络管理员可以在中央控制器上对接入层设备进行集中统一的管理。这包括流表的下发、网络监控、故障检测以及维护工作等。由于所有的控制逻辑都在控制器上实现，因此，网络管理员可以轻松地实现对整个接入层设备的统一配置和管理。

在需要用户身份认证的场合，OpenFlow技术同样能够发挥巨大的作用。通过将认证流量引导到控制器上，管理员可以验证用户的身份，并根据验证结果向用户连接的交换机端口下发准入规则。这样，只有经过认证的用户才能够获得访问网络的权限，从而确保网络的安全性。

此外，当控制器检测到特定网络端口或特定用户流量出现异常时，它可以迅速做出响应。通过下发相应的规则，控制器可以关停设备端口或限制特定流量，从而有效地隔离故障，防止故障扩散。这种快速恢复网络故障的能力不仅提高了网络的可靠性，也进一步增强了网络的安全性。

③ OpenFlow在校园网络中的应用

OpenFlow技术为科研院校的学生和研究人员提供了一个更加灵活和可编程的网络环境试验平台，使他们能够自由地验证和测试新的网络控制协议和数据转发技术，提高研究效率。

在科研院校中，学生和研究人员经常进行各种创新性研究，这些研究往往涉及网络控制协议和数据转发技术。借助OpenFlow"转控分离"的特点，他们可以根据研究需要，在OpenFlow的控制器上，即在软件层面实施和测试新的网络控制协议和数据转发技术，而不必受到传统网络架构的限制。这样还能够有效地降低实验费用，无须投入大量的硬件设备和资源。

此外，OpenFlow的灵活性和可编程性还为学生和研究人员提供了更多的创新空间。他们可以利用OpenFlow技术，设计出更加高效、安全和智能的网络控制系统或平台，以满足未来科研工作的需求。

④ OpenFlow在数据中心网络中的应用

在数据中心网络中，OpenFlow技术也发挥着至关重要的作用。OpenFlow技术为云数据中心提供了强大的网络虚拟化支持，满足了多租户资源的动态创建、流量隔离以及虚拟机的动态迁移等虚拟化需求，并通过动态获取流量信息、优化路径以及负载均衡等手段，提高了数据中心的运行效率和性能。

数据中心面临着多租户资源的动态创建、流量隔离以及虚拟机的动态迁移等虚拟化需求，这些需求对于网络的可扩展性、灵活性都提出了极高的要求。OpenFlow交换机与云管理平台的紧密合作，为云数据中心提供了网络资源动态分配和网络流量灵活传输的解决方案。同时，OpenFlow交换机具备动态获取流量信息、优化路径以及负载均衡的能力。在大规模流量环境下，OpenFlow交换机可以实时分析流量数据，动态地调整网络路径和负载均衡策略，以确保数据中心的高效运行，有效避免网络拥塞和性能瓶颈。

2. NETCONF 协议

在云时代，我们希望网络能够更智能地应对业务的变化，比如需要快速启动业务，或者自动进行一些维护操作。然而，传统的网络配置方式，例如命令行和SNMP已经显得力不从心。命令行配置烦琐，而且不同设备之间的配置差异太大；SNMP配置效率低，也不太支持一些现代网络自动化的特性。

为了解决这一问题，出现了一种新的网络配置和管理协议，它叫作网络配置（NETCONF）协议。NETCONF使用可扩展标记语言（XML），能够更好地适应现代云化网络的需求。相比于命令行和SNMP，NETCONF更加灵活，可以更方便地修改配置信息。此外，它采用了下一代数据建模语言（YANG），可以减少手动配置错误导致的网络故障。

NETCONF还引入了一些安全机制，确保配置信息的传输是安全可靠的。它还支持一些高级功能，比如事务机制，这意味着配置可以按阶段进行，出了问题可以轻松地回滚到之前的状态。总体来说，NETCONF填补了以前配置方式的不足，使网络自动化更加高效可靠，满足了现代网络的需求。

（1）NETCONF 的基本概念

我们今天的主角——NETCONF，是一种让网络设备变得更好管理和配置的协议。这个协议为管理网络设备提供了一套全面的机制，使用户能够轻松增加、修改或删除设备配置，并实时获取设备的设置和状态信息。NETCONF为网络设备提供了一套规范且完备的API，使应用程序能够通过这些端口，从设备上获取或者向设备下发配置。

作为自动化配置系统的基石，NETCONF协议使用了XML这种标记语言，这是一种网络设备间的"沟通语言"，让我们可以通过计算机程序对设备进行配置，而不是手动一个个地配置。XML为层次化的数据内容提供了完整和灵活的编码机制。同时，NETCONF与基于XML的数据转换技术集成后，可以提供强大的功能，该功能支持从多个数据库中检索各种配置相关数据，并根据具体应用场景的需求将数据转换为所需格式，这些配置数据再通过NETCONF协议上传至设备进行处理。

NETCONF协议还进一步将网络设备上的数据划分为配置数据和状态数据两类。配置数据允许修改，并通过NETCONF操作实现设备状态的迁移，以满足用户的期望。与之相反，状态数据主要涵盖网络设备的运行状态和统计信息，且不可修改。这种区分不仅减少了配置数据的容量，还简化了配置数据的管理过程。

（2）NETCONF 的优势

① 超方便的"通信语言"

NETCONF协议采用XML作为消息格式，为网络设备之间的沟通提供了一种超方便的"通信语言"。XML的通用性和结构化特点使配置和操作指令变得容易读懂和易于处理。无论是网络管理员还是开发者，都能够轻松地理解和操作NETCONF消息，从而简化了网络设备的配置和管理过程。此外，XML 的广泛应用也确保了不同品牌的设备之间可以很好地交流，实现了跨厂商设备的互操作性。这种通信语言的使用，极大地提高了网络管理的效率和便捷性。

② 远程操作大升级

NETCONF 协议通过使用远程过程调用（RPC）机制，实现了对网络设备的远程操作。这意味着网络管理员和开发者可以通过网络远程发送指令给设备，而无须亲自到场进行操作。这种远程操作方式不仅方便了网络管理员和开发者，还大大提高了配置信息修改的速度和效率。通过 NETCONF 协议，管理员可以随时随地对网络设备进行配置和管理，从而及时响应各种网络问题，确保网络的稳定运行。

③ 减少配置错误的风险

NETCONF 协议的可编程性使配置信息的管理更加精确和可靠，从而大大减少了人为配置错误引起的网络故障的风险。管理员可以通过编写脚本或使用配置工具来自动化配置过程，减少手动输入错误的可能性。此外，NETCONF 协议还支持事务处理和回滚机制，这意味着如果配置更改出现问题，网络可以轻松地回滚到之前的配置状态，避免了错误配置导致的网络中断。这种自动化的配置管理方式，让网络管理员更加有信心进行配置操作，提高了网络管理的可靠性和稳定性。

④ 快速系统软件升级

NETCONF 协议为网络设备的系统软件升级提供了快速而灵活的方式。通过使用配置工具，网络管理员可以远程访问设备并下载、安装新的系统软件版本。这种远程升级方式比传统方式更加灵活和可靠，不需要网络管理员亲自到场进行操作。此外，NETCONF 协议还支持自动化升级过程，可以自动检测设备的当前软件版本以及确定是否需要升级，并自动完成升级过程。这种自动化的升级方式大大提高了系统软件的升级效率，减少了升级过程中的错误和中断，确保了网络设备的持续稳定运行。

⑤ 不受设备限制的管理

NETCONF 协议的设计非常灵活，允许不同制造商根据自己的设备特性和管理需求定义自己的协议操作。这种灵活性使 NETCONF 协议能够适应各种不同类型的网络设备，实现独特的管理功能。无论是传统的路由器、交换机还是新型的数据中心设备，都可以通过 NETCONF 协议进行统一的管理。这种统一的管理方式，让网络管理员不再受制于设备的限制，可以更加灵活地进行网络管理，满足各种不同的管理需求。

⑥ 数据传输安全有保障

NETCONF 协议内置了一些安全机制，如 TLS 和 SSH 等，确保了信息传输的安全性。在网络管理中，信息的安全性非常关键，因为配置信息和设备状态等敏感数据如果被泄露或篡改，可能会对网络的稳定运行造成严重影响。NETCONF 协议通过加密和签名技术，确保了信息的完整性和机密性，防止信息在传输过程中被篡改或泄露。此外，NETCONF 协议还支持认证和鉴权功能，只有授权的用户才能访问和修改设备的配置信息。这种安全保障机制为网络管理提供了强有力的支持，确保了网络设备的安全稳定运行。

（3）NETCONF 的技术原理

NETCONF 的技术原理就像是网络管理的默契舞伴，通过一系列步骤和规则，让网络设备和管理系统能够愉快地合作。

① NETCONF 网络结构

想象 NETCONF 网络结构是一场舞会，有两位主要角色：Client（客户端）和 Server（服务器），如图 8.41 所示。而整场舞会的主持人是网络管理系统（NMS），它也是整个网络的网管中心，负责管理所有的网络设备。

客户端负责使用 NETCONF 协议对网络设备进行系统管理。它可以向 NETCONF 服务器发送请求，查询或修改设备的参数值，也能主动接收来自服务器的告警和事件，了解设备的状态。

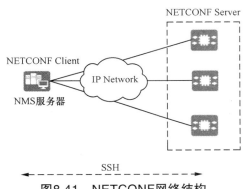

服务器是网络设备的守护者，负责维护设备的信息数据并响应客户端的请求。当客户端发来请求时，服务器会进行数据解析，然后给客户端返回响应。同时，如果设备发生故障或其他事件，服务器会主动通过 Notification 机制通知客户端，汇报设备的状态变化。

图8.41　NETCONF网络结构

② NETCONF 基本会话建立过程

现在，我们来看看 NETCONF 基本会话建立过程，这就像是在舞会开始前的准备工作。

SSH 连接建立和认证授权：客户端先发起 NETCONF 会话建立，这就像在舞会门口出示门票一样，两者需要完成 SSH 连接的建立，并进行认证与授权。这确保了通信的安全性。

会话建立和能力协商：客户端和服务器握手，就像是在舞台上互相打招呼，确认彼此的能力和兼容性，也为了确保双方都能顺利地进行通信。

RPC 交互（鉴权）：客户端向服务器发送请求，就像是在舞池上跳起欢快的舞蹈。这可以包括修改并提交配置、查询配置数据或状态，或者进行设备维护操作。这个阶段也可能涉及一些权限验证，确保只有被授权的操作才能执行。

会话关闭：当客户端完成了需要的操作，就像是舞会结束后，它会关闭 NETCONF 会话。这意味着它不再需要与服务器进行通信。

SSH 连接关闭：就像是舞会结束后的谢幕，SSH 连接也会被关闭，结束整个 NETCONF 会话。

NETCONF 基本会话建立过程的每个步骤都有着明确的规则和流程，让网络管理变得更加有序、高效。NETCONF 通过这样的技术原理，实现了设备和管理系统之间的默契合作。

（4）应用场景

① 自动化配置与服务发布

NETCONF被广泛应用于自动化网络配置，尤其在云环境下。例如，当云平台需要启动新的虚拟机或服务时，NETCONF 可以通过配置网络设备的参数，自动实现所需服务的发布和配置，使整个过程更加迅速、高效。

② 统一网络管理平台

大型企业或服务提供商通常有各种不同厂商、不同类型的网络设备，NETCONF 为这种复杂环境提供了统一的网络管理解决方案。NETCONF 在网络管理平台中的应用如图 8.42 所示，通过 NETCONF，可以将各种设备整合到一个统一的网络管理平台上，实现集中式的配置、监控和故障管理，降低了管理的复杂性。

③ 实时故障监测和快速响应

在关键业务环境中，实时监测网络设备的状态对于及时发现和处理故障至关重要。NETCONF 通过实时通知机制，使网络管理员能够及时获知

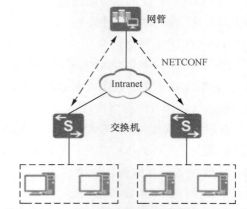

图8.42　NETCONF在网络管理平台中的应用

设备状态变化，从而快速响应和解决潜在问题。例如，当某个关键设备发生故障时，NETCONF 能够立即通知网络管理员，并采取相应的应急措施，以最小化业务中断。

3. 数据面可编程

传统网络设备可以根据功能划分为控制平面和数据平面。控制平面和数据平面在网络中各自扮演着重要的角色，它们的功能相互独立但也相互协作。

控制平面主要负责管理和控制整个网络的运行和配置。这包括路由协议的运行、收集和维护网络中的路由信息，根据网络拓扑变化和控制策略更新网络设备的路由表，配置网络设备的转发规则，以及决定数据包的转发路径。它还负责网络设备的管理和监控，包括故障检测、性能监测、配置管理等功能。

数据平面也叫转发平面，主要负责数据包的转发和处理。具体来说，数据平面通过接收、解封装、封装、查找路由表进行数据转发。数据平面是网络中进行数据报文高速处理和内部无阻塞交换的关键部分，它的性能直接影响网络设备的转发效率和数据处理能力。

现有的 SDN 解决方案一般是在控制面上实现可编程的突破，但对于数据面来说，通常情况下，传统的转发设备的数据包解析和转发流程是由设备上的芯片硬件固化的，这使设备在协议支持方面缺乏灵活性。此外，制造商为了支持新协议或扩展协议特性，需要投入大量成本进行新的硬件设计，这导致了更新成本高、周期长等问题，限制了网络快速发展的可能性。

因此，新一代 SDN 解决方案的关键在于使数据转发平面也具备可编程的能力，使软件能够真正定义网络和网络设备的行为。数据面可编程技术的引入为用户提供了这样的能力，打破了硬件对数据转发平面的限制，使数据包的解析和转发流程可以通过编程进行控制，真正实现网络及

设备向用户开放。这种演进将促使网络更加灵活和创新，为用户提供更多的定制和优化空间。

（1）什么是数据面可编程

数据面可编程是网络架构中一个重要的概念，它指的是网络设备的转发平面（即数据面）具备可编程的能力。这意味着用户可以自定义数据包的解析、处理、转发等流程，通过编程定义网络的行为，从而实现对网络行为的灵活控制。

具体而言，数据面可编程允许用户定义匹配字段和动作类型，进而形成自定义的流表，形成流水线式的处理过程。这种编程方式不局限于数据包的转发，还可以对交换机等转发设备的数据处理流程进行软件编程定义。通过数据面编程，用户可以自定义数据包结构，在现有协议的基础上进行新的功能开发，实现更灵活、更定制化的网络行为。

此外，数据面可编程还涉及对数据流图的抽象。数据流图将处理逻辑描述为一个图，其中节点表示基本计算阶段，边表示数据从一个计算阶段移动到另一个计算阶段的方式。这种抽象使程序员能够使用熟悉的面向图的心理模型来组装处理节点，生成有意义的程序。计算基元（节点）只开发一次，然后可以根据需要自由地重复使用多次，以生成新的模块化功能，从而创建一个具有平滑学习曲线的快速开发平台。

数据面可编程的出现打破了传统网络设备硬件固化的限制，提高了网络设备的灵活性和可定制性。它使网络设备能够更好地适应不断变化的业务需求和网络环境，为用户提供更多的定制和优化空间。同时，数据面可编程也为网络创新提供了更多的可能性，促进了网络技术的不断发展和进步。

需要注意的是，数据面可编程的实现需要相应的编程语言和工具的支持。例如，P4是一种数据面的高级编程语言，它允许用户自定义匹配字段、动作类型、流表等，从而实现对数据面的灵活编程。此外，还需要相应的软件环境和开发平台来支持P4程序的编写、编译和运行。

表8.4对比了数据面可编程和控制面可编程。两者相辅相成，两者结合使用可以实现更灵活、高效的网络管理和控制，满足不断变化的业务需求和网络环境。

表8.4 数据面可编程和控制面可编程

对比项	数据面可编程	控制面可编程
关注点	数据包的解析、处理、转发流程	网络管理和控制功能
功能	自定义数据包的解析、处理、转发规则	配置和管理网络设备，如路由协议、策略路由、流量调度等
实现方式	通过编程定义流表、处理逻辑和数据流图	通过编程配置网络设备的参数和策略
灵活性	提供对数据包的细粒度控制，实现更灵活的网络行为	提供对网络设备的整体管理和控制，实现策略性配置
应用场景	流量控制、安全策略、新业务开发等	网络设备配置、网络故障管理、性能监测等
编程语言与工具	P4等高级编程语言和相关工具	SDN控制器提供的API和编程语言

（2）数据面可编程的特点与优势

数据面可编程具有几个独特的特点和显著的优势，让我们来详细介绍一下。

◆ 协议无关性：这意味着网络设备不再被绑定于特定的网络协议，而是通过 P4 语言可以描述任何网络数据平面协议和数据包处理行为。就像是给网络设备提供了一种通用的"语言"，让用户能够自定义包解析器、匹配 – 动作表的匹配流程和流控制程序。这使网络设备的行为不再受限于特定的协议，用户可以更加灵活地定义和适应不同的网络通信方式。

◆ 目标无关性：用户在使用数据面可编程时，无须深入关心底层硬件的细节，即可实现对数据包的处理方式进行编程描述。通过 P4 前后端编译器的协同作用，前端编译器将 P4 高级语言程序转换成中间表示（IR），而后端编译器则负责将 IR 编译成设备配置，自动适配目标设备。这种目标无关性使用户可以更专注于网络行为的定义，而无须担心底层硬件的变化。

◆ 可重构性：数据面可编程赋予了用户随时改变包解析和处理程序的能力，并在编译后配置交换机，真正实现了现场可重配能力。这就好比给网络设备添加了一种"即时修改"的功能，让用户可以根据实际需求在运行时动态调整网络设备的行为，而无须停机或重新设计硬件。这种可重构性使网络适应性更强，使其能够更迅速地应对不断变化的网络环境和需求。

（3）数据面可编程的技术原理

数据面可编程示意如图 8.43 所示，数据面可编程的原理就像给网络设备装上了一套"编程大脑"，让它们可以更灵活、更智能地处理网络流量。这个"大脑"主要依赖于一种叫作 P4 语言的工具，就像是给网络设备提供了一种通用的"语言"，通过这种语言，我们可以告诉设备如何处理不同类型的数据包。

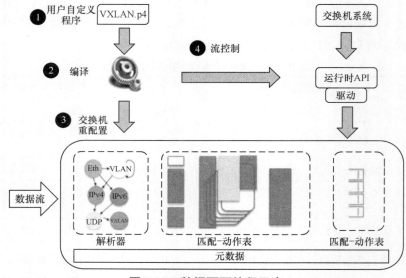

图8.43　数据面可编程示意

在这个"编程大脑"中，有一本字典，叫作匹配－动作表。这个字典里包含了很多规则，就像是我们告诉设备，当看到某种情况时，要采取哪种行动。这就是所谓的匹配规则和动作。

P4 语言编写的程序需要经过两个步骤才能变成设备能理解的语言。首先是前端编译器，它将 P4 程序翻译成一种中间形式，这个形式独立于具体的硬件。然后是后端编译器，它将中间形式翻译成目标设备能够理解的语言，就像是将我们写的程序翻译成计算机能够执行的指令。

最终，这个"编程大脑"中的配置会被加载到网络设备的硬件上，就好像给设备装上了一种新的能力。这个硬件按照我们在 P4 程序中定义的规则和动作，智能地处理数据包，实现了网络设备的高度灵活和可编程的能力。

数据面可编程通过 P4 语言，用规则和动作告诉网络设备如何处理数据包，最终实现了网络设备的"智能大脑"和高度定制的网络处理能力。

（4）数据面可编程的应用场景

◆ 智能边缘计算：在智能边缘计算中，数据面可编程的应用可以更进一步，以实现高度个性化的网络优化。通过定义复杂的匹配规则和动作，网络设备可以根据实时的计算负载、设备位置和用户需求动态调整资源分配。这就像是给智能边缘网络添加了一种"智能负载均衡器"，使计算任务可以在边缘设备上得到最优的执行，减少数据传输时延，提高计算效率。

◆ 5G 网络切片：在 5G 网络中，数据面可编程的关键应用之一是网络切片，它为不同的服务提供了定制化的网络环境。通过数据面可编程，我们可以为各类应用定义特定的流量处理规则，确保关键服务（如低时延通信或大规模物联网设备连接）能够获得优先级。这就像是为 5G 网络添加了一种"多元化服务管家"，使不同的应用可以在同一基础设施上协同运行而不相互干扰。

◆ 物联网数据处理：在物联网中，数据面可编程的应用可以更精细地处理不同种类的传感器数据。通过定义特定的匹配规则，网络设备可以仅传递与应用相关的数据，减少网络流量和服务器负载。这就像是给网络设备添加了一种"智能数据过滤器"，使系统更能聚焦于关键的信息，提高数据处理效率。

4. NFV 技术

NFV 技术的产生源于人们对传统专用通信设备限制的深刻认知。为了达到高可靠性和高性能，通信行业往往采用软硬件结合的专用设备，如专用路由器、CDN、DPI、防火墙等。这些设备以软硬件垂直一体化的封闭架构为特征，尽管在提供高可靠性和高性能方面表现卓越，却引发了一系列问题。

传统专用设备存在业务开发周期长、技术创新难、扩展性受限、管理复杂等问题。其封闭架构导致设备一旦部署，升级改造难以实现，令运营商受制于设备制造商。网络由大量单一功能的专用网络节点和昂贵、碎片化的硬件设备构成，资源无法共享，业务融合难度大，CAPEX和OPEX居高不下。

NFV技术的出现是为了应对这些挑战。其核心理念在于通过摒弃软硬件垂直一体化的封闭结构，采用通用工业标准的硬件和专用软件，重构网络设备。这一革新有望显著减少CAPEX，缓解增量不增收的问题。

NFV的优势显而易见。首先，NFV通过虚拟化技术实现通用硬件上多个网络功能的运行，实现了资源的灵活共享，提高了资源利用效率。其次，NFV使网络功能能够以软件形式运行，提高了业务开发和部署的灵活性，降低了技术创新的门槛。最重要的是，NFV采用通用硬件和虚拟化技术，有望大幅度降低设备的采购和维护成本，减轻了运营商的负担。

（1）NFV的概念与定义

NFV是一项革命性的网络架构，其核心目标是通过标准的IT虚拟化技术将传统的专用通信设备转变为软件模块，使其能够在工业化标准的高性能、大容量服务器、交换机和存储平台上运行。NFV的关键理念在于将网络功能软件化，使其能够在标准服务器虚拟化软件上运行，实现功能模块的灵活部署和移动，无须新增硬件设备。

NFV的部署平台可涵盖数据中心、网络节点以及用户驻地网等多个位置，旨在最大限度地解耦硬件和软件，提高网络资源的灵活性和利用效率。其设计理念借鉴了IT设备的思想，将通信设备硬件统一到工业化标准的服务器、交换机和存储平台上。这种标准化和工业化的硬件平台不仅降低了硬件成本，还为软件提供了一个统一的开发平台。

NFV适用于控制面和数据面的各种网络功能，覆盖有线和无线网络。通过将网络设备硬件虚拟为软件模块，NFV实现了功能的解耦合，使不同软件可以运行在同一硬件平台上，实现了硬件的统一和通用化。这一概念的引入类似于计算机的设计思想，其中x86架构的计算机采用了统一的CPU、内存、主板和硬盘，将硬件与软件解耦，使计算机能够运行不同的软件，实现多功能处理。

NFV的本质在于通过IT虚拟化技术，将传统网络设备虚拟为软件模块，实现了网络功能的灵活、可编程和可移植，从而为通信服务提供了更加高效、灵活的解决方案。其出现为通信行业带来了极大的创新和发展机遇，有望推动整个行业向着更加开放、灵活和可持续的方向迈进。

（2）为什么是NFV

当我们深入探讨NFV技术时，我们发现它具有一系列独特的特点和引人注目的优势，这些方面在塑造现代通信网络中起到了关键的作用。

首先，通过设备合并，NFV技术实现了设备的虚拟化，将传统的专用网络设备变为软件模块，运行在高性能、大容量的标准服务器、交换机和存储平台上。这种虚拟化的手段降低了硬件成本，提高了设备的利用率，为运营商带来了显著的经济效益。通过借鉴IT的规模化经济，NFV技术推动了通信领域的数字化转型。

其次, NFV 技术极大地缩短了网络运营的业务创新周期。传统的硬件设备更新较为烦琐,而 NFV 的灵活性使新服务和功能能够更迅速地被引入网络,使运营商能够更敏捷地适应市场需求,迅速推出创新产品。这为业务的快速部署和灵活性提供了坚实的基础。

最后, NFV 支持多版本、多租户的共存,通过单一平台为不同的应用、用户和租户提供服务。这使运营商可以更灵活地适应多元化的市场需求,同时在资源利用上实现最优化。NFV 的灵活性和可编程性为不同业务场景的实现提供了可能性。

此外, NFV 技术也为运营商提供了在地理位置和用户层面精准服务的能力。通过分布在网络边缘的虚拟化功能,运营商可以根据用户的地理位置和需求提供个性化的服务,提高了用户体验感。这给实现更具体、定制化的通信服务提供了新的途径。

(3) NFV 的实现原理和架构

NFV 技术是一项重要的网络革新,它通过一系列技术原理和架构改变传统网络的方式。NFV 网络架构如图 8.44 所示。我们可以把它比喻为一座虚拟化的城市,这个城市有不同的区域和层次,每个区域都有自己的功能,共同构成了一个新型的网络生态系统。

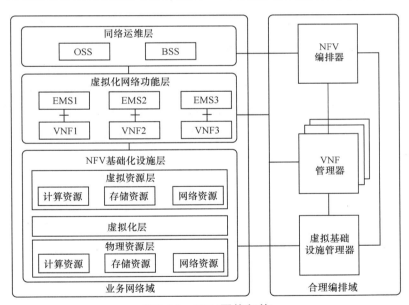

图8.44 NFV网络架构

这座虚拟城市的基础就是 NFV 基础化设施(NFVI)。它就像一个云数据中心,负责把底层的物理资源,比如计算、存储和网络,变成可以虚拟使用的资源。这就好比是城市里的基础设施,比如水电、煤气等,通过虚拟化变得更加灵活和高效。

在这个城市里,有很多虚拟化的网络功能单元,我们称之为虚拟化网络功能(VNF)。这些 VNF 就像城市里的各种功能区,比如商业区、住宅区等,但是它们是以软件的形式存在的。

VNF 的出现让网络功能可以像搭积木一样，根据需要随时搭建和拆除，使网络更加灵活。

为了管理和协调这些虚拟资源和功能，城市里还需要一个管理编排系统，我们称之为 MANO。它包括了虚拟基础设施管理（VIM）、虚拟化网络功能管理（VNFM）和 NFV 编排器（NFVO）。它就像城市的规划和管理部门，确保资源的合理利用和功能的协同工作。

在这座城市中，NFV 的优势体现在很多方面。首先，通过设备合并和规模化经济，降低了设备成本和能源开销。其次，缩短了网络运营的业务创新周期，加快了市场投放速度。此外，网络设备可以多版本、多租户共存，使运营商更加灵活地提供服务。

（4）NFV 技术的应用场景

当我们谈论 NFV 技术时，实际上是在讨论一项让网络更聪明、更灵活的技术。我们深入了解一下 NFV 在各个领域的应用场景。

用户终端设备虚拟化（vCPE）：想象一下你的家庭网络设备，比如提供宽带和多媒体服务的盒子。NFV 让这些设备变得更智能、更便捷。通过虚拟化技术，这些设备可以被移动到网络的云端，变成虚拟的设备。这不仅减少了设备的复杂性，还带来了一系列新的服务，比如智能家居和更灵活的网络连接。

接入设备虚拟化：运营商的网络接入系统通常很复杂，而且使用了很多专用硬件，这增加了建设成本。NFV 通过使用标准化的设备代替这些专用硬件，使网络元素的功能可以脱离底层硬件，实现按需扩展和自动化。这就像是用积木搭建网络，而不是每次都使用不同的复杂工具搭建网络。

物理网络虚拟化：随着物联网、大数据和云计算业务的增长，运营商需要更好地管理数据流量。NFV 通过创建虚拟网络，让运营商可以根据需要为不同的用户和业务构建不同的虚拟网络。这就像是在网络中划分了一块块专属区域，保障了不同业务之间的隔离。同时，这也让网络更简单、更省钱。

第 **9** 章

后 TCP/IP 时代网络前景

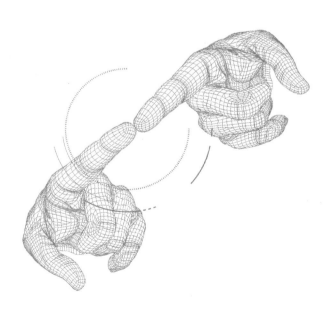

移动互联网、物联网、云计算等对于 IP 地址的需求正如饥似渴，而 IPv4 心有余而力不足，徒悲叹：廉颇老矣，尚能饭否。此时，后起之秀 IPv6 成了顶梁柱，正所谓：长江后浪推前浪。后 IP 时代就是基于 IPv6 的信息时代，多模态网络、确定性网络、自智网络、元宇宙等技术粉墨登台。

9.1　多接入边缘计算

多接入边缘计算（MEC）的产生背景可以追溯到几个关键要素的发展。首先是以云计算为基础的算力爆发，即计算资源的迅速增加。这种算力的爆发使人工智能等复杂应用能够更好地运行和发展。

其次，以消费互联网行业为代表的数据积累是一个重要的方面。这意味着大量的数据被积累，为各种应用提供了所需的输入。这个过程促进了智能应用的发展，使算法能够更准确地理解和处理数据。

最后，以深度学习为代表的人工智能算法的突破推动智能应用的兴起。深度学习的强大能力使机器能够进行更复杂的任务和推断，从而带来了令人兴奋的智能应用。

这种智能技术模式已经得到验证，并且三要素仍在快速演进。互联网不断扩张，导致其对更多数据的需求也在增加。物联网技术的发展将人、物、环境、过程等数字化，带来前所未有的数据广度和数据深度，从而催生了产业互联网的大势。

然而，消费互联网向产业互联网的过渡也带来了根本性的矛盾。网络主体的变化导致了网络本质的变化，即从以人为主的消费互联网到以机器为主的产业互联网。人与机器之间存在显著的差异，例如两者对于应用响应时延的感知，其对人而言几乎无感，但对机器而言可能已经产生了重大影响。

为解决这一矛盾，5G 等下一代通信技术成为关键。5G 从设计之初就以物 / 机器为通信主体，支持增强移动宽带、大规模机器通信、超可靠低时延通信三大场景。通过切片技术、控制面与数据面分离、基于服务的架构、用户数据面功能等关键技术，5G 致力于解决产业互联网的需求。

然而，尽管 5G 网络强大，光速仍然是一个无法突破的物理限制。为了克服这个问题，边缘计算的概念应运而生。边缘计算将计算和存储部署到更靠近数据源或用户的位置，以提高数据处理的速度和效率。这为智能应用的发展提供了新的可能性。

1. 概念与定义

移动边缘计算这一概念最早于 2013 年提出。当时，IBM 与诺基亚西门子网络共同推出了一款计算平台，该平台可在无线基站内部运行应用程序，向移动用户提供服务。为了推动移动边缘计算的标准化，欧洲电信标准组织（ETSI）于 2014 年成立了移动边缘计算规范工作组，正式启动标准制定工作。

这一概念的核心思想是将云计算平台从传统的移动核心网络内部迁移到移动接入网的边缘，以更灵活地利用、计算和存储资源。这种创新将传统电信蜂窝网络与互联网业务深度融合，旨在降低移动业务传输的时延，充分发挥无线网络的潜力，提升用户体验。这也给电信运营商的运营模式带来了全新的变革，同时构建了新型的产业链和网络生态圈。

2016 年，ETSI 将移动边缘计算的概念进一步扩展为多接入边缘计算。这一扩展让边缘计算不仅局限于电信蜂窝网络，还延伸至其他无线接入网络，例如 Wi-Fi。MEC 可以被看作在移动网络边缘运行的云服务器，为应用程序开发者和内容提供商提供云计算能力和 IT 服务环境。

MEC 的网络边缘环境具有超低时延和超高带宽的特点，同时应用程序能够利用无线网络侧的实时信息。这为应用程序的创新和部署提供了更为灵活和快速的可能性。MEC 引入了一个新的生态系统和价值链，允许运营商向授权的第三方开放其无线接入网络的边缘。这使第三方能够为移动网络用户、企业用户和细分的垂直市场部署创新的应用和服务。

2. 特点与优势

（1）接近最终用户

MEC 通过将计算资源直接部署在移动网络边缘，实现了对最终用户的近距离服务。这种近距离有助于消除将数据传回核心站点的需求，降低传输时延。同时，MEC 允许在网络层之上托管应用和服务，尤其是一些需要接近客户端并从本地无线网络获取上下文信息的应用。

（2）数据传输时延低

MEC 的低时延是其显著特点之一，通常小于 20ms。这种低时延的实现依赖于将计算和存储资源置于离终端用户更近的位置。边缘计算使网络设备距离用户更近，同时利用加速器（如 GPU、FPGA 和 ASIC）来降低计算时延。

（3）实时应用的适用性

MEC 特别适用于需要实时决策和结果管理的应用。由于其低时延特点，企业能够实现接近实时的数据传输和分析。这对于实时细分应用场景至关重要，例如 AR/VR 汽车、工业 4.0 和物联网智能城市等，这些应用对时延极为敏感。

（4）不间断运行能力

边缘应用的本地化特性使它们可以独立于网络的其余部分而运行，即使与核心网络失去连接。这种特性提高了系统的可靠性，即使在部分网络中断或核心服务器故障的情况下，边缘应用仍能保持正常运行。

（5）与现有应用的互操作性

MEC 的互操作性得益于 ETSI 发布的标准化 API。这意味着 MEC 不需要对现有应用进行集成或迁移，而是可以在原有的环境中进行更高效的开发和部署。这种互操作性对于推动新技术的采纳至关重要。

（6）更高程度的虚拟化

MEC 在网络外围提供云计算和 IT 服务，可以将云资源分布在各种地方，包括集中式数据中心、蜂窝站点、中心节点、聚合器站点、城市数据中心或客户场所。这种分布式云计算使系统更具弹性，并且软件定义的访问层作为分布式云的增强，提高了整体的虚拟化水平。

3. 关键技术

多接入边缘计算主要依赖于 3 项关键技术：NFV、SDN 及信息中心网络（ICN）。

（1）NFV

NFV 的核心思想就是将传统的硬件设备转化为通用的软件设备。这意味着，以前需要用专门的硬件完成的网络功能，现在可以通过软件在通用服务器上实现。NFV 带来了许多好处。首先，它允许我们根据需要实时扩容，迅速适应新的需求和业务，避免了传统硬件开发的冗长等待。其次，通过简化设备形态，我们使用通用服务器和交换机，统一了底层硬件资源，降低了设备成本。这种变革改变了原有的竞争格局，使各个层次都可以分别竞争。

（2）SDN

SDN 的核心概念是将网络软件化，使网络更易编程和修改，而并没有改变网络的基本功能。通过将网络的控制层和数据层分离，SDN 实现了网络的灵活性。SDN 带来了 3 个重要的价值。首先，它让网络业务实现自动化和自治，更迅速地部署网络业务实例。其次，通过简化网络协议，用户的策略处理集中在控制器中实现，使网络更易管理。最后，通过集中控制，SDN 可以对网络资源进行统筹调度，提高网络资源利用率，实现水平整合，使各层次可以独立分层、充分竞争。

（3）ICN

ICN 的核心目标是将网络从依赖主机和地址的传统方式中解放出来，更专注于内容。ICN 使网络更加聚焦于信息本身，而非信息所在的位置。ICN 的实现让 MEC 能够更智能地理解和处理信息。通过以信息为中心，ICN 提供了一种端到端的服务识别模式，使 MEC 能够更高效地进行内容感知的计算。这意味着我们不仅关注数据的来源，更注重数据的内容，提高了整体计算效率。

4. 应用场景

（1）本地分流

企业园区：MEC 可以在企业园区内部署，将数据处理本地化。例如，在智能园区中，MEC 可以处理本地员工的数据请求，提高数据处理速度，降低网络传输时延。

校园：在校园环境中，MEC 可应用于本地视频监控。摄像头采集到的视频数据可以在边缘节点本地处理，减少传输到远程服务器的时间，提高监控效率。

VR 和 AR 场景：对于 VR 和 AR 场景，MEC 能够实现实时处理信息，降低时延，提升用户在虚拟环境中的感受。这对于时延敏感性较高的应用场景至关重要。

本地视频直播和边缘CDN：在本地视频直播和边缘CDN中，MEC可减轻网络拥塞，提高服务质量。通过在边缘进行内容分发和缓存，降低了传输时延，改善了用户体验。

（2）数据服务

室内定位：在室内定位应用中，MEC可以处理本地感知数据，提高室内定位的准确性。例如，在商场中，MEC可处理Wi-Fi或蓝牙信号，改善室内导航的效果。

车联网：对于车联网，MEC可以存储和处理车辆产生的本地数据。这有助于降低计算时延，支持车辆之间的实时信息交互。例如，边缘节点可以协助处理车辆的传感器数据，提高交通管理和车辆通信的效率。

（3）业务优化

视频QoS优化：MEC在视频QoS优化中发挥作用，通过优化视频传输速度，提高视频质量，减少卡顿和缓冲。这对于在线视频服务和会议等应用至关重要。

视频直播：在视频直播中，MEC实现本地化处理，提高直播速度，降低时延。这对于实时互动直播和在线活动的成功举办至关重要。

游戏加速：在游戏加速中，MEC能够降低游戏时延，提升游戏体验，支持实时的游戏互动。这对于在线游戏服务商和游戏玩家都非常重要。

9.2　多模态网络

在信息通信网络技术不断演进的背景下，互联网已经成为与国民经济和社会发展密切相关的重要基础设施。随着互联网与人类社会生活的深度融合，用户对互联网的需求已从简单的端到端模式转变为对海量内容的获取，引发了移动互联网、物联网、云计算等新模式的崛起。随着终端类型和接入方式的不断变化，人与人、人与机器、机器与机器之间的通信成为常态。

然而，现有互联网技术在内涵和外延发展方面存在不平衡和不充分的问题，包括网络结构僵化、IP承载单一、未知威胁难以抑制等基础性难题，无法满足用户对高质量网络体验的需求。为了应对这些挑战，新型网络已经成为全球互联网竞争的焦点，各国纷纷在该领域进行顶层布局和基础研究创新。在这一背景下，我国明确将构建高速、移动、安全、泛在的新一代信息基础设施列为重要任务。

为满足未来对互联网的需求，多模态网络应运而生。传统的IP逐渐显得"僵化"且应对不了互联网迅猛发展的挑战。单一的IP在面对不同终端、异构网络和多样化服务需求时显得力不从心。多模态网络的提出旨在改变这一现状，通过建立智能、多元、个性化、高效能的网络，为用户提供新服务、新智慧和新安全。

为了满足机器和工业系统的多样化网络服务质量需求，以及应对IP的复杂性不断增加的问题，多模态网络应运而生。在产业互联网时代，网络的对象不仅包括人，还涉及传感器、机器设备和控制装置等。多模态网络的灵活性和高效性使其能够适应不同的网络服务需求，为各类企事业单位提供数字通信和智能计算支持。

1. 多模态网络的概念

多模态网络是一种创新性的网络体系结构，其核心思想是将各种不同类型的网络技术整合到一个统一的框架中，使网络能够更灵活地适应多样化的业务需求。这就好比是把不同的通信方式、身份标识和地理位置信息都融入一个超级网络，实现了更高效、更个性化的服务。

在多模态网络中，有多种标识方式，每种标识方式都形成了一个独特的网络架构模型，就像是网络的不同"模式"一样，比如我们熟悉的IP网络、命名数据网络等。

中国工程院院士邬江兴提出的多模态智慧网络环境（PNE）更是在多模态网络基础上进行了深度创新。它允许在同一个网络基础设施上动态加载、卸载、修改、部署各种不同的网络模式和相关业务。这使网络可以更灵活地适应不同构造、不同功能和不同管理体制的应用。

特别值得关注的是，在未来的6G时代，多模态网络将成为支撑环境的关键。与之前的网络体制不同，多模态网络强调软件可定义的平滑升级，让网络更具适应性。它不仅注重基础设施的灵活性，还充分考虑了资源动态聚合、软件定义互联、领域专用软硬件协同等特点。这样的网络架构旨在打破以往的单一网络体制，提供更多元、更有趣的网络体验，助力各个行业的数字化转型。

2. 特点与优势

◆ 多模态功能呈现：这就像网络的多种"形状"一样，为专业化和个性化服务需求提供了更多选择。通过各种网络模式的组合和切换，网络可以更灵活地适应各种用户需求，包括不同的寻址路由、交换模式、互联方式、网元形态和传输协议。

◆ 全方位覆盖：多模态网络的覆盖能力是全面的，不仅覆盖了广阔的地理空间，还适应了不同的应用场景需求。这使网络在陆地、海洋、空中以及深空等各种环境中都能建立广域连接，形成超广域互联网络。

◆ 全业务承载：针对不同行业的需求，多模态网络通过解构网络功能要素，灵活组合各种网络元素，实现对各种业务的承载。这包括对工业控制、远程医疗、智能家居等新兴产业的高可靠、低时延、全息信息传送、海量连接等的全业务承载。

◆ 智慧化管理控制：多模态网络引入智慧化管理控制机制，减少对人工管理的依赖，实现自动化的功能定义和资源规划，提高网络运维效率。通过人工智能等技术，网络可以发现最优资源配置和运维策略，突破传统算法的局限，提高网络资源利用率和服务效率。

◆ 内生安全：多模态网络具备内生安全性，可以通过内生防御的网络构造机制来抵御网络中软硬件设计过程中不可避免的安全漏洞和后门等安全威胁。这意味着网络在构建层面上不再依赖附加式安全模块，而是实现了网络内生性安全能力，提供了"高可信、高可用、高可靠"的网络安全服务。

3. 技术原理

多模态网络将传统参考模型的7层整合为全维可定义功能平面的数据层、控制层和服务层。

◆ 数据层：在数据层，多模态网络支持多种终端标识的混合接入。这意味着不同类型的设备，包括无线和有线设备，以及使用静态或动态方式入网的设备，都可以在这一层次上灵活接入。此外，数据层提供全维可定义的转发服务，确保数据在网络中的流动具有高度的灵活性和定制性。

◆ 控制层：控制层是多模态网络的智能决策中心。它将IP标识、身份标识、内容标识、位置标识等因素纳入多模态寻址与路由中。通过这一层机制，网络可以根据不同的需求匹配选择和按需切换，实现对数据层传输的精准控制。这使网络能够根据实时情境做出智能决策，提高服务效率。

◆ 服务层：服务层将各种业务映射成相应的网络服务。这一层次借助于控制层网络全局视图，实现资源的智能调度和业务的灵活承载。通过服务层的设计，多模态网络能够更好地适应不同业务需求，提供高度个性化和多元化的服务。

多模态网络通过整合这3个层次，实现了对不同终端、标识和业务的智能管理和灵活适应。这为网络提供了更强大的适应能力和服务能力，使网络能够更好地应对多元化和个性化的用户需求。

4. 多模态网络应用场景

（1）面向信息基础设施和运营商网络的示范工程与应用

在运营商的核心骨干网中，建立多模态智慧网络示范工程，旨在验证其对传统网络业务的支持能力。这包括网络的快速升级与扩容，支持多种多元化、个性化的新业务，以及新服务的深度测试。通过应用示范，展示网络智慧运维、用户移动性、网络鲁棒控制等功能，实现网络的智慧管理和多模态运行。运营商的核心骨干网通过多模态智慧网络支持在手机上观看视频、玩游戏，或者浏览社交媒体等日常操作。这种网络示范工程旨在让网络更灵活，能够快速适应新业务，保障用户体验。

（2）面向垂直行业网络的示范工程与应用

针对关键垂直行业网络（如国家电网、城市交通、工业互联），部署应用示范节点，验证多模态智慧网络对多协议接入的兼容性和自定义协议的多模寻址与路由能力。此外，在应用示范中测试网络对随机扰动和不确定性攻击的抵抗能力，支持多元化业务需求，展示多模态智慧网络的全维可定义平台应用。想象一下国家电网、城市交通系统以及工业设备之间需要高效通信，多模态智慧网络通过在关键行业中建立应用示范节点，让不同设备能够更智能地协同工作，应对复杂的通信需求。

（3）面向天地一体化网络的示范工程与应用

以满足国家战略需求为目标，将多模态智慧网络技术融入天基骨干网、天基接入网、地基节点网等。建设"全覆盖、广接入、可定制、高鲁棒"的天地一体化网络示范工程，实现与信息基础设施示范网络的互联互通。在应用示范中进行广/基带多模接入、私有协议转换、多类别用户智能管理等研究，支持广域时空范围的高可靠连续通信。天地一体化网络将多模态智慧网络技术融入国家战略，实现天基和地基网络的无缝连接。这项示范工程旨在构建一个覆盖全球的网络，支持各种应用，从而实现高可靠性的连续通信，比如远程控制卫星。

（4）面向人机物泛在互联的示范工程与应用

在关键城市或区域部署面向车联网、物联网等人机物泛在互联的应用示范工程。进行多协议自组网、数据分布式协作等关键技术的研究，将多模态智慧网络的智能基因与泛在互联网深度融合，实现节点与网络的智慧化管理和功能需求的自动适配。此外，验证多模态智慧网络对新型网络技术和新网络业务需求的支撑能力，推动技术创新和社会经济的快速增长。想象一下你所在的城市中有智能交通系统、智能家居设备，以及各种物联网设备，多模态智慧网络通过应用示范工程，在这个泛在互联的环境中实现了不同设备之间的智能管理，让城市更加智慧、高效。

9.3　确定性网络

互联网是我们日常生活的必需品，但它有点儿像一条繁忙的普通马路，常常拥挤不堪，车辆行驶缓慢，让人感到不便。这里的交通问题体现在数据传输的时延和抖动上，而这些问题难以得到有效控制。

高清实时视频和工业机器控制等应用的增加，对网络的差异化、确定性和低时延提出了更多需求，特别是工业互联网等领域对时延和抖动的精细化要求越来越高，而传统网络很难做到。

中国工程院院士刘韵洁提出了一个新的网络技术概念，即确定性网络。我们可以将其想象成一条全新的"信息高速铁路"，相较于拥挤不堪的马路，这是一条近乎畅通无阻的道路。在这条信息高速铁路上，我们可以有效地控制数据传输的时延和抖动，根据用户的需求提供差异化的服务。刘韵洁指出，确定性网络的出现，解决了工业制造、清洁能源、元宇宙等领域需要精准控制的问题。

2022年，刘韵洁团队研发的"全球首个广域确定性网络系统"正式发布。这项技术为数据传输提供了质量可确定的带宽、时延和抖动等服务，为元宇宙、工业互联网、电力、车联网、远程医疗等领域提供了准时、准确的信息传输服务。

确定性网络被认为是网络发展的关键技术，它具有定制化的带宽分配、时延限制、可靠性保障等优点，能够根据客户和业务需求，在网络中搭建一条确定且稳定的线路。国际上，相关技术标准正在积极推动，而在国内，许多产业联盟和研究机构也加入了这一研究行列。确定性网络将成为未来经济和社会发展的重要基础。

1. 确定性网络的含义

确定性网络是一种专注于构建高度可预测、稳定和可控通信环境的网络通信体系。与我们日常使用的网络相比，确定性网络通过优化数据传输路径、采用时间敏感的协议和智能流量管理等手段，确保数据能够在网络中按照预定时间可靠地到达目的地。这种设计使网络更加适应实时通信和对时延敏感的应用。

确定性网络的目标是提供一种能够精准控制数据传输时延和抖动的通信环境。为了实现这一目标，国内外的研究机构和标准化组织已经展开了相关技术研究，并取得了一系列重要成果。举例来说，IEEE 与国际电工委员会（IEC）合作成立了 P60802 工作组，专注于将二层确定性网络技术应用于工业控制领域。此外，IETF 也设立了确定性网络工作组，致力于在第 2 层桥接段和第 3 层路由段上构建通用架构，以建立端到端的确定性转发路径。

2. 特点与优势

◆ 时间准确性：确定性网络在数据传输中极为注重时间特性。它确保实时数据能够在网络中按照预定的时间要求准确传送。这一特性对于需要严格控制传输时延的应用非常重要，比如工业制造中的实时控制系统或医疗领域中的远程手术。

◆ 智能流量工程与路径规划：确定性网络通过智能的流量工程和路径规划，能够在网络中避免拥塞，确保网络资源的最佳利用。这种智能化的管理方式使网络在高负载情况下依然能够保持通畅，为各类应用提供高效、可靠的数据传输。

◆ 硬实时通信支持：为了应对某些应用对传输时延极为苛刻的需求，确定性网络提供硬实时通信支持。在这种情况下，数据的传输必须在预定的时间内完成，确保通信的实时性和可靠性。这对于自动驾驶、远程机器控制等对实时性要求极高的场景至关重要。

◆ 可预测性和稳定性：确定性网络通过采用严格的协议和机制，提供更高水平的可预测性和稳定性。用户可以更加可靠地预测数据传输的时延和抖动，这能够对时延敏感的应用提供出色的性能。这一特性尤其适用于需要高度可靠性的领域，如工业生产和医疗手术等。

3. 确定性网络的技术原理

确定性网络采用专门设计的时间敏感网络（TSN）协议，确保数据在网络中传输时遵循严格的时间要求。时间敏感网络协议定义了多个标准，例如 IEEE 802.1Qbv（流量调度的增强功能）、IEEE 802.1Qbu（帧抢占），以实现对时延敏感的通信。这些协议调度数据包的传输时间，确保实时数据按预定时间到达目的地。

通过智能流量工程和路径规划，确定性网络能够避免网络拥塞，确保数据传输路径最优。智能流量工程通过智能流量控制和路由选择，优化网络资源的利用方式。路径规划负责寻找最短、最可靠的数据传输路径，提高网络性能。

确定性网络中关键数据的传输，采用硬实时通信机制。对于时延敏感的应用，该机制确保了数据在预定时间内传输。时间感知整形器是其中一项技术，通过定义时间表控制队列流量，确保关键数据在规定时间内发送。

确定性网络依赖智能网络管理系统，监测网络状态、实时调整流量、识别并处理故障，确保网络稳定性和可用性。采用先进算法和机器学习，适应网络条件变化。

时间同步确保网络中的设备时间一致。网络时延如图9.1所示，时间同步使设备对时间的感知一致，这对协同工作和协议正确执行至关重要。其目标是在分布式系统中保持各节点的时钟一致性，通过准确测量传输时延，实现精确调整。

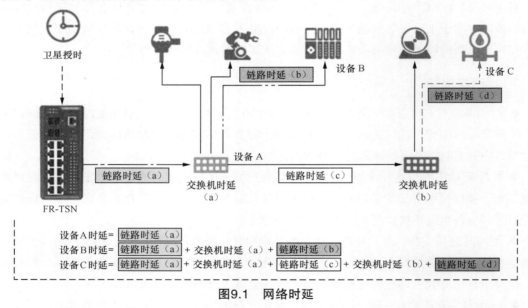

图9.1　网络时延

通过这些关键技术的协同作用，确定性网络可提供高度可预测、稳定和可控的通信环境，满足对时延敏感的应用需求，例如，在工业自动化和智能交通系统中，它展现出实时通信的卓越潜力和优势。

4. 确定性网络应用情况

工业自动化：确定性网络在工业自动化领域发挥着关键作用。在智能制造和工业物联网中，设备需要实时通信以确保生产线的稳定运行。确定性网络提供低时延、高可靠性的连接，支持工业控制系统的实时数据传输和远程控制，通过远程监控实现实时设备状态监测、诊断和修复，从而减少停机时间。

智能交通系统：在交通系统中，车辆之间通信的实时性对于交通管理、自动驾驶和车辆安全至关重要。确定性网络通过提供低时延、高可靠性的连接，支持智能交通系统的稳定运行，包括交通信号灯、监控摄像头和传感器等设备的实时数据采集和传输。

车联网：随着自动驾驶技术的发展，车辆需要实时通信以确保安全和高效的交通流。确定性网络为车联网提供可靠的通信链路，支持车辆之间的实时数据传输和紧急制动等安全功能的实现。

医疗领域：在医疗领域，实时数据传输对于远程监护、医疗手术和医疗诊断至关重要。确定性网络使医生能够实时接收病人的医疗数据，进行远程诊断和治疗，提高医疗服务效率，降低医疗成本。

虚拟现实和增强现实：在 VR 和 AR 应用中，确定性网络确保用户获得低时延、高带宽的通信，支持沉浸式体验。在虚拟会议、培训和娱乐场景中，确定性网络实现用户之间的实时交互和体验。在 AR 导航中，确定性网络提供低时延的位置信息，支持 AR 导航和信息叠加。

电力系统：在电力系统中，实时通信使电力配送、智能电网和电力设备的协同运行更加高效。智能电网实时监测电网状态和远程控制电力设备，确定性网络提供电力设备之间的实时通信，确保电力传输的稳定性。

9.4 超算、智算数据中心

说到数据中心，有 3 个看起来类似的概念：通算中心、智算中心和超算中心。它们都是处理大量数据和复杂计算的设施，但它们的侧重点和面向的应用场景有所不同。

通算中心是一个相对宽泛的概念，主要指的是进行计算和数据处理的地方。这个"通"字可以理解为通用或者广泛，意味着通算中心可以处理多种类型的计算任务，包括但不限于科学计算、数据分析、图像处理等。它的侧重点在于提供一个灵活且多功能的计算环境，满足各种计算需求。我们日常生活中提到的数据中心一般指的就是通算中心。

智算中心通常配备有专门用于深度学习、神经网络训练等任务的高性能硬件和软件，例如 GPU 卡、高性能集合通信库等，能够处理大规模的数据集，并进行复杂的模型训练。智算中心的侧重点在于为人工智能应用提供强大的计算支持，推动人工智能技术的发展和应用。

超算中心则是指超级计算机的运行中心，专门用于处理超大规模的计算任务。超级计算机通常具有极快的计算速度、超大的存储容量和强大的处理能力，可以应对科学研究中最为复杂和庞大的计算问题，例如气象预测、物理模拟、基因测序等。超算中心的侧重点在于提供极致的计算性能，解决那些传统计算机难以应对的计算挑战。

超算和智算中心的产生源于算力经济的发展和人工智能产业的成熟。随着时间推移，专用算力芯片在市场上迅速发展，各种专用算力芯片呈现爆发式增长趋势，而相应的智能算力在总算力中的比例也在逐渐提升，传统通用算力的比例则下降。

在新一代智能算力集群中，不同类型的算力需要协同合作以完成大规模复杂的计算任务。这需要对各种资源进行池化，包括存储资源池、GPU资源池等。服务器作为算力的主要承载体，迎来更高速的发展。以人工智能为核心的算力需求急剧增长，多元异构算力的增速超过了通用算力，成为主流。各行业越来越多地应用人工智能技术进行数据分析和挖掘，导致深度学习模型的规模和复杂性不断增加。

到2030年，以GPU、NPU等为代表的智能算力增长将达到近500倍，远远超过通用算力的增速。由于摩尔定律逼近极限，以CPU为主的通用计算性能提升放缓，因此，GPU、DPU、FPGA等异构加速芯片将取代CPU成为智能算力的主力。同时，存储系统也面临挑战，需要提升存储能力、数据存取效率，并采用异构存储介质演进。

在当前科技革命的浪潮中，各行各业纷纷迎来全面数字化。大数据、云计算、人工智能等数字技术的应用对计算能力提出更高的要求。算力作为新兴动力，与经济社会发展密切相关，成为驱动产业变革的推动力。

信息技术的浪潮将人类社会由"电力时代"引向"算力时代"，智能化数字经济即将来临。为应对国际竞争，近年来，我国政府高度重视数字经济发展，推动算力相关技术研发，并加速部署各类算力中心。政策层面的支持和激励，特别是"东数西算"工程的启动，为数据中心的快速发展注入了强大的助推力。

表9.1显示了3种数据中心的不同点。在本节，我们主要关注的是面向智算中心和超算中心的相关网络技术。

表9.1　通算中心 & 智算中心 & 超算中心

	通算中心	智算中心	超算中心
侧重点	提供一个灵活且多功能的计算环境，满足各种计算需求	为人工智能应用提供强大的计算支持，推动人工智能技术的发展和应用	提供极致的计算性能，解决那些传统计算机难以应对的计算挑战
应用场景	适用于各种计算任务，如科学计算、数据分析、图像处理等	主要应用于人工智能领域，如深度学习、神经网络训练等	主要服务于气象预测、物理模拟、基因测序等需要超大规模计算的领域
硬件要求	较高性能的计算机硬件，但相对灵活	专门用于深度学习、神经网络训练等任务的高性能硬件和软件	对硬件要求极高，需要超级计算机级别的设备
网络需求	中等，满足常规数据传输和同步需求	高，需要快速传输大量数据以支持模型训练和推理	极高，需要超高速网络来支持大规模数据传输和分布式计算

1. 新型数据中心网络架构

（1）传统数据中心网络架构的局限性

传统的大型数据中心网络沿用了园区网络的三层网络架构，传统三层网络架构如图9.2所示。

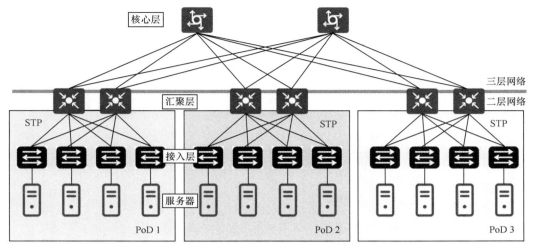

图9.2　传统三层网络架构

接入层：接入交换机通常位于服务器机架顶部，所以它们也被称为 ToR 交换机，主要负责物理机和虚拟机的接入、VLAN 标记，以及二层流量转发。

汇聚层：汇聚交换机连接接入交换机，同时提供其他服务，例如安全、QoS、网络分析等，起到网关的作用。

核心层：核心交换机的功能是为进出数据中心的流量提供高速转发，同时为多个汇聚层提供连接。

如图 9.2 所示，汇聚交换机通常作为二层网络与三层网络的分界点，汇聚交换机以下是二层网络，以上是三层网络。每组汇聚交换机管理一个 PoD 交付点，每个 PoD 内都有独立的 VLAN。服务器在 PoD 内迁移时不必修改 IP 地址和默认网关，因为同一个 PoD 对应一个二层广播域。

汇聚交换机和接入交换机之间通常使用生成树协议（STP）。STP 算法为了防止链路出现环路，在交换机有多条可达链路时只保留一条链路，其他链路作为冗余只在故障时启用，因此在水平扩展性上不足，多台汇聚交换机但只有一台工作。一些私有的协议，例如 Cisco 的虚拟链路聚合（vPC）可以提升汇聚交换机的利用率。

总体而言，三层网络架构因为实现简单、配置的工作量低、广播控制能力较强等优势在传统数据中心网络中被大量应用。但是在云计算背景下，传统的网络架构已经无法满足云数据中心对网络的诉求。主要的原因有以下两点。

① 无法支撑大二层网络构建

三层网络架构可以对广播进行有效的控制，在汇聚层通过 VLAN 将广播控制在一个 PoD 内。但是在云计算背景下，汇聚层作用被弱化，计算资源被资源池化，需要构建一个大二层网络，大二层网络架构示意如图 9.3 所示，大二层网络改变了原有的网络架构。

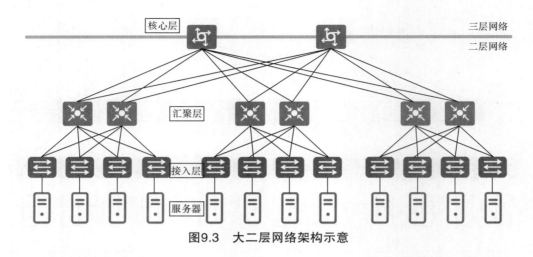

图9.3　大二层网络架构示意

虚拟机迁移是计算资源池化的重要诉求，要求虚拟机能够在数据中心内部任意地创建、迁移，而不改变它的 IP 地址或者网关。我们需要将二层网络和三层网络的分界点由原来的汇聚交换机上移到核心交换机，相当于核心交换机的下游都属于二层网络，也就是我们所说的大二层网络。简单梳理一下虚拟机需要迁移的场景，具体如下。

物理机器硬件系统的维护，故障修复和升级。但运行在这台物理机器上的虚拟机不能关机，因为用户重要的服务在虚拟机上运行。

物理机器软件系统升级、打补丁。为了不影响运行的虚拟机，在升级和打补丁之前，需要把虚拟机迁移到别的物理机器上。

一个物理机器上的负载太重，需要减少一些虚拟机来释放资源。

跨域环境下，有的域里物理机器上的虚拟机太多，有的域里物理机器上的虚拟机较少，资源平衡显得尤为重要。

因此，构建大二层网络来满足迁移需求成为架构演进的必然。

另外，汇聚层作用也因为安全、QoS、网络分析等业务的外移而弱化。最后，三层网络架构在进行横向扩展时，只能通过增加 PoD 的方式，但是汇聚层设备的增加给核心层设备带来巨大的压力，并且依赖厂家对设备进行更新。

② 无法支持流量的无阻塞转发

我们知道数据中心的流量主要分为南北向流量、东西向流量和跨数据中心流量。在传统数据中心，南北向流量占整体流量的 80% 左右，东西向流量较少；智算中心和超算中心却以东西向的流量为主。传统三层网络架构是以传统数据中心南北向流量为前提设计的，面对大量东向西流量显得力不从心，难以支持大规模流量的无阻塞转发，有很大的局限性。

◆ 由于传统数据中心中并非所有服务器都会同时对外产生流量，为了控制网络建设成本，一般 Leaf 交换机的上联带宽仅有下联带宽的三分之一，容易产生网络阻塞。

◆ 云内部流量时延相对较高，跨 Leaf 交换机的两台服务器互访需要经过 Spine 交换机，转发路径有 3 跳。

◆ 带宽不足，一台物理机器一般只有一张网卡接入网络，而单张网卡带宽最多 200Gbit/s。

（2）新型数据中心网络架构

为解决以上问题，新型数据中心网络目前采用了一种被称为叶脊（Spine-Leaf）的网络架构。该网络架构由 Clos 网络架构变化而来。Clos 网络架构是由贝尔实验室的研究人员 Charles Clos 于 1953 年提出的，Clos 架构如图 9.4 所示。Clos 架构由入（Ingress）节点、中间（Middle）节点和出（Egress）节点组成。

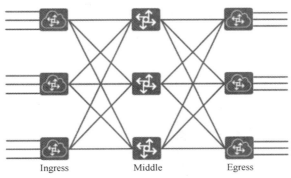

图9.4　Clos网络架构

如果把 Clos 网络架构对折，将 Ingress 和 Egress 节点放在 Middle 的同一边，再旋转 90 度，我们就得到了 Spine-Leaf 网络架构，Spine-Leaf 网络架构如图 9.5 所示。

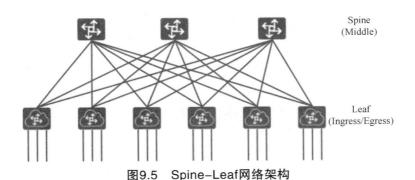

图9.5　Spine-Leaf网络架构

相比于传统三层网络架构，Spine-Leaf 架构的优势明显。

◆ 低时延：在 Spine-Leaf 架构中，任何两个设备之间的通信最多经过 3 个交换机即可完成，降低了通信的复杂性和数据转发的次数，从而显著降低了网络时延，更适合于智算中心以东西向流量为主的特点。

◆ 高带宽：由于每个 Leaf 交换机都与多个 Spine 交换机相连，总带宽可以通过添加更多的 Spine 交换机来进行扩展。这使 Spine-Leaf 架构能够满足更高的网络带宽需求，适应大规模数据传输和处理的场景。

◆ 负载均衡：在 Spine-Leaf 架构中，每个 Leaf 交换机的上行链路可以实现更合理的负载均衡，有助于避免网络拥塞和性能瓶颈，提高网络的整体性能和可靠性。

◆ 预估时延值：Leaf 交换机之间的连通路径的条数可确定，均只需经过一个 Spine 交换机，东西向网络时延可预测。这使网络管理员能够更好地控制和管理网络性能，确保网络的稳定性和可靠性。

◆ 高安全性和可用性：在 Spine-Leaf 架构中，一台设备故障时，不需要重新收敛，流量继续在其他正常路径上通过，网络连通性不受影响。这大大提高了网络的可用性和容错能力，确保业务的连续性和稳定性。

智算中心网络总体逻辑架构如图 9.6 所示，该架构从功能上分为参数网、存储网、业务网和带外管理网，每部分采用的均为 Spine-Leaf 架构。

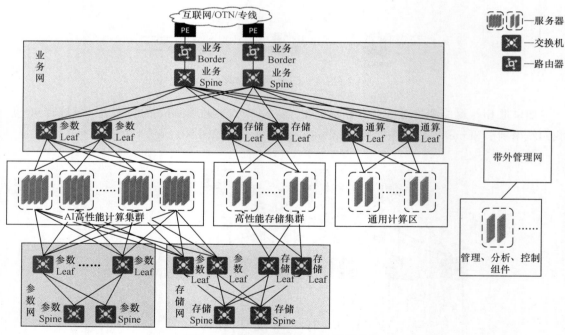

图9.6　智算中心网络总体逻辑架构

◆ 参数网

参数网是支撑 AI 算力集群中 GPU 相互之间通信的网络，是面向智算的数据中心中最核心的网络部分，执行 AI 训练、推理等对算力要求高的任务。参数网中采用标准的 Spine-Leaf 架构，仅承载东西向的通信流量，注重网络的负载均衡和无损能力，需要具备200Gbit/s、400Gbit/s端口的高性能交换机。

◆ 存储网

存储网连接了AI算力集群和高性能存储集群，同样采用标准的Spine-Leaf架构，承载东西向流量，没有北向出口。相较于参数网络，存储网络对时延、吞吐等网络能力的要求没有那么高，流量负载也低一些，但同样对网络的无损能力有需求。交换机端口主要以25Gbit/s、100Gbit/s形态为主。

◆ 业务网

业务网负责承载数据中心中业务管理类流量，东西向、南北向流量兼具，在Spine交换机上层连接业务边界网关，为南北向流量提供出口。采用的交换机端口形态主要是25Gbit/s和100Gbit/s。

◆ 带外管理网

带外管理网负责数据中心内部的管控、调度等数据的整合及下发，连接业务Spine交换机和管理、分析、控制等组件，流量负载较小，管理网内部主要使用1Gbit/s、5Gbit/s、25Gbit/s交换机端口形态。

2. 特点与优势

异构计算优势：智算中心采用异构计算架构，融合了各种专用计算单元，如GPU、NPU等。这种异构性使它能够同时处理不同类型的计算任务。例如，在深度学习中，GPU优于传统CPU，而在嵌入式智能设备中，NPU更为高效。智算中心的异构计算架构使其在广泛的人工智能应用中更为灵活。

大规模数据处理应用：面向智算的数据中心网络在处理大规模非结构化数据方面发挥着关键作用。以图像识别为例，智算中心能够迅速处理数以亿计的图像数据，进行深度学习模型的训练和优化，从而提高图像识别的准确性。这对于人工智能在医疗影像分析、自动驾驶等领域的应用至关重要。

云服务的动态调配：智算中心以云服务形式供应计算资源，用户可以根据实际需求实现动态调配。在人工智能项目中，模型训练时需要大量计算资源，而在模型推理阶段则需要更短的响应时间。智算中心通过动态调配，使资源能够在不同阶段得到最优的利用，提高整体计算效率。

智能化网络管理实践：为了提高网络效率和降低通信时延，智算中心采用智能引擎和大数据算法进行网络管理。例如，通过实时监测网络流量，智算中心可以预测网络拥塞并进行实时调整，确保数据传输的高效性。这对于实时应用场景（例如在线语音识别和视频分析）至关重要。

适应不断变化的应用场景：智算中心通过其强大的异构计算和大规模数据处理能力，能够迅速适应不断涌现的人工智能算法和技术。例如，当新的深度学习模型被提出时，智算中心可以通过灵活的计算架构快速适应，为用户提供最新、高效的计算服务。

人工智能在网络中的应用：人工智能在智算数据中心中被用于网络管理、优化和故障排除。通过大数据算法和智能引擎，网络可以进行实时分析，预测拥塞情况，优化资源分配，提高整体网络效率。想象一下，智算中心的网络处理着数以百万计的计算任务，人工智能可以通过学习网络流量、识别模式，实时做出决策。例如，在高峰时段，AI可以自动调整资源分配，以确保网络稳定性，减少潜在的故障。

3. 超算中心和智算中心对网络的关键需求

（1）网络流量模型的变化

数据中心的流量可以分为：南北向流量、东西向流量、跨数据中心流量。网络工程师在绘制网络图时，会把网络设备绘制在顶部，把计算节点绘制在底部，因而诸如"北"和"南"之类的基本方向在网络通信中具有特定含义。

◆ 南北向流量是指数据中心之外的客户端与数据中心内部服务器之间的流量，或者是数据中心内部服务器访问外部网络的流量，南北向流量示意如图9.7所示。

◆ 东西流量指的是在同一数据中心内部的各个服务器之间的通信流量，东西向流量示意如图9.8所示。

◆ 跨数据中心流量是指不同数据中心之间的流量。

在传统数据中心，业务部署通常遵循专用模式，即单个业务被限定在一台或几台物理服务器上运行，并通过物理隔离与其他系统保持独立。因此，在这种模式下，数据中心内的东西向流量相对较少，而南北向流量则占据了总体流量的约80%。

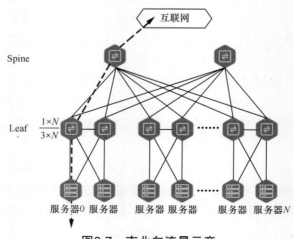

图9.7　南北向流量示意

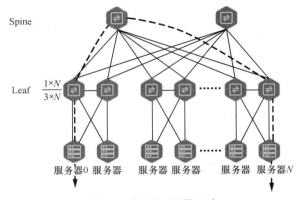

Spine

Leaf $\frac{1 \times N}{3 \times N}$

服务器0 服务器　　　服务器 服务器　　　服务器 服务器N

图9.8　东西向流量示意

然而，随着新型数据中心的兴起，业务架构开始从传统的单体模式向"Web-App-DB"模式转变，分布式技术逐渐在企业应用中占据主流。在云数据中心中，一个业务的多个组件不再局限于一台或几台物理服务器，而是分布在多个虚拟机或容器中，通过多台服务器的协同工作来完成业务运行。此外，大数据业务的蓬勃发展也进一步推动了东西向流量的增加。在分布式计算成为云数据中心标配的背景下，数据在成百上千的服务器中并行处理，使东西向流量的规模大幅上升。

如今，东西向流量已经取代了南北向流量，成为数据中心网络中占比最高的流量类型，其占比甚至超过90%。因此，确保东西向流量的无阻塞转发已成为智算中心和超算中心网络设计中的关键。

（2）计算能力和存储技术的发展使网络成为瓶颈

在新型数据中心中，随着计算能力和存储技术的不断进步，数据处理和存储的速度已经大幅提升，但与此同时，网络传输速度却没有以同样的速度增长，从而成为制约数据中心整体性能的关键因素。

具体来说，计算能力的发展主要体现在CPU、GPU等处理器处理能力的升级以及算法的优化上，这使新型数据中心能够更快地处理和分析数据。存储技术的发展则体现在存储介质［如固态盘（SSD）等］的改进以及分布式存储架构的普及，这使数据中心能够存储更多的数据，并且数据的读写速度也得到了显著提升。

然而，尽管计算和存储能力得到了大幅提升，但网络传输速度并没有实现同步增长。网络带宽、时延以及稳定性等问题成为制约数据中心性能的重要因素。例如，当数据中心需要处理大量数据或者进行复杂计算时，如果网络传输速度不够快，就会导致数据在传输过程中产生时延，从而影响整体的处理效率。此外，如果网络不稳定，还可能导致数据传输中断或错误，进一步影响数据中心的正常运行。

（3）低时延、大带宽、高可靠、易扩展、可运维

大模型训练过程中涉及的庞大参数规模，对计算能力和显存容量提出了前所未有的高要

求。以 GPT-3 为例，其千亿级别的参数需要高达 2 TB 的显存支持，这远超过了目前单张显卡所能提供的显存容量。即便是在未来出现了更大容量的显存技术，单纯依赖单张显卡进行训练，预计也需要耗费长达 32 年的时间，这显然是不现实的。

为了大幅缩短训练周期，业内通常采用分布式训练技术。这种技术通过切分模型和数据，利用多机多卡的方式并行处理，从而将训练时长从数十年缩短至几周或几天。分布式训练实质上是通过构建由多台节点组成的超大规模集群来提升整体的计算能力和显存容量，从而有效应对大模型训练中的算力瓶颈和存储挑战。

而在构建这样的集群时，连接各节点的高性能网络则成为关键。网络的性能直接决定了智算节点之间的通信效率，进而影响整个智算集群的吞吐量和整体性能。为了确保智算集群具备高吞吐量，高性能网络必须具备几个核心特性：低时延、大带宽、高可靠、易扩展、可运维。首先，低时延确保数据在节点之间快速传输；其次，大带宽支持大规模数据的并行处理；此外，高可靠、易扩展以及可运维也是不可或缺的要素，这些特性共同保证了网络的高效性，从而确保整个智算集群的稳定性和高效性。

9.5 算力网络

随着大数据和人工智能的发展，算力需求不断上升，催生了算力网络的概念。在这个背景下，算力网络不仅需要处理大量的数据，还需要提供强大的计算能力。一方面，算力网络支撑着复杂的数据分析、机器学习、深度学习等高端业务；另一方面，为了更高效地管理资源和降低成本，算力资源的集中化和云化趋势日益明显。这种趋势对现有网络架构提出了新的挑战，例如海量数据处理、实时计算能力等。然而，传统的网络设计很难满足这些需求，尤其在高效算力分配和故障快速恢复方面存在不足。

首先，算力网络常常面临被动响应的问题，即在出现问题后才开始处理。这种方式导致了反应时间的延迟，使资源分配和故障修复效率降低，从而增加了维护压力，并可能影响整体服务质量。其次，故障定位和恢复的效率不高。通常需要多个团队协作，但由于缺乏明确的责任分配机制，团队之间的配合往往效率低下。此外，传统的算力网络管理方法在动态资源分配和实时性能监控方面也显得力不从心。为解决这些问题，智能算力网络技术应运而生。这项技术采用先进的算力分配算法和实时性能监控系统，能够动态地调整资源分配，实时响应网络状态的变化。它通过深度学习和人工智能技术优化算力资源的利用率，实现更加高效和智能的网络运维。

智能算力网络技术的显著优势：它不仅能够大幅提高算力资源的利用率和数据处理效率，还能降低运维成本，提高网络的稳定性和可靠性。这就是智能算力网络技术能够适应新时代计算需求的原因。

1. 算力网络介绍

想要了解算力网络，首先要了解什么是算力。随着国家大力发展数字基础设施，算力的提升和普惠变得越来越重要，它注定会在人们的视线中占据很重要的一席。那么算力是什么呢？所谓算力，简而言之就是设备的计算能力。小至手机、计算机，大到超级计算机，没有算力，就没有各种软硬件的正常应用。就计算机而言，其搭载的CPU卡内存配置越高，一般来说算力就越高。

大数据时代，数据和算力都是巨量的，这里先解释一下单位巨大量级的表示方式：k（kilo）表示 10^3、M（mega）表示 10^6、G（giga）表示 10^9、T（tera）表示 10^{12}、P（peta）表示 10^{15}、E（exa）表示 10^{18}、Z（zetta）表示 10^{21}、Y（yotta）表示 10^{24}。算力的单位，是衡量算力强弱的指标和基准，当前存在多种不同的衡量方法。常见的包括百万条指令每秒（MIPS）、每秒百万条Dhrystone指令（DMIPS）、每秒操作数（OPS）、每秒浮点操作数（FLOPS）、每秒哈希运算次数（Hash/s）等。

其中，FLOPS单位一直被视为衡量计算机运算速度的主要指标之一。从量级来看，计算机的算力为GFLOPS级别。中国超级计算机"神威·太湖之光"的持续性能为93.015 PFLOPS；鹏城实验室的鹏城云脑Ⅱ（以华为Atlas 900集群为底座）拥有1 000 PFLOPS的强大算力，相当于数千万甚至上亿台PC的集合。

算力按照应用领域，可以分成两大类。

◆ 通用算力：计算量小；常规应用，只消耗少量算力。

◆ 高性能计算（HPC）算力：计算量大；一个任务要调用非常多的计算资源。HPC是一个计算机集群系统，它通过各种互联技术将多个计算机系统连接在一起，利用所有被连接系统的综合计算能力来处理大型计算问题，所以又通常被称为高性能计算集群。

那么，为什么算力需要连成网络？

因为算力出现云、边、端三级算力架构的泛在演进趋势，算力的分布将不再集中于数据中心，而是广泛地分布在边缘或者端侧的任何位置。如果所有的算力节点之间没有通过网络互联，则这些算力资源是没有办法被共享、被调度、被使用、被协同的。正如水利发展离不开水网，电力发展离不开电网，算力发展离不开"算力网络"。

算力网络是新型基础设施，是打造"一点接入、即取即用"社会级服务的基础，是实现"网络无所不达、算力无所不在、智能无所不及"的保障。

《中国联通算力网络白皮书》中也提到，实现云、边、端算力的高效调度，需要算力网络的能力承载。具体来说，高效算力必须具备以下3个关键要素。

◆ 专业：聚焦专用场景，用更低的功耗和成本完成更多的计算量。例如，在边缘对视频进行高数据吞吐量的分析和处理。

◆ 弹性：数据弹性处理，网络为数据需求到算力资源之间提供敏捷的连接建立和调整能力。

◆ 协同：资源充分利用，从处理器内部多个核之间的协作，到数据中心内部多台服务器之间的"算力均衡"，再到整个网络边缘的"随选算力"。

有了这3个关键要素，才能实现数据与算力的高吞吐、敏捷连接和均衡随选。而这3个要素，都必须由算力网络来支撑。

同时互联网、大数据、云计算、人工智能、区块链等技术创新，加速了数字经济的发展。数字经济的发展将推动海量数据产生，数据处理需要云、边、端协同的强大算力和广泛覆盖的网络。算力网络就是一种根据业务需求，在云、边、端之间按需分配和灵活调度计算资源、存储资源、网络资源的新型信息基础设施。

算力网络赋能数字化社会如图9.9所示，算力网络的本质是一种算力资源服务，未来，组织、家庭或者个人用户不仅需要网络和云，还需要灵活地把计算任务调度到合适的地方，以最快的速度获得结果。网络的核心价值是提高效率，电话网提高了人类沟通的效率，互联网提高了人类协同工作的效率，算力网络的出现是为了提高云、边、端三级计算的协同工作效率。两者的区别是传统网络直接为人类服务，算力网络直接为智能机器服务，并通过智能机器间接为人类服务。算力网络构建了海量数据、高效算力、泛在智能之间的互联网络，为每个人、每个家庭、每个组织带来智能。

图9.9　算力网络赋能数字化社会

2. 算力网络系统架构

算力网络包含了3个部件，除了"算"和"网"，还引入了"脑"。"算、网、脑"如图9.10所示。算：生产算力。网：连接算力。脑：统一感知、编排、调度、协同"网络中的算力"（关于具体的架构，每个运营商和研究方的架构均有所不同，这里以中国联通的架构作为主要参考来源）。

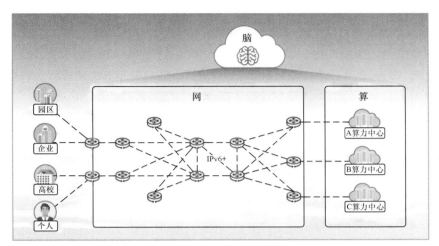

图9.10 "算、网、脑"

算力网络的架构及模块如图 9.11 所示，从下往上分别为算网基础设施层、算网一体层、管理编排层、算力运营层。

图9.11 算力网络的架构及模块

算力网络的最下层是算网基础设施层。在算力网络中，基础设施不仅只有算力资源（CPU、存储硬件、GPU 等），还包括网络资源。在算力资源方面对算力基础设施的整合，依旧是以云技术为核心，包括云原生、虚拟化、容器等。在这里，和算力有关的一些底层新技术创新也值得我们关注，例如异构计算、无服务计算、存算一体、算力卸载等。

第二层为算网一体层。该层起到过渡的作用，因为算力网络要调度算力和网络资源，所以需要对资源进行"预处理"和"衔接"。其中，最值得关注的是算力路由。算力路由是算力网络中的一项关键技术，旨在实现网络和计算资源的联合优化和调度。算力路由通过在互联网路由体系中引入算力因子，改变了传统互联网的路由方式，实现了对IP技术的创新。算力路由的核心思想是在单一网络寻址的基础上，叠加算力信息进行联合路由。通过服务实例的算力节点进行算力信息通告，经由算力路由入口节点，收集来自客户端和算网的信息，选择最佳的算力节点和路径，再执行业务流量调度，经算力路由出口节点反馈给服务实例。

第三层为管理编排层。算力资源被感知、标识之后，还有一个算力资源管理的逻辑过程。该过程主要包括算力注册、算力操作维护管理（OAM，如性能监控、故障管理等）、算力运营（如计费管理、服务合约等）。有的运营商把调度和编排算力网络的核心控制部分叫作"算网大脑"。这个"算网大脑"有4个重要的作用：获取全域实时的算、网、数资源，以及云、边、端分布情况，构建全域态势感知地图；跨域协同调度，将多域协同的调度任务智能、自动地分解给各个使能平台，实现算、网、数的资源调度；多域融合编排，针对多域融合业务需求，基于算、网、数的原子能力按需灵活组合编排；智能辅助决策，基于不同业务的SLA要求、网络整体负载、可用算力资源池分布等因素，智能、动态地计算出算、网、数的最优协同策略。

整个网络架构的最上层为算力运营层。该层用于给上层应用提供管控算力网络的接口。"算网大脑"不是真正的老板，只是一个"大管家"。真正管控网络的是上层用户和应用。算力运营层的目的，就是向上开放算力网络能力。重点技术包括算力交易、算力并网、算力封装、意图感知等。

算力交易是算力网络的一个重要创新。在算力和网络没有融合之前，用户使用谁家的计算资源，使用谁家的通信网络，就给谁钱。算网融合后，算力到处都是，调度来调度去，到底该给谁钱？算力交易就是为了解决这个问题。在算力交易场景中，会有一个可信泛在算力交易平台，对算力资源进行整合和计费，打通用户和算力网络直接交互的隧道，可以促进算力资源的按需分配和有计划扩展。

3. 算力网络的特点与优势

（1）算力网络的特点

◆ "去中心化"：算力网络采用"去中心化"的结构，没有单个中心机构或实体控制计算资源的分配和调度。这样可以避免单点故障和单一控制权的问题，提高网络的稳定性和安全性。

◆ 共享经济：算力网络鼓励计算资源的共享和交换，用户可以出租自己的闲置计算资源或租用其他节点上的计算资源。这种共享经济模式可以提高计算资源的利用率，降低计算成本，并为提供计算资源的节点提供经济激励。

◆ 安全和信任：算力网络使用区块链技术来确保计算任务的安全性和可信度。任务和计算结果可以被记录在区块链上，实现透明的验证和审计。智能合约可以用于确保任务的执行和支付的可靠性。

◆ 弹性和可扩展性：算力网络可以根据计算任务的需求动态调度和分配计算资源。它可以根据任务的紧急程度、资源需求和优先级进行优化，提供灵活的计算环境。另外，算力网络可以通过吸纳更多的节点来实现可扩展性，以满足不断增长的计算需求。

◆ 多样化的计算任务：算力网络可以支持各种类型的计算任务，包括科学计算、机器学习、数据分析、图像处理等。用户可以根据自己的需求选择适合的计算资源，以满足特定的计算需求。

（2）关键特征

算力网络的目标很明确，让用户在调用成百上千千米以外的计算资源时的体验与调用隔壁工作站的计算资源没什么区别。因此，对于算力网络来说，一张具有超大带宽、超低时延、海量连接、多业务承载的高品质网络是关键。那么，如何打造一张为算力连接提供高品质服务的网络呢？这里必须关注到算力网络的几个关键特征。

◆ 弹性：算力网络的流量特征与互联网的流量特征不完全相同，其对于弹性带宽的需求更加突出。

◆ 敏捷：算力的泛在和分散的分布，要求算力网络必须具备泛在算力敏捷接入的能力。企业客户或者个人用户接入算力网络来获取计算服务，并不需要关心算力网络中的算力资源和分布情况，只关心是否能够敏捷地获取到算力。

◆ 无损：算力由网络来实现互联，网络中的每个丢包，甚至在云数据中心内部的分布式计算过程中的丢包，都会造成算力计算效率的下降。据测算，0.1% 丢包就会造成 50% 的算力损失。因此，数据中心内部、数据中心之间的无损传输成为算力网络的一个关键特征。

◆ 安全：数据是计算的核心要素，也是宝贵资产，需要安全输送到算力节点，并安全返回计算结果。安全是算力网络使能各行各业的一个关键的特征，包括数据安全存储、数据安全加密、算力租户之间数据的安全隔离、外部攻击和数据泄露防护、终端安全接入等。

◆ 感知：算力网络中存在海量的应用（算力的需求方）连接，如何为不同的应用提供差异化的 SLA 保障，又如何为其中重要的应用提供性能的检测和看护，也是算力网络需要考虑的一个关键问题。感知，就是说网络一方面要能够"感知应用"，另一方面还要能够"感知体验"，两者综合起来，形成算力网络"应用体验感知"能力。

◆ 可视：算力网络需要建立一张网络数字地图，通过应用、算力、网络三者的映射关系和图层建模，形成算（数字世界）和网（物理世界）的高效关系映射。网络数字地图对网络全景进行了动态绘制和动态刷新，可以实现网络拓扑清晰可视、网络路径透明追踪、故障传播关联溯源，以及在算力网络中基于网络、应用、算力关系映射的应用一键导航。

（3）重点技术

算力网络融合了异构资源、分布式算力，并完成了统一的编排调度，创新了服务模式，但目前还有多项重点技术等待进一步研究与探索，主要如下。

◆ 资源标识：通过统一的资源标识体系，标识不同源头、不同类型的计算、存储、网络等资源，从而实现资源信息的分发与关联。

◆ 算力感知、算力建模及算力评估：对全网泛在的算力资源的状态及分布进行评估、度量、建模，以作为算力资源发现、交易、调度的依据。

◆ 多方、异构资源整合：通过分布式路由协议、集中式网络控制器等在内的网络控制面，对来自不同源头的资源信息进行分发，并与网络资源信息相结合，形成统一的资源视图。

◆ 服务编排与调度：针对虚拟资源变更、调度与迁移难以全程管控以及轻量化资源能力释放等问题，通过微服务、容器化等方案，解决边缘轻量化业务快速迁移和服务的问题。

◆ 算力交易：采用基于区块链的分布式账本实施高频、可信、可溯的资源交易，以便于算力消费方便捷灵活地选购最适合的算力资源。

4. 应用场景

算力网络是一个涵盖了高效计算资源分配和网络优化的先进技术概念。其应用场景非常广泛，其中大致可以分为三大类。

◆ 生活场景。算力网络可以通过极致可靠的网络连接，协同调度云计算、边缘计算、智能终端等多级算力，以更高的算力性能和更低的终端成本，实现算力对应用的加持，为用户提供智能化、沉浸式服务内容和体验。如VR互动、云游戏、新媒体直播、家庭安防等场景。

◆ 行业场景。算力网络通过深度融合人工智能、物联网、5G、边缘计算、数字孪生等技术要素，全面助力行业数字化转型。如智慧交通、智慧医疗、车联网等场景。

◆ 社会场景。算力网络可提供基于数据、计算、智能、绿色、网络融合发展的新型共享服务模式，广泛服务于智能科学模拟、数字化政府治理、平台型算力共享等场景，提供安全可信的服务保障。

具体来说，从垂直行业的角度表现为一些典型的应用场景。

◆ 云计算和数据中心：在云计算环境和大型数据中心中，算力网络能够实现资源的高效分配和管理。它通过智能调度，确保计算任务可以根据实时需求动态分配到最合适的处理单元，从而提高整体处理效率和降低能耗。

◆ 人工智能和机器学习：算力网络在AI和机器学习的训练与推理阶段发挥关键作用。通过高效的资源分配和网络优化，算力网络能够加速模型的训练过程，同时在推理阶段提供低时延的响应，特别是对于需要实时数据处理的应用场景，如自动驾驶、智能监控等。

◆ 物联网：在物联网应用中，算力网络能够处理来自成千上万个传感器的大量数据。通过在网络边缘进行数据预处理和分析，算力网络可以减轻中心服务器的负担，并提供更快的数据处理能力。

◆ VR和AR：VR和AR应用需要大量的计算资源来处理复杂的图像和数据。算力网络通过提供高性能的计算资源，使这些应用能够流畅运行，同时减少时延，提高用户体验感。

◆ 智能城市和智能交通：在智能城市架构和智能交通系统中，算力网络可以处理和分析来自城市各个角落的海量数据，支持实时交通管理、环境监测、公共安全等多个方面的智能决策。

◆ 医疗健康：算力网络在医疗健康领域中用于处理复杂的医学图像分析、基因测序数据处理等任务。这些应用通常需要极高的计算能力来确保分析的准确性和速度。

◆ 金融科技：在金融科技领域，算力网络用于处理大量的交易数据、进行风险管理和实时交易分析。这要求网络不仅要提供高速的数据处理能力，还需要保证极高的数据安全性和可靠性。

从市场规模的角度进行分析，可以看出，在产业界的共同努力下，算力网络技术研究在国际和国内都取得了显著的进展。

近年来，随着人工智能、大模型训练、大数据治理、智慧城市、智能制造、自动驾驶、XR 和区块链等新一代信息技术应用的蓬勃发展，算力资源需求不断增加。数据显示，2024 年全球服务器市场规模达 2 164 亿美元，同比增长 65.0%，其中 AI 服务器占比近 70%，这主要源于人工智能生成内容（AIGC）技术迭代激发的算力需求。2024 年我国智能算力规模达 725.3EFLOPS（百亿亿次浮点操作数/秒），同比激增 74.1%，增速为通用算力的 3 倍以上；AI 算力市场规模 190 亿美元，增长 86.9%；需求结构以互联网、金融、制造业为主，北京、杭州、上海为算力部署核心城市。

未来几年，智能算力将持续增长，日益旺盛的算力资源需求也驱动着算力网络高速发展。中国算力网络细分应用场景主要为网络时延非相关场景及网络时延敏感性场景，其中算力网络时延非相关场景包括后台加工、离线分析和视频渲染等场景，对算力资源位置和响应时间无明确需求，可迁移卸载至长距离远端算力资源上运行，占据了市场中大部分份额，占比为 60.34%。一方面，算力网络的建设对智能化需求的提升将进一步推动智能算力的增长；另一方面，终端场景的智能化要求也逐步提升。数据显示，中国算力网络市场结构中，占比最高的为智能算力，占比 51%，其次为基础算力，占比 47%，超算算力占比不到 2%。

5. 当前技术发展情况

近几年，算力网络在国内非常热门。不管是运营商还是设备商，都极为重视这个概念。各大运营商发布了多本白皮书，积极推动算力网络的标准制定。表 9.2 为运营商白皮书。表 9.3 为运营商标准制定。

表 9.2 运营商白皮书

发布日期	发布单位	白皮书名称
2019 年 11 月	中国联通网络技术研究院	《中国联通算力网络白皮书》
2019 年 11 月	中国移动研究院、华为	《算力感知网络技术白皮书》
2020 年 10 月	中国联通研究院	《算力网络架构与技术体系白皮书》
2020 年 11 月	中国电信	《云网融合 2030 技术白皮书》
2021 年 3 月	中国联通研究院、广东联通、华为	《云网融合向算网一体技术演进白皮书》
2021 年 5 月	中国移动研究院	《算力感知网络 CAN 技术白皮书（2021 版）》
2021 年 11 月	中国移动	《算力网络白皮书》

续表

发布日期	发布单位	白皮书名称
2022 年 6 月	中国移动	《算力网络技术白皮书》
2022 年 7 月	中移软件	《移动云向算力网络演进白皮书》
2022 年 7 月	紫金山实验室、山东未来网络研究院、浪潮、山东未来	《确定性算力网络白皮书》
2022 年 7 月	中国电信	《中国电信云网运营自智白皮书》

表 9.3　运营商标准制定

标准组织	进展
ITU	2019 年 10 月，FG BET–2030：算力网络由中国电信、中国移动、华为联合写入 Network 2030 研究报告。 2019 年 10 月，SG13： 中国移动主导的"算力感知网络的需求及应用场景"立项通过，成为算力感知网络首个国际标准项目； 中国电信主导的"算力网络架构与框架"立项通过； 中国移动主导了 YIMT2020–CAN–Req。 SG11：中国联通主导了 Q.CPN、Q.BNG–INC 等。 2021 年 7 月，SG13： 开启 Y.2500 系列编号； 通过了由中国电信牵头的算力网络框架与架构标准（Y.2501），是首项获得国际标准化组织通过的算力网络标准； 中国电信成功立项 Y.NGNe–o–CPN–reqts 标准； 中国联通、中国电信成功立项 Y.ASA–CPN 标准，研究算力网络认证调度架构
BBF 宽带论坛	2019 年 8 月，华为牵头，中国联通、中国电信、中国移动、BT 等联合，以 Metro Computing Network（城域算网）为名完成立项（SD–466）
IETF	2019 年 11 月召开的 IETF 106 会议上，中国移动联合华为组织了"计算优先网络（Computing First Networking）"的技术研讨会，主导提交了三篇核心提案。
CCSA	TC3 WG3（新型网络技术组）：《算力感知网络的关键技术研究》研究课题立项。 TC3 WG1（总体组）：《算力感知网络的架构和技术要求》行业标准成功立项。 2022 年 2 月 23 日，TC3 WG1（总体组）召开第 67 次会议，审查通过了行业标准《算力网络总体技术要求》送审稿
网络 5.0 联盟	2019 年 9 月，边缘计算产业联盟（ECC）与网络 5.0 联盟联合成立边缘计算网络基础设施联合工作组（ECNI）； 2020 年，第 8 次网络 5.0 全会上，中国信息通信研究院联合三大运营商、中兴通讯等，成立了网络 5.0 创新联盟算力网络特设组
IMT–2030（6G）	IMT–2030（6G）网络工作组成立了算力网络研究组，研究 6G 网络中计算、网络融合对未来网络架构的影响
IRTF	互联网研究任务组（IRTF）成立了在网计算研究组（COINRG）

6. 应用案例

（1）算力网络应用新媒体案例

在该场景中，新媒体业务主要面向个人用户，即用户对用户（C2C），包括互联网移动端创新应用、超高清视频、视频直播等多种形式，普遍存在网络时延敏感、带宽要求较高的难题。面对新媒体场景下的算力规模、云边端算力资源的分配和协调、网络通信时延和带宽的挑战，"算网大脑"能实现具体的应对方案：售前阶段，实现云、边、端算力资源的感知和统一建模管理；售中阶段，根据用户的需求进行算力需求分解和预设计；售后阶段，进行算力解构、算力调度、入云路径方案分配，进行云边端算力资源、入云专线（5G切片等）、第三方能力（形象渲染服务等）的编排开通。

场景成效：利用"算网大脑"的算网感知、雷达搜索、编排调度能力对云、边、端算力资源以及第三方能力的编排开通，实现快速支撑新媒体的场景需求。通过在边缘云部署形象渲染服务，终端设备结合5G带宽、低时延的特性将渲染虚拟3D形象在边缘云端完成，一方面降低终端设备的计算开销和手机的硬件配置门槛，另一方面缩短传输时延，满足主播业务对虚拟形象实时预览的需求。

（2）算力网络应用云游戏案例

云游戏是以云计算为基础的游戏方式，在云游戏的运行模式下，游戏主体都在服务器端运行，并将渲染完毕的游戏画面压缩后通过网络传送给用户。在手机移动端，用户的游戏设备不需要任何高端处理器和显卡，只需要基本的视频解压能力。与传统游戏相比，云游戏对算力、网络提出了更大的挑战，主要包括：游戏的运行计算更加依赖于云端环境的计算能力；游戏交互时延依赖于网络通信时延；游戏场景渲染的多媒体流质量依赖于网络通信带宽。面对云游戏场景的算力规模、网络通信时延和带宽的挑战，"算网大脑"能提供以下应对方案：售前阶段，第一步实现算网能力的封装，对各种特性的算力进行统一建模和接入，并将算网能力组合封装成算网场景；第二步，实现游戏公司的业务意图匹配（主要是对游戏的帧率、时延等参数要求），将用户的算力需求、网络需求转换为运营商理解的网络需求；第三步，针对算网资源进行资源勘查，确定好算网资源并与用户需求进行匹配；第四步，为用户找到满足其需求的算力资源池，以及接入网络供用户选择。

售中阶段，第一步实现业务订购受理；第二步进行算力解构，分解计算出具体的算力、网络资源；第三步根据算力资源池容量、负载、连接成本、故障率等进行算力智能调度；第四步进行智能选路，通过动态感知或拨测网络，按照成本最优、性能最优等算法智能选择接入网络路径；第五步通过动态编排、自动开通实现算力、网络的自动开通，开通过程中提供飞行图供用户查看开通状态及进度。售后阶段，提供算网控制台供用户自助服务，通过算网自智提供自动化、智能化的网络运维，保障售后服务质量。

场景成效：云游戏算网场景利用"算网大脑"的算力封装、业务意图匹配、算力解耦、算力调度、自动开通、一体化运维的能力，实现售前、售中、售后"一站式"服务，帮助游戏公司实现云游戏的快速部署、试用，帮助游戏行业高效、低成本地获得云游戏能力。

（3）算力网络应用视联网案例

视联网是一种基于网络技术实现的视频监控系统，它使用视频摄像机捕捉监控区域的实时图像或视频流，并将这些数据通过网络传输到远程监控中心或用户的终端设备，以实现远程监控、预警、管理等功能。视联网对算力和网络的需求主要体现在以下几个方面：在视频压缩和编解码阶段，视频监控需要将高清视频流压缩和编／解码，以减少数据量，需要大量算力提供高效处理保障；在视频传输和存储阶段，视频监控需要将实时视频流传送到远程平台或者用户设备，同时将视频存储，这都需要低时延、高速的网络来提供保障；在视频分析和处理阶段，为了更好地管理与使用视频数据，需要强大的算力支撑对视频的分析。视联网通常包括视频监控终端、网络设备、存储与计算资源、视频管理平台等。算力网络模态中，服务层可根据视联网不同的业务需求（如算力资源要求、数据温冷热类型等）制定相应的调度策略，匹配最优资源。当处理业务数据的算力资源出现不足时，通过服务层的整体编排和管控层、资源层的寻址路由能力，为视频终端设备灵活选择所需的算力资源。算力网络模态可以为视联网业务提供差异化的最优算力服务选择，提升整体资源利用率，优化业务与资源的配置模式。

7. 未来展望

从目前普遍的认知来看，未来算力网络的发展会分成 3 个阶段，从支撑系统建设的角度来看，每一个阶段的发展情况具体如下。

第一阶段：广泛协同，算力网络基础构建。 该阶段是算力网络发展的起始阶段，其核心在于云网初步融合。核心理念在于"协同"，意味着在物理资源视角下，算力和网络仍然是独立的组成部分，各自进行管理和编排调度。然而，在这个阶段，算网资源的建设开始从整体上进行协同考虑，重点特征是网络跟随算力的发展而动。尽管如此，整体而言，在本阶段中，网络基础设施的建设尚未发生革命性的变化，主要目的是提升算力节点之间的高效互联。

第二阶段：融合统一，算网大脑智慧提升。 该阶段是算力网络的发展阶段，这个阶段的核心思想是实现各种资源的深度融合。随着第一阶段 CT 云、IT 云、通用云的整合规划与建设，以及 DPU 等技术的逐步成熟，计算与网络的界限逐渐变得模糊。在这个阶段，虽然计算和网络仍然是两个独立的实体，但"算网大脑"已经实现了算网资源层面的统一管理、调度和配置。这使算力资源可以根据用户需求和应用特性进行动态配置和调度，用户无须关心资源的位置和形态，只需享受按需提供的算力服务。

第三阶段：一体内生，"算网大脑"独立自治。 在这一阶段，算网边界被彻底打破，形成一个融合多种技术要素的算网一体化基础设施。"算网大脑"将发展成独立自治的控制中心，成为真正意义上的控制中枢，利用智能化的意图引擎，它可以实现业务的智能解构、动态感知算网状态，并实现算网服务的智能化配置。此外，"算网大脑"还能动态识别服务运行状态，进行资源切换、故障隔离和自修复等操作。通过 AI 和大数据技术，实现数据自主采集、自主分析、自主学习及自主升级，从而不断对智能意图引擎进行闭环优化。

9.6 自智网络

在物联网、大数据分析和人工智能技术的迅猛推进下，网络环境正变得愈加复杂且充满动态性。针对这种变革，"自智网络"技术应运而生，其核心目标在于通过自动化与智能化手段，使网络能够更好地适应不断演进的需求与挑战。自智网络的关键在于其自主学习与适应性，相较于传统网络对人工干预的高度依赖来进行配置和优化，自智网络通过整合先进的机器学习和人工智能技术，能够实时洞察网络状态，自主调整配置，以优化性能。

网络故障的快速检测与有效处理一直是网络运营中的一大挑战。然而，在自智网络的架构下，这一问题得到了显著的改善。通过持续的网络流量和性能指标的监控，自智网络能够在故障发生前就预测并识别潜在的故障点，从而实现故障管理的主动性。这一变革不仅降低了对运维人员的依赖，更提高了故障处理的效率与准确性。

此外，自智网络还展现出极高的灵活性与可扩展性。它能够基于业务需求和网络环境的变化，自动调整资源分配，例如在流量高峰时自动增加带宽，或在检测到安全威胁时自动强化防御措施。这种自适应特性对于应对大数据时代的不确定性和多变性至关重要。

总之，自智网络是网络技术发展的一个重要里程碑。它融合了人工智能与自动化技术，不仅提升了网络运维的效率和性能，更大幅提升了网络的智能化程度和用户体验。随着技术的持续演进与成熟，我们有理由相信，自智网络将成为未来网络发展的主导方向。

1. 自智网络原理

（1）系统架构

自智网络架构如图 9.12 所示，分为 3 个层级和 4 个闭环。其中，3 个层级为通用运营能力，可支撑所有场景和业务需求。

◆ 资源运营层：主要面向单个自治系统提供网络资源。

◆ 服务运营层：主要面向多个自治系统提供 IT 服务、网络规划、设计、上线、发放、保障和优化运营能力。

◆ 业务运营层：主要面向自智网络业务，提供客户、生态和合作伙伴的使能和运营能力。

4 个闭环实现层间全生命周期交互，具体如下。

◆ 用户闭环：上述 3 个层级之间和其他 3 个闭环之间的交互，以支持用户服务的实现。3 个层级之间通过意图驱动式极简 API 进行交互。

◆ 业务闭环：业务和服务运营层之间的交互。业务闭环可能会在其实现中调用相关的服务闭环和资源闭环。

◆ 服务闭环：服务运营层和资源运营层之间的闭环。服务闭环可能会在实现中触发相关的
资源闭环。

◆ 资源闭环：以自治系统为粒度的资源运营层与网络间的交互。

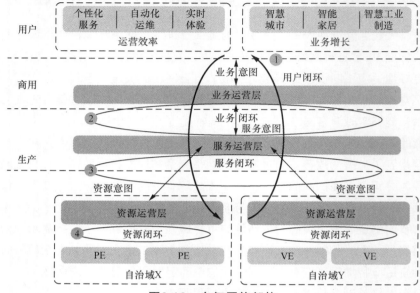

图9.12　自智网络架构

（2）等级体系

为了量化并提升客户体验和满足服务等级协议的要求，电信管理论坛制定了自智网络等级
体系，如图9.13所示，旨在指导网络和服务的自动化与智能化转型，评估自智网络服务带来的
价值和优势，并为运营商和设备供应商的智能升级提供方向。

自智网络等级	L0 （人工运维）	L1 （辅助运维）	L2 （部分自智网络）	L3 （条件自智网络）	L4 （高度自智网络）	L5 （完全自智网络）
执行	P	P/S	S	S	S	S
感知	P	P/S	P/S	S	S	S
分析	P	P	P/S	P/S	S	S
决策	P	P	P	P/S	S	S
意图/体验	P	P	P	P	P/S	S
适用性	N/A	选择场景				所有场景

P　人（手工）　　S　系统（自主）

图9.13　自智网络等级体系

◆ L0（人工运维）——此等级下，系统主要提供辅助监控功能，所有动态任务仍需完全依
赖人工执行。

◆ L1（辅助运维）——系统能够基于预先配置，自动执行特定的重复性任务，从而提高运维效率。

◆ L2（部分自智网络）——在特定环境和条件下，系统能够基于预定义的规则和策略，针对特定单元实现自动化的闭环运维。

◆ L3（条件自智网络）——在L2的基础上，系统能够实时感知环境变化，并在特定网络专业领域内进行自优化和自调整，以适应外部环境的变动。

◆ L4（高度自智网络）——在L3的基础上，系统能够跨越多个网络领域，在更复杂的环境中实现业务和客户体验驱动的预测式或主动式闭环管理，从而进行高级分析和决策。

◆ L5（完全自智网络）——这是电信网络发展的终极目标。在此等级下，系统具备针对多业务、多领域、全生命周期的全场景闭环自治能力，实现全面的自动化和智能化。

（3）关键技术

自智网络全栈部署主要有3个关键技术，分别是：AI模型训推一体技术，它打通AI模型从训练到部署的全流程，通过动态增量学习与实时推理的无缝对接，保证模型的及时升级和快速迭代；AI能力编织技术，它将各类AI能力的API组合编排，以支撑复杂的网络智能化应用的快速构建；AI能力的云边协同部署，该技术通过云端集中训练和管理AI模型，在边缘节点部署实时推理，实现云端全局优化和边缘低时延的结合，赋能网络灵活智能化。

关键技术1：AI模型训推一体技术

3种AI模型训推一体技术分别是模型运行态训推一体同步模式、模型运行态训推一体异步模式和模型训练态训练一体模式。其中，模型运行态指AI模型训练完成后，被部署使用进行预测或决策的状态；模型训练态指AI模型在训练过程中的状态。

这3种技术将AI能力从手工更新模式转变为持续集成、持续交付和持续训练的流水线自动化模式，促进了AI能力的工程化落地。其区别在于，模型运行态训推一体的同步模式和异步模式直接在能力层完成全部流程，而模型训练态训练一体模式需要能力层、算法层和数据层等共同配合完成。

关键技术2：AI能力编织技术

AI能力编织技术按照一定规则，编排组合局部、单点、单功能的AI能力，形成整体化、高可用、多功能的复合AI应用，实现网络智能从点状应用向复杂任务场景演进，大幅降低了AI应用开发的难度和复杂性。自智网络应用层获取能力层封装的AI能力开放接口，通过AI能力编织引擎，采用模型组合、服务编排等方式，按需组合多个AI微服务的接口，形成针对复杂应用场景的自定义AI流程，经权限校验后对外开放访问。该技术实现了网络AI能力的解耦合服务化架构，支持快速、灵活的AI应用开发和交付。

关键技术3：AI能力的云边协同部署

对于数据安全敏感、数据传输成本高昂或者需要实时响应的场景，不宜采用将AI模型集中部署在云端的方式。这主要是因为：数据传输到云端时存在泄露风险，不适用于安全要求极高的场景；大量数据上传到云端需要占用带宽，可能导致数据传输成本高昂；模型云端部署需要进行数据上传和结果返回，整个过程时延较高，无法满足对实时性要求极高的应用，例如流式处理类。

（4）产业情况

从产业发展来看，自智网络产业已经从战略层面发展到实施阶段。TM Forum自智网络2022年调查报告显示，网络自动化、智能化投资占比提升51.4%，运营商基本处于数字化转型的基本阶段，预计未来3年普遍达到L3～L4级。

自2021年起，第三代合作伙伴计划（3GPP）、ETSI、中国通信标准化协会（CCSA）、电信管理论坛（TMF）等标准组织相继开展自智网络的研究工作，并多方协作组织自智网络技术合作会议，推动自智网络标准体系逐渐完善，初步形成了"需求用例＋参考架构＋分级标准＋技术规范""通用标准＋多专业标准"的标准体系，为自智网络的可持续发展规划蓝图。

具体来说，3GPP R18阶段增加了AI/ML管理主题，加强了智能网络分级、意图驱动网络等主题的研究；ETSI则持续深耕管理与编排领域的自智化能力，为网络云化专业领域提供核心赋能；TMF发布智能网络架构、演进级别、意图驱动等领域的相关规范；同时在国内标准方面，CCSA也逐步形成自智网络系列标准体系，内容覆盖自智网络的架构、用例、分级、意图以及关键技术等多个方面，填补了我国自智网络标准的空白。

2. 自智网络的特点与优势

自智网络设计具有高度的可扩展性和灵活性，能够适应不同规模和类型的网络需求。这使网络能够有效地适应用户数量增加、新服务部署等变化。成本效益低，通过减少人工干预和提高运营效率，自智网络有助于降低运营商的总体运营成本，同时提供更高质量的服务。网络环境适应度强，自智网络尤其适合于环境复杂、设备众多的场景，例如密集的城市环境、大型企业网络或快速变化的临时事件场所。数据驱动自智网络的决策通常是基于大量实时数据和先进的分析技术，这有助于提高决策的准确性和效率。自智网络能够集成和利用人工智能、机器学习、大数据分析等新技术，以提升网络的智能化水平和自动化程度。

自智网络的优势在于尽可能地减少人工干预，通过自组织、自主运行以及标准化协议方案，实现站点的自配置、自优化、自愈能力。自配置：基站可实现快速开通，即插即用，包括传输自建立、参数自配置、系统自测试、资产自上报等一系列功能。自优化：网络可根据用户分布、行为和话务量进行自我优化，包括自动邻区关系、自动负荷均衡、移动健壮性优化、随机接入优化等一系列功能。自愈：某个基站发生故障了，可以自动识别并调整附近其他基站的参数，让这些基站的覆盖延展以消除故障站点导致的覆盖空洞，再对这个故障基站进行重启，看看是否能修复。自智网络仿佛是一道光，把宝贵的人力从低效的参数配置、优化和性能提升中解脱了出来，拉开了网络管理自动化的序幕。

自智网络在传统的通信网络分层分域管理架构基础上，引入自动闭环、自治系统与AI能力，通过构建人机协同的认知能力体系，逐步提升网络自智水平。核心能力如下。

◆ 自动闭环：作为实现自动化的基础，闭环是一个反馈驱动的过程，通过感知、分析、决策、执行 4 个环节，寻求实现显式设定的意图目标或维持自动执行确定的规则 / 策略指令。根据自智网络各层不同应用场景下对闭环处理时效性的要求，可以分别应用自治系统内的快速闭环和涉及跨层交互协同的慢速闭环。

◆ 自治系统：通过与人协作或完全自主驱动，执行一个或多个完整闭环的系统，称为一个"自治系统"。作为自智网络的最小组成单位，每个自治系统按照业务目标以自运营的方式运行，对自治系统的用户隐藏域的实现、操作过程，以及域元素的功能细节。多个自治系统实例可以通过闭环管理接口与上层业务操作协同，完成网络 / ICT 业务的生命周期。

◆ AI 能力：自智网络的高级认知能力构建离不开人工智能技术。考虑到网络和管理系统的层次化特点，以及 AI 应用各阶段（知识获取、训练、推理）对 IT 资源的需求差异，需要在网络中构建分布式 AI 能力：对内支持每一层 AI 驱动的自动闭环，实现不同场景的智能化，最终实现网络完全自治；对外赋能各行各业网络、服务、市场、安全和管理等场景的人工智能规模化应用需求。在自智网络中，AI 能力将体现为 3 类形态：集中能力，作为训练平台、知识中心，提供模型训练服务、数字化知识，支撑慢速闭环的在线推理；分布能力，实现具体领域模型和推理应用、本地知识优化，支撑自治系统内快速闭环；内嵌能力，指设备内置的 AI 能力，支持设备本地的 AI 计算。

3. 应用案例

（1）与多模态结合：基于多源异构数据的网络异常检测应用

基于多源异构数据的网络异常检测应用如图 9.14 所示，基于多模态数据的网络异常检测应用通过组合使用 KPI 异常检测、告警异常检测和日志异常检测能力进行 AI 能力编织，从多数据源联合识别、判断网络异常。同时，采用集训练与推理于一体的云端 AI 部署方案，使检测模型可以实时响应网络数据，显著提升了检测的准确率和故障响应的时效性。相比传统监控，该方案最大限度地发挥了多源异构数据的优势，实现了对网络状况的主动感知、解析与响应，并能及时更新模型参数，是网络故障运维智能化的重要突破。

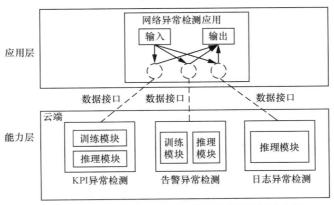

图9.14 基于多源异构数据的网络异常检测应用

（2）智慧机房应用

机房管理是网络运维的基础工作，包括日常巡检、电源验收、设备管理和上下电管控等。智慧机房应用如图 9.15 所示，其应用通过 AI 编排技术，整合人员管理、工程管理、机房管理、自动验收和资产管理等 AI 能力，聚焦一线维护人员的生产运维需求，解决网络机房在安全管理方面的短板。智慧机房应用围绕机房安全、生产运营、资产数智化等场景，结合实际机房生产运维需求，实现机房、人员、资产的安全高效管理，使生产流程贯通、可管控可追溯。

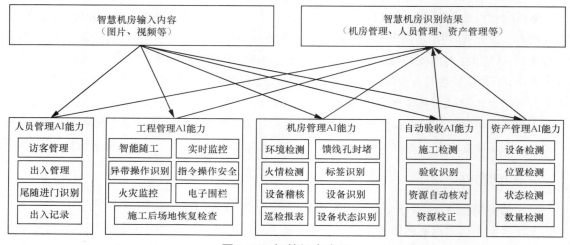

图9.15　智慧机房应用

4. 未来展望

作为通信网络运维数智化转型目标，自智网络面向消费者和垂直行业用户提供"零等待""零接触""零故障"的创新网络服务与 ICT 业务，打造"自配置""自修复""自优化"的通信网络。面向未来，自智网络将继续发挥在国际标准、开源社区和产业协作中的影响力，结合网络运营体系改革、运维自动化能力提升积累的经验，为网络运营商、设备厂商、解决方案提供商的自智网络联合创新和应用实践，搭建开放创新平台。

9.7　元宇宙

随着元宇宙时代的到来，我们的数字世界正变得越来越沉浸式和复杂。一方面，元宇宙技术为我们带来了虚拟交互、3D 模拟环境、增强现实体验等创新应用；另一方面，为了更好地管理这些复杂的虚拟世界，技术架构和平台正在朝着更加高度集成和互操作的方向发展。

这些新型应用和架构为现有的数字基础设施带来了前所未有的挑战，例如需求巨大的数据处理能力、实时交互的低时延要求以及用户体验的高度可靠性。

元宇宙的不断演进，对网络基础设施的要求也在不断提高。

我们面临的挑战不仅是技术层面的，更关系到如何在保证用户体验的前提下，持续支持这一虚拟宇宙的广泛和深入发展。

1. 什么是元宇宙

元宇宙是一个相对新颖的概念，它指的是一个虚拟的、沉浸式的在线世界，这个世界通过3D模拟技术构建，使人们能够通过数字化的方式互动、工作、游玩和社交。想象一下，一个通过计算机、VR头盔或其他设备访问的虚拟世界，在这里，人们可以体验现实世界无法提供的事物。

为什么会产生元宇宙？

技术发展： 随着互联网、虚拟现实、增强现实等技术的进步，我们现在拥有创建和体验更为丰富、互动性更强的虚拟环境的能力。

社交需求： 现在，人们通过数字方式进行社交和互动，元宇宙提供了一个新的平台，不受物理距离的限制。

商业经济推动： 元宇宙为企业提供了一个全新的市场空间，从虚拟商品到数字娱乐，再到在线教育和远程工作，其潜力巨大。

创新体验驱动： 元宇宙能够提供前所未有的沉浸式体验，例如虚拟旅游、在线游戏，甚至可以进行虚拟探索等。

2. 元宇宙技术原理

（1）系统架构

元宇宙系统架构主要可以分为3层：支撑层、应用层与交互层，如图9.16所示。

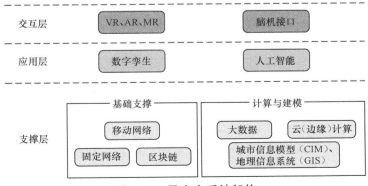

图9.16 元宇宙系统架构

其中，支撑层构建元宇宙运行环境。元宇宙对通信技术的带宽、时延、可靠性、同时连接数等性能指标提出了更高要求。在移动网络方面，为满足随时随地接入元宇宙的需求，5G、6G技术将向更高带宽、更低时延、更高可靠性、更多同时连接数的方向发展。在固定网络方面，元宇宙对网络吞吐量和连接品质提出了更高要求，第五代固定网络（F5G）全光网络具有传输带宽大、抗干扰性强等优势，可与5G、6G移动网络协同实现室内外全千兆无缝覆盖。区块链提供了元宇宙中的组织模式、治理模式、经济模式所必需的技术架构。云计算以其集中建设、统一运维、按需使用和按量付费的特性，降低了算力的建设和使用成本；而边缘计算将算力资源下沉到了更接近用户的位置，减少了通信时延并具有了独立定制化的能力；云（边缘）计算即"云计算 + 边缘计算"，二者各取所长、互为补充，为元宇宙提供了高性能、低门槛和灵活取用的算力保障。其中，数据是元宇宙的基础构成，元宇宙中海量数据的生成、流动、分析、管理、存储都需要依赖大数据技术。在应用深度方面，随着城市对治理精度的要求不断提升，通过大数据技术分析原因、预测、辅助决策将逐渐普及，城市信息模型、地理信息系统将为元宇宙提供可靠的数据保障。

应用层赋能元宇宙内容生产。数字孪生技术通过物理世界事物的属性和运行规律虚拟化，映射生成元宇宙中的数字模型并及时更新，是物理世界和元宇宙之间的纽带。元宇宙时代，数字孪生技术将成为开拓元宇宙虚拟空间的核心技术。人工智能技术包括自然语言处理、智能语音、计算机视觉等，能够极大地提升元宇宙的智能化程度。人工智能技术可提高元宇宙内容的生产效率和质量，营造优质的信息生态。同时，有助于加强实时反馈内容的准确性，提升用户体验。

交互层提供元宇宙接入渠道。虚拟现实、增强现实和混合现实技术满足了元宇宙用户对视觉、听觉、触觉、运动感知等多方面的信息交互的需求，为用户提供了从二元（视听）到多元、从"旁观"到"参与"（例如，二维画面转变成三维环绕式画面）的高质量沉浸式交互体验。脑机接口技术将为元宇宙带来革命性的交互体验。脑机接口设备帮助用户完成对元宇宙环境的意念控制和绕过视觉、听觉等感官的直接反馈，相比现有交互技术，脑机接口技术具有虚实融合度高和用户使用门槛低的优势，普通用户无须学习即可使用，对残障人群更有意义，让视障、听障等群体与其他用户一样畅游元宇宙。目前，脑机接口技术还处于研究探索阶段。

（2）关键技术

元宇宙通常具有虚拟环境、多用户交互、虚拟资产和经济、开放性和创造性等特征。

虚拟环境：元宇宙是一个虚拟的数字世界，由计算机生成的图形、音频和其他多媒体元素构成。用户可以通过虚拟现实头戴式设备、增强现实技术或者计算机屏幕等方式进入和体验元宇宙。

多用户交互：在元宇宙中，用户可以与其他用户进行实时的互动和交流。他们可以探索虚拟环境、创建个性化的虚拟形象（代表自己的数字化形象）并与其他用户进行交流、合作或竞争。

虚拟资产和经济：元宇宙中存在虚拟的资产和经济。用户可以购买、销售和拥有各种虚拟物品。这些虚拟资产可以是数字艺术品、虚拟房地产、游戏道具、个人数字身份等。

开放性和创造性：元宇宙鼓励用户创造和贡献内容，用户可以设计和建造虚拟环境、开发虚拟应用、设计虚拟物品等。这种开放性和创造性使元宇宙成为一个充满无限可能性的数字空间。

因此，为了实现上述特征，一般需要利用六大技术支柱，分别是区块链技术、交互技术、游戏技术、人工智能技术、网络与运算技术、物联网技术。

◆ 区块链技术是"去中心化"、去信任化、不可篡改和抵赖的分布式账本技术，如图9.17所示。非同质化通证（NFT）作为目前区块链相关技术中较为成熟的资产方案，在区块链框架下能够代表数字资产的唯一加密货币令牌，将是支撑元宇宙经济体系最重要的基础。元宇宙一定是"去中心化"的，用户的虚拟资产必须能跨越各个子元宇宙进行流转和交易，才能形成庞大的经济体系。

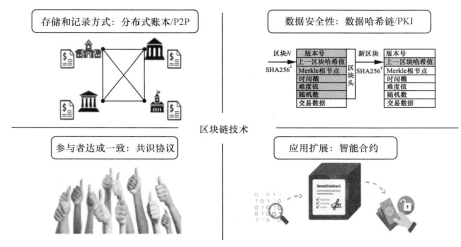

图9.17 区块链技术

◆ 交互技术是利用传感器、音视频、图形界面等方式，大幅强化人、机感知能力的技术，亦是为元宇宙用户提供沉浸式虚拟现实体验的阶梯。通过AR、VR等交互技术提升游戏的沉浸感。人体交互技术是当前元宇宙沉浸感遇到的最大瓶颈，交互技术分为输出技术和输入技术。输出技术包括视觉（头戴式显示器）、触觉、痛觉、嗅觉及神经接口等各种将电信号转换为人体感官的技术；输入技术包括微型摄像头、位置传感器、力量传感器、速度传感器等。复合的交互技术还包括各类脑机接口，这也是交互技术的终极发展方向。

◆ 游戏技术是依托于电子设备平台而运行的交互形态，是元宇宙初期形态的最成熟的呈现方式。游戏是元宇宙初期最重要的内容创作平台、社交流量入口，亦是元宇宙3D场景交互的原点，同时也是元宇宙初期的重要变现手段。电子游戏技术既包括游戏引擎相关的3D建模和实时渲染，也包括数字孪生相关的3D引擎和仿真技术，前者是虚拟世界大开发解放大众生产力的关键性技术，后者是物理世界虚拟化、数字化的关键性工具，同样需要把门槛大幅拉低到普通民众都能操作的程度，才能极大地加速真实世界数字化的进程。

◆ 人工智能技术基于算法模型、硬件算力、大数据训练共同构建，能够模拟人类智能进行决策，是元宇宙中生产力与自主运行最重要的技术支撑，将是未来承载元宇宙运行的底座。人工智能可以降低内容创作门槛，提升游戏的可延展性。人工智能技术在元宇宙的各个层面、各种应用、各个场景下无处不在，包括区块链里的智能合约、交互里的 AI 识别、游戏里的代码人物、物品乃至情节的自动生成、智能网络里的 AI 能力、物联网里的数据 AI 等，还包括元宇宙里虚拟人物的语音及语义识别与沟通、社交关系的 AI 推荐、各种虚拟场景的 AI 建设、各种分析预测推理等。

◆ 网络与运算技术旨在满足元宇宙对网络高同步低时延的要求，使用户可以获得实时、流畅的完美体验。根据独立第三方网络测试机构 Open Signal 的测试数据，4G LTE 的端到端时延可达 98 ms，满足视频会议、线上课堂等场景的互动需求，但远远不能满足元宇宙对于低时延的严苛要求。VR 设备的一大难题是传输时延造成的眩晕感，其指标为转动头部到转动画面的时延，5G 带宽与传输速率的提升能有效改善时延并降低眩晕感。

◆ 物联网技术既承担了物理世界数字化的前端采集与处理职能，同时也承担了元宇宙虚实共生的虚拟世界去渗透乃至管理物理世界的职能。只有实现了万物互联，元宇宙才真正有可能实现虚实共生！物理网技术的发展，为数字孪生后的虚拟世界提供了实时、精准、持续的鲜活数据供给，使元宇宙虚拟世界里的人们足不出网就可以明察物理世界的秋毫。

3. 元宇宙技术的特点与优势

Roblox 提出了元宇宙的 8 个关键组成：Identity（身份）、Friends（朋友 / 社交）、Immersiveness（沉浸感）、Low Friction（低时延）、Variety（多元化）、Anywhere［（随时）随地］、Economy（经济系统）、Civility（文明），元宇宙的 8 个关键组成如图 9.18 所示。

◆ 身份：一个虚拟身份，无论它与现实身份有没有相关性，都可以被自由创造，采用虚拟形象。

◆ 朋友 / 社交：在元宇宙中拥有朋友，可以社交，无论在现实中是否认识。

◆ 沉浸感：能够沉浸在元宇宙的体验当中，忽略其他的一切。

图9.18　元宇宙的8个关键组成

◆ 低时延：元宇宙中的一切都是同步发生的，没有异步性或延迟性。

◆ 多元化：元宇宙提供多种丰富内容，包括玩法、道具、美术素材等，具有超越现实世界的自由与多元。

◆（随时）随地：可以使用任何设备登录元宇宙，随时随地沉浸其中。

◆ 经济系统：与任何复杂的大型游戏一样，元宇宙应该有自己的经济系统。

◆ 文明：元宇宙应该是一种虚拟的文明，具备虚拟世界的社会、法度、文明等。

元宇宙的八大要素如图 9.19 所示，扎克伯格提出元宇宙的八大要素：身临其境感、虚拟形象、家庭空间、远距离传输、互操作性、隐私安全、虚拟物品、自然界面。

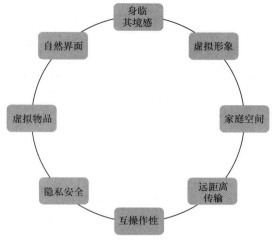

图9.19   元宇宙的八大要素

因此，元宇宙的特性可以概括如下。

（1）社交第一性

元宇宙作为人类社会形态发展的新阶段，基于硬件技术、内容生态的高度发达，突破物理世界限制，在虚拟空间之中寻求社交与场景的延展。

◆ 元宇宙是人类社会形态发展新的阶段。

◆ 每个个体都拥有独立的"数字化身"。

◆ 社交将成为元宇宙的"刚需"。

（2）感官沉浸性

沉浸感是元宇宙与现实世界融合的基础，用户在元宇宙的虚拟空间中将拥有"具身的临场感"，并借助硬件、交互技术的进步，在视觉、听觉、触觉、嗅觉等方面实现感官体验的拓展。

◆ 沉浸感是元宇宙与现实融合的基础。

◆ 虚拟空间需要拥有"具身的临场感"。

◆ 人类的认知边界即是元宇宙发展的边界。

（3）交互开放性

元宇宙实现了虚拟空间与现实世界的叠加，因此，用户将同时拥有虚拟空间的超现实能力及与现实世界的作用力，在元宇宙交互过程中将能够同时作用于虚拟和现实两个空间之内。

◆ 元宇宙实现虚拟与现实世界的叠加。

◆ 元宇宙实现人类感知与交互的升维。

◆ 元宇宙实现人机共生的交互模式。

（4）能力可扩展性

元宇宙在基础设施、标准及协议的不断迭代演进下，推进多平台融合，并呈现工具化的发展方向。

◆ 元宇宙呈现工具化的发展方向。

◆ 元宇宙技术为内容创作提供了全新载体。

◆ 每个用户都可以在元宇宙内实现世界编辑。

4. 应用场景

元宇宙的特征和属性赋予了元宇宙应用场景的超时空性，并为用户提供了身临其境的体验感。元宇宙具有丰富的应用场景、更高的使用价值和存在价值，各行各业通过元宇宙的变革，将变得更加高效。

◆ 数智化：全数字化，用户通过数字化的虚拟人物在数字化的场景中完成各种活动，数字经济为元宇宙的运作赋能，现实世界中的产业以数字化复刻在元宇宙中，现实世界和虚拟世界无缝衔接；全智能化，在人工智能和云计算等多种技术的支撑下，通过仿真和建模，实现更加高效和便捷的应用方式。

◆ 精细化：某一事件发生的任何环节都可以复刻在元宇宙中，实现更具有针对性的研究，数据和行为活动的数字化有助于进行更加透明和高效的分析与预测。

◆ 协同性：不同用户之间的化身交互、不同技术之间的软硬件引擎、不同元宇宙平台之间的数据共享和不同应用场景间的联合，使元宇宙成为多方位和多融合的平台应用。

◆ 实时性：用户在元宇宙中可以以化身的形式实时进入不同的应用场景，实时呈现心理、生理和动作状态。

关于元宇宙的概念和技术的应用，可以按阶段的演进过程进行展示。

阶段一：AR/VR 应用扩展

随着硬件的更新和底层技术的迭代，一些简单的应用场景开始出现，比如游戏、建模、网上购物等，在这段时间里，元宇宙仅仅提升了一些现有服务的体验，它只是我们生活中的一小部分而已。

阶段二：提升社交和娱乐体验

随着技术的发展，越来越多的服务可以应用元宇宙这个概念。这时，它主要给社交和娱乐这两大服务提供更好的体验，比如，你可以通过虚拟影像的方式跟远在异国他乡的朋友聊天，虚拟影像会投影对方的表情、肢体语言，他们就像坐在你对面一样。另外，沉浸式娱乐将会成为主流，除了我们能够想象到的 3D 场景游戏外，还比如，看球赛时，你再也不用对着一个大屏幕了，当你戴上 VR 头盔时，就可以实时看到 NBA 球星在你面前投篮，就像坐在场地的第一排看球一样。

阶段三：虚拟社会，自成经济体

当元宇宙技术趋于成熟，使用的人和参与的企业都越来越多后，元宇宙就很有可能进化成一个虚拟的社会，并自成一个经济体。这时，元宇宙就不会再局限于社交和娱乐等基本活动，它几乎可以取代真实世界中的一切事情，虚拟世界中将会有真正的工作、商业买卖、虚拟的资产，而这一切，又可以与真实世界互通，届时将会出现新的基于元宇宙社会的应用，也会有基于元宇宙的职业。

阶段四：虚拟和现实融为一体

到了元宇宙的终极形态，虚拟和现实可能就已经完全融为一体了。这时，人类能在虚拟世界中，体验现实世界所有能够尝试的体验，甚至可以做在现实世界中所做不到的事情，人类都是充满想象力的，之前我们的幻想只能停留在视觉和听觉这两个维度上，比如我们可以把幻想拍成电影供大家欣赏，但是在元宇宙的终极形态中，虚拟技术也许可以控制人类的大脑皮层，实现味觉、嗅觉、触觉等感官的模拟，让你坐在自家沙发就可以感受到吃美食的快感、深处花圃中的芬芳或者遨游太空的失重感等。

5. 元宇宙技术的产业布局及发展

综观全球市场元宇宙布局，目前元宇宙应用场景多元广泛，覆盖toC（消费者端）、toB（企业端）与toG（政府端），各国元宇宙布局各有侧重。其中，美国元宇宙在消费者端与企业端均有涉及，中日韩元宇宙整体上侧重政府端，同时日韩元宇宙在企业端布局上更具优势，中国元宇宙在消费者端布局更紧凑。

第一，各国在消费者端元宇宙布局各有侧重，总体侧重元宇宙的社交及娱乐属性。美国在元宇宙建设中，其元宇宙基础设施及平台搭建扎实，在游戏开发与社交方面占据一定优势。在游戏开发方面，"ROBLOX"作为"去中心化"的游戏开发与设计平台独树一帜、"SECONDLIFE"以其逼真的建模与独立的经济体系在一众游戏中脱颖而出，"堡垒之夜"通过与明星合作举办线上演唱会开辟元宇宙演唱会道路。在社交方面，META公司开发VR服务"HORIZON WORLDS"，用户在其中拥有虚拟形象及空间，可与其他用户进行互动、社交。微软公司开发MESH平台，用户通过MR设备可进行线上会议及办公。

第二，各国在企业端元宇宙布局上重视产业元宇宙布局，强调以元宇宙之虚强制造生产之实。一是美国企业端元宇宙布局侧重智能制造。英伟达Omniverse通过与建筑、工程与施工、制造业、超级计算等行业结合，以数字孪生等技术帮助产业数字化转型，促进生产流程智能化，提高生产效率。二是日本企业端元宇宙布局侧重经济区建设。2023年2月，三菱、富士等多家企业建立"日本元宇宙经济区"协议，将整合各企业优势，从游戏、金融、科技及信息通信技术出发，构建"Ryugukoku"开放元宇宙基础设施，助力各平台用户、开发人员创建可互操作工具，同时助力企业数字化转型。

第三，各国在政府端元宇宙布局上重视智慧城市建设，侧重城市服务数字化转型。一是韩国政府端元宇宙布局中，首尔市政府于2021年提出《元宇宙首尔五年计划》，分3个阶段在经济、文化、旅游、教育、信访等市政府所有业务领域打造元宇宙行政服务生态，引入经济、教育、观光等七大领域服务。二是中国政府端元宇宙布局中，2022 年北京市通州区人民政府等四部门联合印发《北京城市副中心元宇宙创新发展行动计划（2022—2024 年）》，聚焦"元宇宙文旅""元宇宙商业""元宇宙城市服务"，从技术资源导入、数字内容建设、应用场景搭建、产业生态打造 4 个方面推进数智化落地。

各大互联网公司针对元宇宙技术的产业布局见表 9.4。

表 9.4   各大互联网公司针对元宇宙技术的产业布局

企业名称	元宇宙布局	主要产品
微软	在 VR、XR 业务上进行裁员、调整重心，在 AI 方向增大投入	Azure（微软云）、copilot（人工智能）、Microsoft mesh（办公元宇宙）
腾讯	变更硬件发展路径,同时持续布局 AI 大模型、机器学习算法以及 NIP 等领域	幻核（数字藏品平台）、Teamland（元宇宙空间）、HunYuan–NLP–1T（人工智能模型）
字节跳动	在 VR 业务上进行组织优化与调整，同时开展 AIGC 的相关研发	pico（VR 业务）
百度	大力投入人工智能	希壤（元宇宙空间）、文心一言（人工智能）
Meta	持续投资虚拟现实赛道，同时布局 AIGC 赛道	Oculus（VR 业务）、LLaMA（人工智能模型）
谷歌	开发 XR 设备，构建生态系统，同时布局 AI 赛道	Bard（人工智能）、PaLM（人工智能模型）
苹果	开拓 MR 业务布局	Apple Vision Pro（MR 业务）

可以看出，部分互联网巨头减少元宇宙投资，转向人工智能。以微软、腾讯、字节跳动、百度等为主的互联网巨头降低对虚拟现实硬件设备的投入，减弱 C 端应用向 B 端应用进发，转向对人工智能项目的投入。部分互联网巨头增强元宇宙资金投入，加快元宇宙生态建设。在元宇宙技术革新与市场变动的当下，以 Meta、谷歌等为主的互联网巨头持续投资元宇宙，从多场景应用、多方面布局进行元宇宙生态布局。

6. 当前应用案例

应用案例一：基于生产计划的物流能力预测

本应用通过 Plant Simulation 的云端部署、精细化建模，为非仿真专家创建专属 App，使用 IoT 数据修正仿真模型，形成闭环，初步尝试了从数字孪生向工业元宇宙的过渡。

（1）应用案例概述

从数字孪生向工业元宇宙过渡的可行性方案。实施过程中最重要的工作有 3 点。一是全面升级 Plant Simulation 模型，在工厂未来建设的物流配送系统中也加入已有的仿真模型，同时将排产计划直接导入 Plant Simulation 中进行仿真，使仿真模型复杂度上了一个台阶。二是将 Plant Simulation 以 SaaS 方式部署在 AWS 云端，使其作为解算器为工厂各类人员提供仿真服务，同时也能够大幅缩短仿真事件求解时间,使仿真专家从繁杂的仿真事务中解脱出来,可以专注于工厂持续改进工作,并利用积累的 IoT 数据不断修正仿真模型,提高仿真精度。三是为非仿真专家创建相应的 App,使人机交互更符合非仿真专家需求,输出结果简明扼要,易于理解。该可行性方案最终取得了良好的效果,并投入工厂实际运营。

（2）实施过程

使用 Plant Simulation 软件作为基础,结合 AWS 云端部署,可以为仓储主管等岗位人员创建一系列低代码 App,以提供更便捷的工厂模拟体验。在这个方案中,仿真专家的主要职责是维护云端的工厂模型,确保模型的准确性和实时更新。通过这些 App,各岗位人员可以通过简单的参数调整来进行仿真,无须深入了解 Plant Simulation 软件的复杂操作。他们可以根据实际需求,灵活调整生产线布局、设备配置以及工作流程等参数,以便更好地优化生产过程。一旦参数调整完成,App 会将仿真结果以直观的方式返回给用户。这些结果可以通过各种图表、图标和 3D 仿真动画的形式展示,使用户能够更清晰地了解生产线的运行情况和效率。同时,由于部署在 AWS 云端,这些 App 具有高度可扩展性和灵活性。用户可以随时访问云端平台,无论是在办公室还是在外出差的情况下,都能够方便地进行仿真操作和查看结果。此外,云端平台还能够提供数据备份和恢复功能,确保数据安全性和可靠性。

总之,基于 Plant Simulation 软件和 AWS 云端部署的低代码 App 方案,为仓储主管等岗位人员提供了一种简便、直观的工厂仿真方法,帮助他们更好地优化生产线,并提高生产效率。同时,该方案还具备高度可扩展性和灵活性,能够满足用户随时随地进行仿真操作和查看结果的需求。

应用案例二：医疗健康元宇宙

元宇宙在健康医疗行业出现五大应用,包括临床手术、医疗健康机器人、医疗健康教学、药物和医疗器械研发、医技智能辅助。该实例下又可包含多个细分场景,其中最有代表性的就是 XR+ 医疗健康场景。

XR 提供沉浸式体验,全面仿真并接管人类的视觉、听觉、触觉等感知,通过动作捕捉实现元宇宙中的信息输入、输出,可实现诊断辅助、手术治疗、机器人生活照护、运动游戏方式治疗、心理治疗与缓释、肢残患者的康复治疗与辅助等高价值场景。技术层面上,目前虚拟空间的视觉和听觉发展最快,嗅觉、触觉和意念体验已有研发和商业应用的起步,味觉因为综合了多种感官的模拟,基础理论研究目前尚未有突破。

XR 包括 VR、AR 及混合现实（MR）。VR 主要用于运动游戏、心理咨询与治疗、运动健康等,临场感较强是其特别的优势,有利于运动与生活健康教学、心理缓释等服务以及实景体验、教学及高危场景模拟等,促进临床教学示范、手术治疗规划及评估等教研场景。MR 眼镜通过透视全息镜头,将虚拟的全息影像无缝映射于物理对象或表面,交互方面则通过手动跟踪、精确实现触摸、抓握和移动全息图,同时布置语音命令、眼动跟踪,多维度追踪使用者意图。在神经科学医学专业,XR 可用于脑神经认知缺陷患者的自我生活辅助、生活照护等,也可以用于手术机器人中的辅助技术,开展精细手术操作、规划、演练等。

7. 未来展望

展望未来，创新、个性化和安全将成为元宇宙技术架构的主要发展方向。

一是技术创新引领元宇宙产业发展。当前，以人工智能领域大模型、云边计算领域高性能计算芯片、虚拟现实领域强沉浸感虚拟现实显示器等为代表的新一轮技术进步正推动元宇宙产业迎来新一轮的爆发增长期。这些技术的创新发展将持续推动元宇宙产业变革，创新应用场景和商业模式。

二是个性化、定制化需求催生新兴服务。用户对个性化、定制化服务的需求将持续增长，人工智能等领域近期的突破性进展正加速这一进程，从虚拟角色定制到数字人等个性化数字产品的生成，新技术推动下的新兴服务将为元宇宙产业发展提供源源不断的动力。

三是安全与隐私保护需求持续增长。随着元宇宙技术在各个领域的广泛应用，数据安全与隐私保护正成为人们关注的焦点。网络安全智能化、隐私计算、区块链、量子通信等技术将加速创新，为元宇宙各项应用提供更完备的数字身份管理、数据加密与访问控制机制，保障元宇宙空间用户的数据安全与隐私。

但元宇宙同样存在很多的待改进问题，以下从研究热点和研究前沿领域来分析。

从研究热点来看，研究热点连续度相对较差。我国元宇宙研究的热点彼此之间缺乏连续性，集中体现为研究的热点一般都是通过时间节点的突现进行呈现，但它的分布普遍是以零碎离散的样态出现，研究的热点彼此之间也缺乏根本性的关联和连接。由此可知，我国元宇宙领域的知识发展演进会遭遇断层。重要缘由就是我国对元宇宙的研究偏好受到技术引导的驱动。业界日新月异的技术引导致使其研究热点发生了跳跃性的变动。为此，要进一步提高当前中国元宇宙研究领域中热点的可持续性和稳定性，扩大当前中国元宇宙研究的基本知识范围和领域，形成与前期元宇宙研究相互作用的中国元宇宙研究知识框架演进。

从研究前沿来看，前沿领域之间的界限较为模糊。我国元宇宙前沿领域的边界尚不明确，具体表现为各种前沿领域处于重叠交叉状态，这与研究对象的结构组成存在密切关联，同时侧面揭示了研究成果存在较高的雷同性、类型化区分较为薄弱、高聚合度领域呈现重复操作、聚集程度总体偏低等困境。主要原因在于元宇宙研究以技术导向为驱动。互联网企业不断创新的数字技术致使研究前沿领域发生跳跃式变化。为此，要大幅度提高我国元宇宙前沿领域之间的清晰度，加强科学研究成果在各个知识领域的聚合，避免相同科学研究成果知识的重复化呈现。

9.8　工业互联网

随着工业 4.0 革命的到来，越来越多的设备接入网络，工业系统面临前所未有的数据安全威胁。传统的工业控制系统并不是为应对复杂的网络攻击而设计的，这使它们在面对先进的网络安全威胁时显得力不从心。此外，由于工业互联网的高度连接性，一旦出现安全漏洞，其影响可能会迅速蔓延至整个工业网络。

因此，新兴的工业互联网安全技术应运而生，提供了创新的解决方案。其中之一便是基于区块链的安全协议，它通过分布式账本技术确保数据的完整性和不可篡改性，从而大大增强了工业网络的安全性。与此同时，机器学习和人工智能技术的应用提升系统对异常行为的检测能力，使安全防御更加主动和智能。为了更好地应对挑战，制造业正在积极探索更加灵活和可扩展的网络架构，以及更加高效的数据分析方法。这些技术不仅提高了工业互联网的安全性和效率，还为未来的智能制造和工业自动化铺平了道路，预示着工业互联网将在未来工业发展中扮演越来越重要的角色。

1. 什么是工业互联网

工业互联网，也被称为物联网的工业应用，是将互联网和物联网技术应用于工业领域。它旨在通过将传感器、计算机系统与云计算等技术融合，实现工业系统的智能化、自动化和网络化。工业互联网的目标是通过实时数据采集、通信和分析，优化工业生产过程、提高生产效率、降低成本、提高产品质量和实现创新。它将传统的工业系统与互联网连接起来，形成一个智能化的工业生态系统。

2. 工业互联网技术原理

（1）系统架构

工业互联网并非互联网在工业领域的单一应用，它承载着丰富的内涵与特性。工业互联网的内涵如图9.20所示。

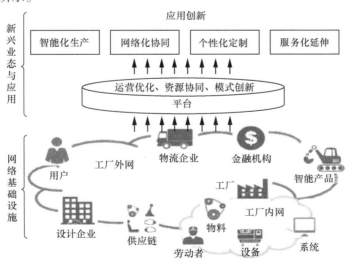

图9.20 工业互联网的内涵

首先是基础性。工业互联网通过构建涵盖工厂内外的新型网络体系，成功搭建了一个连接工业全要素的工业互联网平台，实现了资源的优化配置。这一平台不仅是工业智能化升级的重要基石，更是推动工业领域向更高层次发展的关键基础设施。

其次是渗透性。工业互联网不仅在制造领域发挥着举足轻重的作用，更有向实体经济各部门广泛扩展的潜力。随着技术的不断进步和应用场景的日益丰富，工业互联网将为各产业的网络化、智能化升级提供强有力的基础支撑，进而推动实体经济的全面转型升级。

从工业智慧化发展的角度出发，工业互联网将构建三大优化闭环。

一是面向机器设备运行优化的闭环。其核心是基于对机器操作数据、生产环境数据的实时感知和边缘计算，实现机器设备的动态优化调整，构建智能机器和柔性产线。

二是面向生产运营优化的闭环。其核心是基于信息系统数据、制造执行系统数据、控制系统数据的集成处理和大数据建模分析，实现生产运营管理的动态优化调整，形成各种场景下的智慧生产模式。

三是面向企业协同、用户交互与产品服务优化的闭环。其核心是基于供应链数据、用户需求数据、产品服务数据的综合集成与分析，实现企业资源组织和商业活动的创新，形成网络化协同、个性化定制、服务化延伸等新模式。

工业互联网对应的是消费互联网，消费互联网实现 C 端的消费互联，工业互联网通过信息技术手段实现 B 端产业互联，将企业的设备、车间、工厂、管理及供销数字化，在大数据基础上，实现企业内的智能化生产、企业之间的网络化协同、企业与用户之间的个性化定制、企业对用户的服务化延伸。

（2）基本功能

从工业互联网定义来看，工业互联网平台需要具备 4 个基本功能：需要具备并支撑海量工业数据处理的环境和流程；需要基于工业机理和数据科学对海量数据进行深度分析，并实现工业知识的沉淀和复用；需要将不同来源和不同结构的数据进行广泛采集、汇总；需要具备开发工具及环境，实现工业场景化 App 的开发、测试、部署和应用。

（3）原理

工业互联网的原理是基于数据驱动的物理系统和数字空间的全面互联与深度协同，以及在此过程中的智能分析与决策优化。数字孪生技术已经成为物理系统和数字空间关联的关键支撑，该技术通过资产的数据采集、集成、分析和优化来满足业务需求，形成物理系统资产对象和数字空间业务应用的虚实映射，最终支撑各类业务应用的开发与实现。

3. 工业互联网的特征

工业互联网产业联盟发布的《工业互联网平台白皮书》中，将泛在连接、云化服务、知识积累、应用创新归结为工业互联网平台的四大特征。

◆ 泛在连接：具备对设备、软件、人员等各类生产要素数据的全面采集能力。

◆ 云化服务：实现基于云计算架构的海量数据存储、管理和计算。

◆ 知识积累：能够基于工业知识机理进行数据分析，并实现知识的固化、积累和复用。

◆ 应用创新：能够调用平台功能及资源，提供开放的工业 App 开发环境，实现工业 App 创新应用。

4. 应用场景与产业规模

我国工业互联网领域取得了显著的进展和成就。截至 2025 年 5 月，在新型基础设施建设方面，我国已经建立了数万个 5G 行业虚拟专网，这为工业互联网提供了高速、可靠的网络连接。此外，跨行业跨领域工业互联网平台数量已经达到了 49 家，这些平台在推动行业创新、资源配置、提升企业竞争力等方面发挥了重要作用。同时，一批具有影响力的行业特色平台也在政策的推动下应运而生，成为推动工业互联网发展的重要力量。

在标识解析体系建设方面，工业互联网标识解析体系"贯通"行动计划（2024—2026 年）》提出，到 2026 年，我国建成自主可控的标识解析体系。随着标识解析体系的不断完善和应用需求的不断增长，标识解析在各行各业的应用也日益广泛。以智能制造领域为例，标识解析技术已经运用于实现设备连接、数据采集和生产流程优化等方面。

在融合应用方面，工业互联网的应用已经深入到各个行业和领域，为企业的数字化转型提供了强有力的支持。在智能制造、智慧物流、数字化供应链等领域，工业互联网的应用已经取得了显著成效。同时，工业互联网的赋能效应也日益凸显，推动了制造业向智能化、绿色化、服务化转型，提升了企业的核心竞争力和市场地位。

在产业规模方面，从 2017 年起步至 2024 年，我国工业互联网相关产业的总产值已达到 1.5 万亿元。工业互联网通过连接工业生产全要素，正加速推动通用人工智能、元宇宙等新技术在工业场景中的落地应用。

5. 当前应用案例

（1）羚羊工业互联网平台

羚羊工业互联网平台是 28 个国家级"双跨"工业互联网平台之一，核心竞争力在工业 AI 和工业数据上，尤其是在工业 AI 上，羚羊工业互联网平台引领中国 AI 在工业领域落地。在工业声学上，当前有几款产品：一是工业听诊器，检测一个设备一般通过"声光电磁热"这几个维度，由于声音在做设备运检过程中很重要，因此推进工业听诊器在泵站等领域应用落地；二是声学成像仪，电力设备的局部放电伴随着超声波的发出，人耳是听不到超声波的，声学成像仪拍摄后就可以将变压器局部放电的点找出来，一个常见的使用场景是解决工厂气体泄漏点的检测难题，声学成像仪让气体泄漏检测变得安全和精确。

（2）卡奥斯工业互联网

工业互联网平台赋能智能制造生态系统构建，成为理论界与实践界共同关注的热点话题。

海尔集团的卡奥斯工业互联网探究了工业互联网平台赋能智能制造生态系统构建过程及其价值创造行为。工业互联网平台赋能智能制造生态系统依赖平台嵌入、平台聚合和平台撬动3个环节，分别实施"望闻问切""兼容并蓄"和"有无相生"策略，最终构建包含数字价值生成、数字价值共创和数字价值涌现3种价值创造行为体现的智能制造生态系统价值创造组织形态。当参与价值创造的基础操作性资源的来源由制造企业内部延伸到制造行业内部，再拓展到跨行业交互时，基础操作性资源多样性同步增加，进而催生数字价值生成、数字价值共创和数字价值涌现3种差异化的价值创造行为。

（3）工业互联网助力石油化工行业转型升级案例

通过工业互联网的应用，石油化工行业可以实现以下几个方面的提升和改进。

提高生产效率：通过数据化、模型化和流程化，生产计划、调度优化、设备管理、安全管控等业务可以更加精准和高效地进行，从而提高生产效率和产品质量。

降低能耗：通过对生产过程进行实时监测和分析，可以找出能源消耗的问题，进而采取有针对性的优化措施，达到节能减排的目的。

提升本质安全：通过设备大数据分析和预测性维护系统，可以对生产过程中出现的潜在危险进行及时监测和预警，提供应急指挥和故障处理的支持，从而保障生产的安全稳定。

提升供应链管理：通过工业互联网平台，可以实现采购、销售的一体化管理，优化供应链的各个环节，提升相应能力和合作方的满意度，形成信息流、物流、资金流的统一管理。

加强产品创新与市场竞争力：通过工业互联网引入数字化技术和创新模式，石油化工企业可以更好地了解市场需求和趋势，加强产品创新和研发能力，提升企业的市场竞争力。

具体来说，工业互联网助力包含以下几个方面。

◆ 生产调度和物料协同：通过建设满足生产部门调度、储运调度、储运内操、装置内操的调度指挥系统，实现调度指令的闭环管理，保证指令执行与反馈的及时性和一致性，提高企业生产过程的精细化管理和业务协同水平，使公司各级管理者更加及时、全面、直观地获得生产运营信息，增强生产过程的透明性及快速反应能力。系统上线后，实现了业务自动化，提高了工作效率。通过自动抽取实时物料移动关系和量值，利用固化的业务逻辑计算功能，实现了每个用户都是专家的效果，确保了生产质量的有效管控。

◆ 工业互联网标识＋产品全生命周期管理：中国海油针对石化行业痛点，打造了危化安全生产、全生命周期管理、供应链协同和能耗管理等12类标识解析创新应用模式，促进工业数据的开放流动与深度融合，支撑工业应用的创新升级，赋能石化企业数字化转型。下面以工业互联网标识＋产品全生命周期管理为例进行简单介绍。基于工业互联网标识的化肥追溯平台利用工业互联网标识解析体系，对生产工厂中的人、机、物料、工艺、安全实行唯一标识管理，开展"一袋一码、一垛码、一码建单、一码质检"等应用探索，实现各业务环节全链条和供应链及外部企业、用户数据的贯通，解决了储运排气优化、化肥防伪验真、渠道窜货检测等难题，形成来源可追溯、流向可查询、风险可防范、责任可追究的管理新模式，对于提升消费者信任，进一步强化品牌效应，保障化肥市场有序运行具有重要意义。

◆ 工业互联网 + 安全生产：工业园区利用多项智能技术，为粤港澳大湾区最主要石化产品供应基地的稳定运转提供保障。5G 防爆智能巡检机器人：能够在石化厂区的装置中自动游走，覆盖范围相当于 140 个足球场的大小，并能自动避障和智能爬坡，代替人工巡检，提高效率和安全性。5G+AR 远程协作：员工佩戴 AR 眼镜，可以实现与专家实时远程的"会诊"，方便快捷地解决问题。5G 作业 AI 监护：利用 AI 技术，可以实现对静态和动态环境的持续监测，并自动检测和识别有毒气体等异常情况，实时传输现场数据至监控中心。数字化应用众创生态：利用数字化应用技术，打造一个众创生态系统，实现全员协同生产管控，提高工作效率和质量。智能防爆手持终端：类似于智能手机的终端设备，巡检员可以使用它在装置上的感应区进行现场巡检工作，实现快速便捷的操作与数据记录。总的来说，工业互联网智能炼厂建设项目投用后，实现生产数据自动采集率超 98%，工厂监控成本降低 30%，设备预防性维修率超 97%，生产事故发生率降低 80%，工作效率和决策准确性得到极大提高。

6. 未来展望

随着技术的不断进步和创新，工业互联网的未来展望广阔，尤其是在以下领域有着令人向往的应用前景。

智能制造和自动化：工业互联网将继续推动智能制造的发展，通过高度自动化和优化的生产流程，提高制造效率和质量。集成先进的机器人技术、人工智能和机器学习，工厂将实现更高程度的自动化，减少对人工操作的依赖。

AR 和 VR 的应用：AR 和 VR 技术在工业互联网中的应用将进一步扩展，例如在远程维护、培训和产品设计中的应用。这些技术可以帮助工程师和技术人员在虚拟环境中更有效地协作和解决问题。

云计算和边缘计算：工业互联网将促进云计算和边缘计算的结合，以处理和分析海量数据。边缘计算可减少时延，提供更快的数据处理能力，而云计算则提供强大的存储和计算资源。

可持续发展和环境友好：工业互联网将助力实现更加可持续和环境友好的生产方式。通过优化资源使用和减少浪费，企业能够实现更加绿色的生产过程，并减少对环境的影响。

供应链优化：利用工业互联网，企业将能够实现供应链的实时监控和优化，提高透明度和效率。通过预测分析和即时反馈，企业可以更有效地管理库存，减少供应链中断和提高响应速度。

总的来说，工业互联网的未来展望涉及多个层面，从智能制造到数据分析，从网络安全到可持续发展。随着相关技术的不断发展和成熟，工业互联网有潜力彻底改变制造业的运作方式，为企业带来更高的生产力和经济收益。

附录 1　戏说 IP 相关软件

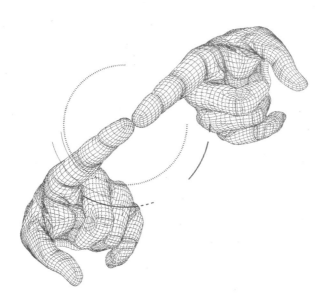

假设你的名字叫令狐冲，你住在华山派的一个大院子里，你有很多邻居（师兄弟），在院门口传达室还有一个看大门的（师父岳不群），岳不群就是你的网关。当你想跟院子里的某个师弟（六猴）喝酒时，只要你在院子里大喊一声他的名字——六猴，他听到了就会回应你，并且跑来跟你喝酒。

但是你不被允许走出院门，你想与外界发生的一切联系，都必须由门口的岳不群（网关）用电话帮助你联系。假如你想找林平之聊天，告诉他他爹的临终遗言。此刻林平之住在华山派的另一个大院子里，院子里也有一个看门的（师娘宁中则），师娘就是林平之的网关。但是你不知道林平之住处的电话号码，不过二师兄劳德诺有一份各门各派的名单和电话号码对照表，劳德诺就是你的 DNS 服务器。于是你在家里拨通了岳不群的电话后，产生了下面的对话。

令狐冲：师父，我想找劳德诺查一下林平之的电话号码行吗？

岳不群：好，你等着。（接着岳不群给劳德诺打了一个电话，问清楚了林平之的电话。）问到了，他家的号码是 211.99.99.99。

令狐冲：太好了！师父，我想找林平之，你再帮我联系一下林平之吧。

岳不群：没问题。（接着岳不群向电话局发出了请求接通林平之家电话的请求，最后一关当然是电话被转接到了的师娘那里，然后师娘把电话转给林平之。）

就这样令狐冲和林平之取得了联系，告诉了林平之他爹的遗言：福州向阳巷老宅地窖中。

林平之的院子里还住着一个美丽的小师妹，名字是岳灵珊，林平之很喜欢她，可是岳灵珊喜欢令狐冲，林平之干瞪眼没办法。当然这里还是要遵循上面的原则：岳灵珊是不能出院子的。令狐冲想找岳灵珊自然只能打电话，于是林平之蠢蠢欲动了。

还记得师娘是院子的电话总管吗？她之所以能管理电话，是因为她有一个通讯录，因为同一个院子可能有两个孩子都叫林平之，靠名字无法区分，所以通讯录上每一行只有"门牌号"和"电话号码"两项，如下图所示。

门牌号	电话号码
一号门	1234567
二号门	7654321
……	……

师娘记性不好，但这总不会错了吧（同一个院子不会有两个二号门吧）？每次打电话人家都要说出要找的电话号码，然后通过通讯录去院子里面敲门，比如人家说我找"1234567"，于是师娘一比较，哦，是一号门的，她就找住在一号门的人"听电话"，如果是找"7654321"，那

她就找住在二号门的人"听电话"。

这里的电话号码就是"IP 地址"。

这里的门牌号就是传说中网卡的 MAC 地址（每一块网卡的 MAC 地址都是不一样的，这是网卡的制造商写在网卡的芯片中的）。

于是林平之打起了师娘通讯录的主意，他趁师娘不在，偷偷摸进传达室，小心翼翼地改了师娘的通讯录，如下图所示。

门牌号	电话号码
一号门	1234567
一号门	7654321
......	......

林平之

这个原来是岳灵珊的，被林平之改了

过了几天，令狐冲又给岳灵珊打来了电话，对方报的电话是"7654321"，师娘不知道通讯录被改了，于是根据被林平之修改后的通讯录，就去找一号门的林平之了，林平之心里这个美啊，他以岳灵珊父亲的口吻严厉地教训了令狐冲，"小师妹已移情别恋林平之"的结果使令狐冲伤心地挂了电话。当然岳灵珊并不知道整个事情的发生。

这里林平之的行为叫作"ARP 欺骗"（因为在实际的网络上是通过发送 ARP 数据包来实现的，所以叫作"ARP 欺骗"），师娘的通讯录叫作"ARP 表"。

这里要注意：师娘现在有两个通讯录了，一个是记录每个院子传达室电话的本子，叫作"路由表"；另一个是现在说的记录院子里面详细信息的本子，叫作"ARP 表"。

师娘的制度中有一条是这么写的：每个月要重新检查一下门牌号和电话号码的对应本（也就是 ARP 表），这个动作叫作"刷新 ARP 表"，每个月的时间限制叫作"刷新 ARP 表的周期"。这样，林平之为了让令狐冲永远不能找到岳灵珊，之后每个月都要偷偷改一次那个通讯录，不过这也是不得不做的事啊！

门牌号	电话号码
一号门	1234567
二号门	1234567
......	......

林平之

这个被林平之改了，但是他一时头晕，改错了

补充一点，林平之是很聪明的，如果通讯录（ARP 表）被改成了上图所示的内容，计算机就会弹出一个对话框提示"出现重复的 IP 地址"，最终会导致师娘不知所措，于是通知一号门和二号门，你们的电话重复了。这样岳灵珊就知道有人在破坏她的好事，这个现象叫作"骗局

被揭穿了"。

岳灵珊知道有人改她家的电话号码了，于是师娘就登门一个一个把电话和门牌号记下来，并且藏起来不允许外人修改，只能自己有钥匙（密码）。这是 IP 地址和 MAC 地址绑定。当有人改了电话号码的时候，就得找师娘同步改。虽然麻烦，但是安全了。不过林平之偷配了一把师娘的钥匙（盗窃密码成功），于是他还可以修改。

如果还有一个小朋友任盈盈，她住的院子看门的是任我行（魔教），此时东方不败刚被剿灭。任盈盈的院子是刚建好的新院子，任我行也刚重当大权，她没有岳不群和师娘办公室的电话（岳不群和师娘当然也没有她的电话），这时会有两种情况。

① 劳德诺告诉了任我行关于岳不群、师娘的电话（同时劳德诺也告诉了岳不群、师娘关于任我行的电话），这就叫静态设定路由。

② 任我行自己到处打电话，见人就说："我是任盈盈她们院子管电话的"，结果被岳不群、师娘二位听到了，就记在了他们的通讯录上，然后岳不群、师娘就给任我行回了电话说："我是令狐冲（林平之）它们院子管电话的"，这就叫动态设定路由。

有一天，令狐冲终于从失恋中走了出来，他找任盈盈切磋琴艺，结果自然是令狐冲给岳不群打电话说："师父，我找任盈盈"，岳不群一找通讯录："哦，任盈盈的院子的电话是任我行管着的，要找任盈盈自然先要通知任我行，我可以让师娘帮忙去找任我行，也可以自己直接找任我行，那当然是自己直接找任我行方便了"，于是岳不群给任我行打了电话，然后任我行又把电话转到了任盈盈家。

这里岳不群的通讯录叫作路由表。岳不群选择是自己直接找任我行还是让师娘转接的行为叫作路由选择。岳不群之所以选择直接找任我行是有依据的，因为他直接找任我行就能一步到位，如果要师娘转接就需要两步才能完成，这里的"步"叫作"跳数"，岳不群的选择遵循的是最少步骤（跳数）原则（如果他不遵守这个原则，令狐冲可能就会多等些时间才能找到任盈盈，最终结果可能导致岳不群因工作不力被炒鱿鱼，这叫作"时延太长，选路原则不合理，换了一个路由器"）。

这些天令狐冲总是给任盈盈打电话，林平之心里想："它们是不是把辟邪剑谱藏起来了？"于是林平之决定偷听令狐冲和任盈盈的通话，但是他又不能出院子，怎么办呢？林平之做了这样一个决定：首先他告诉自己院子里管电话的师娘说"你给师父打个电话说任盈盈搬到咱们院子了，以后凡是打给她的电话我来接"，师娘相信了林平之的话（师娘太善良了），就给岳不群打了电话，说："现在我来管理任盈盈的电话了，任我行已经不管了。"结果岳不群就把他的通讯录改了，这叫路由欺骗。

以后令狐冲再找任盈盈，岳不群就转给师娘了（其实应该转给任我行的），师娘收到了这个电话就转给了林平之（因为她之前已经和林平之说好了），林平之收到这个电话就假装任盈盈和令狐冲通信。因为林平之做贼心虚，害怕明天令狐冲和任盈盈见面后当面问他，于是通信断了之后，又自己以令狐冲的名义给任盈盈通了个电话复述了一遍令狐冲的话，这叫数据窃听。

　　再后来，令狐冲还是不断地和任盈盈联系，林平之心里嘀咕："我不能总是这样以任盈盈的身份和令狐冲通话啊，万一有一天露馅了怎么办！"于是他想了一个更阴险的招数："干脆我也不偷听你们的电话了，令狐冲不告诉我辟邪剑谱在哪里！那我让你给任盈盈也打不了！"他怎么做的呢？他联系了一群狐朋狗友，和他们串通好，每天固定时间一起给任盈盈院子的传达室打电话，内容什么都有，只要传达室的任我行接电话，就会听到"东方不败还活着""三尸脑神丹没解药"等，听得脑袋都大了，不听又不行，电话不停地响。终于有一天，任我行劳累过度，半身不遂而死。

　　这就是最简单的DDoS攻击，任我行的死亡叫作"路由器瘫痪"。之后，令狐冲终于不再给任盈盈打电话了，因为无论他怎么打对方都是忙音，这种现象叫作"拒绝服务"，所以林平之的做法还有一个名字叫作"拒绝服务攻击"。

　　林平之终于安静了几天，去福州向阳巷老宅地窖中寻找辟邪剑谱……

附录 2　戏说 IP 相关硬件

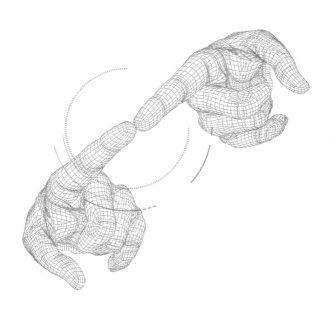

令狐冲 14 岁那年进入华山，那年岳灵珊 8 岁，岳不群白天给两人指点剑法，晚上令狐冲给小师妹讲故事哄她入睡。后来，岳不群陆续收了劳德诺、陆大有等徒弟，又忙于修炼紫霞神功，就没有时间指点徒弟。于是他做了一个 HUB，从此华山派实现教育电子化，岳不群在网上同时给每个徒弟授课，这种方法很快在五岳剑派内部推广。为了在五岳剑派之间互联，嵩山派掌门左冷禅研制出路由器，使五岳剑派之间可以互联互通。令狐冲晚上就通过网络给小师妹讲故事。

很快，岳灵珊已经 16 岁，变成了一个亭亭玉立的小姑娘。令狐冲发现自己的目光总是不由自主地在小师妹身上停留，每次和小师妹在一起的时候，总能听到自己强烈的心跳声，经过了一段时间的茶饭不思后，终于有一天晚上，令狐冲在网上给小师妹发了一首情意绵绵的诗：你是风儿我是沙，你是蜜蜂我是花，你是梳子我是头发，你是牙膏我是牙刷。

第二天，华山派开例会，令狐冲怀着忐忑不安的心情来到了会议室，发现小师妹红着脸躲在师父后面，而其他的师弟都在偷偷朝自己笑，开完会，一个调皮的师弟就过来对令狐冲喊"牙刷师兄"，然后赶紧蒙面逃走。令狐冲问陆大有，才知道是劳德诺用一个叫 NetXRay 的工具把自己在网上的大作全抓了出来。令狐冲悔恨万分，于是闭门研究 RFC，成功研制出二层交换机 LanSwitch。它能够识别设备的 MAC 地址，这样，令狐冲发送给小师妹的数据只有她一个人能够收到。令狐冲晚上可以在网上放心地给小师妹讲故事，偶尔手痒还能敲几句平时心里想说又说不出口的话，然后，红着脸想象小师妹看到后的表情。

接下来的一年，岳不群大量招收门徒，华山派得以壮大，所使用的 LanSwitch 也多次级连。但门徒中难免鱼龙混杂，当时华山派一批三、四代弟子崇拜万里独行田伯光，成立了一个田协，经常广播争论鸡生蛋还是蛋生鸡的问题；第三代弟子中有一个叫老砖家的，每天在华山派内部广播推销祖传膏药；更让令狐冲受不了的是，师父随着年龄的增大，变得越来越啰唆，每句话都要重复几十遍，然后在网上广播。令狐冲想和小师妹、陆大有等人专门使用一个广播域，但如果使用另外一个 LanSwitch，师父肯定不会同意，于是，他修改了 LanSwitch 的软件，把小师妹、陆大有等人和自己划成一个虚拟网（VLAN），其他人使用另外的 VLAN，广播包只在 VLAN 内发送，VLAN 之间通过路由器连接。岳不群也深受田协、老砖家之害，但为了与左冷禅抗争，用人之际，只能隐忍。他知道了这件事后，大为高兴，但仍为令狐冲私自修改软件一事，罚他到思过崖面壁一年，一年之内不得下山。华山派内重新使用 VLAN 进行子网划分，分为 5 个子网，师父、师娘、小师妹和林平之在一个 VLAN 内，推销祖传膏药的弟子用一个 VLAN，田协弟子用一个 VLAN，其他弟子用一个 VLAN，而思过崖上也有单独的一个 VLAN。令狐冲到了思过崖，并不难过，终于，世界安静了，依靠路由器，令狐冲还可以每天在网上给小师妹讲故事、聊天。

但是幸福永远是短暂的，接下来总是无尽的烦恼。随着整个五岳剑派势力的增大，路由器的速度越来越慢。令狐冲发现每次给小师妹讲故事时，小师妹的回答总是姗姗来迟，而且话也很少，总是"嗯"，"噢"或者"我听着呢"。终于有一天，路由器再也 ping 不通，令狐冲 3 天没有得到小师妹的消息，对着空空的显示屏，他再也忍不住，在一个下着雪的晚上，偷偷下山找小师妹，到了小师妹窗前，发现小师妹正在网上和林平之热烈地聊天，完全没注意一边的自己，他内心一阵酸痛，回到思过崖，大病一场。病好后潜心研究，终于有一天，做出来一台路由器。这时，令狐冲发现，此时华山派已经有了 30 个 VLAN，路由器必须为每个 VLAN 分配一个接口，接口不够用，而且，两个子网内通过路由器的交换速度远远低于二层交换机交换的速度。

这天晚上，令狐冲心灰意懒，借酒消愁。这时，一个黑影出现在他的面前，原来是一个道风仙骨的老人，他正是风清扬。风清扬听了令狐冲的疑惑，说："路由器接口不够，把路由器放在 LanSwitch 内部不就可以了；交换速度慢，是因为路由器查找的是网段路由，而 LanSwitch 直接查 MAC 对应出接口，当然速度快。为什么不能直接根据 IP 地址查到出接口呢？"令狐冲一听，大为仰慕，但还是不明白，IP 地址那么多，而且经常变化，如何能够直接查到出接口呢？

风清扬说："你先坐下，让我来问你，华山派有多少弟子？"

"16 000 左右。"

"你全知道他们住哪里吗？"

"不知道。"

"岳不群要你找一个不知道住哪里的人，如何去找？"

"在华山派电话号码查询系统上，找到他的地址，然后去找他。"

"如果你回来后再让你找这个人，又如何去找？"

"如何……在华山派电话号码查询系统上，找到他的地址，然后去找他。"

"你不知道到这个人的地址吗？"

"知道，但师父说，华山派的地址那么多，而且经常变化，不用知道地址。"

"岳不群这小子，把徒弟都教成木头了！我问你，你自己认为应该如何找？"

"直接去找！"

"好！你这人还不算太笨。那你知道了一个人的地址后，是不是永远记住了？"

"有的记住了，有的会忘了。"

"为什么忘了？"

"因为我记不了那么多人，而且一段时间没有去找他。"

"华山派电话号码查询系统里的地址是如何获得的？"

"我在空旷处大喊一声他的名字，他听到后就会来找我，告诉我他的地址。"

风清扬又问了大把类似脑筋转弯的问题，然后风清扬说："现在你明白根据 IP 地址直接查出接口的道理了吗？等到你明白这个道理，你自然会做出三层交换机来。"令狐冲仔细回忆了今天的话，终于明白了和二层转发由 MAC 地址对应到出接口的道理一样，三层转发也可以直接由 IP 地址对应到出接口，IP 地址的路由可以通过 ARP 来学习，同样需要老化。这样，VLAN 间转发除第一个报文需要通过 ARP 获得主机路由外，其他的报文直接根据 IP 地址就能够查找到出接口，转发速度远远高于路由器转发的速度。抬头看时，风清扬已经走了。

一年后，令狐冲下思过崖，成功推出了三层交换机。实现了 VLAN 间的互通，并且与嵩山、黑木崖等路由器实现互通。